本书系国家社科基金重点项目"数字时代档案记忆理论创新研究"
（项目编号 :22ATQ009）阶段性成果

Memory,
Heritage
and Security

全球记忆遗产与安全

王玉珏 等 著

变革中的
联合国教科文组织世界记忆项目
UNESCO Memory of
the World in Transition

社会科学文献出版社
SOCIAL SCIENCES ACADEMIC PRESS (CHINA)

"文献遗产是人类的共同记忆。它们必须得到保护，不仅供研究之用，而且应与尽可能多的人共享。它们是人类集体历史的基本组成部分。"

——Audrey Azoulay，联合国教科文组织总干事，2023

序

在紧张筹备出席联合国教科文组织大会第 42 届会议之时，敝人饶有兴趣地拜读了武汉大学王玉珏教授领衔撰写的《全球记忆遗产与安全——变革中的联合国教科文组织世界记忆项目》书稿，这既是为参加审议本届大会中文化与遗产方面议题进行的准备，也引发了自己对我国不断深度参加联合国教科文组织文化与遗产方面项目的回顾和思考。

联合国教科文组织诞生于第二次世界大战的废墟之上，面对战争给人类带来的惨痛后果，该组织《组织法》的第一句就是"战争起源于人之思想，故务需于人之思想中筑起保卫和平之屏障"。据此，作为联合国的专门机构之一，该组织通过促进世界各国人民间的教育、科学及文化联系，发挥着思想实验室、信息交流中心、标准和规则制定者、国际合作推动者以及能力建设机构的作用，努力消除贫穷、推动公平、促进文化间对话和可持续发展，从而实现国际和平与人类共同福利之宗旨。正如习近平主席 2014 年 3 月 27 日在联合国教科文组织总部的演讲中所说："人们希望通过文明交流、平等教育、普及科学，消除隔阂、偏见、仇视，播撒和平理念的种子。这就是教科文组织成立的初衷。"①

文化是一种社会现象，是人们长期创造形成的产物，同时又是一种历史现象，是社会历史的积淀物。在联合国教科文组织的语境中，尽管没有一个严格、准确的定义，人们可以把"文化"理解为一个国家或民族的历史、地理、风土人情、传统习俗、生活方式、文学艺术、行为规范、思维方式、价值观念等。

联合国教科文组织过去几十年来见证了文化这一概念的发展、转变和丰

---

① 《习近平外交演讲集》（第 1 卷），中央文献出版社，2022，第 97 页。

富。从 1960~70 年代主要关注历史建筑和自然景观的全球公约开始，国际合作为保护和促进文化开辟了新的领域，如非物质文化遗产、文化多样性、创意经济等。也就是说，随着文化的物质表现形式不断丰富，它们与非物质表现形式的相互依存程度也日益加深。联合国教科文组织的做法开始转变为保护所有文化表现形式，这些表现形式浸润在人们的生活方式当中，知识和价值观由此实现世代传承，增强人们的身份认同感和归属感，提升社会复原力和预见未来的能力。

世界记忆项目（Memory of the World Programme）可以追溯到 1978 年 11月联合国教科文组织第 20 届大会通过的《关于保护可移动文化遗产的建议书》。该建议书指出，"文化遗产不仅包括不可移动文化遗产，还包括可移动的文化财产，如特殊文件、照片、胶片、录音带和录像带、机器可读记录和手稿、古籍、古代抄本、现代书籍和其他出版物"。这为保护可移动的文化财产、遗产奠定了准则性基础。

1992 年，联合国教科文组织时任总干事费德里科·马约尔在参观萨拉热窝国家图书馆时，看到该国的文献遗产被内战蓄意破坏，珍贵档案散落在废墟之中，他敏锐地意识到保护历史文献与保护人类记忆同样重要。因此，他积极推动建立世界记忆项目，唤起人们对手稿、图书馆和档案馆保存的珍贵文献以及口述历史记录的保护意识，并强调利用这些人类的记忆，在全世界展示其价值，实现人类的集体记忆。

随着"人类的集体记忆"成为世界范围内的热议话题，在时任总干事费德里科·马约尔的支持下，联合国教科文组织于 1992 年正式设立了世界记忆项目（又称"世界文献遗产"或"世界记忆遗产"），其目的是保护和保存人类记录以免腐烂、损坏和丢失，通过数字化和网络化有效推广这些有价值的记录，并建立《世界记忆名录》，主要收录具有世界意义的手稿、图书馆和档案馆保存的各种介质的珍贵档案、文件等。世界记忆项目的使命在于：一是促进世界文献遗产的保护，尤其是在受冲突和/或自然灾害影响的地区；二是在全世界范围内实现对文献遗产的普遍获取；三是提高公众对文献遗产重要性的认识。

2015 年 11 月，联合国教科文组织大会第三十八届会议通过的《关于保存和获取包括数字遗产在内的文献遗产的建议书》强调，文献遗产记录了人类思想与活动的演变和语言、文化、民族及其对世界认识的发展，对于促进知识共享以利于增进了解和对话、促进和平及对自由、民主、人权和人的尊严的尊重具有重要意义。此建议书明确界定："文献遗产"包含那些对某个社群、文化、国家或全人类具有重大和持久价值，且其老化或丧失会构成严重损失的单一文件或组合文件。建议书还强调，世界文献遗产具有全球性重要意义，人人都负有责任，应当为全人类保护和保存好文献遗产，并应适当尊重和认可文化习俗和习惯。文献遗产始终应当能够让所有人都毫无阻碍地获取和使用。文献遗产为了解社会、政治、社群以及个人历史提供手段，为善治和可持续发展提供支撑。每个国家的文献遗产都是其记忆和身份的反映，因而有助于确立其在国际社会中的地位。

在联合国教科文组织各职能领域中，文化是公约、建议书等准则性文件最为丰富的领域。《关于保存和获取包括数字遗产在内的文献遗产的建议书》（2015 年）的通过，成为联合国教科文组织继《关于武装冲突情况下保护文化财产的公约》（1954 年）、《关于采取措施禁止并防止文化财产非法进出口和所有权非法转让公约》（1970 年）、《保护世界文化和自然遗产公约》（1972 年）、《保护非物质文化遗产公约》（2003 年）、《保护和促进文化表现形式多样性公约》（2005 年）、《关于保护与保存活动图像的建议书》（1980 年）、《普及网络空间及促进并使用多种语言的建议书》（2003 年）以及《保护数字遗产宪章》（2003 年）之后，持续丰富文化的概念、推进遗产保护工作的又一准则性文件，为世界文献遗产保护提供了重要参考。

1971 年 10 月中华人民共和国恢复在联合国教科文组织的合法席位，自此以来，我国逐步成为该组织各业务领域的深度参与者，在文化和遗产相关领域取得了丰硕的合作成果，成为世界上数一数二的遗产大国。到 2023 年，我国共有"长城""秦始皇陵及兵马俑坑""泰山"等 57 项世界遗产（包括文化遗产 39 项，自然遗产 14 项，双重遗产 4 项，含跨国项目 1 项）；共有"昆曲""中医针灸""太极拳"等 43 个项目被列入联合国教科文组织非物质文化遗产名录（名册）；已有《中国传统音乐录音档案》、《本草纲目》、《黄帝内经》、《南京大屠杀档案》、《甲骨文》以及藏医药学巨著《四部医典》等 15 项文献档案入选《世界记忆名录》。作为《保护和促进文化表现形式多样性公约》的缔约国，我国大力推进跨文化对话，共同创造世界文明的美好未来。我国还与联合国教科文组织合作，开展"丝绸之路网上平台"旗舰项目，激活古代丝绸之路上的文明对话，并积极支持非洲国家世界遗产能力建设。

在上述背景下，再来学习王玉珏教授等撰写的《全球记忆遗产与安全——变革中的联合国教科文组织世界记忆项目》书稿，感到很是生动、亲切，深受启发。该书内容丰富，资料翔实，思想性强，从集体记忆、社会记忆、文化记忆等理论出发，突破一般性世界遗产研究"就遗产谈遗产"的局限，聚焦"世界记忆项目"产生的深层次原因：根植于20世纪末的"记忆潮"；并以此为基础，延伸到"记忆、身份认同与世界遗产"间的关系，探讨人类由于政治、社会、集体、文化等需要对记忆的追求，指出"遗产化"是人类对记忆追求过程中的路径与工具。

此外，该书并未局限于世界记忆项目的繁荣发展，也分析指出了"政治之争"给人类共同记忆探寻带来的挑战，并详述了前几年世界记忆项目暂停的前因后果。同时，将世界记忆项目与世界遗产领域关注的权威遗产、批判遗产、困难遗产①等概念联系在一起，改变了以往由于世界记忆项目秘书处设立在联合国教科文组织传播与信息部门，而与秘书处设立在该组织文化部门的其他世界遗产项目相疏离的分析路径，有助于打造遗产矩阵，了解遗产保护全貌。

尤其值得赞赏的是，该书将世界记忆项目及时放置于数字时代的洪流中，着力探讨数字形态的文献遗产如何融入遗产体系这一关键问题。如前文所述，早在20年前，联合国教科文组织就出台了《保护数字遗产宪章》（2003），并于2015年通过了《关于保存和获取包括数字遗产在内的文献遗产的建议书》。然而，直至2023年，首个"数字遗产"——"荷兰数字城市"（DDS）才进入《世界记忆名录》。这一长期的探索过程也提醒着我们，数字资源因其易篡改、易损坏，遗产价值判定难度增大。但是，这也是未来必须面对的问题：当大量的记忆资源本身是原生数字形态时，如何判断其遗产价值并遴选出具有"世界意义"的共同遗产？

令人鼓舞的是，在对全球共同记忆的理论探讨和保护实践推进中，我国记忆遗产保护的实践者与研究者努力发挥"中流砥柱"的作用，同时，也逐渐成为我国深度参与文化遗产领域全球治理的重要力量。

综上，王玉珏教授团队所撰写的《全球记忆遗产与安全——变革中的联

---

① 也称"争议遗产""有争议遗产""不和谐遗产""负面遗产"等。

合国教科文组织世界记忆项目》是一本既对联合国教科文组织世界记忆项目细致观察和理性分析，又对世界文献遗产保护工作基本规律深入思考和务实探索的好书。相信从事文献遗产保护工作的政府官员、理论研究和保护实践工作者等广大读者一定能够从这本著作中得到启迪。

在这本书付梓之际，我特别祝愿青年一代学习我国和世界的集体记忆，开阔视野，厚植情怀，热情支持或积极加入文献遗产保存事业，为促进文明交流互鉴、构建人类命运共同体做出贡献。

是为序。

杨　进

中国常驻联合国教科文组织代表

2023 年 10 月于巴黎

前　言

文化遗产是一种"群体性表述"和"谱系性记忆",① 是文明的延续、国家与民族的灵魂,同时是人类共同记忆的精神载体。自 20 世纪初以来,联合国教科文组织、国际古迹遗址理事会等国际组织先后颁布多项与文化遗产有关的国际公约、建议书、宪章或宣言等。在此背景下,文化遗产成为全球关注的重点议题之一。从"紧急状况下的应急措施"到"文化遗产的常态化管理",再到国际上各类遗产名录的建立,全球文化遗产治理体系逐步建立。国际社会对文化遗产保护的逐步重视,不仅在于其历史、艺术及科学价值,更因为文化遗产是个体、集体及国家认同形成的重要资源与基础。

1985 年,大卫·罗文索尔(David Lowenthal)出版的《过去是一个陌生的国家》(*The Past is a Foreign Country*)成为遗产学的出发点。"显然,当我们谈论遗产(heritage)时,这个词本身意味着源自过去的继承(inheritance),祖传物(patrimony)也是如此。继承人之限制,意味着将这种继承传递给后裔的义务。"② "可以发现,遗产最初只是一种个人性的东西,并往往以直系血脉作为占有权的合法性基础。但是随着社会人口流动的加快、家庭纽带关系的减弱、商品使用寿命的缩短、人们对于未来信心的减少等,个人遗产逐渐让位于集体性的共同遗产","遗产作为一种记忆,其只有被引进公共的领域中,通过集体记忆的提示和固化才能走得更长远"。③

---

① 彭兆荣、林雅嫦:《遗产的解释》,《贵州社会科学》2008 年第 2 期,第 13~18 页。

② 〔英〕德瑞克·吉尔曼:《文化遗产的观念》,唐璐璐、向勇译,东北财经大学出版社,2018,第 89 页。

③ 程振翼:《文化遗产与记忆理论:对文化遗产研究的方法论思考》,《广西社会科学》2014 年第 2 期,第 39~43 页。

一 研究背景

人类对记忆的关注与讨论有着较长的历史，但直到 20 世纪初 "集体记忆"（collective memory）理论提出，社会环境对记忆的产生、改变和遗忘的结构性作用才开始得到认可。此后，保罗·康纳顿（Paul Connerton）、阿莱达·阿斯曼（Aleida Assmann）、皮埃尔·诺拉（Pierre Nora）等人在此基础上逐渐将这个概念进行发展，提出了 "社会记忆" "文化记忆" "记忆之场" 等概念。20 世纪社会学、历史学、遗产学对记忆的研究持续不断，形式纷繁多样。

记忆因联结着历史与认同，不断地影响群体对自我的识别、对他者的认识。这种文化间的 "独立性" 和 "交融性"，既带来差异与冲突，同时也带来理解与共生。由于我们生活的当下与过去逐渐脱离，人们或为了纪念，或为了疗愈，或为了指责，或为了辩解，不断地渴望回忆、渴求记忆。正如皮埃尔·诺拉所言，"之所以有那么多人谈论记忆，是因为记忆已经不存在了"。① 罗宾·乔治·柯林伍德（Robin George Collingwood）说："历史是通过对证据的解释而进行的：证据在这里是那些个别的、叫做文献的东西的总称；文献是此时此地存在的东西，它是那样一种东西，历史学家加以思维就能够得到对他有关过去所询问的问题的答案。"② 史料与文献的留存并非自然为之，历史在不断地筛选它应当记载的东西，记载和忽略、记忆和遗忘始终相伴。

1992 年，联合国教科文组织设立 "世界记忆项目"，通过评选对人类文明延续具有世界意义的文献遗产（documentary heritage），使用最佳技术手段抢救和保存正在老化、损毁、消失的文献，并确保其普遍性获取和利用，从而提高世界各国对文献遗产保护的认识，使人类的记忆更加完整。联合国教科文组织希望通过建立《世界记忆名录》、授予标识等方式，向政府和民众宣传这些现存于图书馆、档案馆和博物馆中的珍贵文献遗产的重要性；并通过国际合作与使用最佳技术手段，对上述文献遗产实现有效保管和抢救，进而促进这些人类遗产的广泛应用。③ 目前，世界记忆项目已在亚太、非洲、拉美及加勒比建立了 3 个地区委员会，在中、美、英、加、韩等 94 个国家建立了国家委员会；

---

① Nora, P., "Between Memory and History: Les Lieux de Mémoire," *Representations* 26, 1989, pp. 7–24.

② 〔英〕柯林伍德：《历史的观念》，何兆武、张文杰译，商务印书馆，1997，第 37 页。

③ 世界记忆项目中国国家委员会网站，https://www.saac.gov.cn/mowcn/cn/index.shtml。

截至 2023 年（最新一次评审），全球共有 496 项文献遗产入选《世界记忆名录》。我国入选 15 项，排在德、英、荷、法、韩等国之后，居世界第七位。此外，世界记忆项目中国国家委员会成立于 1996 年，由国家档案局牵头负责，中国文献遗产的国家级名录名称为《中国档案文献遗产名录》。

在最新版《世界记忆项目总方针》（*General Guidelines of the Memory of the World Programme*，2021）中，文献遗产被定义为："文献遗产指对一个社群、一种文化、一个国家或整个人类具有重大和持久价值的单一文献或一组文献，这些文献的状态恶化或丧失将是严重的损失。"

在汉语中，"documentary"通常被翻译为"文献的"，也被翻译为"记录"。对比中英文定义可见：中文语境中的"文献"更强调其知识属性，是一种物化的精神财富资源；英文语境中的"documentary"则更强调其证据性，是对过往史实的记录。从这一点来说，西方在遗产语境中的"document"更接近于中文"档案"一词。

"世界记忆项目"也称"世界记忆遗产"或"世界文献遗产"，与"世界文化和自然遗产""世界非物质文化遗产"同为联合国教科文组织的遗产旗舰项目，自创建以来在全球文献遗产保护工作中发挥了积极作用。例如，2020年，世界记忆项目在全球突发新冠疫情的第一时间，联合国际档案理事会（ICA）、国际图书馆协会联合会（IFLA）、国际博物馆协会（ICOM）、国际文化财产保护与修复研究中心（ICCROM）、音像档案协会协调理事会（CCAAA）等国际组织及世界记忆项目三个地区委员会，共同发表了《联合国教科文组织声明：转危为机——利用新型冠状病毒疫情为开展文献遗产工作争取更多支持》（*UNESCO Statement*：*Turning the Threat of COVID-19 into an Opportunity for Greater Support to Documentary Heritage*）。该声明鼓励并号召全球包括档案馆、图书馆、博物馆等保存文献遗产的记忆机构开展支持工作，鼓励成员国加大对疫情期间文献遗产保存机构的投入，充分发挥其在保存社会记忆、参与社会治理以及增进国际交流等方面的作用。该声明的发表体现了世界记忆项目在全球文献遗产工作中的影响力和号召力。

在充满变革因素的世界中，文化遗产保护面临前所未有的新挑战。一方面，这种变革立足于文化遗产在全球发展中所扮演的角色、做出的贡献和创造的价值。另一方面，这种挑战体现为文化遗产在世界变革中所处的位置、遇到的困境和解决的途径。① 随着国际秩序的变革和冲突的加剧，以及气候变化、自然灾害和经济社会的变革，文化遗产在世界变革中的脆弱性逐渐凸显，以上因素均影响着全球文化遗产格局的重塑。近年来，《世界记忆名录》因收录多项"创伤记忆"（traumatic memory）而引发矛盾，导致部分国家质疑世界记忆项目政策、评审流程。因此，该项目于 2018 年暂停《世界记忆名录》遴选工作，进入"全面审查"阶段。全球文献遗产保护与发展一度步履维艰。

2021 年，新版《世界记忆项目总方针》颁布，《世界记忆名录》评审工作重启。2023 年 5 月，新一轮《世界记忆名录》公布，彰显出世界记忆项目重启为文献遗产保护工作带来的新的生命力。正如联合国教科文组织总干事奥德蕾·阿祖莱（Audrey Azoulay）所言，"自 2017 年以来再次有新的文献遗产被列入《世界记忆名录》，这是一个非常积极的信号"。②

记录人类社会的集体记忆，本就是世界记忆项目建设的初衷。以上的各种变革也将被记录于文献遗产之中。可喜的是，在这种变革中，我们发现，在新一轮《世界记忆名录》的评审中，"此次提名中有超过 20% 的项目由多个国家共同提交"，体现出文献遗产领域的国际合作逐渐加深，文化遗产保护的合作精神与共同记忆在逐步实现。此外，世界记忆项目荷兰国家委员会推荐的"荷兰数字城市"（DDS）项目的入选，实现了"原生数字遗产"（digital born heritage）首次入选《世界记忆名录》，"成为世界数字文化工作中的'里程碑'"。③

2022 年，世界记忆项目迎来其 30 周年纪念（1992～2022 年）。在此背景下，本书从理论、制度、实践等方面，对世界记忆项目的建设体系进行深入系统的研究。同时，将文献遗产保护置于世界文化遗产保护工作的整个变革洪流中，探讨在当前国际格局变化和文化遗产事业发展的新态势下，世界记忆项目未来的走向，以及在此过程中，中国参与世界记忆项目的方针和策略，以期对促进我国文献遗产保护、推动世界记忆项目健康持续发展、推进人类命运共同

① 《时代变革中的文化遗产》，http：//www. news. cn/culture/20230418/9871d0e1482042cea725fd0a4b8c1e91/c. html。

② Azoulay, Audrey, "64 New Inscriptions on UNESCO's Memory of the World Register," June 2, 2023, https：//www. unesco. org/en/articles/64-new-inscriptions-unescos-memory-world-register, accessed：2023-10-17.

③ Future heritage lab, UNESCO names De Digitale Stad as Memory of the World, https：//waag. org/en/article/unesco-names-de-digitale-stad-memory-world/.

体构建有所参考。

在变革中迎接未来，在改革中探索未来，正是本团队撰写本书的初衷。

二　本书内容简介

本书共包括六章。

第一章"记忆之源：世界记忆项目的理论基础"，通过对 20 世纪集体记忆相关理论的梳理与回顾，为读者更好地理解"世界记忆项目"产生的社会背景奠定基础。记忆研究的兴起，既与 20 世纪欧洲去殖民化、新社会运动密切相关，也与全球对"大屠杀记忆"保存与研究运动密不可分。因此，联合国教科文组织于 1992 年创立"世界记忆"这一遗产项目，既是世界文化遗产保护发展的重要之举，又对全球记忆理论与研究热潮起到推动作用。此外，厘清记忆、遗产与认同的关系，理解"全球记忆"等概念，亦是推动世界记忆项目的理论基础。

第二章"遗产之径：世界记忆项目的建立与人类共同记忆的保护"，通过对世界记忆项目发展历程的简要梳理，特别是探讨其与联合国教科文组织其他世界遗产项目的融合发展，将"世界记忆项目"置于世界遗产发展与变革的整体之中。同时，通过定量分析方法，理解"世界意义"（world significance）的价值核心。

第三章"政治之争：人类探寻共同记忆中的挑战与世界记忆项目变革"，关注密不可分的遗产与政治。在世界记忆项目创建过程中，无法避免全球记忆中的记忆争议，导致该项目发展过程中不断受到部分国家政府的影响。特别是，受政治因素影响，世界记忆项目短暂中止，进入政治审查阶段。这是我们不愿见到却无法回避的现实。

第四章"创伤之痛：人类共同的记忆之殇与再审视"，在人类发展历程中，精彩、成就之记忆值得被记载，但创伤与苦难亦不应被历史所忽视。《世界记忆名录》创建过程中收录了大量的创伤记忆，尽管因此受到各方压力，一定程度上影响了该项目的顺利开展，却为我们铭记世界之痛提供了"记忆之场"。

第五章"数字之变：数字形态的文献遗产如何融入"，由于文献遗产载体丰富，数字形式（digital form）亦在其中占有一席之地。伴随数字技术的不断发展和数字时代的快速进步，大量数字资源，特别是原生数字资源（born-digital）的长期保存成为全球文献遗产保护工作的时代议题。

第六章"中国之路：全球记忆重塑中的正义力量"，旨在将关注的目光聚焦至中国，探索中国文献遗产工作者在面对世界变革时如何参与其中。"遗产"概念自其产生，就带有强烈的"西方"和"欧洲中心主义"色彩。伴随全球各国，特别是亚洲、拉美及非洲国家对全球文化治理的深度参与，西方中心主义逐渐被打破，中国作为负责任的大国，扮演了重要角色。此外，面对世界记忆项目发展中不断遭受的"政治阻碍"，如何维护全球记忆的正义与安全，理解"共享遗产"之核心，并将其与人类命运共同体理念相结合，对于中国文献遗产工作者而言可谓任重道远。

相较"世界文化和自然遗产"，"世界记忆遗产"的受关注程度与公众的可视度一直存在差距。这既是由于两个项目分属于联合国教科文组织的不同部门（sector），也因为涉及"历史记忆"的文献遗产可能引发更多矛盾，且无法像世界遗产一样带来诸如旅游等社会经济方面的直接价值。因此，该项目的发展与文献遗产的保护、全球记忆的塑造与留存均在当前及未来承受着巨大压力。

三　研究过程

我自2010年攻读硕士期间获知世界记忆项目，树立从事文献遗产研究的学术理想，并为此赴法国攻读博士学位。2020年，我获批国家社科基金青年项目"世界记忆项目建设体系与中国策略研究"（20CTQ036），围绕该主题撰写系列论文，并与卜鉴民先生共同出版了《传承人类记忆遗产——联合国教科文组织世界记忆项目研究》（2021）。

十年期盼，终得所愿。

本书是我与团队基于近年来在"联合国教科文组织文献遗产保护""世界记忆项目""中国档案文献遗产""档案与集体记忆"等领域的研究成果共同完成。其中，第一章由王玉珏与吴颖诗撰写，许佳欣（记忆理论）、王倩媛（全球记忆）、余文瑶（记忆与遗产）、杨梦迪（文化记忆）、王艺洁（档案记忆理论）参与；第二章主要由王玉珏、李佳怡完成，朱娅、辛子倩负责"世界意义"的定量研究；第三章及第四章主要由王玉珏、王倩媛完成，朱传宇参与"世界记忆改革"撰写；第五章主要由王玉珏、施玥馨完成，曾诗展、凌敏菡、田越参与"数字遗产"相关工作；第六章由王玉珏、张夏子钰统稿完成，朱娅、郭若涵、周玉萱的前期工作及论文研究为该章节奠定基础。此外，吴一诺、韦诗熠、田越等人参与书稿最终校对。感谢这些学生这些年日夜相伴的支持，"教学相长，亦师亦友"。

拙作得中国常驻联合国教科文组织大使衔代表杨进教授撰序，荣幸之至。多年来，杨教授在国内外工作中的全身心投入与取得的成果，给了我莫大的鼓励。"丈夫志四海，万里犹比邻。"他让我看到，一个人若拥有理想，身上会有无穷的力量。有幸曾与其在驻法使馆教育处共事，是我人生中饶有意义的一段经历。

此外，感谢吴强先生、申玉彪先生、葛思颖女士多年来对我从事世界记忆相关工作的指导与帮助，你们对于全球文化领域治理工作的热爱与执着，无时无刻不激励着我前行。作为同行、前辈，卜鉴民先生团队的工作和我们之间的合作，亦为此书的撰写奠定了坚实基础。曾在本研究中给予无私帮助的众多师友，不能一一罗列，但留感激于心。

从珞珈山到塞纳河，再到东湖滨、月湖畔，关注世界记忆的十余年，也是我人生中最美好的年华，如今韶华不再，不禁感叹"光景不待人，须臾发成丝"。

但是，我仍然希望并坚信：未来，定会有更多志同道合者携手前行。

王玉珏

2023 年 8 月

目　录

第一章 记忆之源：世界记忆项目的
理论基础

"记忆"这一古老而神秘的现象，自人类诞生之时，就深深吸引了思想家和学者们的关注。传说，古希腊神话中的谟涅摩绪涅（Mnemosyne）便是司记忆、语言、文字的女神，十二提坦之一，[①] 现今英文单词"memory"（记忆）的词根就源于此。在人类社会漫长的发展历程中，"记忆"与"记录"素来密不可分，记忆通过记录的媒介得以长久保存，也通过记录得以传播分享。

文化遗产作为"记录"的重要方式之一，是人类社会演进历程中的智慧结晶，凭借对社会实践活动的真实反映，其在记忆的形成、保存、传播、传承中发挥着不可或缺的作用。同时，"记录"的特性也使得文化遗产成为一种兼具文化、政治和经济功能的资源，承载着从政治合法性到社会凝聚力、包容性的众多期许，[②] 为构建集体记忆与身份认同提供了重要基础。

第一节 集体记忆理论的建构与研究的兴起

记忆研究的范式不断深化、重构和发展，历经从心理学到社会学、从个体记忆到集体记忆的源远流长的发展历程。古往今来，各领域学者对记忆的探索从未停止，真知灼见不断涌现。集体记忆研究就其发展历史，大致可划分为三个阶段。第一阶段是 1920~1930 年代，代表理论是哈布瓦赫的"集体记忆"，

---

① Russell, N., "Collective Memory before and after Halbwachs," *The French Review* 79, 2006, pp. 792-804.

② Ashworth, G. J., et al., *Pluralising Pasts: Heritage, Identity and Place in Multicultural Societies*, Pluto Press, 2007, pp. 1-2.

此阶段被称为集体记忆理论奠基时期和第一次"记忆潮"。自哈布瓦赫提出"集体记忆"概念以来，哲学、社会学、历史学等领域围绕集体记忆这一议题产出了大量研究成果。第二阶段是 1980 年代，代表理论是保罗·康纳顿的"社会记忆"、皮埃尔·诺拉的"记忆之场"和阿斯曼夫妇的"文化记忆"，此阶段被称为第二次"记忆潮"。第三阶段即进入 21 世纪以来，记忆研究已过渡到具有世界性的数字记忆时期，"旅行记忆"（travelling memory）、"跨文化记忆"（transculture memory）、"连接记忆"（connective memory）等诸多理论层出不穷，共同构筑着记忆研究更为多元丰富的理论谱系。①

一 "生理—心理"维度的记忆研究

记忆是人脑对所经历事物的反映，是对过往经验的识记、保持、再现或再认识。从"现实的感知"发展到"思维的中介"，记忆与大脑海马结构、内部的化学成分变化有关，为人类进行思维、想象等高级心理活动提供基础条件。简言之，作为一种生理现象，记忆是大脑依靠生物功能存储起来的经验。② 在古往今来的记忆研究中，诸多理论体现出这种生理主义、个体主义倾向。

古希腊哲学家柏拉图提出"回忆说"，将回忆与学习等同视之，认为"回忆的过程即是学习的过程"，③ 并基于"回忆说"构建起完备的唯心主义哲学体系。亚里士多德承袭了柏拉图对主观能动性的认同，指出经验和知识皆来源于记忆："人们从记忆生产出经验；出于对同样事物的多次记忆，最后产生出关于某经验的能力……经验是个别知识。"④ 二人共同夯实了古希腊时期记忆殿宇的研究根基。中世纪时期，奥古斯丁阐述了记忆、事实与感觉的关系："当我们论及过去之物时，并非从记忆中取出事实本身，而是根据事实的影像构成言语；影像仿佛是事实在消逝的途中，通过感觉遗留在心中的踪迹。"⑤ 他将思想与存在归功于心灵的感知与记忆的滞留，并在影像和事实间建立起一种意向性的关联。近代以来，英国哲学家洛克提出"白板说"，认为"在有智慧的生物中，记忆之为必要，仅次于知觉"，⑥ 首次从唯物主义经验论角度肯

---

① Erll, A., "Travelling Memory," *Parallax* 17, 2011, pp. 4–18.
② 丁海斌：《档案学概论》第 2 版，科学出版社，2022，第 102 页。
③ 〔古希腊〕柏拉图：《柏拉图全集》第 1 卷，王晓朝译，人民出版社，2002，第 501 页。
④ 〔古希腊〕亚里士多德：《形而上学》，李真译，上海人民出版社，2005，第 15～16 页。
⑤ 〔古罗马〕奥古斯丁：《忏悔录》，周士良译，商务印书馆，1963，第 245 页。
⑥ 〔英〕洛克：《人类理解论》，关文运译，商务印书馆，1959，第 119 页。

定了记忆在人类意识中的重要性。

20世纪前后，学界对记忆现象的关注或可以心理学家西格蒙德·弗洛伊德（Sigmund Freud）、哲学家亨利·柏格森（Henri Bergson）和文学家马塞尔·普鲁斯特（Marcel Proust）为主要代表。[①] 弗洛伊德强调梦中的记忆行为，指出"梦中所知所忆的事物已然超出清醒时的记忆之外"，[②] 记忆不再局限于清醒时的记忆，而是更多地来自广袤浩瀚的无意识领域。柏格森首度将"纯粹记忆"定位为"纯粹知觉"，认为"纯粹知觉"是从瞬时性闭环向过程敞开、向"绵延"敞开的关键枢纽，[③] 其生命哲学记忆观进一步革新了传统的形而上学记忆观，自此记忆不再仅被描述为意识被动接受经验映射的结果，而被确立为主体基于当下追问过去、求索经验的能动环节。[④] 普鲁斯特在《追忆似水年华》中将记忆分为"自主记忆"和"非自主记忆"，后者是关于感性印象、心境氛围的审美性记忆，能够以诗意的方式让日常隐匿于幕后的"品质"从"不可见"变为"可见"。[⑤]

此外，在科学心理学领域，对记忆的系统研究以德国心理学家赫尔曼·艾宾浩斯（Hermann Ebbinghaus）为先驱，他致力于从实验心理学视角对人类大脑的记忆功能开展研究。通过观察个体对新事物的遗忘规律，艾宾浩斯梳理出记忆"识记、保持、联想、复现"的四个阶段，并据之绘制了著名的"艾宾浩斯记忆曲线"。

可见，科学心理学领域的记忆研究，往往将重点置于个体维度的短时记忆，记忆被视为一种存在于大脑中枢神经系统中的精神性实在。

综上，早期记忆研究均构筑于主观性和个体性的基础之上，强调个体记忆的自主性而非建构性。至于个体与群体、社会文化环境之间的关系，则尚未进入研究范畴。对记忆研究的生理主义、个体主义的反思与扬弃，正是后期哈布瓦赫等人进行集体记忆研究的起点。

---

① 〔法〕雅克·勒高夫：《历史与记忆》，方仁杰、倪复生译，中国人民大学出版社，2010，第106页。

② 〔奥〕弗洛伊德：《释梦》，孙名之译，商务印书馆，2009，第10页。

③ 〔法〕柏格森：《材料与记忆》，肖聿译，华夏出版社，1999，第67页。

④ 王子涵：《宗教传承的时空建构——"集体记忆"理论的能动性理解》，《世界宗教文化》2019年第2期，第113~120页。

⑤ 刘亚秋：《非自主回忆：普鲁斯特论个体记忆的社会性》，《社会》2022年第4期，第134~160页。

二 涂尔干"集体欢腾"概念的提出

集体记忆的研究进路，源自法国社会学家爱弥尔·涂尔干（Émile Durkheim，也译"埃米尔·涂尔干""埃米尔·杜尔凯姆"等）所提出的"集体欢腾"（collective effervescence）与"集体意识"（collective conscience）等"社会化框架"概念。

在其著作《宗教生活的基本形式》中，为回应社会学对于人与社会关系的探讨，涂尔干提出宗教的起源与社会密不可分，宗教思想的客观基础应存在于社会之中。通过对宗教与社会关系进行考察，他将世界划分为"神圣"与"世俗"两大领域，并认为其对应于现实生活的两个时期：一是神圣、鲜活、流动的"聚会时期"，二是凡俗、乏味、死气沉沉的"日常生活"。涂尔干认为人具有两面性，既追求集体情感满足的社会性，同时又无法离开自身需求满足的物质性，分别对应"神圣生活"和"世俗生活"两种希冀。① 基于对澳大利亚原始部族祖先崇拜仪典的考察，涂尔干指出，"集中行动本身就是一种格外强烈的兴奋剂。一旦他们来到一起，由于集合而形成的一股如电的激流，就迅速使之达到极度亢奋的状态。所有人的内心都向外部的印象充分敞开，想表达的任何情感都可以不受阻拦。每个人都对他人做出回应，同时也被他人所回应"。② 人们经由宗教仪式而汇聚，用相同的声调、动作、姿势表达共同的激情，社会之力赋予人们某种伟大力量，使集体中的每个人激动兴奋、难以自持、焕发出崭新活力，进而产生一种神圣性体验，最终达到"集体欢腾"状态。"宗教观念正是诞生于这种欢腾的社会环境，诞生于这种欢腾本身"，③ 社会凝聚力的感召，使道德力量得以产生、集体意识得以形成，个人通过遵循集体意识实现对社会的融入与归属，个人与社会的纽带得以构建，最终形塑基于集体意识的身份认同，④ 并在现代社会维系一种"有机团结"。

在后续的论述中，涂尔干关于个体与社会、集体欢腾与集体意识等宗教秩

---

① Boudon, R. , "Les formes élémentaires de la vie religieuse: une théorie toujours vivante," *L'Année sociologique* 49, 1999, pp. 149–198.

② 〔法〕涂尔干：《职业伦理与公民道德》，渠敬东译，商务印书馆，2015，第296~297页。

③ 〔法〕爱弥尔·涂尔干：《宗教生活的基本形式》，渠东、汲喆译，上海人民出版社，1999，第289页。

④ 王昕生：《社会的纽带——论涂尔干社会团结理论》，《长春师范大学学报》2020年第11期，第44~48页。

序的阐述，逐渐延伸为一种"社会化框架"概念。他对于日常生活和神圣时刻的划分，为后续哈布瓦赫集体记忆研究中的"社会互动与集体框架"奠定了理论基础。

三 哈布瓦赫集体记忆理论的建构

20世纪初，第一次世界大战给人们造成深重的心灵创伤，残酷痛苦的战争记忆长期潜留在意识中，引发学者们对记忆问题的再关注。与此同时，摄影技术的发展和战后高涨的民族主义，为记忆研究注入了新的思索和潮流：其一，借助摄影技术，人们可以通过照片缅怀过去，使得记忆的生成更为具象、丰富且民主化；其二，在民族主义的感召下，人们热衷于设立纪念碑、进行纪念活动，以缅怀一战中逝去的同伴，记忆的疆域不仅容纳了"有名有姓的人"，更扩展到广大"无名的他者"。[①] 记忆研究已逐渐脱离过去"生理—心理"的维度，并转向宏大的社会性、历史性与文化性视角。集体记忆的概念和理论应运而生，由师从涂尔干的法国社会学家莫里斯·哈布瓦赫（Maurice Halbwachs）所提出。

1925年，哈布瓦赫出版了《论集体记忆》一书，将集体记忆（collective memory）定义为："一个特定社会群体之成员共享往事的过程和结果，保证集体记忆传承的条件是社会交往及群体意识需要提取该记忆的延续性。"[②] 他认为集体记忆是一个社会建构的过程，主要由当下之关注所形塑，[③] 是"同一社会中许多成员的个体记忆的结果、总和或某种组合"。[④] 植根于涂尔干的"集体欢腾"，哈布瓦赫认为"集体记忆"填补了欢腾时期与日常生活时期之间的空白和断裂，[⑤] 实现了空间维度上"集体"对时间维度上"记忆"的延续。较之"集体欢腾"，"集体记忆"将涂尔干大写的、抽象的社会概念具体化，

---

① 〔法〕雅克·勒高夫：《历史与记忆》，方仁杰、倪复生译，中国人民大学出版社，2010，第103~106页。

② 〔法〕莫里斯·哈布瓦赫：《论集体记忆》，毕然、郭金华译，上海人民出版社，2002，第335页。

③ 〔法〕莫里斯·哈布瓦赫：《论集体记忆》，毕然、郭金华译，上海人民出版社，2002，第93页。

④ 〔法〕莫里斯·哈布瓦赫：《论集体记忆》，毕然、郭金华译，上海人民出版社，2002，第70页。

⑤ 〔法〕莫里斯·哈布瓦赫：《论集体记忆》，毕然、郭金华译，上海人民出版社，2002，第44~45页。

使之具有更为丰富的时间维度，并更详尽地探讨了社会观念的变迁。①

哈布瓦赫对集体记忆理论的贡献主要有两点。其一是明确阐述其本质：集体记忆是立足当下对过去的一种建构。集体记忆不仅依托于历史事件与他人叙述，还能够根据现实而对过去进行一种动态性"重建"。围绕"塑造"与"重构"，哈布瓦赫指出，所谓集体记忆的建构性并非被动地无差别"重现"过去的事件和场景，而是积极地"重新合成这个场景，并将新的要素引入其中"。②其中被引入的记忆新要素，受制于当下的关注和期待，以满足当下的现实需求为目标。"尽管我们确信自己的记忆是精确无误的，但社会却不时地要求人们，不止是在思想中再现他们生活中的过往事件，而且还要润饰它们、削减它们、完善它们，乃至赋予其一种现实都不曾拥有的魅力。"③基于此，非亲历事件也能被形塑为集体记忆，并适应当下的信仰和精神需求，从而在国家记忆、民族记忆中占有一席之地。

其二是界定了集体记忆的生成机制：集体记忆是在社会互动和集体框架内实现的。哈布瓦赫认为个体记忆与集体记忆之间存在辩证关系："个人需要借助群体的眼光来进行回忆，而群体的记忆通过个人的记忆得以实现并表达。"④集体记忆的重构需要以个体记忆为资源，并在特定社会环境中实现。"只要我们把自己置于特定的群体，接受这个群体的旨趣，优先考虑它的利益，或者采取它的思考方式和反思倾向，那么，我们就会把自己的记忆汇入这个群体的记忆。"⑤唯有在社会结构中得以定位，个体记忆才能变得完整；缺乏社会结构的支持，个体记忆将不复存在。⑥记忆行为虽由个人完成，其内容解读却取决于群体的观念、利益与沟通，这个唤起、建构、叙述、定位和规范记忆的文化框架，即所谓"社会互动和集体框架"，常常由一个社会的支配性意识形态、

① 刘亚秋：《记忆二重性和社会本体论——哈布瓦赫集体记忆的社会理论传统》，《社会学研究》2017年第1期，第148~170页。

② 〔法〕莫里斯·哈布瓦赫：《论集体记忆》，毕然、郭金华译，上海人民出版社，2002，第106页。

③ 〔法〕莫里斯·哈布瓦赫：《论集体记忆》，毕然、郭金华译，上海人民出版社，2002，第91页。

④ Halbwachs, M., *On Collective Memory*, University of Chicago Press, 1992, p. 40.

⑤ 〔法〕莫里斯·哈布瓦赫：《论集体记忆》，毕然、郭金华译，上海人民出版社，2002，第92~93页。

⑥ Hutton, P. H., "Sigmund Freud and Maurice Halbwachs: The Problem of Memory in Historical Psychology," *The History Teacher* 27, 1994, pp. 145-158.

文化规范和社会禁忌所决定性地塑造。① 换言之，记忆的唤起只能在共同的价值体系或相似的个体经验中实现，社会环境对记忆内容有着不可估量的作用。随着社会环境的更迭变迁，集体记忆总是不可避免地或被忘记，或被改写，或被扭曲。

综上，哈布瓦赫的集体记忆理论是记忆研究历程中的里程碑，它实现了对记忆研究中生理主义和个体主义的反思和扬弃，创新性地将记忆研究从心理学的"个体"过渡到社会学的"集体"，"集体记忆具有建构性""社会交往和集体框架"为开展记忆研究奠定了良好的范式基础。与此同时，其理论中也存在一定的局限性，如过分强调集体记忆的"当下性"而忽视了其"历史连续性"等问题，② 这些遗留的问题也成为后续记忆研究的发展方向。

四　集体记忆理论的持续发展——"社会记忆"

基于哈布瓦赫的集体记忆理论，学界关注到记忆的社会性，以及社会环境对于记忆唤醒与群体交往的意义。"社会范畴内的记忆功能"被提升至与"作为一种个体心理—生理现象的记忆"同等重要的位置。此外，自哈布瓦赫开"集体记忆"研究先河，集体记忆逐渐发展为涉及社会学、历史学、人类学、传播学等众多领域的跨文化研究热点，其思想在诸多领域得以延伸发展，美国社会学家保罗·康纳顿（Paul Connerton）提出的"社会记忆"即是重要代表之一。

1989 年，康纳顿在《社会如何记忆》一书中提出"社会记忆"概念，着重强调个人记忆的社会性特质。他将记忆区分为个人记忆、认知记忆和社会习惯记忆三种类型。其中，前两者分别涉及个人生活史和记忆的利用，主要为精神分析专家和心理学家所关注；而社会习惯记忆则再现了习惯和操演之能力，常常被认为是"约定俗成"的东西，③ 在社会共同体的形塑与凝聚中发挥着重要作用。较之哈布瓦赫，康纳顿更多地关注到社会记忆的传递性与连续性，以及权力在记忆建构和传承中的价值。

---

① 陶东风：《记忆是一种文化建构——哈布瓦赫〈论集体记忆〉》，《中国图书评论》2010 年第 9 期，第 69~74 页。

② 刘亚秋：《哈布瓦赫集体记忆理论中的社会观》，《学术研究》2016 年第 1 期，第 77~84 页。

③ 高萍：《社会记忆理论研究综述》，《西北民族大学学报（哲学社会科学版）》2011 年第 3 期，第 112~120 页。

康纳顿的研究贡献主要聚焦于两方面。其一，社会记忆的传承与传播方式。"如果说有什么社会记忆的话，我们可能会在纪念仪式上找到它"，① "有关过去的形象和有关过去的回忆性知识，是在（或多或少是仪式性的）操演中传送和保持的"。② 其重点探讨社会记忆传承的两种重要方式——"纪念仪式"（commemorative ceremonies）和"身体实践"（bodily practices）。就实现方式而言，前者主要由社会群体共同完成，通过仪式中的具有纪念意义的支配性话语（master narrative）传达并最终通达社会群体的身份认同；后者主要由群体中的个体实现，具体又可细分为"体化"（incorporating）和"刻写"（inscribing）实践。其中，刻写实践较之通过亲身在场参与活动、传递信息的体化实践而言，通常被认为是一种更适应当下社会发展阶段、"传递社会记忆重要且可靠的形式"，主要指利用身体之外的工具和媒介完成信息的传递、记录和保存。③

其二，权力在社会记忆建构中的作用。"控制一个社会的记忆，在很大程度上决定了权力的等级。"④ 康纳顿认为权力因素总是存在于社会记忆的建构过程，对社会记忆的控制程度取决于权力等级的高低。究其本质，为现存社会秩序提供合法化依据是社会记忆的重要使命，因而记忆的建构不可避免地受到当权者的意志和社会体制、经济文化等多重权力因素的影响。同时，康纳顿提出了与社会记忆相对的"社会忘却"的概念，认为社会忘却是极权主义的特征，遗忘是权力控制下进行记忆选择的手段之一。通过有意识或无意识的遗忘，记忆竞争中的优胜者可以消除部分记忆的不利影响，以达到巩固现存秩序的目的。极权统治使人们再也无法真实地见证过去，因此，"反抗遗忘的斗争就是人们自己拯救自己，人们反对极权的斗争，是他们的记忆反抗强迫性的斗争"。⑤

康纳顿的社会记忆理论在记忆研究中占据重要地位，其不仅关注到集体记忆的"社会性"进而引出纪念仪式、身体实践等记忆操演方式，强调集体记忆需要不断操演以实现传承；同时创新性地引入记忆研究的权力维度，强调社

---

① 〔美〕保罗·康纳顿：《社会如何记忆》，纳日碧力戈译，上海人民出版社，2001，第 5 页。
② 〔美〕保罗·康纳顿：《社会如何记忆》，纳日碧力戈译，上海人民出版社，2001，第 4 页。
③ 赵静蓉：《作为一种集体记忆的浪漫主义——对浪漫主义的文学人类学解读》，《南京师大学报（社会科学版）》2009 年第 5 期，第 137~142 页。
④ 〔美〕保罗·康纳顿：《社会如何记忆》，纳日碧力戈译，上海人民出版社，2001，第 1 页。
⑤ 〔美〕保罗·康纳顿：《社会如何记忆》，纳日碧力戈译，上海人民出版社，2001，第 11 页。

会在政治权力和意识形态等因素的驱使下回忆过去、演绎现在，回应了哈布瓦赫对"集体记忆具有建构性"的阐述。社会记忆理论将记忆与社会文化、权力秩序、历史认同等问题置于其中，使集体记忆研究更具普适性和延续性。然而，康纳顿的研究仍存在部分局限，他在一定程度上过于强调记忆行为的政治意义，而忽略了其他大量存在的记忆现象，特别是历史文化领域的记忆现象。

五 后现代主义与"记忆潮"的兴起——"记忆之场"

哈布瓦赫的"集体记忆"明确了记忆生成的社会基础，康纳顿的"社会记忆"厘清了记忆传承的方式和途径，然而记忆生生不息、绵延赓续的内在动力究竟为何？社会理论从来都是现实生活的映照，记忆理论从"集体记忆"到"记忆之场"，以及后续的"文化记忆"，亦有其深刻的社会基础和必然性。1980年代，世界范围内正在经历人类历史上的第二次"记忆潮"（memory boom），许多记忆都与20世纪发生的历史灾难、创伤和"社会罪恶"有关，①它们显现的脆弱性与易逝性使得有关记忆的主题前所未有地凸显。同时，后现代主义的兴起，强调对权威的解构以及多元价值的追求，少数群体、边缘群体等"沉默的大多数"的可视度得到提升，与之相关的记忆问题也进入主流探讨语境。此外，全球化的迅速发展、数字技术的广泛应用，对传统价值观造成冲击与消解，新一代群体身份认同面临挑战。因此，历史、哲学、文学、社会学、信息学、传播学、档案学等人文社会科学均从本领域视角出发，以国家、历史、社群、城市、乡村等为研究对象，为记忆研究的深入探索提供了多维度的学理支撑。

皮埃尔·诺拉（Pierre Nora）的"记忆之场"（lieux de mémoire）理论缘起于这一时期。受后现代主义思潮的冲击，历史学研究呈现"记忆转向"（memory turn），记忆与历史的结合致使传统史学"宏大叙事"解体，由此引发关于历史与记忆之关系的探讨。一般而言，历史研究向来以宏大叙事为特征，着眼于多数人的思想和行动，符合主流尤其是当权者的利益，目的是书写一部总体的、普遍的、"大写的"历史。而记忆更关注群体内部的相似性与稳定性，大到国家民族，小到社群家族，每个群体都有属于自己的独特记忆。较之历史叙述，记忆呈现出复调的、多元的丰富样貌。基于"历史—记忆"之

---

① 徐贲：《人以什么理由来记忆》（增订版），中央编译出版社，2016，第1页。

辩，诺拉认同记忆与历史"浑然一体、密不可分"的时代已然结束："随着遗迹、中介、距离的出现，我们不再身处真实记忆的疆域，而是身处被书写的历史之中。……记忆与历史远非同义词，如今则根本对立。"① 由此，他关注到集体记忆对于塑造国民意识的价值，认为历史学家应做的是"将记忆从昏睡中唤醒，并激发其维持社会存续的想象力"。②

1984~1992 年，诺拉主编《记忆之场》多卷本，分为《共和国》《民族》《复数的法兰西》三部，共收录 120 位作者的 135 篇论文。在时间和空间维度上，诺拉拓展了集体记忆之"载体"，并将其表述为"场所"，建构起"记忆之场"丰富而宏大的理论体系。记忆之场是"有形"与"象征"两个层面的交叉融合，前者扎根于时空、语言和传统中，可在日常生活中被触及与感知；后者则指代抽象的、可被反复诠释的符号。"记忆之场"这一"生造之词"，既可意指切实存在的、具有记忆内涵的实体场所，例如建筑、纪念碑以及图书馆、档案馆等文化机构；亦可指代抽象的、具有象征意义的概念，诸如纪念仪式、箴言或事件甚至"一分钟的沉默"。在《记忆之场》第一卷的序言《记忆与历史之间：场所问题》中，诺拉明确指出"记忆之场"包含物质、象征、功能三个维度：其一，"记忆之场"是切实存在的；其二，它具有象征性意义；其三，它兼具形塑和传承记忆之功效。记忆之场理论使集体记忆进一步抽象化，并构筑了一种形塑民族认同的历史叙事方式。

"记忆之场"理论呈现出"档案狂热"下对痕迹的迷恋与尊重，以及对边缘和弱势群体档案记忆的关注。民族记忆的衰落和历史书写的断裂，致使过往的"历史—记忆"一致性不复存在，诺拉进而提出新的一致性，即"记忆的历史化"："如今被我们称之为记忆的东西，不再是记忆，而是历史；之所以有那么多人热衷于谈论记忆，是因为记忆已然不复存在了。"③ 历史化的记忆越来越需要证据、遗迹以及影像，因而引发了致力于留存所有痕迹、对抗遗忘焦虑的"档案狂热"。④ 庞大到令人目眩的海量档案与数据库是记忆的确证，

---

① 彭刚：《历史记忆与历史书写——史学理论视野下的"记忆的转向"》，《史学史研究》2014 年第 2 期，第 1~12 页。

② 沈坚：《记忆与历史的博弈：法国记忆史的建构》，《中国社会科学》2010 年第 3 期，第 205~219 页。

③ Nora, P., "Between Memory and History: Les Lieux de Mémoire,"*Representations* 26, 1989, pp. 7~24.

④ 刘颖洁：《从哈布瓦赫到诺拉：历史书写中的集体记忆》，《史学月刊》2021 年第 3 期，第 104~117 页。

日记、证词、纪念品、传说等则成为重要的记忆研究材料，口述历史与公众史学更直接以记忆为考察对象。与"档案狂热"相伴的，是社群乃至个体对记忆责任的主动要求。经由对记忆的高度关注，人们将视野转向曾被忽视的弱势群体与边缘领域，诸如工人、女性、少数族裔等皆致力于留存各自的社群档案。诺拉用"记忆的原子化"（the atomization of memory）来描述这一转变：当集体记忆逐渐由个体记忆所联结，"原子化"的记忆使记忆之责任分担给每个个体。这种"关乎记住的法则"是强制性的：对于个人来说，档案所提供的根源和归属，成为身份认同、真实确证及背景信息的来源。集体记忆的经验越少，个体承担的记忆需求就越大，结果是整个社会都将参与到档案生产的运作之中，"人人都是自己的历史学家"，建构自身的历史，回溯自身的根源，"从单一的民族性的意识过渡到了某种遗产性的自我意识"。[1] 不同群体借助各种手段所重构的记忆，既是对自身血缘传统艰难的追根溯源，也是对已逝传统的历史意识的回归。[2]

六 人类文明的赓续——"文化记忆"

20 世纪末，面对现代文明与传统文化间的断裂、战争后满目疮痍的苦难过去、网络新媒介造就的文化虚无，人们于快节奏社会中感到失落、焦虑、离群索居，并试图通过频频回望过去以重建与当下的联结，进而寻获归属感、安全感与身份认同。

在此背景下，与过去紧密相连的"记忆"成为人们寻求解答的良方，"文化记忆"即是其中一种具有代表性的探索。阿莱达·阿斯曼（Aleida Assmann）指出，"记忆之场"相关研究已然证实，操控记忆的并非"集体灵魂"或"客观头脑"，而是一个"借助符号和象征的社会"，[3] 这些符号与象征皆归属于社会生活的文化体系。更进一步地，扬·阿斯曼（Jan Assmann）"以记

---

[1] 〔法〕皮埃尔·诺拉主编《记忆之场：法国国民意识的文化社会史》，黄艳红等译，南京大学出版社，2015，第 46 页。

[2] 〔法〕皮埃尔·诺拉主编《记忆之场：法国国民意识的文化社会史》，黄艳红等译，南京大学出版社，2015，第 52 页。

[3] Assmann, A., *Cultural Memory and Western Civilization: Functions, Media, Archives*, Cambridge University Press, 2011, p. 122.

忆的社会基础为出发点，阐述了关于记忆的文化基础"，即文化记忆。[1] 他指出"文化记忆的概念包含某个特定时代、特定社会所特有的、可以进行反复使用的文本系统、意向系统、仪式系统，'教化'作用服务于稳定和传达那个社会的自我形象"，[2] 弥补了集体记忆研究中对文化现象探讨的缺失。阿斯曼夫妇将记忆研究的焦点指向"文化"议题，提出正是承载记忆的文化象征，塑造了赓续绵延的人类文明，成为构建集体认同的文化纽带。可见，文化记忆理论的提出，既有深刻的社会生活背景，又是记忆理论发展几经深化的结果。

根据记忆的历时跨度，阿斯曼夫妇将集体记忆分为"交流记忆"（communicative memory）和"文化记忆"（cultural memory）。个体与群体通过日常口头交流等方式获得、依靠个体见证者在短短几代间维系的记忆被称作"交流记忆"，而群体间共享的、从前代承继的、体现群体特征和认同的传说、事件或事实即为"文化记忆"。前者是只存在于日常沟通领域的短时记忆，并通过群体中的代际传播得以存续，具有有限的时间跨度；后者则是超越日常生活领域与个体生命周期的长时记忆，包括久远的神话传说、集体舞蹈和庆典，以及被图片、文字等外在媒介保存下来的过去的事件和信息。在文字出现之后，记忆存储变得更容易和稳定，也使文化记忆出现了中心与边缘的划分。

根据记忆的建构选择，文化记忆又进一步细分为"功能记忆"（functional memory）和"存储记忆"（stored memory）。人们在当下不断经历、在特定时间段发挥效用、作为集体记忆建构核心的部分被称为"功能记忆"，它是与现实相关、被经常使用和重构的记忆，对群体认同的塑造和建构产生直接作用；而被储藏在档案馆、图书馆、博物馆等场所中，"只能作为一种补充的背景性、参考性知识，而不能服务于当下合法化过程"的部分则被称为"存储记忆"，它是文化记忆中处于边缘、不再与现实密切相关、被压抑或不被使用的记忆。[3] 二者的边界相互渗透，可以根据历史的需要互相转化。

总体来说，在时间维度上，文化记忆强调"超越代际的记忆内核最终指向交流和认同的产生"；在功能维度上，文化记忆关注文化内部的传承和交流

---

[1] Assmann, J., *Religion and Cultural Memory: Ten Studies*, translated by Livingstone, R., Stanford University Press, 2006, p. 1.

[2] 陶东风、周宪主编《文化研究》（第 11 辑），社会科学文献出版社，2011，第 10 页。

[3] 王蜜：《文化记忆：兴起逻辑、基本维度和媒介制约》，《国外理论动态》2016 年第 6 期，第 8～17 页。

方式；在媒介维度上，文化记忆借助"文本系统、意象系统、仪式系统"等文化符号来展现。① 阿斯曼夫妇的文化记忆理论将记忆研究拓展到文化领域，并通过文化记忆将社会结构、政治权力等因素融为一体，允许人们以微观视角审度与衡量个体的历史体验和社会走向，展示了日常生活中不易觉察的潜在可能性，同时更强调内在的文化影响对记忆建构和文明传承的深远意义，② 实现了"记忆—社会—文化"三个维度的关联互动。

1990 年代，数字媒介的出现带来了文化记忆的"数字转向"，互联网、社交媒体、数字技术等被视为永恒时间的催化剂，③ 特别是互联网的兴起为文化记忆理论提供了新的发展场域。扬·阿斯曼在《文化记忆：早期高级文化中的文字、回忆和政治身份》一书中提到，有三个因素使记忆这个话题受到空前的重视，"随着电子媒介技术开始在人的大脑之外存储信息，我们眼前正发生一场文化革命，其意义不亚于印刷术的发明，以及时间上更早的文字的出现"。④

数字媒介，尤其是互联网对文化记忆的存储、传播，以及新的文化记忆的出现产生了深刻的影响。数字时代的文化记忆因为媒介的转变，特别是互联网的出现而发展出了全新且便捷的存储方式；通过在线检索、标签处理等技术，文化记忆得以被快速获取、广泛传播；数字媒介打破博物馆、档案馆、图书馆等传统文化机构主导的制度化的记忆实践，在社交媒体和网络平台等公共空间中，人们可以共同参与记忆书写，成为文化记忆的生产者，数字时代文化记忆的生成体现了一种新颖的"民主性"。

在数字时代文化记忆的存储方面，数字媒介如互联网成为文化记忆的外部存储器，个人记忆会随着时间流逝而消退，但存储在数字媒介中的记忆却永恒不变，且包罗万象，包含众多细节。⑤ 对于传统的文化机构而言，将藏品数字化不仅可以防止藏品因被频繁使用而损坏，更能以更小的空间、更低的成本实

---

① 刘慧梅、姚源源：《书写、场域与认同：我国近二十年文化记忆研究综述》，《浙江大学学报（人文社会科学版）》2018 年第 4 期，第 185~203 页。

② 刘振怡：《文化记忆与文化认同的微观研究》，《学术交流》2017 年第 10 期，第 23~27 页。

③ Castells, M. , *The Rise of the Network Society*, Wiley-Blackwell, 2009, p. 464.

④ 〔德〕扬·阿斯曼：《文化记忆：早期高级文化中的文字、回忆和政治身份》，金寿福、黄晓晨译，北京大学出版社，2015，第 5 页。

⑤ 〔美〕吉姆·戈梅尔、戈登·贝尔：《全面回忆：改变未来的个人大数据》，漆犇译，浙江人民出版社，2014，第 60 页。

现藏品的无限存储。在数字时代文化记忆的传播方面，藏品的数字化实际上增设了人们接触涉及文化记忆的藏品的途径。借助强大的搜索引擎和标签处理等技术，数字媒介传递的信息更容易被搜索和访问。另外，多模态的记忆对象也在数字时代喷涌而出，文字、图片、音频、视频，甚至全息影像都可作为文化记忆的呈现方式，数字媒介作为新兴的存储工具，使社会能够更加便捷地接触到形态多样的文化记忆。在数字时代文化记忆的生成方面，"民主性"应运而生。数字媒介平台出现越来越多的个人账户，个人叙述的"小历史"（small histories）限制了宏大历史叙事的复杂性，[①] 个人记忆与公共记忆的空间界限被瓦解，越来越多的民间话语成为记忆书写的材料，数字时代的用户贡献内容的参与式、众筹性的大众记忆（multitude memory）正在形成，[②] 传统的由文化机构和史学家构建的记忆形成机制正被鲜活的、个体见证且亲历的记忆侵蚀。

伴随数字时代文化记忆发展而来的也有一些新的问题。在网络空间中，文化记忆面临存储载体和内容格式两方面的安全问题。在存储载体方面，十余年前记忆的存储载体，如 DVD、CD 等，现在已经很难找到相应的读取机器，这意味着我们正在使用的存储载体未来也可能面临读取方面的问题。硬件故障、软件过时、意外删除等数字媒介本身的脆弱性、不稳定性以及网络环境的高度动态性导致信息数据快速消失，使得对其进行长期保存变得尤为迫切。[③] 在内容格式方面，记忆权力的"下放"、记忆书写主体的下沉和多样化也使得记忆内容的真实性存疑，什么样的记忆能够被称为文化记忆？网络中鱼龙混杂的个人记忆的真实性如何检验？这些都成为数字时代文化记忆发展面临的严峻问题。除此之外，在"无限存储"这一概念下，个人数据在网络空间中的安全无法得到保障，在数字空间中记忆成了常态，而遗忘反而成了例外，"被遗忘"成为数字时代个人空间的诉求。在文化机构数字化的过程中，其实践面临严格的版权限制，在版权法的规定下，许多未进入公共领域的作品尚不能被数字化。因此，数字时代文化记忆的长期存档缺少适用范围明确的法律依据。虽然数字媒介给文化记忆带来"民主性"的去权威趋势，但在数字媒

---

① Thylstrup, N. B., "Cultural Memory in the Digital Age," *Transnationalizing Radio Research*, 2018, p. 192.

② Hoskins, A., "Memeory of the Multitude: The End of Collective Memory," in Hoskins A., *Digital Memory Studies: Media Pasts in Transition*, Routledge, 2017, p. 85.

③ 余昊哲：《社交媒体存档与被遗忘权冲突的内在机理及调适路径》，《情报理论与实践》2021年第12期，第73~79页。

体已然渗透至艺术实践、数据和文化机构之时，全球仍有很大一部分人无法接触到网络，剩下的一部分网络使用者则面临着网站付费门槛的阻碍。[①] 数字时代的文化记忆是民主的，但这种民主又是有限制的，数字时代文化记忆的发展伴随着道德层面的伦理问题。

在数字时代，技术飞速发展，人们可以通过各种媒体获取信息，同时也可以自己创造信息，互联网等媒体极大地扩展了存储空间，降低了存储成本，使得更多的记忆可以进入长时保存的范畴。但接踵而来的数据安全、法律版权及道德等问题掣肘着数字时代文化记忆的进一步发展。文化记忆联通过去、现在与未来，其在数字时代的发展影响着我们在历史长河中对自己的定位及对过去的建构，未来数字时代文化记忆的准入标准，即什么样的记忆可以进入文化记忆的范畴，以及快速变化的数字技术对数字时代文化记忆长期保存的影响仍需我们继续探讨。

至此，记忆的外部化形态在社会化框架中被描绘和确认，它既是集体和社会为实现特定目的而共同建构的产物，也根源于人类对其文明赓续的渴望。记忆理论表明了文化符号及其有形物质载体——现在更多地被称为文化遗产，正以记忆之名延续人类文明。同时，记忆理论也揭示了文化遗产作为记忆的重要形式，在过去、现在与未来的关系中的复杂性，诸如其如何成为最终的存留之物，又如何参与构建了当下人们的身份。

第二节 记忆、身份认同与世界遗产

过去几十年，全球化、社会运动、多元文化等实践在世界范围内日益增长，空间和时间的崩溃感使人们提出关于身份认同与共享社会记忆、个人记忆的问题。[②]

由于当代社会的健忘症（social amnesia），遗忘、与过去断裂、痴迷于当下的体验成为普遍趋势，引发了记忆研究的兴起，同时对看待遗产的方式产生

---

① Haux, D. H., Maget, Dominicé, A., Raspotnig, J. A., "A Cultural Memory of the Digital Age? International Journal for the Semiotics of Law," *Revue Internationale de Semiotique Juridique* 34, 2021, pp. 769-782.

② Christophe, Tilley, "Identity, Place, Landscape, and Heritage," *Journal of Material Culture* 11, 2016, pp. 7-32.

了变革性的影响，① 遗产研究中对记忆问题的关注比以往任何时候都更加突出。对记忆遗址（memory site）、记忆遗产（memory heritage，即世界记忆项目）等遗产类型的关注热度不减。"遗产—记忆"的二元关系被大量关注并讨论，这也在理论层面推动了世界记忆项目的产生与发展。

而作为与记忆、身份认同紧密联系、互为一体的存在，文化遗产是建构身份认同、发展记忆和赋予价值的关键工具。② 如果没有记忆，文化遗产就失去了存在的价值；如果没有文化遗产，记忆也无法长期存储和世代相传。③ 在世界遗产成为一种全球性、普遍的遗产实践的背景下，世界记忆遗产的产生有其必然性与重要意义，它为凝聚身份认同、延续集体记忆提供了极具价值的对策与方案。

一 记忆与身份认同

（一）身份认同的建构与挑战

本尼迪克特·安德森（Benedict Anderson）在《想象的共同体》中提出，产生国家共同体感受的三个建设性要素是人口普查、地图和博物馆。因此，记忆和遗产在身份构建和感知中的作用成为被关注和强调的另一话题。

身份认同（identity）即对身份的承认或认同。在英文语境下，"identity"事实上是一种同义反复的构词法，涵括"身份"与"认同"的意义。④ 当代文化研究之父斯图亚特·霍尔（Stuart Hall）等指出，身份认同建立在共同的起源或共享的特点的认知基础上，这些起源和特点是与另一个人或团体，或/和一个理念，以及建立在这个基础之上的自然的圈子共同具有或共享的。⑤ 综合而言，身份认同是主体对自己的身份、角色、地位和关系的一种认识与定位。人类个体的群体认同和文化认同，作为某种共享的经验或体验，也赋予了

---

① 〔英〕达契亚·维约·罗斯：《文化遗产与记忆：解开其中的纽带》，刘炫麟译，《遗产》2020年第1期，第87~113页。

② Graham, Brain, Howard, Peter, *The Ashgate Research Companion to Heritage and Identity*, Ashgate Publishing Limited, 2008.

③ Apaydin, Veysel, *Critical Perspectives on Cultural Memory and Heritage: Construction, Transformation and Destruction*, UCL Press, 2020, p. 16.

④ 赵静蓉：《文化记忆与身份认同》，生活·读书·新知三联书店，2015，第17页。

⑤ 〔英〕斯图亚特·霍尔、保罗·杜盖伊：《文化身份问题研究》，庞璃译，河南大学出版社，2020，第3页。

人的存在一种意义感和归属感。①

身份认同具有多种类别，既涉及性别、年龄、国别、种族、经济、政治等立场，也分为自我、社会、族群和文化等不同层面的认同。身份认同包含本质主义与建构主义观点。本质主义观点认为主体的自我是固有的、天赋的，从出生便存在，且在人的一生中基本保持不变。而建构主义观点则坚持主体和自我是被建构的，认同是流动的、多重的、永远有待形成和确认的。② 社会学家曼纽尔·卡斯特（Manuel Castells）认为，所有的身份认同都是建构的，其建构使用的材料包括历史、地理、生物、生产和再生产机构、集体记忆、个人想象、权力机关、宗教启示等。③

在后现代或全球化背景下，身份认同问题日益凸显，甚至引发集体与个人对"身份"这一抽象概念的现实焦虑。④ 一方面，后现代意味着与过往进行一种积极的决裂，既可能是肯定新事物、培育新观念，也可能意味着传统价值、确定性和稳定性的丧失。另一方面，全球化的发展趋势使得身份认同不再是一个固定概念，它需要不断地进行协商和探求。全球化语境中的社会生活超越了空间、时间、历史和文化特征，身份认同也随之不断变化。特别是从民族文化认同的角度看，全球化的国际标准可能会造成本土和民族文化认同的危机，而一旦失去民族文化认同的根基，也就失去了民族文化的立身之本。⑤

（二）记忆与身份认同的联系

记忆与身份都具有选择性与流动性，共同服务于当前特定的利益和意识形态。一方面，记忆被视作选择性的和局部的，用于在特定时间和特定空间满足个人、群体或社区对身份的要求。时过境迁，人们往往通过回顾过去重新解释事件和表达想法，他们在过去的事件中寻找模式、秩序和连贯性，以支持不断

---

① 任裕海：《全球化、身份认同与超文化能力》，南京大学出版社，2015，第6页。
② 石义彬、熊慧、彭彪：《"数字时代的全球媒介传播与文化身份认同研究"报告——文化身份认同演变的历史与现状分析》，《中国媒体发展研究报告》2007年第1期，第182~204页。
③ 〔美〕曼纽尔·卡斯特：《认同的力量》（第2版），曹荣湘译，社会科学文献出版社，2006，第6页。
④ 赵静蓉：《文化记忆与身份认同》，生活·读书·新知三联书店，2015，第17页。
⑤ 任裕海：《全球化、身份认同与超文化能力》，南京大学出版社，2015，第143~144页。

变化的社会、经济和文化价值观。① 记忆就是一个根据现实需求不断对过去进行确认、筛选、改造、重组和想象性创造的过程。另一方面，身份认同也是被选择和建构的。我们建立一种"流动的"身份认同观，只能通过连续不断地确立边界、修订范围，乃至重新界定边界的方式来逐步接近对自我同一性的"确认"。这一"流动性"的特点既与流动的社会和时代特征相吻合，也与记忆的本质相契合。个体认同以个体自我对过往历史的选择为依据，集体认同建立在群体对共享的过去和历史的选择性记忆之基础上。②

对身份的认同通过记忆的方式维持，记忆的内容通过身份认同的方式确定。其一，记忆在创造和维持个人身份和公共身份中发挥重要作用。任何个人或群体身份的意义，"即一种时间和空间的同一性"，都是通过回忆过去来维持的，记忆的内容是"由假设的身份定义的"。③ 伏尔泰指出："只有记忆才能建立起身份，即您个人的相同性。"④ 集体记忆在一个集体——特别是民族集体——回溯性的身份认同中起到了持久的作用。⑤ 其二，无论是在个人情感上，还是在社会政治上，能够控制自己的身份、定义自己是谁、建立社区归属感都至关重要。而认同感总是不可避免地要从历史和记忆中汲取——作为个人、社区或国家，我们是谁，我们来自何方，所有这些都不可磨灭地由我们的历史感以及个人和集体记忆被理解、纪念和传播的方式塑造。⑥ 其三，集体记忆的遗忘和新的建构过程会影响群体认同的发展。集体记忆作为一种有选择的记忆，会在建构的过程中不断强化某些记忆内容，遗忘和淘汰另外一些内容，由此建构的"选择性记忆"会引发群体认同的变化。此外，各种形式的集体记忆实践活动通过不断重复和强化集体记忆的主题，激活群体成员的共享情感，成为维护集体记忆的重要途径。集体记忆也由此成为集体身份认同形

---

① Graham, Brain, Howard, Peter, *The Ashgate Research Companion to Heritage and Identity*, Ashgate Publishing Limited, 2008, p. 42.

② 赵静蓉：《文化记忆与身份认同》，生活·读书·新知三联书店，2015，第36页。

③ Graham, Brain, Howard, Peter, *The Ashgate Research Companion to Heritage and Identity*, Ashgate Publishing Limited, 2008, p. 43.

④ 〔法〕阿尔弗雷德·格罗塞：《身份认同的困境》，王鲲译，社会科学文献出版社，2010，第33页。

⑤ 〔法〕阿尔弗雷德·格罗塞：《身份认同的困境》，王鲲译，社会科学文献出版社，2010，第37页。

⑥ Smith, Laurajane, *Use of Heritages*, Routledge, 2006, p. 36.

成、发展和巩固的有效工具。①

二 遗产与记忆、身份认同的相互关系

皮埃尔·诺拉认为，如今遗产的概念已摆脱其历史、物质和纪念碑的束缚，进入了一个记忆、社会和身份的时代。过去，它代表人类最优秀、最崇高、最古老的天才创造；如今，它已成为最传统的世俗形式。根据定义，遗产指的是非功利性的、与商业世界隔绝的东西，是在社会边缘创造并被保存在档案馆和博物馆中的东西；如今，它在民主社会的旅游和工业经济中发挥着主导作用。以前，它不仅是文化的体现，而且是高雅文化的代表；现在，它已经扩展到自然本身，从此成为我们最珍贵和最脆弱的财产。② 遗产似乎充当了锚定点的角色，固定着记忆、历史、身份、归属、地点和人的叙述，或者说遗产是一种无形的标记，凸显着这些叙述中的关键段落。经由当代遗产、记忆与身份认同的研究与实践，我们得以窥见三者在发展过程中的动态联系与相互影响。

（一）记忆与身份认同赋予遗产价值意义

劳拉简·史密斯（Laurajane Smith，也译"劳拉·简·史密斯"）在其批判遗产研究中指出，与其说遗产是一个"物件"，不如说它是一系列的价值和意义。③ 物质或有形遗产往往被视为过去的物质表征，而"过去"总是由地域感、自我感、归属感及社群感所代言，因此遗产也同时创造了一个"记忆的剧场"，在此过程中，遗产作为身份认同的符号表征被赋予意义，并得以表达。④ 更具体地说，只有通过家庭、国家或国际层面的社会互动，遗产才能完全发挥作用，因为正是这些具体化的交流过程将情节、叙事、价值观和身份赋予遗产，⑤ 并使得由此生成的记忆成为集体身份的重要象征。

正如记忆理论所述，记忆并非纯粹的生理性存在，在社会文化的建构作用

---

① 艾娟、汪新建：《集体记忆：研究群体认同的新路径》，《新疆社会科学》2011 年第 2 期，第 121~126 页。

② Anheier, Helmut, Isar, Yudhishthir Raj, *Cultures and Globalization Heritage, Memory and Identity*, SAGE Publications Ltd, 2011, pp. 9-10.

③ 〔澳〕劳拉·简·史密斯：《遗产利用》，苏小燕、张朝枝译，科学出版社，2020，第 1 页。

④ 〔澳〕劳拉·简·史密斯：《遗产利用》，苏小燕、张朝枝译，科学出版社，2020，第 15 页。

⑤ Dacia, Viejo-Rose, "Cultural Heritage and Memory: Untangling the Ties That Bind," *Culture and History Digital Journal* 4, 2015, p. 18.

下，它是一种具有倾向性的知识，一种关乎自身的、主观性意识活动的产物。而能够决定或左右记忆倾向的，则是与个体、代际、政治、文化、利益等息息相关的，我们可笼统称之为"身份"的东西。① 可见，没有记忆，便没有身份的存在，自我意识、身份认同与文化都会随之丧失，遗产也将失去其内在的价值与意义。②

（二）遗产承载并影响记忆与身份认同

遗产是记忆的储存库，它使集体身份得以存续，并在建立人们与过去的联系方面发挥着关键作用。③ 同时，遗产也是表现记忆的场所，它通过标记特定的"地点"或对象，显示现代社会对于记忆的普遍渴望。因此，那些被赋予重要意义的场所或对象为人们提供了身体上和情感上的联系，通常被视作代表着特定个人、群体或社区的遗产。④ 当人们的身份认同依托于遗产及其文化记忆实现时，遗产实体状态的变化也将牵动他们的情绪。⑤

有赖各种意义与价值的赋予，遗产成为集体成员间凝聚力和认同感的重要源泉，以及进行身份认同和身份交流的关键桥梁。斯图亚特·霍尔指出，遗产是民族国家逐步为自己构建集体记忆和身份认同的一种方式，它总是选择性地将某些最精彩的情节与令人难忘的成就融合到一个正在叙述的民族国家故事中。⑥ 而人们往往假定物质文化遗产能为转瞬即逝、不稳定的身份认同提供一种物质表征和真实存在——遗产所具有的"真实历史"的光环能够促进归属感和历史感的生长，其物质性则能够增强归属感、历史感的物质实在性。正因如此，遗产被视作一种合法化的话语，用于建构和维持一系列的身份认同。⑦

---

① 赵静蓉：《文化记忆与身份认同》，生活·读书·新知三联书店，2015，第73~76页。

② Graham, Brain, Howard, Peter, *The Ashgate Research Companion to Heritage and Identity*, Ashgate Publishing Limited, 2008, p. 42.

③ Apaydin, Veysel, *Critical Perspectives on Cultural Memory and Heritage: Construction, Transformation and Destruction*, UCL Press, 2020, p. 17.

④ Graham, Brain, Howard, Peter, *The Ashgate Research Companion to Heritage and Identity*, Ashgate Publishing Limited, 2008, p. 38.

⑤ Apaydin, Veysel, *Critical Perspectives on Cultural Memory and Heritage: Construction, Transformation and Destruction*, UCL Press, 2020, pp. 3-4.

⑥ Anheier, Helmut, Isar, Yudhishthir Raj, *Cultures and Globalization Heritage, Memory and Identity*, SAGE Publications Ltd, 2011, p. 10.

⑦ 〔澳〕劳拉·简·史密斯：《遗产利用》，苏小燕、张朝枝译，科学出版社，2020，第30~32页。

各种历史遗迹、纪念碑和其他形式的文化遗产允许当下的人们与过去建立联系，并提醒着个人和集体，他们是谁，来自何方。① 此外，遗产价值观念也影响着集体记忆与身份塑造。在选择保护、修复、重建、记录或不记录哪些遗产时，人们需要权衡考虑文化、经济和政治等影响因素。这些被选择的遗产将与特定的叙事相联系，影响社群间相互感知和互动的方式，进而共同形塑对集体记忆与身份认同至关重要的社会意义和文化符号。②

由于遗产具有表征并激发记忆和身份认同的力量，因此，控制遗产叙事——哪些被承认或不被承认为遗产——将意味着影响甚至控制集体记忆及其认同感。③ 换言之，控制遗产，进而控制文化认同与意义制造，不仅是政治博弈的重要资源，还是集体文化表达与凝聚力的重要资源。这在土著文化遗产实践中体现得尤为明显。如澳大利亚、美国、加拿大等国的土著民族通常无法参与管理他们文化遗产的立法活动，一旦土著社区之外的记忆机构收藏了相关的土著遗产，他们便失去了具有回忆及意义制造功能的文化工具。④ 对于任何群体而言，文化遗产无异于文明的血脉，既是其生长的根本，也是其跋涉远方却依旧不忘初心的灵魂居所。

（三）遗产、记忆与身份认同三位一体

如上所述，遗产、记忆和身份三者是不可分离、紧密交织的存在。有学者曾据此提出诸如"遗产—记忆—身份"的"三位一体"（heritage-memory-identity triad）以及"记忆复合体"（memory complex，实际上是"记忆—遗产—身份"复合体的简称）等复合型概念。⑤ 显然，拥有遗产和拥有身份、记忆同等重要，失去遗产也将失去身份和记忆的关键部分。"遗产—记忆—身份"形成了一个概念上的"三驾马车"，它们所涵盖的概念、实践和生活并驾齐驱，相

---

① Apaydin, Veysel, *Critical Perspectives on Cultural Memory and Heritage: Construction, Transformation and Destruction*, UCL Press, 2020, p. 260.

② Anheier, Helmut, Isar, Yudhishthir Raj, *Cultures and Globalization Heritage, Memory and Identity*, SAGE Publications Ltd, 2011, p. 3.

③ Apaydin, Veysel, *Critical Perspectives on Cultural Memory and Heritage: Construction, Transformation and Destruction*, UCL Press, 2020, pp. 261-262.

④ 〔澳〕劳拉·简·史密斯：《遗产利用》，苏小燕、张朝枝译，科学出版社，2020，第235~238 页。

⑤ Whitehead, Christopher, et al. , *Dimensions of Heritage and Memory Multiple Europes and the Politics of Crisis*, Routledge, 2019, p. 28.

互交叠。

记忆和遗产在历史、文化和政治等领域均有着共通之处，而身份更是两者重要的交汇点。无论是记忆和遗产在身份建构和感知中的作用，还是这一作用的政治化，都属于记忆与遗产领域的关键问题。文化遗产常被视为"记忆缓存"，罗斯·威尔逊（Ross Wilson）指出，"记忆研究对遗产分析的价值在于，它承认记忆是通过具有重大社会和文化后果的文化形式有目的地构建的"。① 从记忆的视角重新审视遗产，也即重新审视由记忆叙事转化的各种有形或无形的表达形式，包括不断被构建和修订的"过去"表现形式的政治用途。② 在这之中，遗产成了一面棱镜，折射出人们如何将其身份认同关联于特定的物质载体或物理地点。作为一种活跃的建构过程，遗产不仅是记忆行为的产物，更关涉到如何创造共享的体验及其记忆。记忆与身份对于遗产概念是不可或缺的，因为它们共同诠释了遗产既是一种具有强烈情感影响力的文化主导过程，也是一种理解过去与现在，并为过去与现在赋予意义的个人行为和社会行为。③

三 世界遗产：人类的珍贵记忆

记忆在当今的遗产研究中的地位比以往任何时候都更突出。④ 从家族传承的遗产，到古人创造的遗迹，遗产作为记忆的一种有形形式，在不同范围内被保存和延续，体现着遗产与记忆之间明显的互反馈机制。在全球化大背景下，社会的高速发展在促进文化交流的同时，也带来了文明冲突。对此，社会群体试图利用遗产和记忆资源识别自身，并进行自我认同，以应对关于"我们"和"他们"的"不确定性"。⑤ 关键遗产（如遗址、物质实体、叙事、符号、纪念碑等）在追溯历史、参与当代社会和政治问题方面的潜力正亟待开发，

---

① Wilson, R., "History, Memory and Heritage," *International Journal of Heritage Studies* 15, 2009, pp. 374-378.

② Dacia, Viejo-Rose, "Cultural Heritage and Memory: Untangling the Ties that Bind," *Culture and History Digital Journal* 4, 2015, pp. 95-108.

③ 〔澳〕劳拉·简·史密斯：《遗产利用》，苏小燕、张朝枝译，科学出版社，2020，第248页。

④ Dacia, Viejo-Rose, "Cultural Heritage and Memory: Untangling the Ties That Bind," *Culture and History Digital Journal* 4, 2015, pp. 95-108.

⑤ Anheier, Helmut, Isar, Yudhishthir Raj, *Cultures and Globalization Heritage, Memory and Identity*, SAGE Publications Ltd, 2011, p. 9.

人们热切地怀抱着共同的信念，即遗产中蕴含着一种改变当下与未来的力量。①

（一）记忆研究与遗产实践交汇之际

全球记忆研究与遗产实践于 20 世纪末的交汇深刻影响了世界遗产实践的发展。

19 世纪初，欧洲开始了一系列历史遗迹保护实践，随着时间的推移，其范围逐步从国家内部发展为跨国合作，同时其所保护的遗产对象也逐步从人文古迹扩展至自然景观。19~20 世纪，欧美的相关遗产立法与保护实践为二战后主导遗产保护的国际合作奠定了基础，一系列国际遗产公约纷纷出台。到 1970 年代，"世界遗产"的概念逐渐形成。其中，1972 年是遗产话语发展和制度化的里程碑式年份，联合国教科文组织通过了《保护世界文化和自然遗产公约》（*Convention Concerning the Protection of the World Cultural and Natural Heritage*），这部公约建立了一种保护具有普适性价值的遗产的国际议程，而且将"遗产"的存在确立为重要的国际问题。② 1980 年代，遗产实践面临"过量"（abundance）的现象，遗产的种类和数量在实践过程中变得庞杂繁乱。遗产实践不仅面临分类上的挑战，还需要解决选择性的问题。

同样在 1980 年代，社会科学及人文科学领域学者掀起了"记忆"研究的浪潮。这一浪潮与西方社会出现的"现代性危机"，以及同时期各种天灾人祸所导致的伤痛记忆相伴而生。但与遗产相比，记忆并非能够拥有的一件物体。相反，记忆是一个关于回忆和遗忘的活跃的文化过程。人们在回忆的过程中将过去与当下连接，同时当下持续地重写着我们对于过去的记忆以及历史的意义。③ 如果说遗产是过往历史的痕迹与遗留，提供的是一个历史的骨架，那么记忆则更多的是当代的书写，它正重塑历史的血肉。

（二）世界记忆项目具有特殊意义

联合国教育、科学与文化组织（UNESCO，United Nations Educational，

---

① Mason, R. , "Conflict and Complement: An Exploration of the Discourse Informing the Concept of the Socially Inclusive Museum in Contemporary Britain," *International Journal of Heritage Studies* 10, 2004, pp. 49-73.

② 〔澳〕劳拉·简·史密斯：《遗产利用》，苏小燕、张朝枝译，科学出版社，2020，第 13 页。

③ 〔澳〕劳拉·简·史密斯：《遗产利用》，苏小燕、张朝枝译，科学出版社，2020，第 38~39 页。

Scientific and Cultural Organization，简称"联合国教科文组织"）渴望实现一个世界主义和普遍主义的愿景，该组织的重要成就之一即在文化遗产保护方面对国际法的普遍原则和常规标准做了进一步阐发。① 它与国际古迹遗址理事会（ICOMOS, International Council on Monuments and Sites）共同联合诸多国际非政府组织，共同制定了国际遗产实践的标准规范。联合国教科文组织在其《组织法》中规定，应保存和保护世界书籍、艺术作品、历史和科学古迹的遗产，并提及"普遍遗产"和"人类共同遗产"的概念。② 显然，"世界遗产"这一革命性概念的提出是与之一脉相承的。传统上，财产的继承仅限于个人或社区。但在此，它们具有了更广阔的范围，甚至超越国界，与我们所有人息息相关。③ 以文化景观为例，作为理解遗产、记忆和身份间复杂联系的基本资源，文化景观的视觉特征，如公共建筑、纪念碑、牌匾、基座、涂鸦和街道名称等，可以视为过去和现在的选择性解释在公共场所的映射。它们既是遗产，同时也能够被解读为身份和历史空间化的图标。④

在联合国教科文组织的领导下，国际社会创建了基于"世界遗产"的文物保护体制，该体制将类似于普遍主义等的抽象概念与全球保护运动等具体经验进行了融合。⑤ 但"世界遗产"这一最初宣称具有普世性的概念，目前已受到来自学界以及实践的挑战，亟待不断的自我革新。⑥

在此背景下，世界记忆项目继承并拓展了对世界历史记忆的普世性认识。《世界记忆项目总方针》指出，"世界记忆"是被文献记载下来的世界各族人民的共同记忆——他们被记录下来的遗产——同时也是世界文化遗产的重要部

---

① 〔澳〕林恩·梅斯克尔：《废墟上的未来：联合国教科文组织、世界遗产与和平之梦》，王丹阳、胡牧译，译林出版社，2021，第17页。

② UNESCO, "Constitution of the United Nations Educational, Scientific and Cultural Organization," unesco.org/en/legal-affairs/constitution, accessed: 2022-06-24.

③ Batisse, Michel, Bolla, Gérard, "The Invention of World Heritage," November 2, 2005, https://whc.unesco.org/en/activities/848/, accessed: 2023-08-06.

④ Graham, Brain Howard, Peter, *The Ashgate Research Companion to Heritage and Identity*, Ashgate Publishing Limited, 2008, p. 40.

⑤ 〔澳〕林恩·梅斯克尔：《废墟上的未来：联合国教科文组织、世界遗产与和平之梦》，王丹阳、胡牧译，译林出版社，2021，第75页。

⑥ 张力生：《何为遗产，遗产为何？——评〈文化和自然遗产：批判性思路〉》，《文博学刊》2022年第2期，第115~121页。

分。[①] 世界记忆项目将遗产的意义建构与集体记忆的建构相融合：由于遗产本质上是"意义建构"的过程，世界遗产体系中的公约、宪章、规范也形成了一种"权威遗产话语"；与之相似，哈布瓦赫与康纳顿的记忆研究表明权力在集体记忆建构中发挥作用，并为现存社会秩序提供合法化依据。集体记忆的建构与遗产话语的建构存在共同特点，这进一步证明了世界记忆项目作为世界遗产实践与记忆研究交叉成果的重要价值。

近年来，政客们试图控制社会记忆的意图越来越明显，这导致了"文化记忆的意识形态管控"。[②] 这包括对历史进行立法——历史学家可以或不能主张什么、学校课程必须包括什么，以及对任何误入歧途者的制裁——这引发了"历史自由"运动的产生，呼吁谴责政治当局，以试图确立历史真相，提出反对记忆法律。[③]

"所有这些辩论与遗产的相关性应当十分明确：作为一个不时被定义为'过去的政治'的领域，遗产管理和政策在维护或破坏强加的纪念物或历史叙事方面起着至关重要的作用。法律、出版物、媒体焦点、公共话语以及探索'历史记忆''记忆战争''记忆的社会实践'的研究项目都开始聚焦于遗址，以说明或支持某些观点，并将其作为研究主题，这并非巧合"。[④]

从以上可以看出遗产、记忆和历史之间的关系：遗产和记忆一样，在更多的意义上是一种文化和社会的建构。遗产和记忆往往是一种同构关系，在很多时候公共遗产本身就是集体记忆和文化记忆。[⑤]

在遗产研究领域，哈布瓦赫的集体记忆理论、皮埃尔·诺拉的记忆之场以及阿斯曼夫妇的文化记忆理论都被频繁地提及。正如劳拉简·史密斯在《遗产利用》中所提出的："遗产不是一种物品（thing），也不是'场所'、建筑或其他物质客体。尽管这些东西通常是重要的，但是他们本身并不就是遗产"

---

① UNESCO Memory of the World, "General Guidelines of the Memory of the World (MoW)," https://en. unesco. org/sites/default/files/mow_ general_ guidelines_ en. pdf.

② Lucy, Burke, Faulkner, Simon, "Introduction: Memory is Ordinary," in L. Burke, S. Faulkner and J. Aulich eds. , *The Politics of Cultural Memory*, Cambridge Scholars Publishing, 2010, p. 9.

③ Timothy, Garton Ash, "There are No Wrong Answers in History," *Guardian Weekly, Comment & Debate Section*, 2008, p. 24.

④ 〔英〕达契亚·维约·罗斯：《文化遗产与记忆：解开其中的纽带》，刘炫麟译，《遗产》2020年第 1 期，第 87~113 页。

⑤ 〔英〕达契亚·维约·罗斯：《文化遗产与记忆：解开其中的纽带》，刘炫麟译，《遗产》2020年第 1 期，第 87~113 页。

"遗产是一个与记忆行为建立密切关系的文化过程"。①

记忆研究与遗产研究在研究对象上有相似和共同的基础，但记忆研究更多探讨记忆以何种形式进行叙述与传播，而遗产研究则探讨遗产的物质性含义、其投射到物质性上的价值以及如何对物质性进行保存和展示。目前看来，一个明显的重叠领域是记忆和纪念过程，在这些过程中，记忆叙事以多样的方式被展演和物质化。②

第三节　记忆保存与档案记忆观

档案是人类活动的真实记录，是记忆保存的重要实践。通过对档案文献遗产的保存与保护，特别是在联合国教科文组织世界记忆项目的推动下，全球各国、各地区均积极通过设立档案文献遗产名录、实施各类记忆工程等方式，保存群体记忆、民族记忆、国家记忆、区域记忆以及世界记忆。

20 世纪末以来，中外档案界关于记忆理论的研究持续升温。档案学界以档案与记忆关系的考察为出发点，逐步探索档案、档案工作、档案工作者在社会记忆构建中的价值与作用，形成了"证据—记忆—认同—社会"的范式及"档案记忆观"理论。同时在后现代主义思潮和后保管时代档案理论观点的影响下，档案工作者开始积极参与社会记忆的保存、传播与传承实践，推动档案在身份认同中发挥重要作用，并为记忆研究提供了崭新的思路和广阔的前景。因此，揭开"档案与集体记忆"的神秘面纱，深入探究档案与集体记忆的关系、价值及其应用，对于了解历史文明的发展脉络、把握国家与民族文化的进路与走向具有深远意义。

一　记忆理论中的记录保存与档案

人类实践活动既是一种现实性存在，也是一种历史性存在。这些历史往往通过档案被记录、保存，并通过代际传播不断被继承与发展，从而促进人类的文明沿袭与认同凝聚。因此，档案可以说是一项人类实践活动的终结者、再现

---

① Smith, Laurajane, *Use of Heritage*, Routledge, 2006, p. 44.
② 〔英〕达契亚·维约·罗斯：《文化遗产与记忆：解开其中的纽带》，刘炫麟译，《遗产》2020年第 1 期，第 87~113 页。

者，同时也是这项活动与未来活动之间的连接者。① 档案在记忆建构中展现出不可替代的价值。1996 年，国际档案理事会主席让-皮埃尔·瓦洛（Jean-Pierre Wallot）在第十三届国际档案大会开幕式的致辞中就把档案称作"人类记忆、文化和文明的金子"。从心理学到社会学，记忆理论逐渐开始关注"档案"与"记录"，承认并深入探讨档案在保存人类活动、唤醒沉睡历史、促进文明传承、控制社会记忆和凝聚族群认同中的重大作用和形式机制。

（一）档案是人类实践活动历史性存在的栖息地

档案是用语言符号记录下来的，关于人类过往活动，包括事实与思想的直接记录。回首漫长的人类历史，数千年前人们创造文字，以满足记录日常生活中各类事项及其经验教训，并留待日后行事时稽考。当这些文字被整理汇集起来，就是我们现在所说的记录或档案。② 不论是私人材料还是公文材料，他们被保存起来后都转化成了档案，也就是说，人类最初用文字书写并保存下来的文献就是档案。有了文字，就有了档案。③ 而从真实性的角度看，档案或记录是人们在口耳相传之外探索过往的唯一渠道，有记录才能有"存在"，档案不仅是人类历史存在的家，更是人类历史存在的最重要、最真实、最直接的栖息地。④ 在 2000 年召开的第十四届国际档案大会上，西班牙国王胡安·卡洛斯一世（Juan Carlos）在开幕式上指出："档案馆是保存人类记忆的各种表现形式，保存社会记忆、个人记忆的最权威场所。"⑤ 出于留存过去记忆的需求，人类社会在漫长的发展历程中建立起图书馆、博物馆、档案馆、文化馆等记忆机构，将能够反映社会历史活动、具有重大保存价值的原始记录保存其中，以此存储集体记忆，收藏人类文明。

（二）档案是人类社会记忆跨时空延展的中介者

记忆被长久地存储在记忆机构之中，通常处于"休眠"或"沉睡"的静

---

① 丁海斌：《档案学概论》（第 2 版），科学出版社，2022，第 33 页。
② 刘国均、郑如斯：《中国书史简编》，书目文献出版社，1981，第 8 页。
③ 丁海斌：《档案学的哲学与历史学原论》，辽宁大学出版社，2011，第 279 页。
④ 丁海斌：《档案学概论》（第 2 版），科学出版社，2022，第 33 页。
⑤ 〔西班牙〕胡安·卡洛斯：《第十四届国际档案大会上的致辞》，载《第十四届国际档案大会文集》，中国档案出版社，2002，第 7~8 页。

止状态。当面临重大场合或特定需求时，人们需要借助某种外力跨越时空唤醒沉睡的记忆。美国档案学者特隆德·雅克布森（Trond Jacobsen）、李嘉图·潘扎兰（Ricardo L. Punzalan）等指出："档案常被认为是社会记忆的重要组成，许多职业活动被认为是记忆保存实践。"① 作为社会活动的原始记录，档案为记忆保存提供了多样化载体，从最初的结绳记事，到后来的甲骨档案、金文档案、缣帛档案、纸质档案以及现当代产生的声像档案和电子档案，这些都是存储记忆的重要形式。② 然而无论是记忆内容，还是记忆内容的载体都极易受到破坏，这些外化记忆的脆弱性要求档案工作者肩负起"维护和保存记忆，并传承记忆的责任"。③ 从这一角度来说，档案可以被视为延展人类交流时空范围的重要手段，与其他交流手段（如口述、仪式）一样，它将推动面向过去的记忆保存、面向当下的横向传播和面向未来的记忆传承，从而实现记忆的活化和永久存续。

（三）档案记忆与权力关系

尽管档案在唤醒和传承社会记忆方面发挥着重要作用，但其所承载记忆的绝对真实性和客观性却无法得到保证。社会记忆作为人类社会的重要组成部分，不可避免地受到国家权力的干预和控制。而档案作为人类有意识、有组织的活动记录，其承载的丰富的社会记忆，也在权力因素的影响下带有一定的主观性和选择性。简言之，档案既是社会记忆的控制对象，也是控制社会记忆的手段。

纵观人类社会发展史，统治阶级始终试图通过权力对社会记忆进行干预或控制，以维护其统治的权威性与合法性。正如雅克·勒高夫所言："自古以来，掌权者决定谁可以说话，谁必须保持沉默，即使在档案中也是如此。"④ 显然，档案本质是权力控制记忆的中介和途径。弗朗西斯·布劳因（Francis X. Blouin）等指出，"档案归档与阐释的过程常常间接地反映了档案权力。权

① Jacobsen, T., Punzalan, R. L., Hedstrom, M., "Invoking 'Collective Memory': Mapping the Emergence of a Concept in Archival Science," *Archival Science* 13, 2013, pp. 217-251.

② 万启存、牛庆玮、张爱新：《历史的遗忘与记取——探析档案与社会记忆的关系》，《档案学研究》2015年第2期，第44~48页。

③ 欧文斯、李音：《档案馆：记忆的中心和传承者》，《中国档案》2011年第4期，第59~61页。

④〔加拿大〕特里·库克：《1898年荷兰手册出版以来档案理论与实践的相互影响》，载《第十三届国际档案大会文件报告集》，中国档案出版社，1997，第143~176页。

力对历史记录形成和建构的介入，动摇了档案在重建过去的过程中所享有的权威和特权地位"，① 档案关涉权力，也意味着权力借助档案而留存于史。

此外，档案及其权力控制还体现于社会记忆创造、强化、遮蔽或篡改的过程中。玛格丽特·赫德斯特罗姆（Margaret Hedstrom）指出社会各群体对权力，尤其是话语权的争夺，体现为某些社会记忆是体现特权的，而其他非权力核心的故事则被边缘化。无论是在文件保存体系的设计中，还是在评估和选择归档的所有文件的微小细节中，甚至是在随后不断变化的著录和保存档案的方法中，以及在其传输和利用模式中，掌握记忆选择性保存和限制性利用权力的档案管理员都可以不断进行记忆的塑造和再诠释。② 特里·库克（Terry Cook）等也曾发表相似的观点："档案馆有权优化或是边缘化，它们既可以是特权的工具，也可以是反抗的工具，它们既反映权力关系，又包含管理关系""所有这些因素都意味着有些人能够创建和保护档案，而另一些人则不能"。③

综上，记忆为档案所控制，也为权力所规训。后现代主义的批判对于我们更全面地看待档案在社会记忆建构中的作用及其所引致的后果有着启发性意义，但我们研究档案记忆、社会记忆及其与权力控制的关系，并非要把档案看作社会记忆控制的工具，而是希望对权力的二重性有更清醒的认知，正确认识并利用档案对社会记忆的控制和建构作用，塑造积极正向的国家记忆和民族认同。

（四）档案塑造身份认同

伴随着档案记忆理论研究的深入发展，档案在架构历史之外，其在唤起人们对于国家与民族身份认同方面的重要作用逐渐受到越来越多学者的关注。借由档案这一原始的、可信的、经过固化沉淀的内容载体，身份认同具有了至关重要的合法性依据，认同的厚重感也得以深化和凝固。④

追溯历史，档案与身份认同问题的研究脱胎于后现代主义的思想浪潮，因而在其诞生之初即带有对立于主流话语所塑造的社会记忆的反叛色彩。在传统

---

① 〔美〕弗朗西斯·布劳因、晓牧、李音：《档案工作者、中介和社会记忆的创建》，《中国档案》2001 年第 9 期，第 48~51 页。

② Hedstrom, M., "Archive, Memory, and Interfaces with the Past," *Archival Science* 2, 2002, pp. 21–43.

③ Schwartz, J. M., Cook, T., "Archives, Records, and Power: The Making of Modern Memory," *Archival Science* 2, 2002, pp. 1–19.

④ 冯惠玲：《当代身份认同中的档案价值》，《中国人民大学学报》2015 年第 1 期，第 97~103 页。

"中心—边缘"的档案工作框架下,非主流叙事的权利无法得到保障。基于对此的反思,西方档案学者开始将更多目光投向少数族裔、特殊性取向人群等少数社群,关注档案如何参与其身份认同建构。通过档案重塑、加强、保护、突出边缘及少数人群的身份,成为部分西方国家保护社会边缘群体的方式之一。西方档案学界引入了行动主义的思想,提出应当通过档案工作者的积极行动和社群档案自治的方式维护社会公正。具体来说,档案行动主义强调社群在档案框架中的主体地位,呼吁档案机构与社群展开对话。同时档案机构应根据社群的需求保存各记录主体的档案,以便利的方式为社群提供记录相关历史事实的档案,并广泛开展社群建档运动,切实保障社群回忆和记忆自己历史的权利,① 使档案能够倾听与收录更多人的声音,成为不同社群寻求身份认同的凭证和依托。

二 档案学的记忆范式与"档案记忆观"

作为"记录"的重要途径,档案凭借其对人类社会活动的真实反映,使文明图谱得以穿越时空、纵横古今,为后世知晓、欣赏和研究,在记忆的形成、保存、传播、传承中发挥着不可或缺的作用。在这一过程中,档案记忆理论逐渐系统化,特里·库克基于档案领域的发展总结了"证据—记忆—认同—社区/社群"四种档案学范式,推动了档案记忆研究的深入发展。而档案记忆观的出现更是系统地将档案与记忆联结,明确了"档案—档案馆—档案工作者"三大核心主体在记忆建构中的作用机制,并从档案学理论与档案价值出发,对档案记忆实践进行指导,是当前档案记忆理论研究的核心成果和理论精华。

(一)"证据—记忆—认同—社区/社群"档案学范式的提出

加拿大学者特里·库克在总结 19 世纪至今的档案工作者对其工作、职能、活动及社会作用的认识时,将近现代档案学研究概括为四个研究范式:证据(evidence)、记忆(memory)、认同(identity)、社区/社群(community)。②

在第一个范式"证据"中,职业档案人员和档案馆本身是政府司法证据

---

① 聂勇浩、黄妍:《"积极参与"的档案学:档案行动主义探析》,《档案与建设》2021 年第 12 期,第 12~16 页。

② 〔加拿大〕特里·库克:《四个范式:欧洲档案学的观念和战略的变化——1840 年以来西方档案观念与战略的变化》,李音译,《档案学研究》2011 年第 3 期,第 81~87 页。

的守护者或保管者，需要保持中立、客观的态度守护档案文件中的"真相"。但随着两次世界大战爆发、大萧条出现以及大量新的社会计划的实施，国家产生的文件数量呈爆炸式激增，要求对档案文件进行挑选和削减，推动着档案学范式由"证据"转为"记忆"。

在第二个范式"记忆"中，档案被视为社会记忆的建构要素，由档案工作者有意识地创建，而不再仅停留于自然遗存的继承层面。档案工作者在其中充当着十分关键的角色，被视为"历史学者型的档案员"或"历史学者的助手"。他们通过对于历史书写的体悟进行档案价值的鉴定与收集，使档案文件的覆盖范围不断扩大。档案工作者成为积极的档案塑造者，正有意识地构建公共记忆。然而，在档案工作者决定档案的去留之时，总是不可避免地掺杂个人的主观色彩，由此生成的记忆并不能保证绝对的中立和客观。档案学的"记忆"范式承认了这一点，而这也为档案记忆研究的发展留下了空间。

此后，又出现了第三个范式"认同"，即档案工作者以专家的身份引领社会，借助共同记忆完成不同社区/社群的身份认同建构。随着数字时代的发展，人们开始利用网络进行个人建档与存档，社区/社群记忆的共建与共享蔚然成风，当代档案学的第四个范式"社区/社群"已然生成。

档案学四个范式的发展在高度概括与总结了1840年至今档案学研究的变革与创新的同时，也显现了档案与记忆的脉络如何相互连接并日益密不可分——档案是外化的记忆，而记忆是档案长久存续的重要身份与活力之源，记忆的力量不仅使曾经处于"幽灵"状态的档案管理员拥有了"血肉之躯"，更赋予了档案独特的光亮，允许其普照与温暖曾经阴冷的角落。

（二）档案记忆观的形成与发展

档案记忆观兴起于20世纪末，因受社会记忆理论、后现代理论等思想启发，以及世界记忆项目等实践的推动而逐渐进入学界视野，成为档案学研究的新视点。1982年，加拿大档案学家休·泰勒（Hugh A. Taylor）提出，档案是一种定格于时空的集体记忆。[①] 在我国，1989年，中国人民大学陈智为教授在《档案社会学概论》中指出："从档案发展的历史过程来看，其每个发展阶段

---

① Taylor, H. A., "The Collective Memory: Archives and Libraries as Heritage," *Archivaria* 15, 1982, pp. 118-130.

都是以增强人类的记忆功能为核心的……国家档案工作体制的出现，使档案记忆系统成为社会专职的机构，人们开始有意识、有目的地控制档案记忆功能为人类服务。"① 以上观点和研究均表明了早期国内外学者对于档案与社会记忆关系的关注。

2006 年，薛匡勇从现代档案观的内涵引入，创新性地提出了档案的社会记忆观、知识观、开放观、服务观、效益观，阐明了现代档案观研究对于档案工作的意义。他认为"档案所具有的社会记忆作用是由其自身属性所决定的"，并将档案社会记忆观定义为"人们对于档案作为社会各项活动的原始记录而具有的构建人类社会记忆的作用和价值的基本认识"。这一理解拓宽了对于档案的传统认识，将其从记录历史的证据变为保留社会记忆、传承人类文化的载体，为后续档案与记忆的理解与发展奠定了基础。②

2009 年，丁华东首次正式使用"档案记忆观"一词，他从载体关系、客化关系、建构关系、控制关系四个方面理解档案与社会记忆的关系，并将档案与社会、国家、民族、家庭的历史记忆联结起来，强调档案是一种社会（或历史、集体）记忆，含有"集体记忆的关键"，档案馆是"记忆的保存场所"或"记忆宫殿"，并从个人乃至民族的根源感、认同感、身份感的高度去看待档案及其保护的重要性。③

2012 年，冯惠玲梳理档案记忆观的兴起，从档案学、社会学的角度对档案工作与集体记忆进行了总结，并归纳出档案记忆观的基本观点："档案是建构集体记忆重要且不可替代的要素；档案工作者有责任通过自身的业务活动积极主动地参与集体记忆的建构、维护与传承；档案工作者的观念、工作原则与方法对于社会记忆的真实、完整与鲜活产生正面或负面的影响。"④ 由此，"档案记忆"成为愈加独立的研究主题，其概念也逐渐清晰。丁华东等指出："档案记忆"是从社会记忆视角看待和认识档案的一种提法和称谓，可以简单表达为档案是社会记忆的一种形态、一个类别、一种资源。它既融汇于社会记忆之中，又是社会记忆的独立组成部分，与文物记忆、口承记忆、仪式记忆、其

① 陈智为：《档案社会学概论》，南开大学出版社，1989，第 13 页。
② 薛匡勇：《现代档案观研究》，《档案学通讯》2006 年第 2 期，第 17~21 页。
③ 丁华东：《档案记忆观的兴起及其理论影响》，《档案管理》2009 年第 1 期，第 16~20 页。
④ 冯惠玲：《档案记忆观、资源观与"中国记忆"数字资源建设》，《档案学通讯》2012 年第 3 期，第 4~8 页。

他文本记忆（典籍）、实物遗迹记忆等分别构成社会记忆的专有形态。人们将社会记忆以档案的方式加以留存，又将档案留存的记忆重新开发转化为社会共享的记忆，实现社会记忆档案化与档案记忆社会化的互化交融。档案与记忆由此交相辉映，相互印证。①

档案是人们在社会实践活动中形成的原始记录，是辅助记忆的重要资源。伴随着档案与记忆研究逐渐铺开深入，"档案记忆观"逐渐成为学界共识，其理论的提出为我们在技术、经济飞速发展，社会、文化急剧变迁的当下中国，如何长久、有效地保护与传承中华民族集体记忆提供了一种新的思路。②

（三）档案是建构集体记忆重要且不可替代的要素

档案是社会记忆建构的物质基础。过去，档案的价值往往体现于其凭证作用，但随着档案与记忆相关研究的深入，记忆属性逐渐"成为继档案的'知识属性'和'信息属性'之后的又一重要概念"。③ 尽管社会记忆是一种历史性的建构过程，但其建构仍需依赖丰富而真实的记忆内容才能完成，而这些记忆内容的载体与集合就是档案。如特里·库克所提出的，档案是关于过去的、建构性的记忆。④ 丁华东也认为，档案是社会记忆的物化形态，"是固化的记忆"。⑤ 他支持在社会记忆的本体性表达中看待档案，即将档案直接作为社会记忆来看待。⑥ 这些观点更多地注重突出档案作为记忆的直接来源的重要地位。

然而，档案本身不是社会记忆。社会记忆是被社会大众广泛接受并经常被集体回忆、共同分享的记忆。它是记忆，而非记录。⑦ 如果记忆机构中的档案并未被社会大众广泛接受与共享，那么它们就不是社会记忆。国内外许多学者

---

① 丁华东、陈展、杨寅：《是"毒药"还是"良药"——论社会记忆档案化与档案记忆社会化的互化交融》，《档案学研究》2020 年第 5 期，第 19~25 页。

② 徐拥军：《档案记忆观的理论与实践》，中国人民大学出版社，2017，第 7 页。

③ 万启存、牛庆玮、张爱新：《历史的遗忘与记取——探析档案与社会记忆的关系》，《档案学研究》2015 年第 2 期，第 44~48 页。

④ Cook, Terry, "Evidence, Memory, Identity, and Community: Four Shifting Archival Paradigms," *Archival Science* 13, 2013, pp. 95-120.

⑤ 丁华东：《档案记忆观的兴起及其理论影响》，《档案管理》2009 年第 1 期，第 16~20 页。

⑥ 丁华东：《在社会记忆中思考档案——档案学界之外有关档案与社会记忆关系的学术考察》，《浙江档案》2010 年第 3 期，第 24~28 页。

⑦ 丁海斌：《档案学概论》（第 2 版），科学出版社，2022，第 33 页。

都持这一观点，如卡罗琳·布朗（Caroline Brown）认为档案只是记忆恢复的来源，档案馆并不存储记忆，"正如历史不等同于过去，档案也不等同于记忆，档案既不是记忆的存档仓库，也不是身份的持有者，因为记忆与身份都并非可以被放置、隐藏或显露的离散对象"。① 国内学者徐拥军②、潘连根③、卫奕④等也都支持"档案不等同于社会记忆"的论断。卫奕认为，档案记录本身并不一定能直接成为记忆，而是需要经过社会选择、认知和情感认同。"历史档案是死的，是不可更改的认识的积累，社会记忆则是活生生的，它从情感的视角体验过去。"⑤ 历史学家王明珂同样提出，虽应将史料作为社会记忆的遗存，并对其记忆的来源、制造和利用的方式以及该如何保存和遗忘进行思考，但档案本身不等同于记忆。⑥

尽管存在"档案是否等同于社会记忆"的不同声音，但档案学界已就"档案与社会记忆有着极其密切的关系"达成共识。学者们将重点转移至档案与社会记忆之间关系的具化，提出"档案是社会记忆的工具""档案是社会记忆的载体""档案工作本身具有社会记忆建构性""档案工作者是社会记忆建构的积极因素"等代表性观点。相较其他社会记忆的形成形式（如纪念仪式、口述历史以及文学作品、电影、音乐等各种刻写的符号系统），档案凭借其本质属性——原始记录性，成为记忆建构中最基本、最稳定、最深层的要素，并为关注者提供了事实、关联、依据和理性，以此浸入每一个时代的集体记忆，拥有了不可替代的优势。因此，档案是建构集体记忆的重要且不可替代的要素。⑦

---

① Brown, C., "Memory, Identity and the Archival Paradigm: Introduction to the Special Issue," *Archival Science* 13, 2013, pp. 85~93.

② 徐拥军：《档案记忆观：社会学与档案学的双向审视》，《求索》2017 年第 7 期，第 159~166 页。

③ 潘连根：《论档案的记忆属性——基于社会记忆理论的分析研究》，《浙江档案》2011 年第 8 期，第 32~35 页。

④ 卫奕：《论档案编研与社会记忆的构建》，《档案学通讯》2008 年第 6 期，第 45~47 页。

⑤ 郭景萍：《社会记忆：一种社会再生产的情感力量》，《学习与实践》2006 年第 10 期，第 109~112 页。

⑥ 徐拥军：《档案记忆观的理论与实践》，中国人民大学出版社，2017，第 26 页。

⑦ 冯惠玲：《档案记忆观、资源观与"中国记忆"数字资源建设》，《档案学通讯》2012 年第 3 期，第 4~8 页。

（四）档案馆是社会记忆建构的场所

传统上，人们习惯将档案馆称为"记忆宫殿"或"记忆的殿堂"。在第十三届国际档案大会的报告中，特里·库克援引 1596 年利玛窦向中国明朝政府提出建造"记忆宫殿"的历史典故，指出当今全世界的档案工作人员仍在建造"记忆宫殿"。[①]"记忆已经完全转化为最细致入微的重构。这是一种被记录的记忆，它让档案去为它铭记，并删减承载着记忆的符号的数量"。[②]"记忆之场"理论的提出者皮埃尔·诺拉也多次提及档案、档案馆，指出"现代记忆最重要的是档案，档案馆是拥有、建构历史记忆或者现代记忆的场所"。此外，他还将档案馆作为记忆之场的代表，而且特别指出其象征性意义，"即便像档案馆这样看起来纯粹实在的场域，也只是因为象征性的光环赋予其上而成为记忆的场所"。[③]作为记忆宫殿与记忆之场的档案馆，不仅需要积极收录更为丰富多元的记忆，也需要强化对其"场"的象征性理解，以便更深刻地把握和阐释它与国家—民族记忆的关系。[④]

（五）档案工作者是记忆的建构者

档案工作者是记忆建构中积极的能动主体。在他们选择和鉴定把哪些文件放入档案机构时，便已然参与了社会"记忆"或"遗忘"的建构。从这一意义上来说，档案工作者正有意识或无意识地决定社会的哪些方面或哪些群体将会被未来所记忆，其思想观念、工作原则和技术方法将对社会记忆的真实、完整与鲜活产生正面或负面的影响。记忆植根于档案，[⑤]然而，档案工作者并不是被动的"证据保存者"，而是主动的"社会记忆建构者"。正如特里·库克所说，"主要的历史诠释行为并非发生在史学家打开档案盒之时，而是发生在

---

① 〔加拿大〕特里·库克：《1898 年荷兰手册出版以来档案理论与实践的相互影响》，载《第十三届国际档案大会文件报告集》，中国档案出版社，1997，第 143~176 页。

② 〔法〕皮埃尔·诺拉主编《记忆之场：法国国民意识的文化社会史》，黄艳红等译，南京大学出版社，2015，第 8~12 页。

③ Nora, P. , "Between Memory and History: Les Lieux de Mémoire, "*Representations* 26, 1989, pp. 7–24.

④ 丁华东：《记忆场理论与档案记忆研究的学术思考》，《浙江档案》2019 年第 7 期，第 9~11 页。

⑤ Schwartz, J. M. , Cook, T. , "Archives, Records, and Power: The Making of Modern Memory, "*Archival Science* 2, 2002, pp. 1–19.

档案工作者装盒之际"。① 档案工作者正在记忆建构中发挥其主观能动性。

这种认知转变实际上是对传统档案工作者"客观的""中立的""无偏见的"保管者角色提出挑战，并要求承认档案记忆本身是一个主观或社会因素介入的重构过程。根据哈布瓦赫的观点，集体记忆的本质是一个社会建构的过程；历史学研究也逐渐认识到，在"记录"这种"碎片的碎片"基础上建构起的历史，多为当下对过去的一种"重构"，已然不可等同于记忆和事实本身。同样地，档案本质是人为选择的产物，档案工作者在其工作中总是无可避免地掺进自己的价值，这意味着档案活动绝非"隐形的幽灵般的"存在，相反，"幽灵必须变成血肉之躯"，② 档案工作者需要明确自身作为记忆建构者的定位。

三　数字时代的档案记忆研究

快速发展的数字技术在推动档案记忆实践繁荣的同时，也对档案记忆理论产生了极大的冲击与挑战。如不断迭代的数字工具导致的文件格式过时，可重复添加、修改的文件如何验证其原始性和真实性，大量产生于互联网、社交媒体的原生数字记忆如何进行存档及长期保存等。显然，局限于档案事业内部、以"档案—档案馆—档案工作者"为主要维度的传统档案记忆理论，已难以适应数字时代档案工作开放性、立体性、多维性、融合性、连续性等要求。数字时代的档案记忆正被重塑，迫切需要理论层面的解释与指导。

2021年，联合国教科文组织将"数字时代的文献遗产与记忆保存"定义为世界记忆项目未来发展的主要方向，对传统档案记忆理论变革提出要求。冯惠玲教授指出，"档案记忆理论与数字记忆"是"'十四五'时期档案学重点研究领域"。③ 不难看到，数字时代的档案记忆理论与实践，已成为当前档案事业创新发展的重点之一。因此，探索数字时代档案记忆领域的新变化、新问题、新方法，整合多学科、跨学科对"数字—档案—记忆"问题的思考，创

---

① T. 库克、李音：《铭记未来——档案在构建社会记忆的作用》，《档案学通讯》2002年第2期，第74~78页。
② T. 库克、李音：《铭记未来——档案在构建社会记忆的作用》，《档案学通讯》2002年第2期，第74~78页。
③ 冯惠玲等：《回顾与前瞻："十三五"档案学科发展调查和"十四五"档案学重点研究领域展望》，《档案学通讯》2021年第1期，第4~15页。

新数字时代的档案记忆理论，既是指导档案记忆工程建设的实践需要，亦是档案学研究的时代课题。

我国档案学界围绕"数字与记忆"，先后提出了载体观、资源观、文化观、数据观。（1）载体观。早期档案领域将电子文件视为新的记忆载体，直接影响国家数字记忆的保存。① 一些学者指出数字记忆是档案记忆观研究的新领域，档案学界应将研究视野投向以电子文件为主要载体的数字记忆，承担保护数字时代档案记忆的责任。（2）资源观。随着研究的进一步深入，以数字档案资源为基础，构建"中国记忆"工程的探索逐步提出，② "中国记忆"数字资源库工程的内涵和使命、价值理念、建设原则和资源架构等不断完善，档案部门开展的数字档案资源和记忆工程建设，实现了记忆自觉。③ （3）文化观。近年来，随着数字人文理念与技术的发展，数字形态的档案记忆被视为文化记忆的"数字宫殿"。④（4）数据观。数字技术的迭代实现了档案记忆的信息化、数据化，以及记忆的思维拓展，⑤ 学者们更多地从数据管理、数据挖掘的视角看待和研究档案记忆资源。

此外，在哲学、历史学、社会学、传播学等学科对数字时代记忆问题的探讨中，有关档案概念的拓展、数字存档场所、媒介记忆"档案化"等问题被持续关注。例如，随着数字技术的发展，档案作为各种存储形式的隐喻，日益成为"动态与时间的网络，软件环境和用于记忆及其重组的社交平台"，⑥ 并为理解数字媒介文化提供了认识路径；"动态档案"（dynarchive）、⑦ "微观档案"（microarchive）⑧ 等概念被提出。媒介化的档案与数字工具相结合，以不

---

① 杨冬权：《贯彻王刚同志重要批示精神 以建设电子文件中心为突破口 全面建立有中国特色的电子文件管理体系——在全国电子文件中心建设经验交流会上的讲话》，《中国档案》2007年第6期，第6~9页。

② 冯惠玲：《档案记忆观、资源观与"中国记忆"数字资源建设》，《档案学通讯》2012年第3期，第4~8页。

③ 徐拥军：《建设"中国记忆"数字资源库的构想》，《档案学通讯》2012年第3期，第9~13页。

④ 冯惠玲：《数字记忆：文化记忆的数字宫殿》，《中国图书馆学报》2020年第3期，第4~16页。

⑤ 周耀林、刘晗：《数字记忆建构：缘起、理论与方法》，《山东社会科学》2020年第8期，第50~59页。

⑥ Parikka, J., *What is Media Archaeology*, Cambridge, 2012, p. 15.

⑦ Ernst, W., Parikka, J., *Digital Memory and the Archive*, University of Minnesota Press, 2012, p. 82.

⑧ Ernst, W., Parikka J., *Digital Memory and the Archive*, University of Minnesota Press, 2012, p. 87.

同视角分析和阐明历史与记忆等问题。这种内容、工具与分析的结合，是数字史学的标志之一。[①] 特别是，记忆与存储的融合是数字媒介的新特性。档案处于"数字转接"的状态，不再局限于个人、地方、机构甚至国家，而成为一种自洽的"社会—技术"。[②] 通过网络协议连接计算机和存储介质的分布式归档，成为新的归档形式。[③]

近年来，越来越多的学者将新的技术模型和方法应用于数字档案资源建设，覆盖从数据组织、文本挖掘、长期保存到可视化呈现的记忆建构全流程。数据组织方面，部分学者应用"面向对象的概念参考模型"（CIDOC-CRM/FRBR）等本体模型，构建数字时代的国家集体记忆平台[④]和城市记忆工程[⑤]。文本挖掘方面，学者们对档案编研成果进行预处理，使用 LDA 模型对其成果进行主题挖掘，通过命名实体识别及主题相似度计算的方法抽取其概念、关系与属性。[⑥] 长期保存方面，如"北京记忆"项目就在史料资源与空间资源采集的基础上架构了基于 OAIS 的资源长期保存平台；纽约的"根茎"（Rhizome）组织一方面保存网络数字艺术遗产，另一方面开发 Colloq、Webrecorder 等各种存档工具，满足艺术创作长期保存的需求。[⑦] 可视化呈现方面，有学者在理论上综合"城市记忆工程"和"逆向工程"理念，应用历史地理信息系统、知识图谱、虚拟现实等技术与工具，设计面向"城市逆向记忆工程"的技术框架[⑧]等，在实践上也有阿姆斯特丹时光机、西班牙 3D Capitals 项目和莱比锡时光机等基于档案记忆资源的数字项目。这些项目都采用智能化手段实现了城市

① W. G. Thomas, *A Companion to Digital Humanities*, Amsterdam University Press, 2004.

② 赵静蓉：《数字时代中的国家记忆危机及其未来》，《文艺理论研究》2021 年第 3 期，第 34~43 页。

③ Uricchio, William, *Digital Material: Tracing New Media in Everyday Life and Technology*, Amsterdam University Press, 2009.

④ Hyvönen, E., et al., "CULTURESAMPO-A Collective Memory of Finnish Cultural Heritage on the Semantic Web 2.0," in International Symposium on Digital Humanities for Japanese Arts & Cultures, 2011.

⑤ 牛力、蒋菲、曾静怡：《面向数字记忆的数字文档资源描述框架构建研究》，《档案学研究》2019 年第 4 期，第 40~49 页。

⑥ 陈忻、房小可、孙鸣蕾：《社会记忆再生产：北京香山红色档案编研成果的细粒度挖掘研究》，《山西档案》2021 年第 1 期，第 79~87 页。

⑦ 周耀林、刘晗：《数字记忆建构：缘起、理论与方法》，《山东社会科学》2020 年第 8 期，第 50~59 页。

⑧ 赵生辉、胡莹、黄依涵：《打造"时光机器"：城市逆向记忆工程理论与实践初探》，《档案学研究》2021 年第 6 期，第 114~121 页。

空间的 3D 建模和沉浸体验，直观映射与还原了特定地区跨时代的社会、文化和地理的发展与演变，极大提高了记忆项目的互动性。①

当前，数字时代的档案记忆问题已引起国内外各学科的广泛关注，但相关研究仍存在偏重技术实践而缺乏理论思考、关注数字化记忆而忽视原生数字记忆、档案学界对其他学科的回应互动不足等问题。面对数字时代急剧变化的社会环境，档案学界有必要拓宽研究视野，增强学科互动，关注数字空间中档案工作面临的新问题，探索数字时代下档案记忆理论的新发展，留存数字时代的记忆遗产。

第四节　记忆研究的全球性与世界性记忆

一　记忆研究的全球转向

在世界各地民族主义运动兴起和民族国家建构的历程中，往往会宽泛地将"记忆"等同于本民族或是本国的"历史"。人们试图通过记忆来增强民族或国家的凝聚力，构建身份认同感与归属感。而在博物馆、档案馆、展览、影视等"记忆之场"进行记忆的复刻、展演与传播也会无形中促使不同民族，乃至不同国家间因分享共同的记忆而形成"想象的共同体"。在加速发展的全球化进程中，大量个体记忆不断碰撞、交流，最终融合成一个稳定的集体记忆，不同国家、区域之间的记忆边界也在此过程中消弭。

（一）国家民族框架下的"集体记忆"研究

国家是一定范围内的人群所形成的共同体形式，可以看作集体记忆构建的一个主体单位。国家记忆议题的出现并非空穴来风，而是源于身份认同构建与文化精神传播的政治需求，是一种顺应时代的选择。基于约翰·吉利斯（John Gillis）划分记忆与历史关系的"前国家"（pre-national）、"国家"（national）和"后国家"（post-national）三个阶段，社会学者钱力成认为，1980年代"记忆潮"时期所出现的记忆研究无疑更多对应于"国家时期"，也即"民族

---

① 王晓光、梁梦丽等：《文化遗产智能计算的肇始与趋势——欧洲时光机案例分析》，《中国图书馆学报》2022年第1期，第62~76页。

国家框架"。① "没有记忆就没有认同，没有认同就没有民族。"② 民族国家记忆研究无法避免对于文化与认同的探讨。对于一个民族、国家而言，文化精神与历史记忆关乎灵魂与命脉，是国家秩序稳定、持续发展的内在支撑，是社会发展的原动力、向心力和驱动力。

追溯历史可以发现，档案文献多是国家权力的集中体现，历史学家们往往都是在完成基于"官方叙事"档案的历史研究。皮埃尔·诺拉就曾将档案馆等记忆机构看作"记忆之场"，他通过完成从"民族性到遗产性"意识的过渡，试图构建一种"民族感情"的研究，挖掘档案在身份认同构建中的积极作用。③

面对数字化、全球化下国家记忆可能被干预影响的危机，俄罗斯将"信息与历史记忆安全"纳入《俄罗斯联邦国家安全战略》（2021），以应对部分西方国家对历史记忆的"篡改"，④ 我国"总体国家安全观"也着重强调"文化安全是维护总体国家安全重要保障"，⑤ 这些举措都凸显了记忆之于国家、民族的重要性。

在数字时代的语境中，数字化生存已是常态，包括国家记忆在内的一切记忆研究都发生了巨变。数字记忆日益呈现变动不居的"流动性"样态。由于记忆被数据化，并被转化为信息储存在网络空间里，同时当今全新的媒介生态对记忆具有无所不在的塑造，因此记忆相关的筛选和判断问题尤为突出。⑥ 如何保存共同记忆以避免"集体失忆"，如何选择国家记忆来稳固身份认同，成为摆在记忆工作者面前的难题。

（二）跨国家民族集体记忆催生文化竞争

尽管集体记忆研究更多地关注国家文化、民族认同等议题，但普遍存在的

---

① 钱力成：《记忆研究：超越民族国家和世界主义框架》，《学术月刊》2021 年第 11 期，第 132~139 页。
② Smith, A. D., "The Ethnic Origins of Nations," *British Journal of Sociology* 39, 1987, pp. 340-367.
③ Picoeur, Paul, *la mémoire, l'histoire, l'oubli*, Seuil, 2000, pp. 522-535.
④ 张弘：《俄构建文化安全应对西方软刀子》，《环球时报》2021 年 7 月 7 日，第 14 版。
⑤ 赵磊：《文化安全是维护总体国家安全重要保障》，光明网，2022 年 5 月 30 日，https://www.gmw.cn/xueshu/2022-05/30/content_35778574.htm，最后访问时间：2023 年 3 月 9 日。
⑥ 赵静蓉：《数字时代中的国家记忆危机及其未来》，《文艺理论研究》2021 年第 3 期，第 34~43 页。

跨国记忆现象在全球化时代已不容忽视。埃里克·桑格纳（Eric Sangar）在"记忆战争"与"共享身份"的研究中探讨了跨国记忆的形成过程。① 他认为，当不同政治群体的代表"分散地参与"同一行为时，就可能生成跨国性质的集体记忆。而当参与者们共同参与同一个规范目标和价值观时，则将形成跨国集体身份。但"跨国集体记忆"概念并未实现彻底的理论化。究其原因是记忆话语更容易成为社会冲突的根源，尤其当涉及战争、奴役等具有冲突性的创伤记忆时，"跨国集体记忆"容易引发焦虑、羞耻或愧疚情绪。除此之外，即使相关记忆话语在媒体中得到反映和解释，也会在传播和转化过程中逐渐成为主观性的"政治记忆"，往往以表达与政治权力相关的利益为目的。非主流、边缘化的记忆可能会在时间的消逝中被掩埋，而这种政治权力斗争的影响也可能造成"记忆的滥用"。

但跨国记忆话语能否推动民族国家之外的集体身份的出现，仍取决于双方是否就"卷入"同一叙事达成一致。以法德和解为例，在两次世界大战后，法国和德国成功地发展了一种叙事，即在两国卷入两次战争的基础上，将其看作一个共同的教训，并提出未来合作的共同利益和道德责任。② 显然，只有承认和接受叙事中的相互参与，才能形成一种跨国家的集体身份。这种身份由一系列共同利益或道德义务来定义，而这些共同利益、道德义务则由各个群体中的成员同意承担或分享。由此可见，随着跨越国界的记忆话语日益密集，跨国共识或许也将不断形成。同时，共同利益意味着可能存在争夺与斗争，关于记忆的"战争"在跨国集体记忆话语中常常体现为国家间的文化竞争。

（三）"全球化"推动记忆研究的框架反思

随着全球化的发展，跨国集体记忆现象日益普遍，"民族国家"的研究框架逐渐被质疑，学界开始反思这一框架是否忽视了其内部、外部及其自身边界的复杂性、异质性和流动性。由此催生新的记忆研究热潮，对应为超越民族国家的"世界主义框架"。钱力成指出，民族国家框架内的"文化"概念往往被过分地本质化（reified），即"文化"的多元性在民族国家框架内无法得到充分理解，它被简化为一个静态的、不变的单位，文化单位内部、外部及其轮廓

---

① Kantner, C. , Tietz U. , "Identitäten und Multiple Identitäten, "in Crome, E. and Tietz, U. , eds. , *Dialektik, Arbeit, Gesellschaft: Festschrift fürPeter Ruben*, Welt Trends, 2013, pp. 47-63.

② Kantner, C. , Tietz U. , "Identitäten und Multiple Identitäten, "in Crome, E. and Tietz, U. , eds. , *Dialektik, Arbeit, Gesellschaft: Festschrift fürPeter Ruben*, Welt Trends, 2013, pp. 47-63.

本身的变动性却被忽视了。在此影响下，"文化""国家"被视作记忆的容器，这种"容器文化路径"（container-culture approach）及其"方法论民族主义"将地域、族裔等各种现象相捆绑，不仅在意识形态上是可疑的，在方法论上也是不坚实的。而实际上，当今社会生活中存在着越来越多超越单一"容器"的议题，例如世界宗教、全球性的移民、欧洲左派（运动）、足球、音乐文化、消费文化等，所有这些都需要跨国家的记忆网络支持运作。[①]

同时，数字技术的变革也引发了对于所谓集体记忆的重新思考。安德鲁·霍斯金斯（Andrew Hoskins）提出了记忆研究的"连接转向"（connective turn），即"当日渐密集的社交网络在人们的生活扩散，大量增加、普及和可访问的数字技术设备形成了对于时间、空间和记忆的持续重新校正"。[②] 换言之，被连接的人、关系、事件可能会永远处于动态变化之中。此类连接与流动也暗示了记忆研究在数字化、全球化以及媒介等影响下的跨越与共生。过去可能会被遗忘的记忆，正在数字环境和数字媒介的作用下成为共同记忆，从"分散"逐渐走向"共同"，从"代表世界"变成了"世界本身"。例如，在新冠疫情大流行的背景下，数字环境为新冠记忆的塑造与固化提供了人人共享的记忆空间，世界各地的疫情数据与信息"触手可得"，人类可以通过社交媒体加入对疫情本身或是封控生活的讨论。人们所经历的、所了解到的以及所认同的记忆，不再局限于某个地区的"档案""日记"等模拟态的资料，而是基于彼此之间的影响和关联，以及跨越地理距离、同一时空下对全人类记忆的观测与体悟。当数字技术有力地粉碎了记忆研究中略显乏力的个体与集体（individual-collective）的二元论，[③] 数字记忆的主体与客体如何界定，以及哪些因素影响其生成、传播与遗忘，这些问题已无法在原有的框架中得到完整的解释。

二 突破民族国家研究框架的"世界性记忆"

当代，记忆研究领域正涌现出一批"世界主义"取向的理论和作品。如埃尔提出"旅行记忆"（traveling memory）、"跨文化记忆"（transcultural memory）

---

① 钱力成：《记忆研究：超越民族国家和世界主义框架》，《学术月刊》2021 年第 11 期，第 132~139 页。

② Hoskins, A., "7/7 and Connective Memory: Interactional Trajectories of Remembering in Post-Scarcity Culture," *Memory Studies* 4, 2011, pp. 269-280.

③ Hoskins, A., "Memory of the Multitude: The End of Collective Memory," in Hoskins, A., eds., *Digital Memory Studies: Media Pasts in Transition*, Routledge, 2018, pp. 85-106.

等新的记忆研究方向；① 列维（Daniel Levy）和施奈德（Natan Sznaider）等学者所强调的"世界性记忆"（cosmopolitan memory）等。②

埃尔认为，当代社会记忆的范围已超越民族国家的边界，它们正通过各种媒体，以各种形式不间断地传播和旅行，并且在时间和空间中不断被转换和重构。③ 记忆的流动性意味着它必然会超越某些边界，也必然会超越民族国家这个框架。"记忆的流动性"包括以下五个元素。第一，记忆承载者（carriers），即那些"共享关于过去的集体意象（images）和话语的人，那些实践记忆仪式、展现传承惯习、使用显性或隐性知识剧目（repertoires）的人"。例如，各类移民群体，无论是被流放的犹太人还是在德国的土耳其人都是这种记忆的承载者。第二，媒体（media），媒体是记忆旅行的重要维度：从口述歌谣到印刷媒介、电影、因特网，媒体使得记忆的去地域化更为容易。第三，记忆内容（contents），主要指共享的图像（images）和话语（narratives）。例如，奥德赛（Odyssey）所传颂的那些故事，甚至是美国"9·11"事件所包含的画面都是这样的记忆内容。第四，记忆的实践（practices），如一战后对战亡士兵的纪念、"无名将士纪念碑"等在欧洲的流行等都可视作记忆实践的旅行。第五，记忆形式（forms），即那些浓缩了的意象（condensed figures），包括符号、图标（icon）和图式（schemata）。④ 基于这五个元素，记忆不再局限于一个同质性的容器中，而表现出多元化和非同质化（non-isomorphic）的旅行轨迹，因此，"旅行记忆"本身也必然是一种"跨文化记忆"。

记忆研究"世界主义框架"的另一代表性理论是列维和施奈德所提出的"世界记忆"理论。"世界主义"（cosmopolitanism）具体是指"全球议题（global concerns）成为越来越多人本土经验一部分的'内部全球化'（internal globalization）过程"。列维和施耐德认为，传统的记忆研究往往被"国家"（nation）或"族裔"（ethnos）所绑定，也即"民族国家的容器"（container of the nation-state），但当西方大众消费社会兴起后，西方社会的个体不再仅以国家或族裔来界定自己。例如，Holocaust 本被用来指代 1941~1945 年被纳粹德

---

① Erll, A. , "Travelling Memory, "*Parallax* 17, 2011, pp. 4-18.

② Levy, Daniel, Sznaider, Natan, "Memory Unbound: The Holocaust and the Formation of Cosmopolitan Memory, " *European Journal of Social Theory* 5, 2002, pp. 87-106.

③ Erll, Astrid, *Memory in Culture*, Trans by Sara Young, Palgrave Macmillan, 2011.

④ Erll, A. , "Travelling Memory, " *Parallax* 17, 2011, pp. 4-18.

国毁灭的欧洲犹太人，而在"世界主义"语境下，它可以被用来指代人类更为普遍的恶、创伤以及人类的受难。犹太大屠杀所象征的"正义与邪恶"（good and evil）的抽象框架也体现了"世界记忆"的跨地域（extra-territorial）特征。[①] 首先，全球媒体的呈现在形成全球记忆的过程中具有不可或缺的作用，因为它们提供了新的认识论支点和新的道德政治互赖关系（moral-political interdependencies）。其次，全球记忆是一个全球议题和地方因素互动的过程，全球记忆并不意味着只存在一种标准的、对某记忆的阐释。因此，特殊主义（particularization）和普遍主义（universalization）的互动是全球记忆的题中之义，全球记忆也并非完全取代了民族国家的框架。最后，全球记忆也意味着承认"他者"（the other）的记忆和历史。正因如此，"世界记忆"有助于形成普遍性或全球性的团结；基于这种全球性团结，全球风险也可以被降低。就此而言，"世界记忆"有助于形成一个联合的世界（united world）。[②]

"世界记忆和全球记忆不仅提供了一幅信息跨国流通、交易和传播的图景，而且提供了一种全新的思维方式、生存体验和竞争意识，也为地方记忆和国家记忆进入全球网络提供丰富的想象和样本。"[③] 事实上，早在记忆与遗产项目的国际性实践中，"世界记忆"就已是记忆研究的重要对象。1992年，联合国教科文组织从"世界记忆"的理念出发设立"世界记忆项目"（Memory of the World），旨在唤起世界各地人们的文献遗产保护意识，拯救濒临消失的宝贵文献，挖掘鲜为人知的历史记忆。"世界意义"（world significance）是入选《世界记忆名录》的首要标准，也是世界级名录与其他名录间最显著的区别。[④] 联合国教科文组织对于"世界意义"的强调，彰显了世界记忆之于人类历史与文明的重要性，也为部分集体记忆不被空间因素局限，成为全人类共同的记忆奠定了基础。就此而言，"世界记忆"有助于形成普遍性或全球性的团结；而基于这种全球性团结，"逆全球化"所带来的

① Levy, Daniel, Sznaider, Natan, "Memory Unbound: The Holocaust and the Formation of Cosmopolitan Memory," *European Journal of Social Theory* 5, 2002, pp. 87-106.

② Misztal, Barbara, "Collective Memory in a Global Age: Learning How and What to Remember," *Current Sociology* 58, 2010, pp. 24-44.

③ 邵鹏：《媒介记忆理论：人类一切记忆研究的核心与纽带》，浙江大学出版社，2016，第48页。

④ 卜鉴民、王玉珏：《传承人类记忆遗产——联合国教科文组织世界记忆项目研究》，苏州大学出版社，2021。

全球风险也可以被降低。

三 数字化与全球化的融合——"全球数字记忆"

"数字化系统已经使一个更大、更为全球化的共享记忆成为可能。社会记忆不仅在规模上增加，而且还成为全球的共享记忆。"① 数字化带来的全球化趋势，带来了记忆生成、传播和保存的新生态。不管国家、民族记忆向全球记忆的升格，数字记忆是一种全球共同生成的记忆，指向人类共同经历全球生活的共同现实。

（一）"全球数字记忆"概念的提出

"全球数字记忆"（globital memory，也作 global-digital memory）概念由英国记忆研究专家安娜·雷丁（Anna Reading）提出，旨在探索数字化和全球化对媒介记忆的改变，以及政治与经济因素对全球网络数字技术的影响，被定义为"通过数字媒介在全球范围内传播与构建的记忆"。② 全球数字记忆概念的提出，重在强调"数字化"（digitization）的技术发展与"全球化"（globalization）的政治经济因素对记忆空间和时间构建的协同影响。

全球数字记忆概念强调数字媒介的"物质性基础"（material basis）：记忆的传播依赖于数字媒介，而数字媒介又依赖于政治经济（political economy）力量。人们应清楚地认识到，在媒介的表层下，尽管数字时代的记忆塑造所依靠的物质资源与传统社会文化记忆所需要的不同，但同样易于被政治、经济、算法等力量所"左右"。全球数字记忆也强调数字环境中记忆的广泛连接：数字媒介让集体记忆的传播更快速、更广阔，互动更为频繁，传统受"时间—空间"局限的记忆被无限连接，从个体记忆到集体记忆，从地方记忆到全球记忆的流动程度和传播速度得到极大的延展和提升，传统的"集体记忆"逐渐向"连接记忆"（connective memory）转向。

（二）以场域的视角看待记忆——"全球数字记忆场域"

作为一种解释文化生产、流通和消费过程中的转换与竞争的方式，"文化

---

① 〔英〕维克托·迈尔-舍恩伯格：《删除——大数据取舍之道》，袁杰译，浙江人民出版社，2013，第82页。

② Reading, A., "Seeing Red: A Political Economy of Digital Memory," *Media Culture & Society* 36, 2014, pp. 748-760.

场域"（cultural field）一词由法国社会学家皮埃尔·布尔迪厄（Pierre Bourdieu）提出，该概念试图通过分析不同主体行为者所产生的关系动态，了解文化资本分布的不均衡。从文化场域理论的角度来看，个人、组织、国家、公共记忆机构等"记忆实施者"[1] 通过对记忆资本（memory capital）的"组装、流动和证券化（securitization）"，形成相应的场域，各方力量在其中处理动态维度对记忆的影响。在数字时代，场域的概念进一步拓展，电子、算法、地理、心理等维度实现"记忆场"横向与纵向纵横交错的场景，形成了"全球数字记忆场域"（globital memory field）。

记忆作为全球数字记忆场域内的集合体，往往涉及被见证的物质实践和亲历者的话语形式，它们通过全球媒体组织和公共记忆机构的地域化过程被进一步动员、流通。[2] 为观测全球数字记忆场域内记忆被动员、证券化的过程，雷丁提出基于六个动态维度的分析框架（见表1-1），以揭示在数字化和"连接转向"的背景下记忆的出现与流动轨迹。

表1-1　全球数字记忆场域：六个动态维度

动态维度	定义
（跨）媒介（trans）mediality	记忆集合在不同媒介之间传播和转换的程度
速度 velocity	记忆集合在电子、算法、地理和心理维度行进的时间速度
广度 extensity	从历史起点开始的限制和延伸
模式 modality	一组模式，如仪式形式、协议或条件，可以断言或否认内容的可能性、不可能性、偶然性或必要性
价态 valency	记忆集合和其他记忆集合之间的连接键数
黏度 viscosity	记忆集合在流动或变化时的内部阻力
坐标轴	x轴=物质实践和话语形式的组成 y轴=被动员（调动）和证券化

资料来源：Reading, Anna, "The Dynamics of Zero: On Digital Memories of Mars and the Human Ftus in the Globital Memory Field," *Essachess Journal for Communication Studies* 13, 2012, pp. 21–44。

---

[1]　安娜·雷丁认为"记忆实施者"（memory agents）包括个人，也包括国家、公共记忆机构、公司、记者、档案管理员和教育家，他们是参与记忆的生产、传播等环节的主体。

[2]　Neiger, M., et al., *On Media Memory: Collective Memory in a New Media Age*, Palgrave Macmillan, 2012, p. 247.

（三）全球数字记忆场域中记忆的改造与嬗变

全球数字记忆场域提供了理解数字时代记忆变化的框架。首先，数字媒介中记忆传播的"速度"和"广度"得到极大拓展，且记忆不再被限制于单一媒介内，而是通过数字化和跨媒介的连接被调动起来，更为流动、更为开放；其次，由于媒介化的记忆集合一定程度上符合某个一般模式、特定群体或类别，而记忆将会在模式间转变，因此被捕获的数据通过网络传输，将发展出不同的记忆形态，完成从视觉到听觉、嗅觉等多种感官呈现的结合与转化；再次，源于化学用语的"价态"强调记忆集合之间的连接，即通过多种话语形式、物质实践与其他记忆集合形成联系的程度，而"黏度"则用于描述记忆集合的流动性及其变化过程中所受到的内部阻力；最后，在全球数字记忆场域的新范式中，对于记忆的研究和分析即是对物质实践和话语形式的追踪，由此二者常被看作分析框架的其中一轴（x 轴），而另一轴（y 轴）则展示其被动员和证券化的过程，也用作对记忆如何在地方和全球、国家和国际、个人和集体间被调动和保护的动态分析。[1]

以滑铁卢战役与伊朗内达枪击事件为例（见表 1-2）。对 1815 年滑铁卢战役的媒体见证与 2009 年伊朗内达枪击事件的数字见证代表着两种不同的记忆构建：在滑铁卢战役的记忆见证中，物质实践和话语形式仅限于书面媒体，且从 6 月 18 日事件发生到 6 月 22 日被媒体报道需要 5 天时间，被公众讨论的范围仅仅是从当地扩展到国家，其记忆的形式也均基于在场人员的最初见证以及媒体阐述的文本故事完成有限的、固定的交流；而伊朗内达枪击事件仅在数分钟内就完成了数字见证，通过可照相手机等移动设备，实现了视觉和听觉上的原始记录。在此过程中被捕获的数据通过连接的媒体和网络，从当地快速传播至国家，乃至全球，伴随多样化、跨媒介的形式，记忆集合之间也形成了多重联系，并构成了一个流动和可变的全球记忆空间。

---

[1] Reading, Anna, "The Dynamics of Zero: On Digital Memories of Mars and the Human Ftus in the Globital Memory Field," *Essachess Journal for Communication Studies* 13, 2012, pp. 21-44.

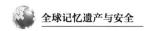

表 1-2　记忆与数字媒介：全球数字记忆场域的六个动态维度

见证—媒介见证—全球数字记忆集合		
事件	滑铁卢战役的见证 （1815 年 6 月）	伊朗内达枪击事件的照相手机见证 （2009 年 6 月）
（跨）媒介	模拟 有机+无机	模拟+数字 （数字、计算机）
速度	5 天到伦敦	数分钟、数小时内传播
广度	地方—国家	本地—全球—地方—全球本地
模式	人与大众的交流 有限的	人—可穿戴的假肢*—网络—假肢 多样的
价态	对话型	多重逻辑型
黏度	固态的（固定的）	液态的（流动的）
坐标轴	x 垂直	x 垂直和 y 水平＝z

注：可理解为摄像机、手机等可携带的移动设备。

资料来源：Neiger, M. , et al. , *On Media Memory: Collective Memory in a New Media Age*, Palgrave Macmillan, 2012, p. 248。

可见，依赖数字媒介而生的记忆呈现"全球化"转向。相较传统记忆研究着重于将集体记忆或共享记忆等同于国家民族记忆，近十年来，记忆更多地被理解为一种多向度、相互交叉、纵横交错的存在。一方面，记忆的"交流"越来越多，跨国记忆、跨文化记忆、跨媒介记忆的出现使记忆呈现多主体、多形式的集合，为记忆的国际化研究拓宽了思路；另一方面，记忆"多维""多向"的特征愈发明显。以往记忆通过单一、独立的媒介承载，由博物馆、纪念馆等官方机构进行"单向"传播的形式已被打破，记忆可以在公共空间中通过跨媒介的方式交叉互动，由此在全球范围内流动。然而，基于数字媒介的记忆并非均匀分布，且往往较难被映射和测量，全球数字记忆在不同的流动变化中仍存在缺乏连接和引起"逆全球化"的风险，需要"世界记忆项目"以及广大记忆工作者对此清晰认识与审慎思考。

第二章　遗产之径：世界记忆项目的建立与人类共同记忆的保护

　　"世界遗产"的概念经历了一个丰富发展的过程，从"文化财产"到"文化遗产"，文化遗产的本质价值在不断得到挖掘，对遗产的传承与保护在此过程中得到重视。随着联合国教科文组织等国际力量在遗产保护方面的探索，"世界遗产"的概念得以确立，其类型与内涵不断得到丰富。世界记忆项目通过政策指引、组织机构保障，在世界范围内探寻共同记忆，关注世界性文献遗产以及文献遗产的世界意义。

第一节　从"世界遗产"到"世界记忆遗产"

一　世界遗产概念的提出与演进

（一）从"文化财产"到"文化遗产"：文化遗产价值性判定的发展

　　国际社会对遗产价值的认识，经历了从"文化财产"到"文化遗产"的过程。在早期国际公认的法律话语中，常常使用"文化财产"一词来包含"文化遗产"的概念。① 1954 年，《关于武装冲突情况下保护文化财产的公约》（*Convention for the Protection of Cultural Property in the Event of Armed Conflict*，简称《海牙公约》）的序言中提到，"（各国）深信对任何民族文化财产的损害亦即对全人类的文化遗产的损害，因为每个民族对世界文化皆有其贡献"。②

---

① 彭兆荣：《联合国及相关国家的遗产体系》，北京大学出版社，2018，第 2 页。
② UNESCO, "Convention for the Protection of Cultural Property in the Event of Armed Conflict, "https://en. unesco. org/sites/default/files/1954_ Convention_ EN_2020. pdf, accessed: 2021-11-13.

该公约是首个尝试保护文化财产的国际公约，在其文本中较多使用"文化财产"一词描述战争时易受风险的文化资源。① 在联合国教科文组织随后颁布的多个建议、公约中，均可见"文化财产"一词的使用，如 1968 年颁布的《关于保护受到公共或私人工程危害的文化财产的建议》、1970 年通过的《关于禁止和防止非法进出口文化财产和非法转让其所有权的方法的公约》、1976 年颁布的《关于文化财产国际交流的建议》、1978 年颁布的《关于保护可移动文化财产的建议》等，② 不同文本对"文化财产"的界定各有不同，多采用列举法对其具体的保护对象进行限定。

较早对"文化遗产"一词的使用，同样见于《海牙公约》，但此时常与"文化财产"一词混用，且多以"财产"概念为主。直至 1972 年联合国教科文组织颁布的《关于在国家一级保护文化和自然遗产的建议》和《保护世界文化和自然遗产公约》（以下简称《世界遗产公约》）中，明确地将"遗产"作为具体保护对象，强调"保护这一部分人类遗产并确保将它传给后代"，③肯定其作为"遗产"的保护与传承意义。此后，"遗产"的独特价值得到重视，这一概念被广泛使用。在 2001 年通过的《保护水下文化遗产公约》、2003 年通过的《保护非物质文化遗产公约》《关于蓄意破坏文化遗产问题的宣言》等文本中，"文化遗产"一词均得到了延续使用，至今获得了较为广泛的认同。

与"文化财产"概念相比，"文化遗产"的范围更广，其代表的是一种"妥善保存、保护并传递给后人的遗产形式"。④ "文化财产"一词偏向于强调具有文化价值的物品的商业价值，⑤ 从财产法的角度来看，该概念更看重"保护物品占有人的权利"；而文化遗产法背后的取向则是"保护遗产供今世后代

---

① 彭兆荣：《联合国及相关国家的遗产体系》，北京大学出版社，2018，第 2 页。
② 彭兆荣：《联合国及相关国家的遗产体系》，北京大学出版社，2018，第 2~4 页。
③ UNESCO, "Recommendation Concerning the Protection, at National Level, of the Cultural and Natural Heritage," November 16, 1972, https://unesdoc.unesco.org/ark:/48223/pf0000002090?posInSet=3&queryId=59a9262b-4892-4e16-94f9-02b2265ccff9, accessed: 2021-11-13.
④ Frigo, Manlio, "Cultural Property v. Cultural Heritage: A 'Battle of Concepts' in International Law? "*International Review of the Red Cross* 07, 2004, pp. 367-377.
⑤ 赵亚娟：《联合国教科文组织〈保护水下文化遗产公约〉研究》，厦门大学出版社，2007，第 5 页。

享用"，既体现了传承的概念，也包含了保存和保护义务的概念。① "遗产" 是人类生活过的所有表现形式和记录证据，这一概念聚焦遗产本身，强调其自身具备的价值，具有更高的人文价值和更广泛的适用性，更加有助于将其置于全人类的视角下展开讨论。

（二）"世界遗产" 概念的确立与发展

人类对文化遗产及文物保护的重视自古以来便存在。无论是 18 世纪启蒙运动时期多位艺术家推动的文物保护 "最小干预原则"，② 还是 19 世纪在英法盛行的 "反修复" 理念，③ 都反映了各国在文化遗产及文物保护方面的探索。但此时的遗产与文物保护仍停留在国家层面，尚未形成保护全人类共同的 "世界遗产" 的概念。

两次世界大战给人类社会带来巨大的创伤，建立一个象征着真正的和平文化的国际组织成为各国人民共同的心愿。1945 年，联合国教育、科学与文化组织应运而生，在该组织的推动下，遗产与文物的保护不再仅仅是各国各自的事务，它向着保护人类共同的 "世界遗产" 的方向迈进。

事实上，早在 1931 年第一届历史纪念物建筑师及技师国际会议上通过的《关于历史性纪念物修复的雅典宪章》中就已明确指出，"创立纪念物保护修复方面运作和咨询的国际组织"。④ 国际社会共同推进人类世界遗产保护的理念已萌芽。随着联合国教科文组织的建立，"世界遗产" 理念日益高涨。在 1954 年联合国教科文组织通过的《海牙公约》中，多次使用 "全人类的文化遗产"（cultural heritage of all mankind）、"世界的文化"（culture of the world）等词语，将 "遗产" 问题上升至国际社会的层面，⑤ 认为 "对任何民族文化财

① Prott, Lyndel, V., O'Keefe, Patrick J. "'Cultural Heritage' or 'Cultural Property'?" *International Journal of Cultural Property* 7, 1992, pp. 307~320.
② 龚德才、于晨、龚钰轩：《论最小干预原则的发展历程及内涵——兼议其在中国的应用与发展》，《东南文化》2020 年第 5 期，第 6~12+191~192 页。
③ 郭龙、徐琪歆：《"反修复" 的概念、内涵与意义——19 世纪英法建筑保护观念的转变》，《建筑学报》2018 年第 7 期，第 88~94 页。
④ 《关于历史性纪念物修复的雅典宪章》，第一届历史纪念物建筑师及技师国际会议，雅典，1931，中国人民大学法学院文化遗产法研究网，http://chl.ruc.edu.cn/Content_Detail.asp?Column_ID=39594&C_ID=20026131，最后访问时间：2021 年 11 月 13 日。
⑤ 卜鉴民、王玉珏：《传承人类记忆遗产：联合国教科文组织世界记忆项目研究》，苏州大学出版社，2021，第 46 页。

产的损害即是对全人类文化遗产的损害"，人类需要承担共同的责任。

1959 年，为挽救即将被阿斯旺大坝淹没的古埃及文明宝藏阿布辛贝神庙，联合国教科文组织发起了一项国际保护运动，在约 50 个国家的捐赠与帮助下，经过近 20 年的努力，阿布辛贝神庙和菲莱神庙得以顺利迁移重建，不仅最终实现了对遗产的保存与保护，同时显示出文化遗产保护领域中的"共同责任"及国际团结的重要性。① 这一事件推动国际文化遗产保护运动与机构纷纷行动起来，为人类遗产的共同保护贡献力量，"世界遗产"的理念在国际社会上逐渐得到认可。

1965 年，在华盛顿召开的白宫会议上，联合国教科文组织呼吁建立"世界遗产信托基金"，以促进国际合作，实现"为全世界人民的现在和未来保护世界一流的自然和风景区及历史遗迹"。1968 年，世界自然保护联盟提出加入"世界遗产信托基金"，自此，关于保护自然遗产与文化遗址的两个独立运动趋于合并，并最终统一于 1972 年联合国教科文组织通过的《保护世界文化和自然遗产公约》。② 1992 年，为进一步推动世界遗产理念的传播，落实世界遗产保护的相关工作，联合国教科文组织成立了世界遗产中心（World Heritage Center），以确保世界遗产委员会（The World Heritage Committee）的正常运行，帮助缔约国落实公约相关事宜。

《世界遗产公约》奠定了世界遗产保护领域全球治理问题的基石，使"世界遗产"的理念得到更为正式与广泛的确立。在公约的指导下，世界遗产委员会通过建立《世界遗产名录》（*World Heritage List*）鼓励缔约国提名本国对人类具有突出的普遍价值的、突出的重要性及独特性和无法代替性的遗产遗址入列。③ 公约中反复提及遗产的"突出普遍价值"（outstanding universal value）。在其配套文件《实施〈世界遗产公约〉操作指南》（*The Operational Guidelines for the Implementation of the World Heritage Convention*）中，对这一重要的"世界遗产"评定标准做出了解读。"突出普遍价值"指罕见的、超越了国家界限的、对全人类的现在和未来均具有普遍的重要意义的文化和/或自然

---

① UNESCO, "World Heritage Convention," https://whc. unesco. org/en/convention/, accessed: 2021-11-12.

② UNESCO, "World Heritage," https://whc. unesco. org/en/convention/, accessed: 2021-11-13.

③ 卜鉴民、王玉珏：《传承人类记忆遗产：联合国教科文组织世界记忆项目研究》，苏州大学出版社，2021，第48页。

价值，因此，该项遗产的永久性保护对整个国际社会都具有至高的重要性。公约并不旨在保护所有具有重大意义或价值的遗产，而只是保护那些从国际观点看具有最突出价值的遗产，不应该认为某项具有国家和/或区域重要性的遗产会自动被列入《世界遗产名录》。由此可见，联合国教科文组织强调世界遗产概念的特殊之处在于其普遍应用，即世界遗产是全人类的遗产，促进在保护世界文化和自然遗产方面的国际合作。[1] 在联合国教科文组织的推动下，对全人类具有共同重要价值的"世界遗产"的保护在国际层面迅速铺开，遗产保护成为全人类共同的责任。

（三）"世界遗产"内涵与类型的丰富

"世界遗产"概念下涵盖的是一个庞大的遗产体系，既包括自然遗产、文化遗产等物质性遗产，也包括口头表达、仪式展演等非物质文化遗产。其中又对文献遗产、工业遗产、水下文化遗产、地质遗产、农业文化遗产等具有特殊价值的人类遗产进行了细分与梳理。总之，反映人类共同价值的"世界遗产"概念经历了不断丰富扩充的过程。

作为国际遗产保护奠基石的《世界遗产公约》，它采用列举的方法将"文化遗产"限定为文物、建筑群和遗址，将"自然遗产"限定为自然景观、动植物生境区和天然名胜区，聚焦于物质遗产部分。其中文化遗产包括：（1）文物：从历史、艺术或科学角度看，具有突出普遍价值的建筑物、碑雕和碑画，具有考古性质成份或结构的铭文、窟洞以及联合体；（2）建筑群：从历史、艺术或科学角度看，在建筑式样、分布均匀或与环境景色结合方面具有突出普遍价值的单立或连接的建筑群；（3）遗址：从历史、审美、人种学或人类学角度看，具有突出普遍价值的人类工程或自然与人联合工程以及考古遗址等地方。自然遗产包括：（1）从审美或科学角度看，具有突出普遍价值的由物质和生物结构或这类结构群组成的自然面貌；（2）从科学或保护角度看，具有突出普遍价值的地质和自然地理结构以及明确划为受威胁的动物和植物生境区；（3）从科学、保护或自然美角度看，具有突出普遍价值的天然名胜或明确划分的自然区域。此外，还有文化和自然混合遗产，即同时部分满足或完全满足上述关于文化和自然遗产定义的遗产。同时，联合国教科文组

---

[1] UNESCO, "World Heritage, "https://whc.unesco.org/en/about/, accessed: 2021-11-13.

织还注意到了人与自然的互动关系，在《世界遗产公约》的后续修订中特别提出了"文化景观"的概念，即"自然与人的共同作品"，它们反映了因物质条件的限制和/或自然环境带来的机遇，在一系列社会、经济和文化因素的内外作用下，人类社会和定居地的历史沿革。①

但人类生产生活所留下的遗产并非全部都是物质的、有形的，随着人们对遗产概念认识的深入，非物质文化遗产的保存与保护问题也逐渐受到关注。1973年，玻利维亚政府对联合国教科文组织总干事提出要求，希望关注并研究民间文学的状况，建议考虑对其进行保护。②《联合国教科文组织第一个中期计划（1977~1983）》中增加了"无形文化遗产"这一概念。1989年，出于"传统民间文化是人类的共同遗产；传统民间文化在一个民族的历史和现代文化中具有重要地位，是其文化遗产和现代文化的组成部分"等考虑，联合国教科文组织颁布了《保护民间创作建议案》，将"传统民间文化"定义为"来自某一文化社区的全部创作，这些创作以传统为依据、由某一群体或一些个体所表达并被认为是符合社区期望的作为其文化和社会特性的表达形式；其准则和价值通过模仿或其他方式口头相传。它的形式包括：语言、文学、音乐、舞蹈、游戏、神话、礼仪、习惯、手工艺、建筑艺术及其他艺术"，与日后的"非物质文化遗产"的定义异曲同工。1997年，联合国教科文组织第29次全体会议通过了《人类口头及非物质遗产代表作宣言》（*Proclamation of Masterpieces of the Oral and Intangible Heritage of Humanity*），在国际层面正式提出"非物质遗产"的概念，对其界定基本沿用了对"传统民间文化"的定义。

2001年，联合国教科文组织进行了首批"人类口头及非物质文化遗产代表作"的申报工作，经过评选，包括中国昆曲在内的19个代表作获得了此项认定。2002年，该组织召开了"非物质文化遗产：文化多样性的体现"主题会议，最终于2003年联合国教科文组织第32届大会上正式通过了《保护非物质文化遗产公约》（*Convention for the Safeguarding of the Intangible Cultural Herit-*

---

① UNESCO：《保护世界文化和自然遗产公约》，1972年11月16日，https://www.un.org/zh/documents/treaty/files/whc.shtml，最后访问时间：2021年11月14日。

② 向云驹：《解读非物质文化遗产》，宁夏人民出版社，2009，第75页。

age)，作为非物质文化遗产项目的权威文件。① 其中明确界定了非物质文化遗产是指"社区、群体以及在某些情况下个人承认其文化遗产的实践、表现形式、知识、技能以及与之相关的工具、物品、人工制品和文化空间"，包括口头传统和表现形式，表演艺术，社会习俗、仪式和节日活动，关于自然和宇宙的知识和实践，传统工艺等。② 自此，"世界遗产"的概念类型扩充至非物质文化遗产领域，得到了进一步的丰富。

在《保护非物质文化遗产公约》的指导下，联合国教科文组织建立了《人类非物质文化遗产代表作名录》、《急需保护的非物质文化遗产名录》和《良好保护实践登记册》，以识别、保护对人类有重要价值的非物质文化遗产。截至 2020 年 7 月，已有 180 个国家加入《保护非物质文化遗产公约》，成为缔约国，范围覆盖非洲、阿拉伯、亚洲和太平洋、欧洲和北美，以及拉美和加勒比地区。截至 2021 年，已有来自 138 个国家的 629 项非物质文化遗产入选相关名录，其中中国共有 34 项非物质文化遗产入选，包括太极拳、二十四节气、皮影戏、京剧等。

除了自然与物质文化遗产以及非物质文化遗产这两大板块的划分外，"世界遗产"又根据形态、价值等因素分为水下遗产、地质遗产、农业遗产等多种类型，各界各类"遗产"悄然兴起，掀起"遗产热"，丰富了"世界遗产"的内涵。2001 年，联合国教科文组织通过了《保护水下文化遗产公约》（Convention on the Protection of Underwater Cultural Heritage），提出了"水下文化遗产"的概念。"水下文化遗产"指"至少 100 年来，周期性地或连续地，部分或全部位于水下的具有文化、历史或考古价值的所有人类生存的遗存"。③ 2015 年，联合国教科文组织又创建了"世界地质公园"（UNESCO Global Geoparks）这一标签。"世界地质公园"是指"以具有特殊地质科学意义，稀有的自然属性、较高的美学观赏价值，具有一定规模和分布范围的地质遗迹景观

① 卜鉴民、王玉珏：《传承人类记忆遗产：联合国教科文组织世界记忆项目研究》，苏州大学出版社，2021，第 50 页。
② UNESCO, "Convention for the Safeguarding of the Intangible Cultural Heritage," October 17, 2003, https://en. unesco. org/about-us/legal-affairs/convention-safeguarding-intangible-cultural-heritage, accessed: 2021-11-13.
③ UNESCO, "Convention for the Safeguarding of the Intangible Cultural Heritage," October 17, 2003, https://en. unesco. org/about-us/legal-affairs/convention-safeguarding-intangible-cultural-heritage, accessed: 2021-11-13.

为主体，并融合其他自然景观与人文景观而构成的一种独特的自然区域"，以保护全球各地的地质遗产，与当地的自然、文化与非物质文化遗产互相联系。① 2018 年，联合国教科文组织启动"软件遗产项目"（Software Heritage），以安全地收集、管理和存档软件源代码，这是第一个全球软件存档项目。② 除联合国教科文组织外，联合国内的其他组织也开展了相应的遗产保护活动。例如 2002 年，联合国粮食及农业组织发起了全球重要农业文化遗产项目（Globally Important Agricultural Heritage Systems，GIAHS），旨在保护兼具生物多样性与动态性的人类农业遗产景观，它是景色优美的景观系统，结合了农业生物多样性、韧性生态系统以及宝贵的文化遗产。截至目前，已有来自 22 个国家的 62 个遗产地得到认证，涵盖非洲、亚太、欧洲及中亚、拉美及加勒比地区和近东及北非地区。③

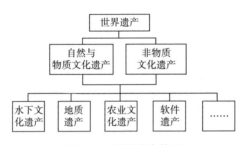

图 2-1　世界遗产体系

资料来源：作者自制。

至此，"世界遗产"的实际概念范围已覆盖自然与物质文化遗产、非物质文化遗产、水下文化遗产、农业文化遗产、地质遗产等多种遗产形式，并仍在向数字遗产、软件遗产等新兴遗产领域进行积极探索，世界遗产的概念内涵与类型得到丰富，遗产体系日益完善。

（四）记忆遗产保护与世界记忆项目的创立

在联合国教科文组织世界遗产项目、非物质文化遗产项目建立与发展的同

---

① UNESCO：《世界地质公园》，http://www.unesco-hist.org/index.php?r=article/index&cid=185，最后访问时间：2021 年 11 月 13 日。

② UNESCO, "Software Heritage," https://www.softwareheritage.org/, accessed: 2021-11-13.

③ 联合国粮食及农业组织，https://www.fao.org/giahs/zh/，最后访问时间：2021 年 11 月 13 日。

时，由于战争、社会动荡、自然灾害等问题，世界各地文献遗产①的保存与获取日益陷入危险的境地。②

文献遗产既包括纸莎草纸、羊皮纸、棕榈树叶、木片、石片、纸张等传统载体，也包括录音、电视电影作品和数字媒体等新型媒体。③ 文献遗产作为一种记录当时当地活动信息的实体，具有原始记录性，它记录了人类思想与活动的演变，以及语言、文化、民族及其对世界认识的发展，④ 是真实反映人类生活与发展的记忆遗产。这样的记忆遗产记录了我们的过去，塑造了我们的身份，帮助我们在世界纷繁复杂的信息中找到自我的立足点。⑤ 对于个人和民族而言，记忆遗产都是生存不可或缺的一部分，对于保护文化特性、联系过去和现在以及塑造未来至关重要。⑥ 然而，文献遗产的内容及价值依赖于载体而存在，无论是纸张、简牍、羊皮等传统载体，还是数字技术带来的虚拟载体，都极具脆弱性。同时，战争、社会动乱、偷盗等人为因素，以及洪水、火灾、地震等突发性自然灾害也导致附着在文献遗产上的人类记忆不断消逝。

因此，无论是出于对濒危遗产保护的急迫性考虑，还是出于对文献遗产价值的认知，国际社会越来越注意到文献遗产的重要性，采取一定手段对其进行长期、稳定的保护日益提上联合国教科文组织的日程。

早在 1985 年，联合国教科文组织出版的杂志《信使》（*UNESCO Courier*）中就已提出，"仿照世界遗产项目的模式，将手稿档案作为'世界遗产'"。⑦

① 本书中"文献遗产"与"记忆遗产"具有相同的内涵，皆为"世界记忆项目"的保护对象。

② UNESCO, "Memory of the World, "https://en. unesco. org/programme/mow, accessed: 2021-11-12.

③ 世界记忆项目中国国家委员会：《世界记忆项目介绍》，https://www. saac. gov. cn/mowcn/cn/index. shtml，最后访问时间：2022 年 1 月 15 日。

④ UNESCO：《关于保存和获取包括数字遗产在内的文献遗产的建议书》，https://www. saac. gov. cn/mowcn/cn/c100450/2021-02/18/4077d201410f4efbb0038431bb29076f/files/50140f988e2e4be5975d0b30c35995cd. pdf，最后访问时间：2021 年 12 月 4 日。

⑤ UNESCO Memory of the World, "Why Documentary Heritage Matters? "https://www. youtube. com/watch? v=Oni5Vga1WH8, accessed: 2021-11-12.

⑥ ABID, Abdelaziz, "Memory of the World Preserving our Documentary Heritage, "62nd IFLA General Conference, 1996, p. 8.

⑦ Jordan, L. , "Terminology and Criteria of the UNESCO Memory of the World Programme: New Findings and Proposals for Research, "in Edmondson, R. , Jordan, L. , and Prodan, A. C. , eds. , *The UNESCO Memory of the World Programme: Key Aspects and Recent Developments*, Springer Nature Switzerland AG, 2020, p. 29.

但世界记忆项目的真正建立是在 1992 年，以联合国教科文组织总干事费德里科·马约尔（Federico Mayor）作为倡导者和发起人。1992 年 2 月 14 日，联合国教科文组织沟通、信息与情报处负责人 W. 隆纳在一份简短公函中提到，"……应总干事的要求拟定了一份建立世界记忆保护项目的计划书"。① 1992 年 6 月 22 日，世界记忆项目第一次专家会议在巴黎召开，标志着世界记忆项目正式成立，以保护文献遗产，留存人类记忆。会议确立了世界记忆项目"以文献遗产的保存和修复为基本任务""建立世界记忆项目国际咨询委员会（International Advisory Committee，IAC）""提出基本指导方针"等。1992 年 8 月 25 日，在萨拉热窝被围困期间，位于萨拉热窝的波斯尼亚和黑塞哥维那国家及大学图书馆（National and University Library of Bosnia and Herzegovina）遭到塞尔维亚武装部队的炮击而被摧毁。随着整座建筑葬身火海，馆内包括手稿、古本和其他独特藏品在内的几乎所有内容都付之一炬。眼见珍贵的文献遗产毁于战争，联合国教科文组织总干事费德里科·马约尔强烈地意识到保护文献遗产犹如保护人类记忆般重要，因此他竭力推动项目的发展，并为项目定名为"世界记忆"（Memory of the World）。随后，1992 年在联合国教科文组织第 140 次会议上，世界记忆项目作为一个新的项目正式列入联合国教科文组织 1992/1993 年度计划。

1993 年 9 月 12~14 日，世界记忆项目国际咨询委员会第一次会议在波兰普乌图斯克召开，大会制订了工作计划，确定了联合国教科文组织作为协调者的作用，以提高政府、国际组织和基金会对文献遗产的敏感度，并构建合作伙伴关系以实施文献遗产保护项目。大会还成立了技术和宣传小组委员会。国际图书馆协会联合会（International Federation of Library Associations and Institutions，IFLA，以下简称"国际图联"）与世界记忆项目国际咨询委员会列出了遭受损害且无法复原的图书馆和档案馆馆藏，开始了《世界记忆项目总方针》的编写工作。与此同时，国际咨询委员会启动了 11 个利用现代技术在其他媒体上复制原始文献遗产的试点项目。② 例如，包括以古俄语书写的拉齐维尔纪事报（Radzivill Chronicle）在内的只读光盘，能够帮助追溯欧洲人民的起

---

① 世界记忆项目中国国家委员会：《项目简介》，https://www.saac.gov.cn/mowcn/cn/c100449/sjjyxm.shtml，最后访问时间：2022 年 1 月 15 日。

② UNESCO, "Statistics of MoW,"https://webarchive.unesco.org/20220323041423/https://en.unesco.org/programme/mow/register, accessed: 2023-06-30.

源；伊比利亚美洲纪念（Memoria de Iberoamerica），这是一个涉及 7 个拉丁美洲国家的联合报纸缩微项目。这些项目加强了对这一文献遗产的访问，并有助于其保存。

1995 年 5 月 3~5 日，世界记忆项目国际咨询委员会第二次会议在法国巴黎召开，"世界记忆"的理念至此完全成形。会议通过并批准出版了第一版《世界的记忆：保护文献遗产的总方针》（*Memory of the World：General Guidelines to Safeguard Documentary Heritage*），确立了《世界记忆名录》（*Memory of the World Register*）。次年 6 月 3~5 日，来自 65 个国家的代表出席了在挪威奥斯陆举办的第一届世界记忆项目国际会议。大会宣布世界记忆项目框架已确立，号召所有国家设立自己的世界记忆项目国家委员会。随后，世界记忆项目亚太地区委员会（Memory of the World Regional Committee for Asia/Pacific，MoWCAP，1998）、拉丁美洲及加勒比地区委员会（Memory of the World Programme Regional Committee for Latin America and the Caribbean，MoWLAC，2000）及非洲地区委员会（Memory of the World Regional Committee for Africa，ARCMoW，2007）相继成立。涵盖非洲地区、阿拉伯国家、亚太地区、欧美地区以及拉美和加勒比地区的各个国家的世界记忆项目国家委员会也陆续成立并不断发展。

2015 年，联合国教科文组织又进一步颁布了《关于保存和获取包括数字遗产在内的文献遗产的建议书》（*Recommendation Concerning the Preservation of, and Access to, Documentary Heritage including in Digital Form*），以应对数字时代文献遗产与世界记忆面临的挑战。[1] 2016 年，联合国教科文组织将以《温哥华宣言》为指导的"加强信息全球化与可持续发展平台项目"（PERSIST 项目）正式纳入世界记忆项目，以期推动信息社会数字信息的长期保存与可获取。[2]"记忆遗产"的加入使得"世界遗产"的概念更加多元化，档案文献、数字信息等多种类型的遗产进一步完善了世界遗产的覆盖内容。

---

[1] Jarvis, H., "The Pathway to the Recommendation Concerning the Preservation of, and Access to, Documentary Heritage including in Digital Form," in Edmondson, R., Jordan, L., and Prodan, A. C., eds., *The UNESCO Memory of the World Programme: Key Aspects and Recent Developments*, Springer Nature Switzerland AG, 2020, p. 59.

[2] UNESCO, "PERSIST," https://unescopersist.org/about/, accessed: 2022-01-15.

时至今日，世界记忆项目已形成了"国际咨询委员会—地区委员会—国家委员会"的三层组织结构，以《世界记忆项目总方针》《关于保存和获取包括数字遗产在内的文献遗产的建议书》为主要指导文件，进行项目的推进工作。当前，已有超 100 个世界记忆项目国家委员会成立，覆盖非洲、阿拉伯、亚太、欧美及拉美和加勒比地区。截至 2023 年，累计已有来自 138[①] 个国家的 496 项文献遗产入选《世界记忆名录》，其中中国共有 15 项文献遗产入选，包括《甲骨文》《侨批档案》《清代内阁秘本档》《南京大屠杀档案》等。

二 全球遗产矩阵中的"记忆遗产"

世界遗产项目、世界记忆项目和世界非物质文化遗产项目，分别聚焦于世界自然与物质文化遗产、文献遗产与非物质文化遗产的保护与利用。三者被称为联合国教科文组织的三大"旗舰遗产项目"（Flagship Heritage Programme）。[②] 一直以来，世界记忆项目与其他两个遗产项目既有联系也有区别，甚至存在一定差距和不协调，这既阻碍了联合国教科文组织遗产体系发挥整体作用，也限制了世界记忆项目自身的发展。因此，关于推动世界记忆项目与其他遗产项目协同发展，共建遗产矩阵的探讨从未停歇。

（一）记忆遗产是全球遗产矩阵的重要组成部分

自各类世界遗产项目广泛开展以来，项目之间的协调与融合发展逐渐被联合国教科文组织关注。2004 年，在联合国教科文组织总干事松浦晃一郎（Kochiro Matsuura）的提议下召开专家会，讨论《保护世界文化和自然遗产公约》（1972）和《保护非物质文化遗产公约》协调一致的可能性。[③]

---

① "Statistics of MoW," https://webarchive.unesco.org/20220323041423/https://en.unesco.org/programme/mow/register.
  2023 年新增：Romania、Burkina Faso、International Association of Sound and Audiovisual Archives (IASA)、Kyrgyzstan、Turkmenistan、World Federation of the Deaf(WFD)。

② Jarvis, H., "The Pathway to the Recommendation Concerning the Preservation of, and Access to, Documentary Heritage including in Digital Form," in Edmondson, R., Jordan, L., and Prodan, A. C., eds., *The UNESCO Memory of the World Programme: Key Aspects and Recent Developments*, Springer Nature Switzerland AG, 2020, p. 59.

③ UNESCO, "Yamato Declaration on Integrated Approaches for Safeguarding Tangible and Intangible Cultural Heritage," adopted by the International Conference on the Safeguarding of Tangible and Intangible Cultural Heritage: Towards an Integrated Approach, Nara, October 20-23, 2004.

世界记忆项目开展伊始便将记忆遗产与联合国教科文组织《世界遗产名录》所列的具有突出普遍价值的遗产置于同一地位，认为其是世界遗产的一部分。[①] 从遗产类型和遗产价值来看，记忆遗产和世界文化与自然遗产、非物质文化遗产有着较大区别，是对全球遗产矩阵的有效补充。

就遗产类型而言，世界记忆项目专注于文献遗产这一特殊遗产类型的保护。尽管文献遗产就存在形式而言属于物质类遗产，但其独有的原始记录性使之与其他遗产类型有着显著的区别。2021 版《世界记忆项目总方针》中定义，"文献遗产指对一个社群、一种文化、一个国家或整个人类具有重大和持久价值的单一文献或一组文献，这些文献的状态恶化或丧失将是严重的损失"，[②] 其内容具有记录性，其载体具有美学、文化或技术价值。它对于反映记忆和促进身份认同，具有无可替代的作用。此外，世界记忆项目还致力于进行数字遗产类型的探索。2015 年，联合国教科文组织颁布的《关于保存和获取包括数字遗产在内的文献遗产的建议书》，将文献遗产的内涵进一步拓宽至多媒体作品、动态数据对象等多种形式。2018 年，联合国教科文组织的软件遗产项目（Software Heritage）与世界记忆项目开展合作，以安全地收集、管理和存档软件源代码，软件代码也被纳入遗产保护的范畴。由此可见，"记忆遗产"加快了世界遗产体系多元化的脚步，无论是传统的纸质档案文献，还是新兴的数字信息，它都有力补充了联合国教科文组织遗产体系的覆盖内容。

就遗产价值而言，记忆遗产独有的"真实性"使其具有不可替代的凭证价值。在《世界记忆名录》的评审过程中，除了与世界自然与文化遗产项目强调的"突出普遍价值"（outstanding universal value）[③] 和非物质文化遗产项目追求的文化多样性和人类创造力[④]类似的"世界意义"和"历史文化价值"

---

① UNESCO, "Memory of the world Programme: General Guidelines," October 27, 2017, https://unesdoc. unesco. org/ark:/48223/pf0000378447?posInSet=1&queryId=21ea1bbf-8cfe-4a89-89de-0a718b2314f4, accessed: 2022-03-30.

② UNESCO, "General Guidelines of the Memory of the World (MoW) Programme," https://en. unesco. org/sites/default/files/mow_general_guidelines_en. pdf, accessed: 2021-11-12.

③ UNESCO, "Operational Guidelines for the Implementation of the World Heritage Convention," June 10, 2019, https://whc. unesco. org/en/guidelines/, accessed: 2021-11-23.

④ UNESCO：《基本文件》，2020，https://ich. unesco. org/doc/src/2003_Convention_Basic_Texts-_2020_version-ZHO. pdf，最后访问时间：2021 年 11 月 23 日。

外，世界记忆项目首要考虑的则是真实性和完整性，真实性是文献遗产得以纳入名录的准入门槛，要求其具有不与原始内容相违背的性质，应当身份真实，来源可靠。① 对"真实性"近乎苛刻的追求使记忆遗产获得了独特的证据价值，可以很好地为相关历史记忆争议问题提供原始材料的参考。正如联合国在《联合国人权事务高级专员办事处关于将档案作为保证了解真相权利的一种手段的经验研讨会报告》中强调的，"通过保存档案和历史记忆，保证每个人了解过去事件真相的权利"②，"没有档案就没有历史，没有现在对过去的质疑；没有档案，就没有记忆，没有正义，也没有和解"③。从 1997 年《世界记忆名录》创建以来，与殖民统治、贩奴废奴、战争与人权相关的记忆遗产几乎每一次都有入选，如哥伦比亚申报的《"黑人和奴隶"档案》（Negros y Esclavos Archives），真实反映了 Neogranadino（今哥伦比亚）领土上曾发生过的非洲奴隶贸易情况，涉及哥伦比亚、厄瓜多尔、巴拿马、委内瑞拉等多个国家的历史，④ 是对当时事实的真实回溯；此外，还有巴巴多斯申报的"加勒比地区 17~19 世纪役使非洲奴隶的档案"（Documentary Heritage of Enslaves Peoples of the Caribbean）、红十字国际委员会申报的"国际战俘局 1914~1923 年的档案"（Archives of the International Prisoners of War Agency，1914~1923）等，这些记忆遗产对于还原历史真相、为国际争端的解决寻找突破口和证据链提供了重要支撑。记忆遗产对真实性的强调，一方面突出了其保护对象——文献自身的特殊性，将其与其他类型的遗产区别开来，补充了世界遗产的价值追求；另一方面有效完善了世界遗产治理的评价标准体系，在历史性、世界性与人文、美学价值的基础上，强调了真实性的重要意义，这是人类共同记忆得以构建的基础。

① UNESCO, "Memory of the World: General Guidelines to Safeguard Documentary Heritage, "February, 2020, https: //en. unesco. org/sites/default/files/mow_general_guidelines_en. pdf, accessed: 2021-11-23.

② UNESCO:《联合国人权事务高级专员办事处关于将档案作为保证了解真相权利的一种手段的经验研讨会报告》，2011 年 4 月 14 日，https://www2. ohchr. org/english/bodies/hrcouncil/docs/17session/A-HRC-17-21_ch. pdf，最后访问时间：2022 年 6 月 20 日。

③ UNESCO PERSIST, "UNESCO Policy Dialogue Report: Policy Gaps in Digital Preservation, "October 8, 2021, https: //en. unesco. org/sites/default/files/documentary_heritage_at_risk_policy_gaps_in_digital_preservation_en. pdf, accessed: 2021-11-27.

④ UNESCO, "Memory of the World List: Negros Y Esclavos Archives, " https: //en. unesco. org/memoryoftheworld/registry/275, accessed: 2021-12-10.

（二）世界记忆项目与联合国教科文组织其他遗产项目共建遗产矩阵的基础优势

早在 2008 年，联合国教科文组织曼谷办事处就提出了"共同遗产方法"（A Common Heritage Methodology），指出世界记忆项目、世界遗产项目和世界非物质文化遗产项目虽各有侧重，但都聚焦于"遗产"这一个问题，在确保各项目的自主性及具体权限的同时，也应进行相应的协调。① 文件明示，三个遗产项目在遗产的识别、获取、保存等问题上具有相似性，具有许多一致的追求。三者会从不同角度看待同一遗产叙事，这些角度对于完整的叙事而言，是不可替代的。世界记忆项目与其他二者协同发展、共建全球遗产矩阵具有天然优势。

就价值理念而言，三大旗舰遗产项目都是在遗产因社会动荡或自然灾害而受到威胁的背景下展开的，因此三者都以保护并传承人类遗产为最朴素的价值追求。例如 2005 年入选《世界遗产名录》的涅斯维日的拉济维乌家族城堡建筑群，在 2009 年，其家族档案与涅斯维日图书馆收藏又入选了《世界记忆名录》，世界遗产项目与世界记忆项目在此交汇，二者共同为人类记忆的保护与传承不懈努力。这样的价值追求在三个遗产项目的指导文件中也可见一斑："保护不论属于哪国人民的这类罕见且无法替代的财产，对全世界人民都很重要"；② "需要提高尤其是年轻一代对非物质文化遗产及其保护的重要性的认识"；③ "以最恰当的技术加强对世界上过去、现在和未来文献遗产的保护"。④

此外，三者共同致力于维护人类文化的多样性和促进人类社会积极的和平对话。《联合国教科文组织宪章》（UNESCO Constitution）序言中指出，"由于战争始于人之思想，因此必须于人之思想中筑起保卫和平之屏障……文化的广

---

① UNESCO, "Promotion of Programme and Follow-up to Canberra Recommendations: A Common Heritage Methodology Proposed by UNESCO Bangkok Office," May 23, 2008, https://unesdoc.unesco.org/ark:/48223/pf0000378562?posInSet=1&queryId=ca25086d-504e-43c7-8590-2bd81eb6f667, accessed: 2022-03-20.

② World Heritage Centre：《保护世界文化和自然遗产公约》，https://whc.unesco.org/archive/convention-ch.pdf, 最后访问时间：2022 年 3 月 30 日。

③ UNESCO, "Convention for the Safeguarding of the Intangible Cultural Heritage," October 17, 2003, https://ich.unesco.org/en/convention, accessed: 2021-11-24.

④ UNESCO, "General Guidelines of the Memory of the World (MoW) Programme," 2021, https://en.unesco.org/sites/default/files/mow_general_guidelines_en.pdf, accessed: 2021-11-24.

泛传播以及为正义、自由与和平而进行的人类教育对人的尊严是不可或缺的"。① "提高全世界对文献遗产的存在和意义的认识,从而促进人民之间和文化之间的对话与相互理解";② "非物质文化遗产是密切人与人之间的关系以及他们之间进行交流和了解的要素";③ "应提高全球对每种文化的不同表达和价值观的尊重和理解"。④ 通过对人类共同遗产和共同记忆的保护与传播,承认各文明对人类社会所具有的平等价值,促进各民族、国家间的相互理解与和平对话,是三大旗舰遗产项目的共识。

除了在价值追求上达成一致,世界记忆项目与世界遗产项目、非物质文化遗产项目的建构策略也一脉相承,遵循相关的原则,采用相似的手段,形成相近的"国际—地区—国家"的管理体制。⑤

从遗产建构的方式上看,世界记忆项目与世界遗产项目、世界非物质文化遗产项目均设立了"遗产名录",关注遗产的保存、保护与提升对遗产的认识。三者分别建立了《世界遗产名录》《人类非物质文化遗产代表作名录》《急需保护的非物质文化遗产名录》《优秀实践登记册》《世界记忆名录》,促进相关国家积极参与遗产项目的落实。

从项目的治理体系上看,三者都采用"国际—地区—国家"的管理体制。国际层面,三者均在联合国教科文组织的框架下运行。地区层面,世界遗产项目和世界非物质文化遗产项目以区域划分进行治理,世界记忆项目也设置了地区委员会(Regional Memory of the World Committees),管理区域内遗产事项。国家层面,三者均借助国家实体的参与推进项目开展。世界遗产项目与世界非物质文化遗产项目要求各缔约国对本国的遗产工作承担相应责任与义务。世界记忆项目则在各主要国家设置国家记忆委员会(National Memory of the World Committees),推进各成员的文献遗产工作。

① UNESCO, "UNESCO Constitution," November 16, 1945, http://portal. unesco. org/en/ev. php-URL_ ID=15244&URL_DO=DO_TOPIC&URL_SECTION=201. html, accessed: 2021-11-24.

② UNESCO, "General Guidelines of the Memory of the World(MoW) Programme," 2021, https://en. unesco. org/sites/default/files/mow_general_guidelines_en. pdf, accessed: 2021-11-24.

③ UNESCO, "Operational Directives for the Implementation of the Convention for the Safeguarding of the Intangible Heritage,"September, 2020, https://ich. unesco. org/en/directives, accessed: 2021-11-24.

④ World Heritage Center, "Operational Guidelines for the Implementation of the World Heritage Convention,"July 31, 2021, https://whc. unesco. org/en/guidelines/, accessed: 2021-11-24.

⑤ 卜鉴民、王玉珏:《传承人类记忆遗产 联合国教科文组织世界记忆项目研究》,苏州大学出版社,2021,第87~96页。

（三）世界记忆项目与联合国教科文组织其他遗产项目共建遗产矩阵的制约因素

尽管三大旗舰遗产项目同根同源，存在种种相似因素，但在项目指导文件的约束力、组织水平等方面，世界记忆项目存在明显短板，不利于自身长久发展。此外，在相关标准的解释、工作交流等问题上，世界记忆项目与其他二者存在明显分歧与壁垒，难以实现有效协同。

1. 世界记忆项目自身发展存在短板

在联合国教科文组织的标准制定工具中，国际公约须经缔约国批准、接受或加入，具有法律约束力;[1] 而建议、宣言类的文件没有法律效力，无须批准，鼓励各成员适用其中概述的规则，更强调政治和道德权威。[2] 因此，《保护世界文化和自然遗产公约》与《保护非物质文化遗产公约》具有较强的法律约束力，缔约国需要在项目过程中承担捐助资金、递交年度报告等责任义务，具有强制性。而《世界记忆项目总方针》和《关于保存和获取包括数字遗产在内的文献遗产的建议书》仅能确保所参与国家的"道德承诺"，并不具备法律效力，即使违背承诺，也并不会有相应的法律惩罚措施。[3]

因此，"方针"、"建议"与"公约"相比，在约束力和强制性上存在差距，使世界记忆项目难以与其他两个遗产项目开展地位平等、效力对等的合作。例如，在世界遗产项目的"协同保护全球遗产"（Synergies to Protect Global Heritage）的规划中，较多强调公约之间的协同作用。还有联合国教科文组织成立的"文化公约联络小组"（Culture Conventions Liaison Group, CCLG），同样用于加强公约之间的协同作用。[4] 显然从这一角度而言，世界记忆项目由于其指导文件并非"公约"，因此丧失了一定的参与联合国教科文组

---

[1] UNESCO, " General Introduction to the Standard – Setting Instruments of UNESCO," http://portal. unesco. org/en/ev. php – URL_ ID = 23772&URL_ DO = DO_ PRINTPAGE&URL_ SECTION = 201. html, accessed: 2022 – 3 – 30.

[2] UNESCO, "Right to Education – Legal Action," https://en. unesco. org/themes/right – to – education/legal – action, accessed: 2022 – 3 – 30.

[3] Edmondson, R. , "Memory of the World: An Introduction," in Edmondson R. , Jordan L. , and Prodan A. C. , eds. , *The UNESCO Memory of the World Programme: Key Aspects and Recent Developments*, Springer Nature Switzerland AG, 2020, p. 22.

[4] World Heritage Convention, "Synergies to Protect Global Heritage," https://whc. unesco. org/en/synergies/, accessed: 2022 – 03 – 30.

织遗产工作协同治理的准入资格。

受项目指导文件性质的影响，政府力量在世界记忆项目中的参与也较少。世界遗产项目与非物质文化遗产项目的最高权力机构均为"缔约国大会"（States Parties），受政府力量影响较大。而世界记忆项目的最高指导机构则是由文献遗产领域专家组成的"国际咨询委员会"（International Advisory Committee，IAC），是一个由专家导向（Expert-led）[1] 的国际非政府项目。这造成世界记忆项目在社会认可度与国际影响力上，与其他两项遗产项目存在差距。

此外，世界记忆项目也存在工作团队规模较小、组织较为松散、资金保障不力的问题。在人员配置上，通过世界记忆项目官方网站可联系到的项目工作人员仅有秘书处的 3 人（其中固定工作人员仅 1 人，其余为借调人员），而世界遗产项目的工作人员多达 80 余人。而且，世界记忆项目的运作严重依赖志愿者，长期工作的志愿者分散在世界各地，甚至超半数的国际咨询委员会成员也会每两年更换一次，[2] 组织结构分散且流动性强。在资金筹措上，世界遗产项目与非物质文化遗产项目得益于公约的强制约束力，缔约国有义务缴纳资金以支持项目基金。而世界记忆项目并没有此类要求，其资金往往源于联合国教科文组织的支持、政府与私营部门的捐款及社会募捐，难以得到持续稳定的保障，相关工作难以为继。

正如"世界记忆项目法律事务专家组"（Working Group on MoW Legal Status）的发起人 Ray Edmondson 所说，世界记忆项目与世界遗产项目在可用资源上存在明显差距。即使文献遗产对人类社会的重要性应与自然遗产、非物质文化遗产等视为同一地位，但当前世界记忆项目的非公约状态，却导致文献遗产在关键时刻被置于较低的优先级。[3] 这会对世界记忆项目的正常运行造成一定打击。原应于 2019 年进行的新名录的评审工作停摆至 2021 年才重新启动，

---

① 王玉珏、施玥馨：《联合国教科文组织文献遗产保护政策体系研究》，《图书馆建设》2022 年第 2 期，第 120~130 页。

② Edmondson, R. , "Reviewing the MoW General Guidelines: Reflections on the Experience of 2015 - 2017, "in Edmondson R. , Jordan L. , and Prodan A. C. , eds. , *The UNESCO Memory of the World Programme: Key Aspects and Recent Developments*, Springer Nature Switzerland AG, 2020, p. 73.

③ Edmondson, R. , "The Legal Status of Memory of the World-Time for a Convention, "in W. Falkowski, eds, *Culture-Memory-Identities: Memory of the World Program and Diversified Perception of the Past*, Ppapers of the 4th International Conference of the UNESCO "Memory of the World" Programme, Naczelna Dyrekcja, Archivow Panstwowych, 2013, pp. 158-165.

直至 2023 年才公布新一轮的《世界记忆名录》，就与此有难以摆脱的关系。因此，世界记忆项目需要主动寻找弥补差距的契机与途径，与其他遗产项目深度协同，在遗产矩阵中实现自身更好的发展。

表 2-1　联合国教科文组织旗舰遗产项目对比

	世界遗产项目	世界非物质文化遗产项目	世界记忆项目
遗产内容	文化遗产与自然遗产	非物质文化遗产	文献遗产
文本依据	《保护世界文化和自然遗产公约》	《保护非物质文化遗产公约》	《关于保存和获取包括数字遗产在内的文献遗产的建议书》《世界记忆项目总方针》
管理机构	缔约国大会；世界遗产委员会[1]——缔约国	缔约国大会；政府间保护非物质文化遗产委员会[2]——缔约国	国际咨询委员会——专家
咨询机构	国际文化财产保护和恢复研究中心；[3] 国际古迹遗址理事会；[4] 国际自然保护联盟[5]	根据《公约》第八条第三款，为名录审查而特设审查机构	保存小组委员会；[6] 登记册小组委员会；[7] 教育及研究小组委员会[8]
遗产提名者	缔约国	缔约国	个人/机构/国家
评审机构的成员组成	世界遗产委员会：由 21 名来自《公约》缔约国的代表组成	审查机构：代表非委员会委员缔约国的 6 名非物质文化遗产各领域的合格专家和 6 个经认证的非政府组织	国际咨询委员会：14 名文献遗产领域的权威国际专家；登记册小组委员会：成员来自不同文化区域和领域，并由国际档案理事会、国际图书馆协会联合会、国际博物馆理事会、音像档案协会协调理事会各提名 1 名成员
责任义务	缔约国必须确保在保护、保存和传播遗产方面投资资源、建立服务等	缔约国必须确保采取保护、发展和促进措施	无强制义务

注：①World Heritage Committee；

②Intergovernmental Committee for the Safeguarding of Intangible Cultural Heritage；

③International Centre for the Study of the Preservation and Restoration of Cultural Property，ICCROM；

④International Council on Monuments and Sites，ICOMOS；

⑤International Union for Conservation of Nature，IUCN；

⑥The Preservation Sub-Committee，PSC；

⑦The Register Sub-Committee，RSC；

⑧The Education and Research Sub-Committee，SCEaR。

2. 分歧与壁垒带来不利影响

世界记忆项目与世界遗产项目、世界非物质文化遗产项目之间存在客观的分歧和壁垒,主要包括标准与概念解读不一致、隶属不同部门存在工作壁垒两方面。这些尚待解决的客观分歧,阻碍了世界记忆项目与其他二者的融合,不利于全球遗产矩阵的长期协调发展。

一方面,标准与概念解读存在分歧。例如,关于"真实性"(Authenticity)这一遗产标准概念,世界遗产项目和世界非物质文化遗产项目侧重于将其置于一种相对的环境中,强调"流动的真实性"。[①]《保护非物质文化遗产公约》中提到"非物质文化遗产世代相传,在各社区和群体适应周围环境以及与自然和历史的互动中,被不断地再创造,为这些社区和群体提供认同感和持续感"。[②] 因此,它们的真实性认定必须与实践、文化背景和社群动态地联系起来,需要在特定的文化与时间背景下解读,不能绝对化处理。而世界记忆项目对"真实性"的要求更为客观和绝对。它要求文献遗产本身是"真实的、没被毁坏过的真品",[③] 任何复制件或伪造件都不能被当作真品。尽管三大遗产项目出于对自身遗产对象的考量,对同一标准的解读难免存在差异,但在实际对话与合作时,这些差异可能导致对于遗产选择、保护与利用等存在不同意见,造成联合国教科文组织遗产体系工作整体的不协调。

表 2-2 公约或总方针中关于"真实性"的表述

世界遗产项目	根据文化遗产的类型及其文化背景,若其文化价值能通过下列各项属性真实可靠地表达,则可被理解为符合真实性条件:(1)形式和设计;(2)材料和实体;(3)用途和功能;(4)传统、技术和管理体系;(5)地点和位置;(6)语言和其他形式的非物质文化遗产;(7)精神和情感;(8)其他内部和外部因素
世界非物质文化遗产项目	非物质文化遗产的动态和鲜活本质应持续获得尊重。真实性和排他性不应构成对非物质文化遗产保护的担忧和障碍

① Jerome, Pamela, Guest Editor, "An Introduction to Authenticity in Preservation, "*Journal of Preservation Technology* 39, 2008, pp. 3-7.

② UNESCO, "Convention for the Safeguarding of the Intangible Cultural Heritage, "October 17, 2003, https://ich. unesco. org/en/convention, accessed: 2022-03-20.

③ UNESCO, " General Guidelines of the Memory of the World (MoW) Programme, " https://en. unesco. org/sites/default/files/mow_ general_ guidelines_ en. pdf, accessed: 2021-11-12.

世界记忆项目	真实性即它是真实的、是没被毁坏过的真品。它的身份和出处是否可靠？拷贝件、复制件、赝品、伪造的文件或即使出于善意的造假文件，都可能会被误认为是真品

另一方面，各遗产项目隶属于不同部门会带来工作壁垒，导致世界记忆项目与世界遗产项目、世界非物质文化遗产项目难以进行高效、快捷的工作沟通。世界记忆项目隶属于联合国教科文组织的"传播与信息部门"（Communication and Information Sector），而世界遗产项目与世界非物质文化遗产项目均隶属于"文化部门"（Culture Sector）。不同部门间的工作交流和交集远远少于部门内部，所以世界记忆项目与其他两个遗产项目对彼此所开展的工作知之甚少。这阻碍了世界记忆项目与联合国教科文组织遗产体系内其他项目的沟通学习，造成世界记忆项目游离于遗产体系的边缘。同时，工作信息共享的匮乏会导致针对同一遗产主题的交叉保护，甚至过度保护，给人类遗产的长远发展带来不利影响。

（四）世界记忆项目与联合国教科文组织其他遗产项目共建遗产矩阵的现实需求

除了迫在眉睫的不利因素需要通过共建遗产矩阵的方式解决外，世界记忆项目与世界遗产项目、世界非物质文化遗产项目还存在着交叉的遗产保护对象和共同的发展困境与挑战，需要三者携手回应共同关切。

1. 遗产保护对象存在交叉

在遗产保护对象上，世界记忆项目与另外两个遗产项目相互交织，例如前文提到的"共同遗产方法"，在某些情况下，三者反映了同一遗产的不同叙事角度，因此需要共建遗产矩阵，统筹协调管理，尽可能实现同一遗产的完整叙事。例如，世界记忆项目和世界遗产项目都存在对"记忆"的召唤。世界遗产项目在皮埃尔·诺拉（Pierre Nora）记忆之场理论的影响下，特别提出"记忆遗址"（sites of memory）的概念，[①] 凸显遗产对象的记忆与证据价值。这一

[①] International Coalition of Sites of Conscience, "Interpretation of Sites of Memory," January 31, 2018, https://www.sitesofconscience.org/wp-content/uploads/2018/08/Final-report-SoM-180131-en-1.pdf, accessed: 2022-03-30.

点与世界记忆项目保护文献遗产的目的不谋而合，即"为避免对集体记忆造成无法挽回的损失"。① 共同的遗产保护理念使不同遗产项目的保护对象产生交叉。同样地，世界记忆项目与世界非物质文化遗产项目也有内容上的交叉，如对土著语言的保护。非物质文化遗产项目的保护对象之一便是"口头传统和表达方式"，② 重视对土著语言的持续保护。在《世界记忆名录》中，也不乏承载、记录土著语言的文献遗产，如《他加禄语的历史文献》（Philippine Paleographs）、《墨西哥土著语言集》（Colección de Lenguas Indigenas）等。

工业遗产是三者交叉保护的一个典型案例。2003 年 7 月，在俄罗斯下塔吉尔召开的国际工业遗产保护委员会大会上通过的《下塔吉尔宪章》指出，"工业遗产包括凡为工业活动所造建筑与结构、此类建筑与结构中所含工艺和工具以及这类建筑与结构所处城镇与景观，以及其所有其他物质和非物质表现"；③ 2011 年国际古迹遗址理事会全体大会通过的《都柏林准则》中进一步明确，"工业遗产包括遗址、构筑物、复合体、区域和景观，以及相关的机械、物件或档案，作为过去曾经有过或现在正在进行的工业生产、原材料提取、商品化以及相关的能源和运输的基础设施建设过程的证据"。④ 至此，物质文化遗产、非物质文化遗产与档案文献遗产在"工业遗产"这一特殊类型中得到交汇。《中国档案文献遗产名录》中的"大生纱厂创办初期档案""江南机器制造局档案""开滦煤矿档案文献"等文献遗产，同样入选了我国的《国家工业遗产名单》（工信部主办）和《国家工业遗产名录》（中国科协调宣部主办）。于 2017 年入选《世界记忆名录》的《近现代苏州丝绸样本档案》（简称《苏州丝绸档案》），在 2018 年时被纳入《国家工业遗产名录》。⑤ 由

---

① UNESCO, "General Guidelines of the Memory of the World（MoW）Programme, " https://en. unesco. org/sites/default/files/mow_ general_ guidelines_ en. pdf, accessed: 2021-11-12.

② UNESCO, "Convention for the Safeguarding of the Intangible Cultural Heritage, "October 17, 2003, https://ich. unesco. org/en/convention, accessed: 2022-03-30.

③ The International Committee for the Conservation of the Industrial Heritage, "The Nizhny Tagil Charter For The Industrial Heritage, "July, 2003, http://iicc. org. cn/Publicity1Detail. aspx? aid = 896, accessed: 2022-06-30.

④ The International Committee for the Conservation of the Industrial Heritage：《都柏林准则》，2011 年 11 月 28 日，https：//ticcih. org/都柏林准则-the-dublin-principles/，最后访问时间：2022 年 6 月 30 日。

⑤ 张晨文：《工业遗产档案的产生背景、内涵及保护实践》，《档案管理》2022 年第 5 期，第 27~30+35 页。

此可见，围绕同一遗产主题的文献遗产与工业遗产互为补充，不可分割，需要统筹协调管理。

世界记忆项目与世界遗产项目、世界非物质文化遗产项目在同一遗产主题上交汇，需要三者积极开展工作交流与信息共享，共同保护并开发遗产资源，形成遗产矩阵。这有利于保证关于同一主题的不同遗产类型不因后世的保护行动而被割裂，也可以有效避免在遗产保护与开发过程中的重复与浪费行为。

2. 面临共同的发展挑战

世界记忆项目与世界遗产项目、世界非物质文化遗产项目都是围绕"遗产"这一主要对象开展的，相似的属性与价值追求使得它们在发展过程中面临同样的困难和挑战，需要携手解决。

首先面临的问题是关于创伤记忆的争议与应对。世界记忆项目曾明确表达过文献遗产的开放性与包容性，接纳可能还未被广泛认可的负面记忆。但在2021年5月，面对频发的记忆矛盾与政治压力，新的世界记忆项目审查制度规定对于产生争议的遗产项目，世界记忆项目秘书处将在争议各方间建立对话进程，在相关方对话结束之前，该项目暂不进入后续评审程序，[1] 即倘若国家间无法达成一致，该提名的遗产项目将可能因为争议难以调和而被无限搁置。创伤记忆的安放在世界遗产项目中也屡屡碰壁。国际古迹遗址理事会认为，将世界遗产授予一个"纪念一群人但贬低另一群人"的遗址，有违联合国教科文组织的和平使命和《世界遗产公约》的宗旨。[2] 因此，"与近期冲突记忆相关的遗产"暂时不建议被纳入公约的关键概念。产生争议的创伤记忆难以被认可和保存，世界遗产逐渐成为建构国家身份与文化认同的政治博弈平台。寻找遗产留存的最佳途径，积极构建真实的历史记忆，维护人类公平与正义，需要各遗产项目共同努力。

另一个关键问题是遗产的可持续发展。联合国教科文组织执行局主席莫库伊表示，"教育对世界遗产保护至关重要，全球需要摒弃偏见、共同行动，采

---

① UNESCO, "General Guidelines of the Memory of the World (MoW) Programme," https://en.unesco.org/sites/default/files/mow_general_guidelines_en.pdf, accessed: 2021-11-12.

② ICOMOS, "Sites Associated with Memories of Recent Conflicts and the World Heritage Convention-ICOMOS Second Discussion Paper,"https://www.icomos.org/en/home-wh/75087-sites-associated-with-memories-of-recent-conflicts-and-the-world-heritage-convention-icomos-second-discussion-paper, accessed: 2021-11-12.

取有效措施加大世界遗产教育和培训，创造可持续发展未来"。① 遗产项目的最终目的是提高公众对遗产的认识，以促进遗产未来的保存、保护和发展，因此教育是实现遗产可持续发展的重要途径。世界记忆项目与世界遗产项目、非物质文化遗产项目纷纷采用虚拟展览、出版物发行、开展培训课程的方式，与公众建立联系，以促进文化遗产的赓续传承。但当前三者开展的活动类型重叠度较高，除了"世界遗产教育计划"（World Heritage Education Programme）已形成了较为成熟的体系外，其他两个项目的教育活动都非常零散，缺乏长远规划与运行体系。因此，三个项目应当携手应对遗产资源获取方面的挑战。针对各类型、各层次的教育活动，共同整合资源、搭建平台，实现遗产整体的可持续发展。

与此同时，数字时代给世界遗产的识别、保护、保存与获取都带来了各种挑战，这也是这三个遗产项目共同面临的问题。技术系统快速更新换代，导致许多原有格式的数字遗产内容在当前技术环境下无法被访问获取。配套法律框架尚未搭建完善，无法提供相应的政策保障。数字传播的便捷性和无限性也给虚假信息的滋生带来了可乘之机，对文明、文化和遗产的传播造成威胁。世界记忆项目较早意识到这一问题，通过倡导《关于保存和获取包括数字遗产在内的文献遗产的建议书》和 PERSIST 项目关注数字遗产的长期保存问题。世界遗产项目与非遗项目同样进行了一些数字时代的探索。例如联合国教科文组织与 Google Arts & Culture 合作制作在线展览，为公众提供虚拟游览各地的世界遗产的途径。② 但这些尝试仍只是数字时代遗产问题的初步探索，关于数字遗产的存续利用与复现展演等问题仍需进一步讨论。

因此，联合国教科文组织三大旗舰遗产项目面临新形势下共同的风险与困境，单打独斗只会使自身囿于原有的发展模式和解题思路中。唯有通力合作，增进交流，才能应对当前及未来不断出现的新挑战。

（五）共建全球遗产矩阵的路径探索

文献遗产包括历史、科学等人类各领域产生的记录，贯穿于世界遗产项目与非物质文化遗产项目之中，因此世界记忆项目应当与世界遗产项目、世界非物质文化遗

① 教育部：《为世界遗产保护培养未来的领导者、保护者、传承者》，央广网，2021 年 7 月 20日，http://edu.cnr.cn/dj/20210720/t20210720_525538965.shtml，最后访问时间：2021 年 12月 10 日。

② UNESCO, "World Heritage Centre," https://whc.unesco.org/en/next50, accessed: 2021-11-27.

产项目共同合作，打造遗产矩阵。出于弥补世界记忆项目自身缺点、寻求更好发展方向的需要，以及联合国教科文组织遗产项目追求更全面、更高效、更科学的建设目标，求同存异，取长补短，探索实现三者协同发展的必由之路，是当前的重中之重。

首先，世界记忆项目应积极寻求自身转型进步，以更好地发挥其与联合国教科文组织遗产体系同根同源的优势，彰显自身在全球遗产矩阵中的特殊与重要价值，提升世界记忆项目在全球遗产体系中的地位。主动寻求从"方针""建议"向"公约"的制度转型，保障项目执行力，与其他遗产项目保持一致。事实上，早在 2002 年世界记忆项目的《世界的记忆：保护文献遗产的总方针》中就已明确提出"向公约方向努力"（towards a convention）的未来展望。通过升级为决议，进一步成为公约的方式，不断提高成员的承诺和义务水平。① 同时，加快从"专家主导组织"向"政府间组织"的战略转型，加强政治力量参与。尽管政治化的过程必然伴随着不公与曲折，但世界记忆项目不应因噎废食，将来自各国政府与国际社会的正面支持拒之门外。寻找专家力量与政治力量的平衡点，保证文化与记忆的公平性，是转型后应当思考的问题。2019 年的世界记忆项目全面综合审查报告提供了思路："建立混合治理模式，由独立专家继续为世界记忆计划，包括就《世界记忆名录》的提名提供咨询服务；由会员国提供一种政府间监督。"②

其次，对于三者共同关心的问题，应当建立有效的对话机制，积极探索多边交流的渠道，促进问题的解决。例如，在全球交流日益频繁的当下，用教育的手段增进理解与认同成为各遗产项目努力的方向之一。世界记忆项目的教育及研究小组委员会（SCEaR），计划围绕项目中的人类共同记忆文化创建教学包，以促进世界学龄儿童成长为更加包容、开放的"世界公民"。这些教学包同样可以使用世界遗产项目中的遗产地进行教学阐述。③ 这就是世界记忆项目与世界

---

① UNESCO, " General Guidelines to Safeguard Documentary Heritage," February, 2002, https://unesdoc. unesco. org/ark:/48223/pf0000125637? posInSet = 1&queryId = a102b61d－5b6d－4b6e－8a0e－e7556471925f, accessed: 2022－03－30.

② UNESCO, "Memory of the World Programme: Consolidated Report on the Comprehensive Review of the Memory of the World Programme," September 13, 2019, https://unesdoc. unesco. org/ark:/48223/pf0000370642, accessed: 2022－03－30.

③ Porter, M. , "UNESCO's ' Memory of the World' in Schools: An Essay towards a Global Dialogue around a Common Culture of Universal Memories, "in Edmondson R. , Jordan L. , and Prodan A. C. , eds. , *The UNESCO Memory of the World Programme: Key Aspects and Recent Developments*, Springer Nature Switzerland AG, 2020, p. 235.

遗产项目进行工作交流、信息共享的有益探索，主动打破现有壁垒造成的桎梏。

此外，三者应当积极打造传播矩阵，充分利用"联合国教科文组织效应"，① 扩大遗产的影响力，实现提升公众遗产意识的共同目标。世界遗产项目目前已建设了完备的教育计划②——"世界遗产教育计划"（World Heritage Education Programme），并推出了《世界遗产与年轻人》（World Heritage in Young Hands）教育资源包，以供青年使用。世界记忆项目上线了文献遗产在线课程，出版了儿童读物《让我们探索世界记忆》（*Let's Explore the Memory of the World*），还推出了文献遗产电子日历。③ 非物质文化遗产项目以印度的非物质文化遗产为基础，与网飞公司合作推出卡通动画片 *Mighty Little Bheem*，并经常举办培训课程，以促进非遗的传承与保护。此外，它还特别鼓励相关社区、群体和有关个人，以及专家、专业中心和研究机构的参与，建立功能互补型合作。④ 无论是用于教育的资源包、电子课程，还是面向儿童的电子读物、动画片，三者的宣传方式有许多共通的地方，应当建立共同的传播矩阵，实现影响力最大化。

值得关注的是，当前联合国教科文组织和相关机构探讨了"多重国际认证"（Multi-Internationally Designated Areas，MIDAs）的概念，即同一遗产接受不同角度的多项计划的保护，⑤ 这为遗产矩阵的打造提供了思路。目前，世界遗产项目中已有超过15%的遗产受到至少一项其他多边协议或计划的保护。⑥ 尽管当前多重国际认证区被指定为世界遗产、世界生物圈保护区网络（The

① Marcus, Lilit, "How does a UNESCO World Heritage Rating Affect a Tourist Destination? "CNN, August 1, 2021, https://edition. cnn. com/travel/article/unesco-world-heritage-sites-travel-tourism-cmb/index. html, accessed: 2021-11-24.

② World Heritage Convention, "World Heritage Education Programme," November 27, 2021, https://whc. unesco. org/en/wheducation/, accessed: 2021-11-24.

③ UNESCO, "Memory of the World, "https://en. unesco. org/programme/mow, accessed: 2021-11-27.

④ UNESCO, "Basic Texts of the 2003 Convention for the Safeguarding of the Intangible Cultural Heritage," 2020, https://unesdoc. unesco. org/ark:/48223/pf0000379091? posInSet = 1&queryId = 7be5c7d0-6c17-4024-a9e6-096ce2d89e24, accessed: 2021-11-24.

⑤ Martin Francis Price, "Managing MIDAs: Harmonising the Management of Multi-Internationally Designated Areas-Ramsar Sites, World Heritage Sites, Biosphere Reserves and UNESCO Global Geoparks," *Mountain Research and Development* 37, 2017, p. 384.

⑥ World Heritage Convention, "Synergies to Protect Global Heritage, "https://whc. unesco. org/en/synergies/, accessed: 2022-03-30.

World Network of Biosphere Reserves）、拉姆萨尔公约（Ramsar Convention）、全球地质公园（UNESCO Global Geoparks）这四个项目的自然与文化保护区，[1]但"多重国际认证"的治理理念同样可以运用到有内容重合的联合国教科文组织遗产体系中。例如，韩国的海印寺八万大藏经藏经处于1995年入选《世界遗产名录》；2007年，八万大藏经又入选《世界记忆名录》，同一主题的遗产受到了多个国际项目的保护。

多重国际认证有助于强调同一主题遗产的多样价值，进一步提升公众的重视。同时有助于促进跨界合作，为不同遗产项目建立伙伴关系搭建平台。但各项目不尽相同的管理要求与目标也会给当地造成沉重的遗产管理负担，若协调不力，反倒会在交叉行动中造成资源浪费和认证混乱的问题。[2]因此，需要各遗产项目间互通有无，共同协商，形成合理、适当、统一的国际保护方案，建立科学完善的保护机制，从而降低在某一遗产项目中潜在的其他遗产类型被忽视的风险，但也要警惕为获得多个国际认证带来的巨大声望而重复申遗的投机行为，实现对遗产更有效的管理。

"文献遗产源于人类成就和经验的总和，并与有形和无形遗产的其他方面相联系。因此，世界记忆项目在联合国教科文组织其他计划、建议和公约的范围内运作。它将建立与之逻辑联系，并努力补充联合国教科文组织的其他项目、活动或战略。"[3]加快推动世界记忆遗产与自然、文化遗产的协同发展，推介世界记忆项目在遗产矩阵治理中的重要作用，[4]是人类遗产事业发展的必然诉求。

---

[1]　Martin, Francis Price, "Managing MIDAs: Harmonising the Management of Multi-Internationally Designated Areas-Ramsar Sites, World Heritage Sites, Biosphere Reserves and UNESCO Global Geoparks," *Mountain Research and Development* 37, 2017, p. 2.

[2]　Martin, Francis Price, "Managing MIDAs: Harmonising the Management of Multi-Internationally Designated Areas-Ramsar Sites, World Heritage Sites, Biosphere Reserves and UNESCO Global Geoparks," *Mountain Research and Development* 37, 2017, pp. 28-43.

[3]　UNESCO, " General Guidelines to Safeguard Documentary Heritage," February 2002, https://unesdoc. unesco. org/ark:/48223/pf0000125637?posInSet=1&queryId=a102b61d-5b6d-4b6e-8a0e-e7556471925f, accessed: 2022-03-30.

[4]　《纪录片〈百年跨国两地书〉开机仪式举行》，《经济日报》2020年4月21日，https://baijiahao. baidu. com/s?id=1697648483637053285&wfr=spider&for=pc，最后访问时间：2022年1月10日。

第二节 共同记忆的探寻：全球记忆项目与工程进展

一 联合国教科文组织文献遗产保护的政策指引

文献遗产保护是一项浩大的工程，必须从顶层入手，制定并出台相关政策法规，自上而下地推进文献遗产保护工作的开展。政策法规具有较强的约束性和指导性，能够促使更多文献遗产得到更加规范、专业、科学的保护。联合国教科文组织作为文献遗产保护领域最为重要的国际组织之一，开展以保护文献遗产为目标的世界记忆项目，已颁布十余部文献遗产保护相关的政策法规性文件，包括《世界记忆项目总方针》《关于保存和获取包括数字遗产在内的文献遗产的建议书》等纲领性文件，具有较高的参考价值。

（一）梳理回顾：联合国教科文组织的文献遗产保护政策

1995 年《世界的记忆：保护文献遗产的总方针》的制定，成为联合国教科文组织文献遗产保护政策建立的开端，也是世界记忆项目开展文献遗产保护工作的政策基石。此后 25 年来，联合国教科文组织共出台 11 部政策法规文件，涉及文献遗产识别、保存、数字化、开放获取等多个方面，详细说明世界记忆机构的组织机制和管理要求，从文献遗产管理和组织机构管理两个层面对文献遗产保护工作做出规范。不同的政策法规之间相互影响、彼此交融，共同构成联合国教科文组织文献遗产保护政策法规体系。

1. 纲领性文件：《世界记忆项目总方针》

作为世界记忆项目的纲领性文件，《世界的记忆：保护文献遗产的总方针》自 1995 年问世以来，分别于 2002 年、2017 年、2021 年进行了三次修订，形成《世界记忆项目总方针》（以下简称《总方针》）。

《总方针》在联合国教科文组织所有文献遗产保护政策法规中占据着绝对核心地位，起着提纲挈领的作用，它为世界记忆项目奠定了法律基础，使世界文献遗产保护工作的开展有法可依、有据可凭。此外，作为统领全局的政策文件，《总方针》也为其他政策性法规文件提供了参照，使联合国教科文组织框架内的文献遗产政策文件遵循其基本内容与要求。更重要的是，《总方针》是专门针对世界文献遗产保护而出台的政策，极大地提高了对文献遗产的关注度，与联合国教科文组织其他文化遗产方案与法规，特别是《保护世界文化和自然遗产公约》和《保护非物质文化遗产公约》相互补充，共同构成联合国教科文组织遗产保护法律体系的核心内容。

最新修订的《总方针》共包含八章内容。第一章引言中阐述了世界记忆项目产生的历史背景。第二章明确阐述了世界记忆项目的愿景、任务与目标。第三章中对"文献"、"文献遗产"和"记忆机构"等重要概念进行了定义。第四章明确了世界记忆项目的五大战略，即确定文献遗产，保护文献遗产，利用文献遗产，政策措施，国家和国际合作。这与2015年出台的《关于保存和获取包括数字遗产在内的文献遗产的建议书》中的内容接轨。第五章介绍了世界记忆项目的组织机构，由"国际—地区—国家"三级委员会组成，每个级别分别运作，都属于《总方针》框架内的一部分。第六章解释了世界记忆项目标识的意义，并规定了标识的使用指南。在第七章中，"世界记忆活动"介绍了世界记忆项目组织的研讨会、设立的奖项、编纂的出版物、举办的展览、开展的教育与研究、各级文献遗产名录等所有文献遗产相关活动。第八章详细规定了《世界记忆（国际）名录》的相关内容，涵盖评选标准与要求、提名程序、审查程序等重要内容，对名录的申报进行了详细、全面的阐述。

2. 数字时代的文献遗产管理文件

随着数字时代的到来，联合国教科文组织在文献遗产管理层面出台了相关的政策法规文件，以保护处于濒临消失的危机之中的数字遗产。

2003年，联合国教科文组织颁布了《保存数字遗产宪章》（*Charter on the Preservation of Digital Heritage*）。全文共4章12条，明确了数字遗产的范围与使用、保护措施，以及联合国教科文组织与成员在保护数字遗产中的职责。宪章强调，要通过制定策略和政策、建立合作伙伴关系等方式对数字遗产进行有效保存。同年，联合国教科文组织出台了《保存数字遗产方针》（*Guidelines for the Preservation of Digital Heritage*），作为《保存数字遗产宪章》的配套文件，由澳大利亚档案馆拟定，介绍了保护并获取世界数字遗产的技术要求与通用准则，技术与实践方面的内容更加丰富翔实。[①] 作为参考指南式的工具类文件，《保存数字遗产方针》内容具体、可操作性强，能够协助管理者解决数字

---

① UNESCO, "Guidelines for the Preservation of Digital Heritage," March 2003, https://unesdoc.unesco.org/ark:/48223/pf0000130071?posInSet = 1&queryId = 2b6fdf79 - 3ff3 - 42f6 - ae55 - 31d0909a76a2, accessed: 2022-01-30.

遗产保护的复杂技术问题，为世界各国提供了先进、详细、规范的技术参照与实践指南，提升了各国保护数字遗产的能力与水平。

2015 年，联合国教科文组织在其第 38 届大会上通过了《关于保存和获取包括数字遗产在内的文献遗产的建议书》(*The Recommendation Concerning the Preservation of*, *and Access to*, *Documentary Heritage including in Digital Form*，以下简称《建议书》)。《建议书》是联合国教科文组织首个全面涉及文献遗产领域的规范性文件，规定成员须定期报告执行情况，是世界记忆项目的重要指导文件,[①] 其中对数字遗产的关注体现了《保存数字遗产宪章》等数字遗产保护政策的影响。《建议书》内容共 5 章 37 条，从文献遗产的确认、保存、获取、政策措施及国际合作五个方面，对联合国教科文组织成员提出了文献遗产保护的具体要求与规定。

《建议书》出台后，联合国教科文组织又编制了《关于保存和获取包括数字遗产在内的文献遗产的建议书实施指南》(*Implementation Guidelines for the 2015 Recommendation Concerning the Preservation of*, *and Access to*, *Documentary Heritage Including in Digital Form*，以下简称《实施指南》)，作为《建议书》的配套指导性文件，便于成员理解并实施《建议书》内容。《实施指南》仅有三章，首章介绍文件产生背景，第二章对专业术语进行阐释与定义，第三章"实施"分条列点地对《建议书》进行说明，并附相关段落编号以便参照。

2016 年，联合国教科文组织与 PERSIST 项目联合颁布了《数字遗产长期保护遴选工作指导方针》(*Guidelines for the Selection of Digital Heritage for Long-term Preservation*，以下简称《遴选方针》)，明确了数字遗产的选择策略与标准，为记忆机构遴选数字遗产以实现长期可持续数字保护的政策提供了一个总体出发点。[②]《遴选方针》中指出，该指导方针旨在为图书馆、档案馆、博物馆和其他遗产保护机构提供一个重要的基点，指导其起草数字遗产长期可持续性保存的遴选政策。上述机构可根据该指南，对现存的政策进行评估和必要的修订。《遴选方针》最重要的是提出了记忆机构的数字遗产选择问题，针对图

---

① 联合国教科文组织：《关于保存和获取包括数字遗产在内的文献遗产的建议书》，2015 年 11 月 17 日，https://unesdoc. unesco. org/ark:/48223/pf0000244675. page = 36，最后访问时间：2022 年 1 月 30 日。

② UNESCO, "Guidelines for the Selection of Digital Heritage for Long-Term Preservation," March 2016, https://unesdoc. unesco. org/ark:/48223/pf0000244280? posInSet = 1&queryId = 5d015a0c - b8e7 - 44a5-bfb9-25fe055c9df9, accessed: 2022-01-30.

书馆、博物馆、档案馆的特点，明确其在数字遗产保存中的责任和各自面临的挑战，并提出综合性采集、选择性采集、遴选三种数字遗产的收集策略。[1]

2021 年 5 月，PERSIST 项目对《遴选方针》的内容进行了更新，在第一版的基础上进一步将其面向范围扩大到私营部门和社会公众，对数字保存和部分特殊的数字遗产，如软件源代码、开放研究数据、人工智能数据等进行了定义和详细的阐述，同时对传统收藏与数字遗产进行了对比，以帮助公众对数字遗产的选择与保存有更好的了解。此外，在第二版中，对数字遗产保存的国际合作、国家机构支持、宣传进行了重点阐述，进一步将数字遗产保存上升为全社会的共同责任。[2]《遴选方针》的出台及不断更新，引领全球图书馆、博物馆、档案馆等记忆机构修改并调整传统评估方法，采用更加符合数字时代需要的标准遴选需要长期保存的文献资源，特别是数字资源。

3. 世界记忆项目组织机构管理文件

世界记忆项目承担着全球文献遗产保护的重任，其运行势必需要专门机构进行管理与推进，机构的组织架构、运行模式、管理要求等都必须得到政策法规文件的明确规定。

1996 年出台的《世界记忆项目国际咨询委员会章程》（*Statutes of the Memory of the World International Advisory Committee*，以下简称《委员会章程》）是国际咨询委员会在组织架构层面的基础性文件，规定了委员会的基本组成和职能要求。2017 年，《委员会章程》得到进一步修订，对国际咨询委员会的职能和目标进行了增改，明确了其在《世界记忆名录》提名审查中的作用。

1997 年，《世界记忆项目国际咨询委员会议事规定》（*International Advisory Committee of the Memory of the World Programme：Rules of Procedure*，以下简称《议事规定》）制定出台，全文共 27 条，是对《委员会章程》的补充延展和详细说明。它在《委员会章程》的基础上详细阐明了主席团等委员会内部机构的组织架构和职能、委员会常会开展的各项规定、投票要求等，规定了国际咨询委员会开展工作的要求。其中国际咨询委员会常会的开展是重中之重，对

---

① IFLA, "The UNESCO/PERSIST Guidelines for the Selection of Digital Heritage for Long-Term Preservation," May 2016, https://repository.ifla.org/handle/123456789/1218, accessed: 2022-01-30.

② IFLA, "The UNESCO/PERSIST Guidelines for the Selection of Digital Heritage for Long-Term Preservation - 2nd Edition," September 14, 2021, https://repository.ifla.org/handle/123456789/1863, accessed: 2022-01-30.

于投票、列席人员等细节规定有效避免了程序上的争议，确保国际咨询委员会各项工作顺利开展。

2011 年颁布的《世界记忆项目道德准则》（*the Memory of the World Programme：Code of Ethics*，以下简称《道德准则》）是对世界记忆项目全体工作人员的道德约束。《道德准则》在 2017 年得到修订，为确保《世界记忆名录》评估工作中的公平公正提供了政策约束。全文共 4 章 14 条，明确了世界记忆项目工作开展过程中所需遵守的基本原则，以及《世界记忆名录》评选过程中的约束与要求。《道德准则》尤其明确了世界记忆项目的"专家导向性"，即国际咨询委员会专家仅以个人身份任职，不代表任何政治立场，强调评选过程必须始终客观公正，严格依照标准，最大限度地保障文献遗产评选的公平公正性。

4. 其他文件

2012 年，联合国教科文组织颁布了《发展与促进开放获取政策准则》（*Policy Guidelines for the Development and Promotion of Open Access*，以下简称《开放获取准则》），全文共 9 章 28 条，介绍了开放获取的发展、开放获取的重要性、如何实现开放获取、政策的制定与实施，以及联合国教科文组织在开放获取中所能发挥的作用，为全世界的记忆机构提供了开放获取的政策参考。

此外，虽然具体出台时间未知，但《文献遗产数字化的基本准则》（*Fundamental Principles of Digitization of Documentary Heritage*）也是联合国教科文组织出版的一份重要政策文件。全文共 13 条，包含了解数字化所需的基本信息，为世界各国，特别是为发展中国家提供了有关数字化的指导。它列出了在开始文献遗产数字化进程之前需要考虑的最基本的因素，是进行文献遗产数字化前必看的入门书目。

（二）发展探析：文献遗产保护的未来趋向

回顾联合国教科文组织关于文献遗产保护的政策发展历程，不难看出其在文献遗产保护方面的坚守与应变。在未来的发展中，世界文献遗产的保护既要坚持公平正义，维护人类的共同记忆，也要与时俱进，在数字遗产、合作伙伴关系建立方面进一步探索。

1. 重要前提：坚持世界文献遗产保护的公平正义性

2021 年最新修订的《总方针》中进一步明确了联合国教科文组织全国委

员会和世界记忆项目国家委员会的作用，在一定程度上会提升各国政治力量对世界记忆项目的影响。例如《世界记忆名录》的申报需通过联合国教科文组织全国委员会或世界记忆项目国家委员会等机构的批准，国际咨询委员会专家的任命需经过教科文组织总干事与有关成员的国家委员会协商等内容，这些条款极大地提高了各国政府在世界记忆项目中的话语权和影响力。

这有利于加强不同政治力量间的相互制衡，以维护世界文献遗产保护的公平与正义性，但也容易让世界记忆沦为政治博弈的舞台，共同记忆难以得到保障。对此，《总方针》中尽可能地体现了联合国教科文组织保持中立、独立于矛盾之外的倾向，削减世界记忆名录评审中出现政治争端的可能性。例如，《总方针》中强调"世界记忆项目关注的是原始资料的保护和利用，而不是对资料的解读或历史争端的解决"，[①] 从而保持文献遗产自身反映历史真实的纯洁性，而非政治斗争的工具。此外，《总方针》还设置了特殊程序，解决受质疑的困难遗产问题，即"因其他原因受到质疑情况"，若有申报遗产受到反对则评审程序暂停，无限期开展调解对话。先解决争议，达成一致后再考虑是否能够入选《世界记忆名录》，联合国教科文组织仅推荐调解人作为中立方进行调解。这一做法将联合国教科文组织排除于矛盾之外，确保世界记忆项目远离政治纠纷、持续平稳发展。

2. 时代议题：数字文献遗产的确认、保护与获取

数字时代给文献遗产的识别、保护、保存与获取带来了各种挑战，技术系统快速更新换代造成许多原有格式的数字遗产内容在当前技术环境下无法被访问获取；配套的法律框架也未搭建起来，不能提供相应的政策保障；数字传播的便捷性和无限性也给虚假信息的滋生带来了可乘之机，对文明、文化和遗产的传播造成威胁。

因此，针对这一严峻的时代挑战，世界记忆项目接连出台了多项政策法规文件，为数字文献遗产的确认、保护、获取提供参考。在最新修订的《总方针》中，就将文献的定义以偏数字概念的角度提了出来，"文献是由模拟或数字格式的信息内容及其载体共同组成的实体。它是可保存的，通常是可移动的。其内容可能包括可以被复制或迁移的符号或代码（例如文本）、图像（静

---

① UNESCO, "General Guidelines of the Memory of the World (MoW) Programme," 2021, https://en. unesco. org/sites/default/files/mow_general_guidelines_en. pdf, accessed: 2022-02-20.

止或移动）和声音。载体可能具有重要的美学、文化或技术品质。内容与载体之间的关系可能是随机的，也可能是整体的"。① 在《遴选方针》的第二版中，提出了数字遗产的选择标准可以参考重要性、可持续性和可用性这三个指标，为档案馆、博物馆、图书馆等记忆机构的数字遗产选择提供了详细的指导，并给出了相应的选择与收集策略。

因此，关注数字遗产和数字时代的文献遗产是未来联合国教科文组织文献遗产政策法规制定的必然趋势，解决数字时代文献遗产面临的种种挑战，也是世界记忆项目的重要责任。

3. 合作交流：文献遗产保护是全社会的公共责任

文献遗产是文明交流的手段，文献遗产保护工作也绝非孤军奋战。在文献遗产保护工作中，没有国家是一座孤岛，故步自封只会逐渐落后。促进国际交流与合作一直是联合国教科文组织推进文献遗产保护的重点工作，在其政策文件中多次体现。《建议书》第五章为"国家与国际合作"，整个章节都在对合作进行倡议，具体要求包括：要求成员支持人员交流，举办研讨会，鼓励专业协会、组织机构开展合作，为相关国家提供遗产副本等。"技术变革如此迅速，专业技能、设施与知识变得愈发多样化，没有国家能拥有全部内容。"② 国家与国家之间交流文献遗产保护专业技术、设施与知识，通过分享促进共同进步。在 2021 年版的《遴选方针》中更是将其适用范围从记忆机构扩大到私营部门和社会公众，将数字遗产的保护工作上升为全社会的公共责任。

2017 年，英国与巴巴多斯联合申请的《巴巴多斯非洲之歌》入选《世界记忆名录》。这是一份由英国人记录的歌曲手稿，歌曲是已知最早由美国黑奴演唱的英文歌，体现了殖民时期非洲人强大的精神力量，是巴巴多斯独特的音乐遗产。③ 两国因同一份文献遗产产生联系，在联合申请世界记忆遗产的过程中不断交流、相互理解。

---

① UNESCO, "General Guidelines of the Memory of the World (MoW) Programme," 2021, https://en. unesco. org/sites/default/files/mow_ general_ guidelines_ en. pdf, accessed: 2022-02-20.

② UNESCO, "Memory of the World Programme General Guidelines," December 17, 2017, https://en. unesco. org/sites/default/files/mow_ draft_ guidelines_ approved_ 1217. pdf, accessed: 2022-02-20.

③ UNESCO, "Barbados and United Kingdom—An African Song or Chant from Barbados," http://www. unesco. org/new/en/communication - and - information/resources/multimedia/photo - galleries/preservation-of-documentary-heritage/memory-of-the-world-nominations-2016-2017/barbados-and-united-kingdom-an-african-song-or-chant-from-barbados/, accessed: 2022-02-20.

在联合国教科文组织文献遗产保护政策的引导下，不同的国家、民族、文明之间通过联合申报《世界记忆名录》、合办展览、举办交流研讨会、共同参与研究项目等方式进行合作交流、相互借鉴，以文献遗产为纽带增进对其他国家文化的了解和认同，使得世界文化更加多样繁荣。

二　世界记忆项目的组织机构保障

在具备了完备的政策体系保障的同时，世界记忆项目的良性运转同样需要高效、有力、全面的组织机构保驾护航。在《世界记忆项目总方针》的指导下，项目实行"国际—地区—国家"三级管理体制，各级彼此独立的同时相互联系。国际层面，世界记忆项目由联合国教科文组织的下设机构国际咨询委员会负责相关工作；地区层面，通过设置地区委员会（Regional Memory of the World Committees），以保证全球范围内世界记忆项目的有序运行；国家层面，世界记忆项目倡导各国建立国家委员会，同时通过联合国教科文组织全国委员会和各国国内现有的相关机构，保障世界记忆项目在各国层面的顺利开展。此外，世界记忆项目还通过世界记忆项目学术中心、联合国教科文组织国际文献遗产中心（The UNESCO International Centre for Documentary Heritage，以下简称"国际文献遗产中心"）等组织机构，共同促进项目的发展。

（一）地区委员会

世界记忆项目地区委员会是指由两个或两个以上国家组成的，以实施世界记忆项目为目标的合作机构。[①] 一般而言，地区委员会按照地理位置、风俗习惯等特征进行地区划分，其覆盖范围大小各异。目前，世界记忆项目主要以联合国教科文组织《基本文件 2020 年版》中"本组织旨在实施地区性活动的地区划分"为基准，[②] 将全球分为非洲、阿拉伯、欧洲及北美（简称"欧美"）、亚洲及太平洋（简称"亚太"）、拉丁美洲及加勒比五大地区。当前，处于运行状态的世界记忆项目地区委员会共有 3 个，分别为亚太地区委员会、拉美和加勒比地区委员会，以及非洲地区委员会。世界记忆项目亚太地区

---

① UNESCO, "Regional Memory of the World Committees, "https://en. unesco. org/programme/mow/regional-committees, accessed: 2022-02-20.

② UNESCO：《基本文件 2020 年版》，https://unesdoc. unesco. org/ark:/48223/pf0000372956?posInSet=1&queryId=e769f4ed-2868-40dd-b845-0ff554bda803，最后访问时间：2020 年 12 月 8 日。

委员会在 1998 年于北京举行的第一届亚太地区世界记忆大会期间成立，它涵盖了亚太地区的 43 个国家，以期在区域内促进并监督世界记忆项目的开展。① 世界记忆项目拉美和加勒比地区委员会成立于 2000 年 6 月，2002 年，该委员会登记了第一批地区文献遗产提名。② 2007 年，世界记忆项目非洲地区临时委员会在南非举行的第八届国际咨询委员会会议期间成立，2008 年，该委员会获得正式批准，并任命了委员会成员。③

地区委员会一方面有助于协助世界记忆项目国际咨询委员会解决超出其实际能力的问题，另一方面也为解决个别国家委员会的问题提供方法，同时它提供了一种在国家层面以外的合作与互补机制。由于地区委员会的设置并不存在标准的模式，因此地区委员会并不必仅由国家委员会的代表组成，具有较高的自由、自愿性和包容性。④

地区委员会的职权范围可以根据需要而发生变化，但基本可以涵盖：（1）维护地区的世界记忆名录；（2）将跨越国界的，或不太可能被提名的文献遗产组提名至地区名录或国际名录中；（3）鼓励地区内的合作与培训；（4）管理地区内的世界记忆项目开展；（5）为该地区没有设置世界记忆项目国家委员会的国家提供相应支持；（6）鼓励地区内国家建立国家委员会，并对其进行指导；（7）在地区范围内协调宣传和提高认识的工作。⑤

（二）联合国教科文组织国际文献遗产中心

联合国教科文组织国际文献遗产中心（International Center of Documentary Heritage，ICDH）是文献遗产领域的第一个国际组织，旨在促进世界文献遗产的安全保护、管理和普遍利用。2016 年 10 月，基于国际咨询委员会首尔大会后与韩国 JIKJI 在联合国教科文组织文献遗产领域共同合作的建议，国际文献

① UNESCO, "MOWCAP Archive, "https://mowcaparchives. org/about, accessed: 2022-02-20.

② UNESCO, "MOWLAC, "http://mowlac. org/en/about-mowlac/, accessed: 2022-02-20.

③ National Archives & Records Service of South Afirca, "African Regional Committee, "http://www. nationalarchives. gov. za/node/824, accessed: 2022-02-20.

④ UNESCO, "Memory of the Wolrd, Regional Memory of the World Committees, "https://webarchive. unesco. org/web/20220708211148/https://en. unesco. org/programme/mow/regional-committees, accessed: 2022-02-20.

⑤ UNESCO, "Memory of the Wolrd, Regional Memory of the World Committees, "https://webarchive. unesco. org/web/20220708211148/https://en. unesco. org/programme/mow/regional-committees, accessed: 2022-02-20.

遗产中心的理念由此发端。2017 年 11 月，联合国在教科文组织第 39 届大会上，国际文献遗产中心获批成立。2019 年 7 月，韩国政府与联合国教科文组织签署关于建立国际文献遗产中心的协议。同年 10 月，韩国国会通过《公共遗产管理办法》，并于 2020 年 7 月正式实施。①

国际文献遗产中心的愿景是建立一个创造可持续文献遗产的未来价值和多样性的国际专业组织，其任务是支持有效保护和普及人类文献遗产的国际能力建设，其主要作用是在研究、教育和宣传领域与联合国教科文组织及相关组织进行联合合作并提供支持。

国际文献遗产中心的战略包含四大板块。（1）文献遗产监测。文献遗产是传给下一代的共同遗产，国际文献遗产中心的主要职责是为文献遗产的安全、管理打下基础，为后代提供保障。该中心致力于开发世界记忆名录的监测系统，关注濒危的世界记忆名录，支持发现潜在的文献遗产，同时关注原生数字档案。（2）加强能力建设。由于世界记忆项目存在地区发展不平衡的问题，以欧洲和北美成员为中心，尚有 80 多个国家从未被列入保护，同时联合国教科文组织有限的预算和人员难以支持脆弱地区的文献遗产保护工作，因此，国际文献遗产中心将通过相关项目，大力发展脆弱地区保护和利用文献遗产的能力，为维护世界记忆项目的区域平衡做出贡献。（3）建立信息枢纽网络。通过推动国家机构之间的交流合作，建立一个跨地区和/或不同地区的新主题的遗产地网络，并协调国家之间冲突较多的文献遗产的联合名录，促进世界记忆项目的发展。（4）促进文献遗产内容开发与利用。在完全保存文献遗产并按原样提供的形式中，人们对文献遗产的价值和意义的认识是有限的。因此，该中心将推动通过体验、教育、旅游和工业等形式来利用这些遗产。②

整体而言，国际文献遗产中心为世界记忆项目的开展提供了更多可能性，通过更加现代化、数字化、大众化的手段，推动文献遗产的普及与保护。

---

① UNESCO ICDH, "International Center for Documentary Heritage, History, "https://www.unescoicdh. org/eng/sub. php?menukey = 248, accessed: 2022-02-20.

② UNESCO ICDH, "International Center for Documentary Heritage, Strategy & Objective, " https:// www. unescoicdh. org/eng/sub. php?menukey = 257, accessed: 2022-02-20.

(三) 世界记忆项目学术中心

2015 年 10 月，联合国教科文组织世界记忆项目国际咨询委员会第 12 次会议提出建立世界记忆项目学术中心（Memory of the World Knowledge Center）的设想，当前，全球已有 8 个世界记忆项目学术中心，其中有 4 个在中国。[①]

2016 年 11 月，世界记忆项目于澳门成立了首个"世界记忆项目学术中心"，设立于澳门城市大学图书馆内。随后五年间，又陆续成立了北京学术中心、韩国学术中心、苏州学术中心、福建学术中心、科特迪瓦阿比让学术中心、墨西哥维兹卡伊纳斯学术中心，以促进文献遗产的普及与公众教育。2022年，7 个世界记忆项目学术中心成立跨国工作组，并举办首次线上会议，以交流经验，共商未来文献遗产普及教育的合作事宜。[②] 2022 年 11 月，世界记忆项目于澳大利亚成立了学术中心，位于堪培拉 ACT 遗产图书馆。

世界记忆项目学术中心结合了图书馆与档案馆的功能，是一个教育与研究设施。学术中心利用与文献遗产有关的一系列人员和机构的专业知识，推动世界记忆项目和文献遗产相关工作的开展。此外，学术中心还可以制订公共计划，以提高人们对保护文献遗产的必要性的认识，并推动文献遗产的广泛获取与利用。[③]

各个学术中心自成立以来，积极致力于世界记忆项目与文献遗产理念的推广宣传，取得了许多重要成果。例如，世界记忆项目北京学术中心开展了北京记忆数字资源平台建设、高迁村数字记忆、中国古代档案库房建筑探秘等代表性研究项目，参与了"数字记忆"厚重人才成长支持、中国人民大学数字记忆工作坊等教育教学计划，举办或协办了敦煌文化遗产数字化国际研讨会、2018 中国古书画鉴定修复与保护国际高峰论坛等活动，在记忆项目的支持与发展、数字人文、教学培养、科学研究等领域取得了一定成绩。[④] 福建学术中

---

① 《〈"十四五"全国档案事业发展规划〉解读（八）：参与世界记忆项目 提升档案文献遗产影响力》，中国档案资讯网，2021 年 10 月 11 日，www.zgdazxw.com.cn/news/2021－10/11/content_325997.htm，最后访问时间：2022 年 6 月 30 日。

② 澳门世界记忆学术中心：《UNESCO 世界记忆学术中心跨国工作组首次会议 澳城大与澳门文献信息学会探讨发展及合作方案》，2022 年 4 月 22 日，https://mow.cityu.edu.mo/news/33，最后访问时间：2022 年 6 月 30 日。

③ ACT Government, "Memory of the World Knowledge Centres," https://www.library.act.gov.au/Knowledge-Centre/other-Knowledge-Centres, accessed: 2022-02-20.

④ 世界记忆项目中国国家委员会—世界记忆项目北京学术中心，https://www.saac.gov.cn/mowcn/cn/c100460/xszx.shtml，最后访问时间：2022 年 6 月 30 日。

心深度打造了侨批文化品牌"百年跨国两地书——福建侨批"，通过宣传片、纪录片、流动展览、汇编书籍等方式，宣传世界记忆项目；与其他遗产项目积极协同发展，配合第四十四届世界遗产大会举办了"记忆·遗韵——世界记忆在福建"展览。①

三　世界范围内记忆项目的开展

自 2015 年《南京大屠杀档案》入选《世界记忆名录》后，日本以不缴纳会费等为要挟，向联合国教科文组织施压，阻挠世界记忆项目的正常运行。又以透明性、公正性不足为借口，要求该项目重塑法律框架、进行全面审查，企图将专业性和专家主导的世界记忆项目政治化。这导致世界记忆项目的主要政策也随之接受审查并开展修订，本应于 2019 年开展的新一轮《世界记忆名录》评审被暂停，直至 2021 年才得到重启。但在《世界记忆名录》评审暂停期间，各国对于国家文献遗产名录及其所属地区的地区文献遗产名录的申报评选工作展现出积极和活跃的态度。同时，在世界记忆项目的引导下，各级各类国家记忆、城市记忆项目也取得了蓬勃发展。

（一）"国际—地区—国家"文献遗产名录建设

自 1995 年设立《世界记忆名录》以来，截至 2023 年 5 月，共有 496 项来自不同国家和地区的文献遗产，经联合国教科文组织世界记忆项目国家咨询委员会确认而被纳入。为响应全球性的记忆名录的号召，各地区和国家也纷纷设立地区记忆名录和国家记忆名录，形成"国际—地区—国家"三级名录结构。

在《世界记忆名录》评审停摆期间，世界各主要国家越发强调国家文献遗产名录建设的重要性，其收录文献遗产的数量不断增加，国内政府、文化机构组织对于本国遗产的关注和保护力度也呈上升态势。地区层面，以世界记忆项目亚太地区委员会所管理的《世界记忆亚太地区名录》进展最为活跃。2018 年，《世界记忆亚太地区名录》评选正常开展，共 10 项文献遗产入选。

---

① 世界记忆项目中国国家委员会—世界记忆项目福建学术中心，https://www.saac.gov.cn/mowcn/cn/c100461/xszx.shtml，最后访问时间：2022 年 6 月 30 日。

在国家层面，当前已有 90 多个国家成立国家委员会，各国对世界记忆项目仍保持极高的关注度，对文献遗产的重视力度不减。例如，英国在《世界记忆名录》评选搁置的情况下，仍然从国家层面在 2017~2021 年开展了《英国世界记忆名录》的申报和评选工作，目前共有 62 项文献遗产入选国家级名录。澳大利亚在《世界记忆名录》评选中止期间仍旧着力于本国世界记忆名录的评选活动。2017~2021 年，共有 28 项文献遗产入选《澳大利亚世界记忆名录》。①

此外，还有部分尚未建立本国文献遗产名录的国家，将建立国家文献遗产名录提上日程。2021 年 3 月 24~25 日，联合国教科文组织卢旺达全国委员会秘书长阿尔伯特·穆特萨在一场关于保存文献遗产的咨询研讨会上提到，将在联合国教科文组织卢旺达全国委员会及联合国教科文组织的支持下，与卢旺达文化遗产学院以及基加利公共图书馆合作建立世界记忆项目卢旺达国家委员会。新成立的国家委员会将致力于建立一份可供公众访问的卢旺达文献遗产国家名录。

2021 年 8 月 25 日，印度尼西亚国家档案馆与世界记忆项目印度尼西亚国家委员会联合召开"建立世界记忆国家级名录"国际研讨会，以分享国家级名录建设经验、制订《印度尼西亚世界记忆名录》建设计划。②

由此可见，世界记忆项目大大推动了全球范围内各个国家在文献遗产保护方面的进程，提高了各国对文献遗产价值的认识与重视。同时，世界记忆项目以名录评审促遗产保护的模式，也成为各国在保护文献遗产时参照的对象，为地区和国家级文献遗产相关工作的开展提供了借鉴。

（二）各级各类记忆项目顺利开展

受世界记忆项目的影响，各国纷纷通过开展国家记忆项目、城市记忆工程、举办记忆项目活动等方式，响应并提升公众对世界记忆与文献遗产的关注。

---

① The AMW Register, "National Committee of Australia Memory of the World, "https://www. amw. org. au/amw-register, accessed: 2021-07-25.

② MoWCAP, "International Seminar on Establishing National Memory of the World Registers Held on the 25th of August 2021, "August 27, 2021, http://www. mowcapunesco. org/international-seminar-on-establishing-national-memory-of-the-world-registers-held-on-the-25th-of-august-2022/, accessed: 2021-10-21.

2019 年 9 月，在韩国清州市和 GKL 社会贡献财团的支持下，水原大学
（音译）在清州市艺术中心大厅举办了为期 3 天的"世界文献遗产全息内容特
别展"。这是世界上首次尝试制作世界文献遗产人物，并实现讲故事的全息图
像。水原大学文化科技项目组组长崔香烈说："联合国教科文组织国际文献遗
产中心将在管理和促进世界各地的文献遗产方面发挥重要作用。我认为它将作
为广泛宣传的指南。明年，我们计划通过完成韩国世界文献遗产全息内容的开
发，并将其用作全球旅游资源，帮助学生进行创客教育。"2021 年 4 月 13 日，
法国在世界图书与版权日将该年度的国家主题定为"回顾法国文献遗产的保
护和通过书籍传播知识"。联合国教科文组织将书籍视作传播知识的最有力工
具和确保其保存的最有效手段，并借此机会传播列入《世界记忆名录》的法
国文化遗产。

在我国，自 2002 年青岛市档案馆率先实施"城市记忆工程"以来，为留
住城市记忆、记住乡愁，各类城乡记忆工程如火如荼地进行着，尽可能真实、
完整地反映我国 20 年间的社会变迁与人文风情。例如，北京开展了城市记忆
数字资源库的建设，通过网络平台展示北京城市建设的风土人情；上海在多渠
道收集资料的基础上，积极开展档案文献遗产展览以及"城市记忆·上海的
故事"等系列讲座，唤醒市民对上海城市记忆的热情；浙江省通过实施乡村
记忆工程，建设"乡村记忆示范基地"，开展口述史建档、方言语音建档等工
作，对乡村民间记忆进行了有效的收集、整理与推广。[1]

因此，无论当前世界记忆项目自身进展如何，在业已积累了 30 年的发展
经验与宣传推广后，"世界记忆"的理念已深入各国人民心间。越来越多的国
家将文献遗产作为发展公众教育、塑造民族身份、探索保护技术的重要工具，
文献遗产的价值与作用被认可、挖掘和重视，世界记忆项目"提升全社会对
文献遗产价值的重视"的终极目标日益得到实现。

四　文献遗产识别、保护、获取的普及推广

正如前文所述，世界记忆项目的任务是提高对世界文献遗产的认识并加强
保护，实现其普遍和永久利用。为实现这一目标，世界记忆项目采用多种手

---

[1]　徐拥军、王露露、洪泽文：《我国城乡记忆工程建设研究》，《山西档案》2017 年第 4 期，第
18~26 页。

段，推进世界文献遗产的识别（identity）、保护（protection）与获取（access），使其成为教育、研究、公众提升认知与获取身份认同的重要工具，提升世界公众对文献遗产的重视。

由于世界经济发展不平衡，某些经济落后的国家和地区没有良好的资金与技术支持，可能无力保护文献遗产。但文献遗产的价值不因国家的发展状况而改变，联合国教科文组织会给予落后地区更多资金、技术、教育等方面的帮助，让这些地区的文献遗产也能拥有更加优质的保存条件。2015 年，联合国教科文组织在黎巴嫩为阿拉伯法语国家召开了为期 3 天的世界记忆培训班，旨在促进该地区文献遗产的保护与获取，并鼓励各国积极向《世界记忆名录》提交申请。该培训班的举办促使中东和北非国家许多珍贵的文献遗产向公众开放，对该地区文献遗产的保护和获取具有重要意义。[①] 2016 年，联合国教科文组织启动了"世界记忆马来西亚信托基金项目"（the Memory of the World Malaysian Funds-in-Trust Project），该项目用于东南亚地区重要文献遗产的保护，尤其侧重东帝汶、缅甸等该地区较不发达的国家。2016 年和 2017 年分别在这两个国家开展培训，以促进其文献遗产的保护与开放。[②] 2021 年 6 月，联合国教科文组织与蒙古国文化部召开会议，就残障人士无障碍获取数字文献遗产问题进行讨论。会议探讨了文献遗产数字化过程中残障人士的可访问性、数字文献遗产库的无障碍标准等问题，以保障残障人士同样能够平等地获取数字文献遗产。[③] 2021 年 10 月，联合国教科文组织为土库曼斯坦遗产专家举办了首届"世界记忆能力建设讲习班"。为期两天的线上讲习班提升了土库曼斯坦遗产专家对文献遗产重要性的认识，加强了其对世界记忆计划的了解，加快了土库曼斯坦加入世界记忆项目的进程。[④] 联合国教科文组织通过举办此类讲习班，

---

① UNESCO, "Enhancing the Preservation of Documentary Heritage in Middle East and North Africa," https://es.unesco.org/node/243446, accessed: 2020-02-09.

② UNESCO, "Kick-off Meeting for the Memory of the World Malaysian Funds-in-Trust Project Held in Kuala Lumpur," September 28, 2016, http://www.unesco.org/new/en/media-services/single-view/news/kick_off_meeting_for_the_memory_of_the_world_malaysian_funds/, accessed: 2020-02-10.

③ UNESCO, "Mongolian Stakeholders Gathered to Discuss Accessible Documentary Heritage for Persons with Disabilities," June 30, 2021, https://en.unesco.org/news/mongolian-stakeholders-gathered-discuss-accessible-documentary-heritage-persons-disabilities, accessed: 2020-02-10.

④ UNESCO, "Turkmenistan Embarked on a Path to Preserve Documentary Heritage," October 19, 2021, https://en.unesco.org/news/turkmenistan-embarked-path-preserve-documentary-heritage, accessed: 2020-02-10.

一方面提升了不发达国家或地区对文献遗产的认识，另一方面提高了当地专家或有关部门文献遗产保护的能力，也进一步扩大了世界记忆项目的影响力和覆盖面。

《世界记忆项目总方针》中明确指出，"世界记忆项目鼓励在研究和学术领域利用文献遗产作为历史研究的原始资料，以《世界记忆名录》作为研究的切入点。在大、中、小学课程设置中纳入世界记忆项目内容，并在学校与记忆机构之间建立联系，能够提升对文献遗产的保护意识，有助于历史与现实的对话"。[1] 因此，世界记忆项目国际咨询委员会的其中一个分委会——教育和研究小组委员会（Education and Research Subcommittee，SCEaR）就专门负责推广世界记忆项目，鼓励出版和教育活动，发起并促进教育倡议，举办文献遗产相关展览等。该分委会计划围绕项目中的人类共同记忆文化创建教学包，以促进世界学龄儿童成长为更加包容、开放的"世界公民"。这些教学包同样可以使用世界遗产项目中的遗产地进行教学阐述，[2] 同时，该分委会积极与各个世界记忆项目学术中心共同建立教育和记忆机构网络，从而为增强意识、研究、出版提供帮助。

此外，世界记忆项目还上线了"文献遗产在线课程"（The UNESCO Memory of the World E-learning），出版了儿童读物《让我们探索世界记忆》（*Let's Explore the Memory of the World*）和"世界记忆儿童电子日历"（Memory of the World E-calendar for children）[3] 等教育资源，为公众了解文献遗产提供了有效途径。2022 年 1 月，《世界记忆名录》资源集加入"谷歌艺术与文化"（Google Arts & Culture）这一线上展览平台，为公众获取世界记忆文献遗产相关资源提供了便利的网络途径，提升了公众对世界记忆项目与文献遗产的认识，发挥了世界记忆项目的社会效应。

世界记忆项目始终致力于提升各国、各地区对文献遗产识别与保护的能力，推进面向各类人群的文献遗产无障碍获取，以保证世界文献遗产的无差别平等普遍获取。这是提升公众对文献遗产的重视的前提。对于大众而言，只有

---

[1]　UNESCO, "General Guidelines of the Memory of the World（MoW）Programme," 2021, https://en. unesco. org/sites/default/files/mow_ general_ guidelines_ en. pdf, accessed: 2022-02-10.

[2]　UNESCO, "General Guidelines to Safeguard Documentary Heritage," February 2002, https://unesdoc. unesco. org/ark: /48223/pf0000125637? posInSet = 1&queryId = a102b61d - 5b6d - 4b6e - 8a0e - e7556471925f, accessed: 2022-03-30.

[3]　UNESCO, "Memory of the World," https://en. unesco. org/programme/mow, accessed: 2021-11-27.

在真实了解了文献遗产的内容之后，才可能进一步地认识其价值。

第三节 "世界意义"的探寻

一 世界记忆项目的"世界意义"理念

世界记忆项目强调世界文献遗产属于所有人，应为所有人充分保存和保护，应当实现所有人对共同的文献遗产普遍的无障碍的平等获取。[①] 文献遗产的"世界意义"是《世界记忆名录》评选的核心标准，与《世界遗产名录》评选时所强调的"突出普遍价值"相近，重在强调"民族、语言和文化的多样性的探寻，对世界各族人民共同记忆的思考"，[②] 体现联合国教科文组织对"超越国界，对全人类现在和未来都具有共同重要性"文化的不懈追求。世界记忆项目对"世界意义"的追求经历了一个演化、显化的过程，其背后蕴涵的是世界记忆项目对人类共同记忆遗产的守护。

（一）文献遗产"世界意义"的提出

文献遗产是世界遗产体系中的一大分支，与世界文化和自然遗产、非物质文化遗产共同构成当下整体意义上的世界遗产空间格局。曾任国际古迹遗址理事会（International Council on Monuments and Sites，ICOMOS）副会长、联合国教科文组织日本委员会理事的西村幸夫指出："世界遗产并未使用惯用的'国际'一词，而是采用'世界'一词来述，由此获得了超越文化民族主义来理解多样的、唯一的地球的眼光。"[③] 世界记忆项目作为联合国教科文组织保护文献遗产的专项运动，其指导思想、运行理念深受世界遗产理论的影响。

《世界记忆项目总方针》是世界记忆项目的纲领性文件，系统阐述了项目背景、目标、管理机构、组织架构以及《世界记忆名录》评选要求、申报程

---

① UNESCO, "General Guidelines of the Memory of the World(MoW) Programme,"May 16, 2022, https://en. unesco. org/sites/default/files/mow_ general_ guidelines_ en. pdf, accessed: 2022-12-17.

② UNESCO, "Memory of the World: General Guidelines to Safeguard Documentary Heritage(chi)," 1995, https://unesdoc. unesco. org/ark:/48223/pf0000105132_ chi? posInSet = 2&queryId = 85ee0661-d780-414d-b9f9-3369a952a203, accessed: 2022-12-17.

③ 〔日〕西村幸夫：《"世界"遗产——超越文化民族主义》，张松译，《同济大学学报（社会科学版）》2003 年第 3 期，第 18 页。

序等内容。① 1995 年，首版《总方针》② 在"战略 1—对文献遗产进行鉴定"
中指出，"第一项战略是对具有世界意义的文献遗产进行鉴定并将其列入《世
界记忆名录》，这类文献遗产可能已经得到妥善保护，或需要引起紧急注意，
主要问题不在于是否需要保护，而是是否具有世界意义"（2.5.2）。并在"世
界记忆名录"中指出，"《世界记忆名录》将把经过国际咨询委员会鉴定，经
教科文组织总干事批准的符合具有世界意义的文献遗产列入名录"（4.1.1）。
可见，是否具有世界意义是《世界记忆名录》自建立时起的最重要价值，这
也是"世界意义"首次在世界记忆项目中被明确提出。

　　早在 1995 年，《总方针》即提出了"世界意义"的概念，但却未能给出
其具体内涵。这是考虑到"没有也不可能有衡量文化意义的绝对标准"，因而
《世界记忆名录》所有的评审标准都不是固定的，而是"相较而言"（Contex-
tual Assessment）（4.4.2）的。同时，也体现出彼时文化遗产保护领域对世界
意义的界定尚未有深入思考，无法准确给定世界意义的内涵与范围。

　　（二）"世界意义"判定标准与评估的演变

　　《总方针》（1995）在"入选标准"中提出，各级名录都必须有明确的评
估文献遗产文化意义的标准，这些标准考虑到了"影响、时间、地点、人物、
主题、形式与风格及社会价值"（4.4）等因素。此后，随着时代发展、理念
更新，《总方针》分别于 2002 年、2017 年③ 和 2021 年历经三次修订，文献遗
产世界意义的判定标准发生演变（见表 2-3）。

　　尽管《总方针》几经修订，但其关于世界意义的核心观点具有连贯性。
其一，文献遗产世界意义的评估是"相较而言和相对的"，关于这一点，《总
方针》自始至终保持一致；其二，文献可能只因满足一项标准就具有世界意
义，而不必符合所有条件；其三，文献的载体和内容同样重要，"形式与风

---

① 王玉珏、施玥馨：《联合国教科文组织文献遗产保护政策体系研究》，《图书馆建设》2022 年
　　第 2 期，第 120~130 页。

② 1995 年，联合国教科文组织颁布《世界的记忆：保护文献遗产的总方针》（https://une-
　　sdoc. unesco. org/ark:/482 23/pf0000105132_ chi?posInSet =2&queryId =85ee0661-d780-414d-b9f9-
　　3369a952a203）作为世界记忆项目的纲领性文件。2017 年经修订更名为《世界记忆项目总方
　　针》，简称《总方针》。

③ 2017 年版《总方针》因无法解决改革期间项目面临的质疑，未能获得联合国教科文组织执行
　　局（UNESCO Executive Board）的最终通过。

格"一直是世界意义所考虑的标准之一；其四，世界意义始终关注文献遗产的社会价值和精神意义，尤其是涉及宗教信仰、领袖人物等题材。

表2-3　具有"世界意义"的文献遗产遴选标准

	1995 年	2002 年	2017 年、2021 年
影响	对世界历史产生过超越民族文化疆界的重大影响（4.4.3）		
	在世界历史进程中产生过重要影响的政治和宗教巨著（4.4.4）		
时间	有助于了解世界历史上特别重要的时刻（4.4.5）	绝对的年代本身并不能使文献变得有意义，但每份文献都是其所处时代的产物。有些文献特别能唤起人们对那个时代的回忆，可能是危机时期，或是重大的社会或文化变革时期。代表新发现，为同类中的第一份（4.2.5-1）	历史意义。文献遗产是否有关世界历史的以下方面：政治或经济发展，社会或精神运动；世界历史上的知名人士；改变世界的重要事件；与某一时代、事件或人物有关的具体地点；独特现象；值得关注的传统习俗；国家或社区之间关系的演变；生活和文化模式的变化；历史转折点，或关键创新；在艺术、文学、科学、技术、体育或其他生活和文化方面表现出色的例子（8.3.5.1.1）
	反映政治、社会、经济、技术、哲学或宗教方面的变动，或展示某一时期的高水平创造性成就或技术成就（4.4.6）		
	古老是相对的，在历史悠久的国家和年轻的国家间会有不同的认定（4.4.7）		
	相对地，视听遗产很新，但历史较长的视听遗产或因代表电影行业早期情况等而具有较大意义（4.4.8）		
地点	含有关于对世界历史或文化的重大发展做出过重要贡献的地点或地区的重要情况（4.4.9）	文献产生地。包含在世界历史和文化中具有重要地位的地点的重要信息；地点本身对文献所代表事件或现象产生重要影响。是对已经消失的物理环境、城市或机构的描述（4.2.5-2）	
	在世界各地农业和工业革命中具有特殊意义的地点，或曾发生过对世界历史产生重大影响的政治、社会和宗教运动的地点（4.4.10）		
主题	记录了世界历史或文化的重要专题或重大主题（4.4.13）	代表自然、社会和人文科学、政治、意识形态、体育和艺术等领域的特定历史或知识发展（4.2.5-4）	

续表

	1995 年	2002 年	2017 年、2021 年
人物	与对世界历史或文化做出杰出贡献的个人或民族的生活或作品有密切联系（4.4.11） 对世界历史产生过重大影响的个人或群体自己创作的，或写给、记录他们的文献（4.4.12）	其创作的社会和文化背景反映人类行为或社会、工业、艺术或政治发展的重要方面。捕捉到伟大运动、过渡、进步或倒退的本质；反映关键个人或群体的影响（4.2.5-3）	社会、社群或精神意义。文献遗产或因属于某现存社群而明显重要。如极受社群看重的受爱戴（或被痛恨）领袖的文献遗产，或与社群所看重的特定事故、事件或场所相关的文献遗产。或与某位精神领袖或圣人相关的文献遗产（8.3.5.1.3）
社会价值	具有超越民族文化的突出社会、文化或精神价值（4.4.19） 关于世界上主要的宗教信仰（4.4.20）		
形式与风格	多地区或国家都认为很有价值的美学或风格特点，代表某种业已消失或正在迅速消失的载体或技术（4.4.16） 特别或濒于消失的载体和技术（4.4.17）	具有突出的美学、风格或语言价值，是表现形式、风俗或媒介的典型或关键范例，或已消失或正在消失的载体或格式（4.2.5-5）	文献遗产的重要性或许存在于文献的物理特性中。如文献遗产在其类型中具有特殊代表性；具有杰出的美感和技艺；新的或特殊的载体类型；已淘汰或被取代的文献类型的代表（8.3.5.1.2）

资料来源：《世界记忆项目总方针》。

变化则主要体现在以下两个方面。首先，文献遗产世界意义判定标准的意涵呈现融合之势。在 1995 年版和 2002 年版《总方针》中，评价文献遗产世界意义的指标划分较为零散，包括"时间""地点""人物""主题""形式与风格""社会价值"等多项指标。而自 2017 年修订后，则主要分为"历史意义""形式与风格""社会、社群或精神意义"三大项，整合了前两版中出现的标准，使得每项指标的意义内涵更为丰富，评估的价值指向更加清晰。其次，文献遗产的历史价值和社会价值逐渐成为判定其世界意义的重心。"影响""时间""地点""主题"等指标集合成为"历史意义"；指向社会价值的"社会、社群或精神意义"则涵盖原先"人物""社会价值"的内容。

（三）"世界意义"界定的相对标准

上述内容为"世界意义"界定的主要标准（primary criteria），除此之外，

《总方针》还规定"稀有性"（uniqueness or rarity）、完整性与"保存状况"（condition）为相对标准。相对标准（comparative criteria）是用于衡量文献遗产重要程度①的指标，主要基于比较的和相对的②视野评估文献遗产的世界意义。

其一，文献遗产的稀有性体现为，其记录内容或方式在世界范围内同类型文献当中是独一无二、具有典范性的。如我国于 2002 年申遗的《纳西族东巴古籍》与《明代徽州土地产权变动和管理文书》，《纳西族东巴古籍》因展现了人类历史上独一无二的民族文字与文化而申遗成功，而《明代徽州土地产权变动和管理文书》则因其所记录的明代土地经济状况内容本身在世界范围内并不具备独特性而遗憾落选。③

其二，"完整性"是指"文献遗产具有的完整和完全的品质"。即入选的文献遗产应当保持外在形态上的完整，是现在已知最完整或最早的版本。但基于对世界记忆项目愿景、任务和目标的考量，文献记载内容的意义被置于优先地位，文献遗产形态上的残缺并不对其世界意义的评估产生根本性影响。④ 如德国于 2017 年入选的《安东尼努斯赦令》（Constitutio Antoniniana），虽仅残留文件片段，⑤ 但因其在政治与捍卫人权方面的突出价值，依然成功入选。

其三，"保存状况"标准尽管与遗产本身的价值判定无关，但依然左右其能否入选。原因在于，若文献因保存不当致使其内容与特征信息受损且无修复可能，则其意义无法彰显，也就不再符合入选资格。另外，即使文献的现状尚佳，但其短期或长期保存条件存在安全隐患，亦有悖于"提高对世界文献遗产的认识并加强保护，实现其普遍和永久的利用"的项目目标。

---

① Russell, R., "The Memory of the World Registers and Their Potential, "in Edmondson, R., Jordan, L., and Prodan, A. C., eds., *The UNESCO Memory of the World Programme: Key Aspects and Recent Developments*, Springer Nature Switzerland AG, 2020, p. 47.

② UNESCO, "General Guidelines of the Memory of the World(MoW) Programme, "May 16, 2022, https://en. unesco. org/sites/default/files/mow_ general_ guidelines_ en. pdf, accessed: 2022-12-17.

③ 周耀林、周协英：《"世界记忆项目"的发展与前瞻——基于国际咨询委员会会议的视角》，《图书馆杂志》2021 年第 2 期，第 61～73 页。

④ 卜鉴民、王玉珏：《传承人类记忆遗产》，苏州大学出版社，2021，第 152 页。

⑤ Jordan, L., "Terminology and Criteria of the UNESCO Memory of the World Programme: New Findings and Proposals for Research, "in Edmondson, R., Jordan, L., and Prodan, A. C., eds., *The UNESCO Memory of the World Programme: Key Aspects and Recent Developments*, Springer Nature Switzerland AG, 2020, p. 303.

（四）当前"世界意义"价值判定的困境

一是概念本身未得到联合国教科文组织的明确定义。与《保护世界文化和自然遗产公约》并未能明确给出"突出的普遍价值"的定义相似，作为入选《世界记忆名录》的最为核心的标准，"世界意义"也未在《总方针》中被给予明确的定义。一方面，这体现出"作为理论概念的文化"和"作为事实概念的文化"之间的距离；另一方面，也显示了对基于不同文化立场、文化身份给出相同评审标准的难度。它更多成为一种象征，即"进入《世界记忆名录》的文献遗产，应当获得国际性的认可"。

二是牵涉负面遗产时的评估尺度难以把握。2021 年，在新修订版的《总方针》中，联合国教科文组织再次明确"世界的文献遗产属于所有人"，世界记忆项目的设立初衷之一即是"为了避免对集体记忆造成无法挽回的损失"。随着世界记忆项目的全球影响力不断提升，国际上掀起申遗热潮，联合国教科文组织通过确立遗产评估标准，持续向世界各国传递项目愿景与宗旨，多元文化价值和"全球集体记忆"理念渐渐深入人心。此外，世界记忆项目还曾明确表达出对文献遗产的开放性与包容性，接纳可能还未得到广泛认可的负面记忆。① 该类文献遗产往往与创伤、痛苦相关，涉及国家或会对其申遗采取政治干预，阻挠此类遗产的价值认定，以消除可能带来的负面影响，维护其国际形象和自身政治利益。② 世界遗产中心和国际古迹遗址理事会（International Council on Monuments and Sites，ICOMOS）的研究也指出，该类遗产存在一定排他性，难以成为面向全人类集体记忆的组成部分。并且，这种"创伤记忆""争议记忆"通常与特定的历史事件、叙事环境直接相关，难以进行比较，在实际的申报和评估中面临着重重挑战。③

（五）追求世界意义，守护共同记忆

追求"世界意义"的背后，是世界记忆项目对人类"共同记忆"的守护。

---

① 王倩媛、王玉珏：《困难遗产视角下的档案正义与世界记忆项目建设研究》，《兰台世界》2021 年第 8 期，第 29~35 页。

② 王倩媛、王玉珏：《困难遗产视角下的档案正义与世界记忆项目建设研究》，《兰台世界》2021 年第 8 期，第 29~35 页。

③ 孙燕、解立：《浅议 2021 年版〈实施《世界遗产公约》操作指南〉修订》，《自然与文化遗产研究》2022 年第 2 期，第 6~18 页。

在全球化浪潮与互联网发展的背景下，文化与文明的交流互鉴打破时空限制，跨文化交流愈发频繁。寻求共识、增进理解，成为全世界共同追求的主题。世界记忆项目倡导守护全人类的共同记忆，它通过提高全世界对文献遗产存在和重要性的认识，促进人与文化间的对话和相互理解，① 从而推动全世界对共同记忆和共同价值的认同与追求。

2005 年，由奥地利、比利时、法国、德国、匈牙利、意大利六国联合申报的文献遗产《科尔文纳图书馆的藏书》（The Bibliotheca Corviniana Collection）入选《世界记忆名录》，这批藏书是欧洲文艺复兴时期欧洲第二大藏书，在欧洲历史上的数次战争中颠沛流离，分散至多个国家，如今在《世界记忆名录》中重新统一，成为 15 世纪欧洲文艺复兴时期共同文化遗产的概括与独特表达。② 这一批档案文献生动展示了人类文明文化在历史脉搏的跳动中虽曾经历过对抗与分离，但共同的记忆终将重逢，成为联结人类命运纽带的珍贵遗产。同样，具有重要国际影响力的《班基故事手稿》（Panji Tales Manuscripts）也由亚太及欧美地区多个国家联合申报，并于 2017 年入选《世界记忆名录》。班基故事起源于东爪哇，传遍整个东南亚，至今已发现 12 种语言版本，仅手稿本身就有 8 种语言版本。③ 班基故事所体现的情节内容有力地证明了它是神话故事全球叙事的重要部分，许多东南亚乃至西方的神话故事中依稀可见其身影。

世界格局的变化波诡云谲，但文献遗产真实记录的人类共同记忆却在时间洪流的冲刷下历久弥坚，增进共识，加强认同，携手应对未来更多挑战。

二 基于文本分析的文献遗产"世界意义"内涵解读

《世界记忆名录》申报书包含遗产名称、摘要、申报者信息、授权声明、法律信息、文献遗产的鉴定与描述、文献遗产的价值评估、利益方协商、风险

---

① UNESCO, "Memory of the World: General Guidelines to Sageguard Documentary Heritage," https://www.unesdoc.unesco.org/ark:/48223/pf0000125637, accessed: 2022-06-21.

② UNESCO, "Memory of the World: The Bibliotheca Corviniana Collection," http://www.unesco.org/new/en/communication-and-information/memory-of-the-world/register/full-list-of-registered-heritage/registered-heritage-page-8/the-bibliotheca-corviniana-collection/, accessed: 2022-01-18.

③ Leiden University Libraries, "Digital Collections: Panji Tales Manuscripts," https://digitalcollections.universiteitleiden.nl/panjitalesmanuscripts, accessed: 2022-01-18.

评估、保护获取与管理计划、补充信息 11 项内容。

笔者将其划分为"基本信息""价值鉴定""管理协同"三大部分，申报书结构如表 2-4 所示。其中，"7.0 文献遗产的价值评估"为申报书核心，需详细论证拟申报遗产符合"世界意义"标准的证明。本研究通过词频统计与 LDA 主题聚类的方法，提取申报书文本中阐述文献世界意义的文字信息，对《世界记忆名录》的主要标准——"世界意义"的描述维度与关注主题进行提取分析。

表 2-4 《世界记忆名录》申报书结构

内容划分	一级标题	二级标题	要求说明
文献遗产基本信息	1.0 遗产名称		①描述性、令人印象深刻 ②简短直接，不超过 10 个词
	2.0 摘要		①简单介绍遗产及其世界意义 ②字数不超过 200 个词
	3.0 申报者信息	3.1 申报者姓名或申报组织名称	
		3.2 申报者与申报材料的关系	
		3.3 申报者地址	
		3.4 申报者联系方式（电话/邮箱）	
	4.0 授权声明		①证明申报者具有将申报遗产列入《世界记忆项目》的权利
	5.0 法律信息	5.1 遗产持有者姓名或持有机构名称	①5.4 若保管方与持有方非同一方，需提供保管方联系方式 ②5.5 需提供保护遗产的法律与行政责任；证明文件扫描提交 ③5.6 需提供遗产版权状态；提交图片需附"授予非独家权利协议" ④5.7 需提供访问遗产的途径及限制种类与性质；需说明是否已实现数字化或是规划中
		5.2 遗产持有者地址	
		5.3 遗产持有者联系方式（电话/邮箱）	
		5.4 保管方联系方式	
		5.5 法律责任	
		5.6 版权状况	
		5.7 可访问性（及限制）	

内容划分	一级标题	二级标题		要求说明
文献遗产价值鉴定	6.0 文献遗产的鉴定与描述	6.1 申报物品的名称及识别信息		①6.3 需提供遗产的目录或登记细节；其指定的收藏或档案基金需有明确的起止时间 ②6.4 如果有且合适，需提供可视化文件，包括图像或视听材料 ③6.5 需列出遗产从产生直至被保存机构收藏的历史或来源 ④6.6 需罗列遗产被引用的参考文献条目，最好涵盖国内外条目 ⑤6.7 可列举至多3位专家或组织作为遗产推荐人，并提供其推荐资质与联系方式
		6.2 文献类型		
		6.3 目录或登记细节		
		6.4 可视化文件		
		6.5 历史/来源		
		6.6 参考书目		
		6.7 遗产推荐人及其基本信息		
	7.0 文献遗产的价值评估	7.1 主要标准	7.1.1 历史意义	①7.1 填写申报遗产符合标准的证据与说明，仅需从 7.1.1 至 7.1.3 标准中筛选与申报遗产相关的标准进行说明 ② 7.3 需总结符合上述标准的证明，陈述遗产的真实性及对世界历史文化的影响
			7.1.2 形式与风格	
			7.1.3 社会、社群或精神意义	
		7.2 相对标准	7.2.1 稀有性	
			7.2.2 完整性与保存状况	
		7.3 意义陈述		
文献遗产管理协同	8.0 利益方协商	8.1 与利益方就遗产申报的协商情况		①利益方包括遗产的持有者/保管者、参与遗产的社群、研究遗产的学者等
	9.0 风险评估	9.1 文献遗产面临威胁的性质与范围		①遗产面临的风险或威胁包括气候、存储、经济、政治等要素干扰
	10.0 保护获取与管理计划	10.1 遗产现有计划或策略		①以描述或扫描文件的形式提供（拟）保护、获取、管理遗产的计划或建议
	11.0 补充信息	11.1 提供支持申报的补充文件或信息		①补充信息包括支持者声明、遗产推广计划、遗产新闻报道、遗产对教育和研究的意义等

资料来源：《世界记忆项目总方针》。

（一）文献遗产"世界意义"描述的主要维度

《世界记忆名录》的评审工作自 1996 年起步，以两年为一周期展开，其中双年度受理申请，单年度公布结果。但 2015 年起，世界记忆项目进入全面审查阶段，[①] 原定于 2019 年开展的新一轮评审被搁置，直至 2021 年重启新一轮评审，并于 2023 年 5 月公布评选结果。因此，截至 2023 年 5 月，《世界记忆名录》共开展了 12 次评审活动，收录 496 项世界级文献遗产（含补充文献项）。但因 2023 年入选的文献遗产申报文本尚未公布，仅通过"世界记忆名录"官网（https：//en. unesco. org/programme/mow）节选 1997～2017 年成功入选《世界记忆名录》的文献遗产的申报文本作为研究数据源。因公开申报书存在书面语言非英语、公示链接有误、内容板块不齐全等问题，经筛选后仅从 432 项文献遗产中收集到 390 份以英文为书面语言且具有"世界意义"板块的申报书用于定量研究（共计 884049 字）。

本研究运用词频统计的方法，对申报书中的高频词进行分析，词频统计结果（前 30 位）如表 2-5 所示。排名前十位的词汇依次为"world"（世界）、"collection"（收藏品）、"century"（世纪）、"document"（文件）、"history"（历史）、

表 2-5 《世界记忆名录》申报书词频统计结果（前 30 位）

排序	单词	词频	排序	单词	词频	排序	单词	词频
1	world	750	11	archive	266	21	year	189
2	collection	420	12	international	265	22	significance	183
3	century	398	13	record	263	23	language	183
4	document	391	14	develop	249	24	political	175
5	history	387	15	manuscript	243	25	human	173
6	unique	347	16	write	237	26	period	171
7	time	309	17	state	233	27	development	169
8	country	281	18	important	224	28	heritage	169
9	people	270	19	cultural	216	29	historical	169
10	book	267	20	culture	190	30	national	163

---

① 周玉萱、王玉珏：《世界记忆项目的中国参与和贡献》，《中国档案》2021 年第 11 期，第 74～76 页。

"unique"（独特的）、"time"（时间）、"country"（国家）、"people"（人类）、"book"（书籍）。其中，"world"（世界）单词的词频最高，共出现 750 次，几乎是排名第二位的 "collection"（收藏品）单词的词频的 2 倍。这与"世界意义"板块的要义相一致，即如何陈述该文化遗产的世界性影响力。

在词频统计的基础上，调用词频排名前 200 位的单词，构建可视化词云图，进一步揭示高频热点问题。产生的词云图如图 2-2 所示，其中字号越大表示该单词的词频越高。

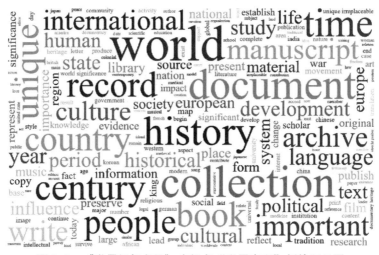

图 2-2　《世界记忆名录》申报书"世界意义"板块词云图

将高频词进一步提取与分类，最终将文献遗产"世界意义"的描述划分为时间、空间、形态与价值四个维度，其描述维度与相关高频词如表 2-6 所示。

1. 时间："世界性"遗产的产生及其影响持续时间

时间维度指对文献遗产产生及其影响持续时间的描述。在排名前 30 位高频词的词频统计中，"century"（世纪）、"time"（时间）、"year"（年份）、"period"（阶段）等词多次出现，出现频次达到 1067 次。《总方针》将"真实性"作为文献遗产的准入标准，在"8.3.3 真实性与完整性"中提出列入《世界记忆名录》的遗产必须是"真实的、未经毁坏的真品"。对文献遗产生成时间的界定与描述，使得其来源与发展能够有迹可循，为判断其真实性提供可查验空间，更有利于评审专家对该文献遗产是否长期在世界某一特定文化

表 2-6　"世界意义"维度分析

维度	高频词（词频）			
时间	century（398）time（309）year（189）period（171）			
空间	地点空间	世界层面	world（750）international（265）global（67）	
		区域层面	europe（134）european（133）american（107）american（107）region（98）asia（96）africa（77）african（73）area（70）latin（52）	
		国家层面	country（281）national（163）nation（120）america（105）american（107）china（93）chinese（84）japan（77）french（71）india（66）korean（61）korea（57）india（56）german（59）	
		地方层面	state（233）	
	保管机构	archive（266）library（153）museum（52）		
形态	强调原始记录特性	document（391）archive（266）record（263）manuscript（243）documentary（110）		
	强调物理形态价值	collection（420）book（267）art（86）psalter（68）song（55）		
价值	历史（556）	history（387）historical（169）		
	文化（406）	cultural（216）culture（190）		
	政治（175）	political（175）		

领域产生深远影响进行考察取证和最终判定。此外，如前文所述，"历史意义"标准同样关注文献遗产的"时间价值"（如《总方针》，8.3.5.1.1 历史意义）。因此，申报书中有关时间维度的描述，是对《总方针》中文献遗产真实性、历史性的回应，成为申报方的阐述重点。

2. 空间："世界性"遗产的所在地、影响范围及保管场所

空间维度是指对文献遗产所在地、影响范围大小、保管场所的描述。用于明确文献遗产在地理层面是否具有世界性的影响范围，以及提名文献的保存现状，其又可细分为地点（location）和保管机构（institution）两大空间类型。

（1）地点空间

首先，文献遗产的地点信息能够印证是否为"某一重大历史事件的发源地"或"环境本身是否影响事件的发展"① 等历史事实。其次，文献遗产的影响范围决定其可入选的名录级别。《总方针》在"世界记忆国际、地区和国家名录"中指出，"名录根据所涉及的地理范围进行区分，并判断其收录遗产是否具有国际、地区或国家范围的影响力"（7.10.2）。这一点在申报书文本内容中得以验证，整个申报书中出现大量与地点相关的词汇，具体又可细分为"世界（world）—地区（region）—国家（nation）—地方"四级。

其中，世界层面，"world"在所有词汇中出现的频率最高，"international""global"等世界层面词汇的频繁出现昭示着《世界记忆名录》更青睐于挑选在世界范围内具有影响力的文献遗产。地区层面，欧洲多于亚洲，且多于非洲的词频统计结果（因"america"同含"美洲"与"美国"意，暂不列入排序）与"欧美地区"多于"亚太地区""拉美及加勒比地区""非洲地区""阿拉伯地区"的各地区入选文献遗产数量统计结果② 大致一致，证明洲际与区域范围内的影响力也是"世界意义"板块阐述的重点。国家层面，国家名称的出现次数在一定程度上能反映各国入选情况，但不能与各国入选文献遗产数量的排序直接挂钩，这主要受到申报书篇幅大小、内容丰富程度、国家背景信息涉及程度以及各国家用语和逻辑习惯的影响。地方层面，除"state"外，"province""city"等相关词汇出现频率整体偏低，主要为陈述该遗产的背景信息以及发展历程服务，部分国家并未涉及相关信息。

（2）保管机构空间

此外，空间维度还包括对文献遗产所保存的馆藏机构的描述。保管机构相关词汇，如"archive"（当首字母大写时取"档案馆"释义）"library"（图书馆）"museum"（博物馆）等，是档案文献遗产的主要保管场所。

《总方针》将"8.3.6.1.2状态"作为"8.3.6世界意义：相对标准"的组成部分，良好的保管环境与专业的管理计划将成为衡量文献是否具有入选资格的重要参考因素。"联合国教科文组织鼓励入选文献的所有者和保管者公开他们的保管状况"，③ 以激发公众了解入选文献遗产的热情。保管单位可通过出

① UNESCO, "General Guidelines of the Memory of the World(MoW) Programme," May 16, 2022, https://en.unesco.org/sites/default/files/mow_general_guidelines_en.pdf, accessed: 2022-12-17.

② 卜鉴民、王玉珏：《传承人类记忆遗产》，苏州大学出版社，2021，第299~335页。

③ 世界记忆项目中国国家委员会：《世界记忆项目总方针》，https://www.saac.gov.cn/mowcn/cn/c100450/sjjyxm.shtml，最后访问时间：2021年11月30日。

版与文献遗产相关的历史或遗产本身的介绍描述性出版物，进一步阐述文献遗产对社会、国家、地区乃至世界的意义。在申报文本中可看见大量出版物引用实例，说明各成员持积极响应的态度。案例的引用能够使得论证材料更加饱满丰富，同时文献遗产的成功入选又能起到引流的作用，吸引公众反向关注相关出版物，深入了解该文献遗产，从而起到推广宣传的作用，具有良好的经济效益与社会效益。因而各国申报方在对文献遗产世界意义的阐述中，不约而同地加入了有关其馆藏机构的描述，以证明文献遗产正在得到有效保护，其发展是可持续的。

3. 形态：载体所承载的"世界性"价值

形态维度侧重对文献遗产物理载体的描述，即文献遗产的记录方式。文献是载体与内容的统一，《世界记忆名录申报指南》中就强调"文献的载体和内容同样重要""应重视载体的工艺价值"。根据分析结果，形态维度分别指向文献遗产的"原始记录特性"和"物理形态价值"两个方面。一方面，由于档案天然具有原始记录性，通过使用"档案"（archive）、"手稿"（manu-script）、"记录"（record）等词汇，表明文献遗产在形成与保管过程中未经篡改、保持原状的特征，从而满足《世界记忆名录》以"真实性"为前提的准入标准。另一方面，"形式与风格"（7.1.2）是"世界意义"主要标准的三个子项之一，即文献遗产物质载体的独特性、典型性或艺术性。"文集"（collection）、"书籍"（book）、"歌曲"（song）等词汇表明文献遗产载体的形式各不相同，显示出人类记录方式之多元。与载体和形态相关的词汇虽在申报书中出现的次数不多，但能简明扼要地直指文献遗产的原始记录性或艺术文化价值，不应在申报书描写中被忽视。

此外，申报者应在"世界意义"板块着重展示文献遗产在格式和形态上的突出特点。包括在美学与工艺上的不可复制的魅力，或是代表某种正在消失或是已经消失的类型，挖掘其文献载体独有的技术、艺术与历史的魅力。在载体上具有特殊性的文献遗产，具有突出的世界价值与记忆价值。

4. 价值：历史、文化、政治价值与"世界性"

价值维度侧重于对文献遗产历史、文化和政治价值的挖掘。从词频统计结果可看出三者在文献遗产体系中的重要性排序。与历史相关的词汇"history"（历史）和"historical"（历史的）共出现556次；与文化相关的词汇"culture"（文化）和"cultural"（文化的）共出现406次；与政治相关的词汇"political"出现175次。由此可见，在世界记忆项目中，对入选名录的文献遗产的价值进行探讨时，对文献遗产的历史价值层面的重视多于文化价值层面，亦多于政治价值层面。

文献遗产具有反映、证实、补全和传承历史的重要价值，是世界历史发展进程的真实记录与见证，因而历史价值是项目关注的重点。而文化价值同样不可忽视，世界记忆项目的主要目标之一即"促进人民之间和文化之间的对话与相互理解"，文献遗产对于探索人类文明互鉴、守护世界多元文化具有重要意义。《总方针》将"历史意义"（7.1.1）、"社会、社群或精神意义"（7.1.3）定为文献遗产"世界意义主要标准"（7.1）的两个角度，意在引导申报者着重从历史与文化层面发掘、探求文献遗产守护人类记忆、弥合文化裂痕的价值，践行联合国教科文组织"于人之思想中构建和平"的理念。

在三者中，对文献遗产政治价值层面的探讨最少，这与世界记忆项目中立的政治立场，及其在文献遗产评选过程中去政治化的标准有关。世界记忆项目以守护全人类共同的文献遗产为使命，其在机构职员设置上以专家为主导，专家仅以个人身份任职，不代表国家行使职权。因此世界记忆项目本身不持有党派偏见，也不接受"有关当代政治领袖和政党的文献"，[1] 避免被卷入政治与党派斗争。申报者在填写申报书时也会尽量避免对政治价值的讨论，以免引发国家间的政治争议。但对历史事件的探讨中可能会夹杂对其政治背景的简要介绍，这也是其政治价值始终存在的原因。

（二）文献遗产"世界意义"关注的热点问题

《世界记忆名录》申报书"世界意义"板块的高频词在一定程度上反映了世界记忆项目所关注的"世界性"议题。主要包括人民记忆、文化记忆、创伤记忆、女性记忆四个重点问题。

1. 人民记忆——底层群众的苦难、抗争与进步

在词频统计结果中与"人"相关的词汇多次出现。其中"people"（人）共出现 270 次，排名第 9 位；"human"（人类）共出现 173 次，排名第 24 位；"humanity"（人类）共出现 51 次，排名第 185 位。人类历史并非只由英雄人物书写，人民群众也是历史的创造者。《世界记忆名录》不仅收录名人档案，更保存群众的集体记忆。《世界记忆名录》倾向于收录对更广泛群体产生影响

---

① 世界记忆项目中国国家委员会：《世界记忆项目总方针》，https://www.saac.gov.cn/mowcn/cn/c100450/2021-02/18/4077d201410f4efbb0038431bb29076f/files/ad18f6c6b28c43b987d8f7731ce98a66.pdf，最后访问时间：2022 年 1 月 20 日。

的文献遗产，如文字与文明的诞生、人文主义思想的兴起、为捍卫人权的斗争、根除世界性严重传染疾病等，其在记载的过程中聚焦底层普通人民的生活变革，贯彻以人为中心的思想。

部分已入选文献遗产以人民视角为切入点，从其平凡生活中映射同时期国家的建设发展状况。同时，人民的团结一心、众志成城又能直接影响国家乃至世界的未来发展走向，彰显了人民群众不可忽视的强大力量。例如，侨批档案文献遗产是海外华人通过民间渠道及相关金融邮政机构寄回国内的家书及汇款的历史凭证，是一种"信贷合一"的家书，通过这些普通人的家书可窥探海上丝路沿线国家的发展情况以及国家间的外交和贸易往来情况。《新农村运动档案》聚焦以农民为主体的韩国农村改革，记录了妇女地位的提高、科学耕作的引入以及农村地区的减贫和现代化。《1980年8月格但斯克罢工工人提出"二十一条要求"事件的档案》记载了一场由波兰普通工人发起的大规模社会运动，最终独立自由的工会得以建立，直接打破了国家当时已有的意识形态，改变了整个欧洲和世界的命运，成为世界历史上重要的转折点。

《世界记忆名录》记载着底层人民的生活印迹，既留存其因战争、病疫、剥削而产生的伤痛，也记录其思想上从蒙昧无知到追求人人平等的转变。普通人民逐渐站起来、团结起来，共同抵御剥削阶级的压迫与统治。在全体人民的共同努力下，各国经济开始复苏，社会飞跃前进，底层人民的社会地位得到提高，人民基本的人身权利得到法律保护。人民的生活轨迹实则映射的是国家乃至整个世界的发展轨道，这批聚焦人民生活的档案是属于全体人类的宝贵的精神记忆与精神财富，应超越时间的框架被永恒记忆。

2. 文化记忆——思想的进步与文明的交融

"develop"（发展）词根在申报书中的出现频次高达249次，说明该类文献遗产特别受到联合国教科文组织关注。该词汇多在文化、思想等领域出现，强调该文献遗产在构建人类精神世界方面的突出贡献。

《世界记忆名录》有大量文献遗产涉及文学、艺术、文字、语言等主题。在《〈训民正音〉首版孤本》申报书的"世界意义"板块中提及"their culture began to develop on a new dimension"（他们的文化开始在一个新的层面上发展），[①]

---

① MoW, "Nomination Form of 'Hunminjeongum Manuscript'," http://www.unesco.org/new/fileadmin/MULTI MEDIA/HQ/CI/CI/pdf/mow/nomination_forms/republic_of_korea_hunmin_chongum.pdf, accessed: 2022-02-10.

《训民正音》的出现使得韩语能以文字的方式被记录，为韩国人民带来书写革命与文化的飞跃。《比亚图斯·雷纳努斯图书馆的藏书》保存了人文主义学者比亚图斯·雷纳努斯（Beatus Rhenanus）几乎所有的作品和藏品。作为"develop thought"（发展思想）① 的工具，它构建了具有跨国性质的人文主义精神的宝库，丰富了公众的认知，提升了他们的精神境界，给欧洲带来了人文主义的思潮。《〈共产党宣言〉（1848）手稿和〈资本论·第一卷〉（1867）的马克思自注本》为世界带来了马克思主义思想，社会主义制度国家开始涌现，在极大程度上改变了世界格局。

物质基础决定上层建筑，而人类精神世界的建设又能在一定程度上反哺社会经济的发展，其建设情况还能从侧面反映出所属时代的社会发展情况和人民生存状态。人类精神世界的不断升华更代表着自我意识的觉醒与文明的进步。不同的社会框架与历史背景凝聚出不同的身份认同与文化记忆，当不同的文化进行碰撞时，将会引起文明的交融甚至新文化的产生。出于维护文化多样性的需要，不同民族的文化及其发展值得被世界记忆。

3. 创伤记忆——无法逃避的阴霾与苦痛

《世界记忆名录》不仅记录人类的辉煌与文化的瑰宝，同时也记载着人类文明进步途中的阴暗与创伤，只有铭记创伤，方能引以为鉴，避免重蹈覆辙。目前，成功入选《世界记忆名录》的创伤遗产包括战争、殖民、疾病、种族隔离等多个主题。在词频统计结果中，"war"（战争）出现 152 次，排名第 33 位；"colonial"（殖民地的）出现 65 次，排名第 125 位。

据笔者统计，以"战争"为主题的入选遗产共有 17 项，如《国际战俘局 1914~1923 年的档案》记载了一战期间不同国家战俘的身份信息，见证战争受害者们所遭受的苦难；《伊曼纽尔·林格尔布卢姆档案》《安妮日记》揭露了二战时期纳粹党屠杀犹太人群体的残酷罪行，于战争中寄托人类对和平的追求与向往；《戴高乐 1940 年 6 月 18 日发表的〈告法国人民书〉的手稿、录音和海报》借助广播这一新媒介，发起群众团结一致、反抗战争压迫的号角，深刻影响了第二次世界大战的走向；《国际反核运动"内华达—塞米巴拉金斯克"的影视档案》发出反对核武器运动的呼声并得到世界的支持与认可。除此之外，

---

① MoW, "Nomination Form of 'Beatus Rhenanus Library'," http://www.unesco.org/new/ fileadmin/ MULTIMEDIA /HQ/CI/CI/pdf/mow/nomination _ forms/France% 20Beatus% 20en1. pdf, accessed: 2022-02-10.

有大量文献遗产，或其历史背景涉及战争与混乱；或其发展历程受到战争的直接影响；或是亲历战争或直接影响战争走向；或是见证战后的重建；抑或是叙述战争的长期影响，于战乱中发出和平的呼声，都反映了"战争"这一主题。

第二类入选数量较多的创伤遗产主题是"殖民"。殖民的本质是资本主义在政治、经济与文化上的奴役、掠夺与剥削，以被殖民者的自由与平等为代价换取一定程度上的国家进步与"西化"，其通常伴随战争与入侵到来。《世界记忆名录》中以"殖民统治、贩奴与废奴"为主题内容的文献遗产共有 18 项（不含补充文献），[①] 记载被殖民者受到的殖民压迫以及其反抗压迫的斗争。其中，《"黑人和奴隶"档案》收录了非洲奴隶贸易发展的证明信息，记录了奴隶在贩卖往殖民地途中遭受的非人待遇。《圣马丁岛废奴档案》则记录了一场由荷兰圣马丁岛奴隶发起的利用法国废除奴隶制政策的特殊的"越狱"运动，即踏上法国领土的被奴役者都将重获自由与新生。

创伤记忆可能牵涉国家间的政治矛盾与争议，其申报伴随不成功的风险。因受到相关成员的持续反对，创伤遗产极易转化为"困难遗产"，甚至进入无限期的停摆阶段。但这并非意味着要放弃对创伤记忆的保护。光明与阴影始终是相伴而行的，世界文明不只有璀璨辉煌的一面，更有阴影下的痛苦和阴霾，对历史的阉割和真相的掩盖不能达成世界记忆项目守护全体人类共同记忆的初衷。唯有记录苦难与创伤、维护历史的真实，才能守护公民了解历史真相的权利，促进身份认同与民族团结，以维护历史正义的方式避免悲剧重演。[②]

4. 女性记忆——女性思想的觉醒与抗争

在词频统计结果中，"woman"（妇女）共出现 68 次，在所有词汇中排名第 113 位。封建时期，男性因掌握生产资料与生产力而占据社会主导地位，女性则长期处于被剥削与被压迫的处境中。受新思潮影响，近代女性的主体意识逐渐觉醒，[③] 其消除性别歧视、谋求平等权利的抗争同样作为人类记忆的重要组成部分被共同记忆着。

《世界记忆名录》珍藏着女性视野下的宝贵档案，女性身为弱势群体同样

① 卜鉴民、王玉珏：《传承人类记忆遗产》，苏州大学出版社，2021，第 308~328 页。
② 王倩媛、王玉珏：《困难遗产视角下的档案正义与世界记忆项目建设研究》，《兰台世界》2021 年第 8 期，第 29~35 页。
③ 王真真：《中国非物质文化遗产蕴含的女性主义探究及启示》，《今古文创》2022 年第 14 期，第 63~65 页。

能发挥重大的世界意义。《新西兰妇女 1893 年争取选举权的请愿书》由将近 1/4 的成年女性签署，使得新西兰成为世界上第一个赢得妇女选举权的自治国家，妇女的政治权利被成功捍卫。《阿莱塔·雅各布斯的论文集》记载着阿莱塔·雅各布斯以医生的身份发表论文著作，为妇女谋求选举、高等教育、节育等权利的事迹。《巴罗的档案》记载了一位加勒比黑人女性在多个国际主要机构担任首要领导职务期间，为反对种族歧视与促进妇女发展而取得的成就。此外，还有大量档案记载和关注着女性的生活和社会地位的改善，歌颂各国女性在战争、人权斗争以及消除贫困中的突出贡献。

近年来，随着女性思想的进一步觉醒，更多学者在遗产相关的研究领域将关注点转向性别与遗产主题。女性也以研究者和管理者的身份积极参与遗产保护政策制定与遗产发掘、记录、保护、研究、管理，将女性主义视角、思维和实践经验带入遗产领域的方方面面。但在遗产领域女性角色的缺席和沉默普遍存在，[1] 人类在描述与记忆历史事件时往往以男性视角为主导，女性受到记录与记忆方面的性别歧视，常被历史"遗忘"。[2] 因此《世界记忆名录》中女性身份的名人档案或是记载女性为解放而斗争的文件因彰显女性对世界文明发展的巨大贡献而显得格外重要。同时，这与联合国教科文组织的两项总体优先事项相符合，即"性别平等"和"非洲优先"。[3] 联合国教科文组织认为一切形式的性别歧视都是对人权的侵犯，女性必须作为与男性平等的公民而享有平等的机会、选择、能力、权利和知识。[4]

（三）文献遗产"世界意义"指向的热点问题

LDA（Latent Dirichlet Allocation）模型是一种三层贝叶斯生成概率模型，[5] 能在预先设定的主题数量下通过最大化词语共现的概率从文本集中查找潜在和

---

① Reading, A. , "Making Feminist Heritage Work: Gender and Heritage," *The Palgrave Handbook of Contemporary Heritage Research*, 2015, pp. 397-413.

② 朱莉·博特、魏兰：《国立女性艺术博物馆与女性博物馆：保护女性遗产，赋予女性权利》，《国际博物馆（中文版）》2021 年第 Z2 期，第 17~25 页。

③ UNESCO, " UNESCO Moving forward the 2030 Agenda for Sustainable Development," https://unesdoc. unesco. org/ark: /48223/pf0000247785, accessed: 2022-12-25.

④ UNESCO, "Gender Equality," https://www. unesco. org/en/gender-equality, accessed: 2022-12-25.

⑤ Blei, David M. , Andrew, Y. Ng, Jordan, Michael I. , "La-tent Dirichlet Allocation," *Journal of Machine Learning Research* 3, 2003, pp. 993-1022.

隐藏的信息。① 本文通过 LDA 主题聚类的方法，提取申报书"世界意义"板块的潜在主题与热点。当主题数 k = 12 时，主题聚类结果最佳，在此基础上对主题进行再次提炼，最终得到"战争与政治""文化与文明交流""艺术与人文社会科学""少数群体与人权""东方医学与社会"五个主题，具体实验结果如表 2-7 所示。

表 2-7　LDA 主题类型描述

主题号	主题描述	词项（按相关度降序排列）
Topic 1	战争与政治	shakespeare war collection polish film political union year history poland
Topic 12	文化与文明交流	map piri①，macao mission silk real saiva②，marti siddhanta③，cartographic
Topic 8	艺术与人文社会科学	psalter utrecht④，psalm manuscript carolingian newton byzantine fuzuli⑤，period david⑥
Topic 9		sa'di⑦，gulistān⑧，conservation language wittgenstein⑨ translation marx borobudur⑩，masaalik⑪，century
Topic 11		bach⑫，art galigo⑬，nezami⑭，minor mass manuscript martial painting khamseh⑮
Topic 3	少数群体与人权	court international dhakhīra⑯，central mexican american amparo⑰，remedy labour jacob⑱
Topic 4		constantine⑲，cricket tripitaka⑳，lord collection mcluhan㉑，papiamentu㉒，koreana book print
Topic 5		diponegoro㉓，colonial javanese philippine university jazz africa country african leuven㉔
Topic 6		journal record farquharson㉕，imperial society broadcast speech family write bogomil㉖
Topic 7		indigenous collection melaka plantation people manuscript baroque region massage thai

① 杨波、邵婉婷：《基于 LDA-BERT 融合模型的弱信号识别研究》，《图书情报工作》2021 年第 16 期，第 98~107 页。

续表

主题号	主题描述	词项（按相关度降序排列）
Topic 2	东方医学与社会	music jewish ilseongnok[27], collection joseon people film culture map song
Topic 10		uigwe[28], compendium[29], iici[30], ritual bogam[31] disaster book confucian medicine tsunami[32]

注：① "Map Piri" 即皮里·雷斯（Piri Reis）世界地图，最早记录哥伦布远洋航行，是新大陆发现的最古老的记录。出自土耳其于 2017 年入选的《皮里·雷斯世界地图（1513 年）》（The Piri Reis World Map, 1513）。

② "Saiva" 即湿婆教，印度宗教，世界上最古老的宗教信仰之一。出自印度于 2005 年入选的《湿婆教文献手稿》。

③ "Marti Siddhanta" 即悉檀多支（Siddhanta Saivism），是湿婆教的主要支派之一，出自《湿婆教文献手稿》。

④ "Psalter Utrecht" 即乌得勒支，荷兰第四大城市。出自荷兰于 2015 年入选的《乌得勒支圣诗集》。

⑤ "Fuzuli" 即穆罕默德·富祖里（Mahammed Fuzuli, 1495~1556），中亚突厥穆斯林著名诗人。出自阿塞拜疆于 2017 年入选的《富祖里诗集手稿的副本》。

⑥ "David" 即大卫，基督教中代表性人物，以色列君王，在《乌得勒支圣诗集》中多次提及。

⑦ "Sa'di" 即萨迪（Sa'di, Moshlefoddin Mosaleh, 1208~1291），波斯诗人，是公认的支撑波斯文学大厦的四根柱石之一。出自伊朗于 2015 年申报的《波斯诗人萨迪作品集》。

⑧ "Gulistān" 即《蔷薇园》，诗人萨迪的代表作之一，围绕"仁爱"核心思想展开。

⑨ "Wittgenstein" 即路德维希·维特根斯坦（Ludwig Wittgenstein, 1889~1951），分析哲学创始人之一，20 世纪最有影响力的哲学家之一。出自奥地利、加拿大、荷兰、英国于 2017 年联合申报的《路德维希·维特根斯坦的哲学遗著》。

⑩ "Borobudur" 即婆罗浮屠，是印度尼西亚 9 世纪大乘佛教寺庙，是世界上最大的佛教寺庙，也是世界上最大的佛教古迹。出自印度尼西亚于 2017 年入选的《印度尼西亚婆罗浮屠古迹保护档案》。

⑪ "Masaalik" 出自伊朗、德国于 2015 年联合申报的《埃斯塔克利地理著作手抄本》，是公元 4~10 世纪最重要的地理著作之一，其作者 Istakhri 是穆斯林世界地理学的奠基人之一。

⑫ "Bach" 即约翰·塞巴斯蒂安·巴赫（Johann Sebastian Bach, 1685~1750），巴洛克时期德国作曲家、键盘演奏家，被誉为"西方音乐之父"。出自德国于 2015 年申报的《巴赫亲笔签名的 b 小调弥撒曲乐谱手稿》。

⑬ "Art Galigo" 出自印度尼西亚、荷兰于 2011 年联合申报的《〈加利哥的故事〉手稿》。

⑭ "Nezami" 即内扎米（Ilyas Jamalddin Nezami, 1141~1209），波斯文学史上伊拉克体的代表诗人。出自伊朗于 2011 年入选的《内扎米的〈五卷诗〉手抄本》。

⑮ "Khamseh" 即诗人内扎米的代表作《五卷诗》。

⑯ "Dhakhīra" 出自伊朗于 2013 年入选的《吉尔贾尼的医学著作手稿》，是用波斯语编写的第一本医学论文。

⑰ "Amparo" 出自墨西哥于 2015 年入选的《1869~1935 年 31 宗司法档案文本：墨西哥对 1948 年世界人权宣言文本中确立"有效补救"条款的贡献》。

⑱ "Jacob" 即阿莱塔·雅各布斯（Aletta H. Jacobs），荷兰医生，妇女权利的捍卫者。出自荷兰与美国于 2017 年联合申报的《阿莱塔·雅各布斯论文集》，其著作构成国际妇女运动档案的基础。

⑲ "Constantine" 即利里·康斯坦丁（Learie Constantine），著名黑人板球运动员，在对抗种族歧视和缓解种族关系中做出突出贡献，出自特立尼达和多巴哥于 2011 年入选的《康斯坦丁的文集》。

⑳ "Tripitaka" 即《大藏经》，出自韩国于 2007 年入选的《〈高丽大藏经〉与其他佛经的雕版印刷木刻板》。

㉑ "Mcluhan" 即马歇尔·麦克卢汉（Marshall Mcluhan），20 世纪原创媒介理论家、思想家，出自加拿大于 2017 年入选的《马歇尔·麦克卢汉的档案》。

㉒ "Papiamentu" 即帕皮阿门托语，是流行于荷属安的列斯、阿鲁巴岛、博奈尔岛和库拉索岛三岛的官方语言之一。出自荷属安的列斯群岛于 2009 年入选的《最早的帕皮阿门托语版的天主教〈问答集〉》。

㉓ "Diponegoro" 即蒂博尼哥罗（1785～1855），印度尼西亚爪哇岛日惹素丹的王子，1825～1830 年印度尼西亚爪哇岛反抗荷兰殖民主义的人民起义的主要领导人。出自印度尼西亚与荷兰于 2013 年联合申报的《爪哇贵族、印度尼西亚民族英雄和泛伊斯兰主义者——蒂博尼哥罗自传副本》。

㉔ "Leuven" 即鲁汶大学（Catholic University of Leuven），天主教大学，人文主义的重要据点。出自比利时于 2013 年入选的《鲁汶大学 1425～1797 年档案》。

㉕ "Farquharson" 即查尔斯·法夸尔森（Charles Farquharson），其用日记记录了奴隶制和非糖殖民地棉花种植园的发展。出自巴哈马群岛于 2009 年入选的《法夸尔森的日记手稿》。

㉖ "Bogomil" 即博戈米尔教派，对基督教神学教义和宗教礼仪持否定和批判的态度。出自保加利亚于 2017 年入选的《博立尔皇帝的宗教会议纪要副本》。

㉗ "Ilseongnok" 出自韩国于 2011 年入选的《日省录》，其主要体现了 18～20 世纪东西方政治、文化交流的具体面貌和世界史的一般规律。

㉘ "Uigwe" 出自韩国于 2007 年入选的《朝鲜王室仪轨》，记载了李氏朝鲜王朝时代王室的主要礼制。

㉙ "Compendium" 出自中国于 2011 年入选的《本草纲目》，其代表 16 世纪以前东亚地区的药物学成就和发展，是世界医药学和文化发展的里程碑。

㉚ "Iici" 为国际知识产权合作研究所（International Institute of Intellectual Cooperation）的简称，出自联合国教科文组织于 2017 年入选的《国际知识产权合作研究所的档案（1925～1946）》。

㉛ "Bogam" 出自韩国于 2009 年入选的《东医宝鉴》，其在世界上率先提出了国家对大众提供医疗服务的保健理念。

㉜ "Tsunami" 出自印度尼西亚与斯里兰卡于 2017 年联合申报的《印度洋海啸档案》。

1. 战争与政治主题

"战争与政治"是世界记忆项目关注的重要主题。尽管世界记忆项目始终保持中立立场，但这并不代表项目因此无视或否认该类"困难遗产"的价值。《世界记忆名录》不会拒绝符合评审要求的"战争与政治"主题的文献遗产的申报，力求呈现真实、完整的世界记忆。

《世界记忆名录》所收录的文献遗产多数记载与反映着世界的近现代史，世界各国从封建社会步入近现代社会必然伴随着政体变革的阵痛，甚至还伴随着流血冲突事件的发生。波兰申报的大量文献遗产直接和战争与政治主题相关，例如《于尔根·斯特鲁普①报告》《1920年华沙战役期间波兰无线电情报机关的档案》《〈卢布林联盟法案〉档案》等，波兰的曲折命运实则折射出整个世界政局的变化。世界是一个整体，任何国家持有的政治观点的变迁与国家间的战争都将对世界发展走向产生深远影响，战争史是人类历史的重要组成部分，这也是"战争与政治"类文献遗产成为世界记忆项目关注热点的原因之一。

此外，第四十四届世界遗产大会明确提出鼓励"创伤记忆"申报世界记忆项目②后，《世界记忆名录》或将成为全球记录创伤记忆的唯一世界级名录。文献遗产是理解争端的起源，③世界记忆项目关注的重点在于原始资料的保存与获取，而非意图解释历史或解决争端，④仅为历史提供证明材料或补充说明。

2. 文化与文明交流主题

"文化与文明交流"主题反映的是世界由孤立走向联结的历史进程。世界记忆项目的主要目标之一在于提高全世界对文献遗产的存在和意义的认识，从而促进不同文化与文明间的对话与理解。⑤

文化与文明交流主题的文献遗产较之其他热点主题的文献遗产规模较小，但因其记载着各区域间破除地理隔阂的文明交流史而具有重大的世界意义。文化与文明交流相关的文献遗产大致可分为两种类型：一种是以书信、档案等形式对文明交流的直观记录，如《清代澳门地方衙门档案（1693~1886）》通过葡萄牙行使管治权期间中葡双方官方往来信件，反映澳门作为中国对外贸易往来和文化交流枢纽的重要作用，《近现代苏州丝绸样本档案》留存了19~20世纪东西方丝绸商贸往来和对外交流的记录；另一种是以地图为媒介的世界联通的间接反映，如《皮里·雷斯世界地图（1513年）》以圆形地图的形式对新

---

① 德国纳粹党卫军少将，司令官，曾镇压华沙隔都起义并编写《于尔根·斯特鲁普报告》。
② UNESCO, "Study on Sites Associated with Recent Conflicts and other Negative and Divisive Memories," https://whc.unesco.org/en/documents/188013, accessed: 2022-11-07.
③ Springer, J., "Memory of the World: Key Principles and Philosophy," in Edmondson R., Jordan L., and Prodan A. C., eds., *The UNESCO Memory of the World Programme: Key Aspects and Recent Developments*, Springer Nature Switzerland AG, 2020, p. 38.
④ UNESCO, "General Guidelines of the Memory of the World(MoW) Programme," May 16, 2022, https://en.unesco.org/sites/default/files/mow_general_guidelines_en.pdf, accessed: 2022-12-17.
⑤ UNESCO, "General Guidelines of the Memory of the World(MoW) Programme," May16, 2022, https://en.unesco.org/sites/default/files/mow_general_guidelines_en.pdf, accessed: 2021-11-30.

大陆的海岸线进行准确绘制，最早将南美洲的文化和生物信息传递向欧洲大陆。

3. 艺术与人文社会科学主题

《世界记忆名录》收录了文学、绘画、音乐、雕塑、建筑、哲学、科学等多领域文献遗产，构成"艺术与人文社会科学"主题，全方面展现人类文化的多样性。文献遗产作为一种文明交流的手段存在，其本质在于推动不同文明之间的交流互鉴和尊重认同，[①] 推动不同社会和群体"理解和承认文化多样性的价值"。[②] 世界记忆项目必须在文化多元化和观点多样化之间取得平衡。[③] 因此《世界记忆名录》看重的并非遗产的艺术价值，而是文献的信息价值与超越艺术本身的文化价值，[④] 如其背后所折射出的社会背景或重要艺术人物生平等超越时空的关键信息。

艺术与人文社会科学领域的名人档案是该主题的主要内容。《世界记忆名录》收录了如中世纪波斯诗人内扎米（Nezami），巴洛克时期（17~18世纪）德国作曲家、键盘演奏家巴赫（Bach），17世纪英国著名物理学家、数学家牛顿（Newton），19世纪德国思想家马克思（Marx），20世纪英国哲学家路德维希·维特根斯坦（Ludwig Wittgenstein）等名人的档案。此外，该主题还收录了大量具有明确宗教价值的文献遗产，涵盖基督教（天主教）、佛教、伊斯兰教、印度教（湿婆教悉檀多支，Siddhanta Saivism）等世界各大宗教。宗教遗产能够深刻反映当地人民的生活习俗和思想意识状态，具有其特有的文化价值和社会价值。

该主题的申报国家分布空间较广、相关遗产数量较多，但大多出自西方视角，体现出一定的"地区不平衡性"与"西方中心主义"倾向，也反映出非西方国家对本国此类文献资源发掘的欠缺。如在西方文化体系中，文艺复兴、宗教改革、启蒙运动是极为重要的历史节点，代表着思想的解放以及人文主义

---

① 卜鉴民、王玉珏：《传承人类记忆遗产》，苏州大学出版社，2021，第11~12页。

② UNESCO, "Warsauo Declaration," http://www.unesco.org/new/filead-min/MULTIMEDIA/HQ/CI/CI/pdf/mow/Warsaw_declaration.pdf, accessed: 2022-11-07.

③ Springer, J., "Memory of the World: Key Principles and Philosophy," in Edmondson, R., Jordan, L., and Prodan, A. C., eds., *The UNESCO Memory of the World Programme: Key Aspects and Recent Developments*, Springer Nature Switzerland AG, 2020, p. 37.

④ Springer, J., "Memory of the World: Key Principles and Philosophy," in Edmondson, R., Jordan, L., and Prodan, A. C., eds., *The UNESCO Memory of the World Programme: Key Aspects and Recent Developments*, Springer Nature Switzerland AG, 2020, p. 32.

精神和理性主义思想的觉醒,《世界记忆名录》收录了大量记载这一时期艺术与人文社会科学发展状况的文献遗产,如《捷克中世纪宗教改革的档案》《马丁·路德宗教改革初期与早期的代表性文献》等,但缺乏对非西方国家发展重要节点的艺术与人文社会科学主题文献遗产的收录。

4. 少数群体与人权主题

"少数群体与人权"主题记载了土著、妇女、黑人、奴隶等边缘弱势群体捍卫自身权利的斗争。世界记忆项目始终坚持守护全人类共同记忆的原则,因此在制定文献遗产保护政策时,必须适当考虑和尊重所有人的遗产,特别是易被忽视的少数群体和社会弱势群体的遗产。[①]

联合国教科文组织鼓励和平、尊重人权,有关殖民与奴役、人民的觉醒与抗争等记忆同样被《世界记忆名录》收录。其中,与殖民地相关的文献遗产因涉及殖民方与被殖民方等多个主体,通常会采取联合申报的方式。关于奴隶贸易与殖民掠夺的文献遗产主要记录两方面的内容,一是揭露奴隶制和殖民统治下被奴役者受剥削压迫的生活,如《法夸尔森的日记手稿》以种植园主人的视角记录奴役者与被奴役者之间的关系;二是记载对抗种族歧视和缓解种族关系的历史与杰出人物的贡献,如爪哇贵族蒂博尼哥罗(Diponegoro)因领导印度尼西亚爪哇岛人民反抗荷兰殖民主义压迫而被记忆。女性的觉醒抗争历史同样被文献遗产记忆着,并成为世界记忆的重要组成部分。如《巴罗的档案》记载了一位加勒比黑人女性在多个国际主要机构担任首要领导职务期间为反对种族歧视与促进妇女发展而取得的成就。

少数群体始终是人类的重要组成部分,守护全体人类的记忆更要守护少数群体的创伤记忆,从社会弱势群体为人权抗争的历史中凝聚勇于抗争、锲而不舍的宝贵精神财富,铭记和平与平等人权的来之不易,避免重蹈覆辙。

5. 东方医学与社会主题

"东方医学与社会"主题着重介绍了自成体系的东方医学,一定程度上反映了东方社会的发展,折射出联合国教科文组织对于以儒家文化为主要内核的东方文明的特别关注。中国、日本、韩国等东亚地区国家,尤为注重世界记忆项目的发展。在东亚各国的长久努力下,具有东方文化特征的文献遗产逐渐成为《世界记

---

① Springer, J. , "Memory of the World: Key Principles and Philosophy, " in Edmondson, R. , Jordan, L. , and Prodan, A. C. , eds. , *The UNESCO Memory of the World Programme: Key Aspects and Recent Developments*, Springer Nature Switzerland AG, 2020, p. 33.

忆名录》中一个独立的主题单元，构筑起文献遗产"世界意义"的意蕴内涵。

古老的东方文化对西方国家具有巨大吸引力。进入现代社会以来，东方国家积极申报《世界记忆名录》，踊跃推送优秀文献遗产，致力于向世界展现东方文化。其中在该主题下可发现大量与韩国相关的关键词，其主要原因在于韩国入选《世界记忆名录》的项目较多，且申报文本的篇幅多偏长，主题多集中在自身的历史文化领域，较好地向世界展现了东方特色。

就目前东方社会相关文献遗产的入选情况而言，存在全面性不足、尚未形成规模的缺陷。目前世界记忆项目是以"西方中心主义"为主导的，东方社会文献遗产在整个世界级遗产体系中占比不足。此外，东方国家对人权、艺术与人文社会科学等方面的涉略较少，尚未形成完整的佐证体系和东方社会发展脉络，东方社会的特殊价值仍有待挖掘，如何继续发扬东方社会的魅力应是东方国家下一申报阶段努力的重点和方向。

三　中国文献遗产申遗文本中"世界意义"的阐述

基于实验结果对文献遗产"世界意义"内涵的分析与界定，本部分将从描述维度、主题内容等方面，分析我国已成功申遗的13项文献遗产对申报书中世界意义部分的理解与阐述。

（一）中国入选文献遗产的描述维度分析

分析我国已入选《世界记忆名录》的文献遗产的申报书可以发现，无论申报书篇幅长短，都选取了"时间""空间""形态""价值"四个维度中的部分方面对申报遗产的世界意义进行阐述。如表2-8所示，各申报书着重从"价值"维度阐发文献遗产的世界意义，而对"形态"维度的关注相对较少。

表2-8　中国入选《世界记忆名录》的文献遗产的申报书"世界意义"描述维度分析

中国入选文献遗产		描述维度				字数
遗产名称	入选时间	时间	空间	形态	价值	（词）
中国传统音乐录音档案	1997年		√	√	√	119
清代内阁秘本档	1999年	√	√		√	64
纳西族东巴古籍	2003年			√	√	29
清代科举大金榜	2005年	√			√	30

续表

| 中国入选文献遗产 | | 描述维度 | | | | 字数 |
遗产名称	入选时间	时间	空间	形态	价值	（词）
清代"样式雷"建筑图档	2007 年		√		√	207
本草纲目	2011 年	√	√	√	√	976
黄帝内经	2011 年	√	√		√	611
侨批档案——海外华侨银信	2013 年	√	√		√	294
元代西藏官方档案	2013 年	√	√		√	534
南京大屠杀档案	2015 年		√			159
近现代苏州丝绸样本档案	2017 年	√	√		√	203
甲骨文	2017 年	√	√	√	√	614
清代澳门地方衙门档案（1693～1886）	2017 年		√	√	√	727

第一，"时间"维度主要关注文献遗产的历史背景、时代背景以及影响力辐射时间范围。如《近现代苏州丝绸样本档案》首先对距今 5000 年前（新石器时代）① 的丝绸历史进行溯源，其次将视野聚焦至档案的时代背景——近百年来苏州丝绸在近现代技术冲击下的工业发展与变迁，最终将其历史意义和国际意义与"一带一路"倡议接轨，使其时间跨度从远古时期横跨至现代社会，并在工业化社会的冲击下绽放出独特的魅力与价值。然而，也有部分文献遗产存在"时间"维度阐述不全面、不清晰的问题：一是并未对其时间发展脉络进行细致梳理，只挑选重要时间节点展开叙述；二是未在申报书中明确提及时间要素，或以"古老"二字笼统概括，缺乏必要的史学支撑。

第二，申报书在"空间"维度上的用词多为"世界"（World）、"中国"（China/Chinese），重点在于阐明申报遗产所涉及的地理范围和影响范围。其通常通过列举其他国家的名称来凸显遗产的世界级影响力，如《清代澳门地方衙门档案（1693～1886）》收录了澳门与其他国家（如英国、法国、俄国、美国、瑞典、荷兰、丹麦、西班牙、日本、朝鲜、越南、文莱、菲律宾等）

---

① MoW, "Nomination Form of 'The Archives of Suzhou Silk from Modern and Contemporary Times'," https://webarchive. unesco. org/web/20220403132501/http://www. unesco. org/new/fileadmin/MU－LTIMEDIA/HQ/CI/CI/pdf/mow/nomination_forms/china_suzhou_eng. pdf, accessed: 2022-09-14.

之间的海上交通记录。① 不过，申报书在"空间"维度普遍忽视对文献遗产保存机构的描述，如此则易缺失对文献遗产保管状态的描述，导致信息不全。

第三，"形态"维度是指文献遗产的"形式与风格"，主要表现为文献载体的原始记录特性及特殊价值。但多数档案仅强调形态在某一层面上的价值，如《中国传统音乐录音档案》以"声音档案中的民间音乐大多由现场记录"②强调该档案是未经修改、提炼的原始民间文化音乐记录。《清代澳门地方衙门档案（1693～1886）》强调其为"官方信函"，见证国家间的贸易往来与文化交流。《本草纲目》《黄帝内经》强调其形态为医学著作，具有显著的医药学价值。而《甲骨文》因使用"龟壳和动物骨骼"作为文献载体，展现了文明起源时期人类的记录方式，具有重要的史学意义。

第四，对文献遗产"价值"维度的描述主要包括历史价值、文化价值与政治价值。就我国入选文献遗产而言，其历史价值与政治价值更为突出。如《侨批档案——海外华侨银信》"是中国国际移民历史和东西方跨文化接触与互动的独特证据"；③《纳西族东巴古籍》是"现存唯一一部用象形文字书写的古代土著宗教书籍"，④ 具有独特的文化价值和历史价值；而《南京大屠杀档案》因"帮助世界理解战争的残酷性"，⑤ 具有反思战争、呼吁国家间和平相处的特殊政治价值。

---

① MoW, "Nomination Form of ' Official Records of Macao During the Qing Dynasty (1693 – 1886)' , " https: //webarchive. unesco. org/web/20220331175947/http: //www. unesco. org/new/en/communication – and – information/memory – of – the – world/register/full – list – of – registered – heritage/registered – heritage – page – 6/official – records – of – macao – during – the – qing – dynasty – 1693 – 1886, accessed: 2022 – 09 – 14.

② MoW, "Nomination Form of ' Traditional Music Sound Archives' , " https: //webarchive. unesco. org/web/20170515004301/http: //www. unesco. org/new/fileadmin/MULTIMEDIA/HQ/CI/CI/pdf/mow/nomination_ forms/chinese_ traditional_ music_ sound_ archive. pdf, accessed: 2022 – 09 – 14.

③ MoW, "Nomination Form of ' Qiaopi and Yinxin Correspondence and Remittance Documents from Overseas Chinese' , " https: //webarchive. unesco. org/web/20220403132447/http: //www. unesco. org/new/fileadmin/MULTIMEDIA/HQ/CI/CI/pdf/mow/nomination_ forms/china_ qiaopi_ and_ yinxin. pdf, accessed: 2022 – 09 – 14.

④ MoW, "Nomination Form of ' Ancient Naxi Dongba Literature Manuscripts' , " http: //www. unesco. org/new/fileadmin/MULTIMEDIA/HQ/CI/CI/pdf/mow/nomination_ forms/china + Ancient + Naxi + Dogba + Literature + Manuscripts. pdf, accessed: 2022 – 09 – 14.

⑤ MoW, "Nomination Form of ' Documents of Nanjing Massacre' , " https: //webarchive. unesco. org/web/20220403132430/http: //www. unesco. org/new/fileadmin/MULTIMEDIA/HQ/CI/CI/pdf/mow/nomination_ forms/china_ nanjing_ en. pdf, accessed: 2022 – 09 – 14.

总体而言，《本草纲目》《黄帝内经》《甲骨文》的申报材料相对"要素齐全"。结合入选时间分析，上述三项文献遗产的入选时间偏后，文献遗产体系的发展呈现规范化、体系化的特征。我国在长期的申报实践中也积累了一定的成功经验，在世界意义的论述上总结提炼出一套成熟的形式规范。结合文本篇幅来看，这三项遗产的申报书文本篇幅在我国申报书中偏长，适当长度的文本更有利于从形式上全方面展现遗产的世界意义。

（二）中国入选文献遗产的主题内容分析

根据上文的分析得知，文献遗产"世界意义"所指向的热点主题主要有5项，分别是"战争与政治""文化与文明交流""艺术与人文社会科学""少数群体与人权""东方医学与社会"，显示出联合国教科文组织在评审一项文献遗产是否具有世界意义时的议题选择倾向。从主题内容的角度观察中国对文献遗产"世界意义"的阐述情况，发现存在以下的优势与不足。

首先，中国入选的文献遗产主题多元，涵盖政治、教育、建筑、医学、工业、音乐、文字等领域，几乎覆盖世界意义所指向的全部热点主题，说明我国能够较好地把握联合国教科文组织的关注倾向，同时显示出我国丰富的文献遗产资源。其次，中国入选遗产中不乏少数民族文献遗产，如《纳西族东巴古籍》（2003）与《元代西藏官方档案》（2013）。文化的民族性与世界性实则是个性与共性的关系，民族记忆是人类共同记忆不可分割的一部分，这也是世界记忆项目所倡导的理念之一。最后，中国入选文献遗产较多反映了中西方交流的共同记忆，如《侨批档案——海外华侨银信》（2013）、《清代澳门地方衙门档案（1693~1886）》（2017）等，其影响力的辐射范围遍布全球，满足了《世界记忆名录》收录具有世界意义文献遗产的最根本要求。

但是，中国入选遗产在《世界记忆名录》"世界性"热点主题的关注与展现上存在不足之处。一是对"东方医学与社会"这一优势主题的展示存在局限性。中国是儒家文化的发源地和东方文明的核心，如今却由韩国抢先完成以儒家思想为核心的封建传统礼制文献遗产的申报，说明我国对自身文献遗产资源的重要性认识不足，缺乏对中国传统文化核心价值的自信。二是对"艺术与人文社会科学"主题的文献遗产发掘不充分。目前入选该主题的文献遗产主要为文字、宗教、音乐，缺乏对雕塑、绘画、科学等领域的挖掘，以及对中国传统艺术形式的展现。三是对创伤记忆的关注较少。20世纪是创伤的世纪，我国在近代蒙难多艰，长期遭受战争侵害。然而，目前在我国的申报实践中仅有《南京大屠杀档案》（2015）为创伤遗产。出于对各方面因素的考虑，在"少数群体与人权""战争与政治"主题上发声较少。

（三）中国文献遗产申报《世界记忆名录》的对策与建议

基于以上分析，我们对中国文献遗产申报《世界记忆名录》提出以下对策与建议。

1. 把握国际规则，深入理解联合国教科文组织遗产保护思想理念

世界意义关注的五个热点主题既是过去 30 年联合国教科文组织围绕世界文献遗产保护、普遍利用、社会认知提升以及价值思辨的产物，也与《2030年议程》"文化专题指标"中强调的"遗产的可持续管理、开放的文化空间，文化增进社会凝聚力、普及文化、文化参与"相呼应。联合国教科文组织开展世界记忆项目及《世界记忆名录》的评审，一方面，是为突出入选文献遗产属于所有人，需保护全人类共同利益和文化多样性；另一方面，《世界记忆名录》的评审也有利于推动全球范围内文献遗产、历史记录的开放获取与有效利用，推动濒危文献遗产的全球性保护工作。因此，除"世界意义"之外，申报文本还应对《总方针》中的"真实性""完整性""稀有性"等核心价值与理念做出深入分析及充分回应。

此外，随着联合国教科文组织三大旗舰遗产项目的逐步发展，共享遗产、遗产可持续性发展、绿色遗产等理念亦在逐步向世界记忆项目渗透，对于文献遗产世界意义的价值评判也将不断向新思想靠拢。因此，深入理解联合国教科文组织文献遗产保护的核心思想，紧密围绕其核心价值观开展申报文本的撰写工作，是成功申遗的重要前提。

2. 坚定文化自信，彰显中华文化影响力与吸引力

中国拥有独立的文明体系，其文献遗产所承载的文化内涵具有与生俱来的独特性。"东方医学与社会"作为《世界记忆名录》的热点主题之一，即在一定程度上说明了国际社会对于东方文化的重视与期待。中华文化作为东方文化中最具代表性的一支，历史上曾对周边国家乃至全世界都产生过巨大影响，不仅是东亚文化圈的核心，其影响更是远播欧洲，深刻影响了近代启蒙思想的产生与发展。故而我国应坚持文化自信，正确认识中华传统文化的重大价值与影响力。

此外，中国作为文明古国，从古至今发展出无数的文学、哲学以及学术思想，艺术作品更是不计其数，拥有极为丰富的"艺术与人文社会科学"主题文献资源。但是，由于对文献遗产的内涵认知存在局限，往往仅将视野投放至档案类文献，对非档案类文献未能形成同等重视，缺乏对"艺术与人文社会科学"主题文献遗产的深入发掘，造成资源浪费，致使本应星光璀璨的中华艺术文化在国际舞台上黯然失色，亦对人类集体记忆的保存造成损失。综上，我国可以着重从"东方医学与社会"和"艺术与人文社会科学"两大热点主题入手，借助《世界记忆名录》这一被国际社会普遍关注的平台讲好中国故事，补充完善世界记忆中的东方形象。

3. 促进"联合申报"，突出跨文化交流与文明互鉴

目前，中国更倾向于以独立申报的方式申遗，在现已入选《世界记忆名录》的 13 项文献遗产中，仅《清代澳门地方衙门档案（1693~1886）》是以中国与葡萄牙合作的方式进行联合申报的，跨国联合申报项目所占比重较低。

根据最新版《总方针》对于申报数量的规定，跨国联合申报项目不占用该申报周期内各国的申报指标，属于独立申报单元，故而积极开展跨国联合申报实际上有利于增加我国文献遗产的申报数量。并且，多数具备跨国联合申报条件的文献遗产天然拥有更大地理范围之内的影响力，符合《世界记忆名录》对文献遗产"世界意义"的要求，申遗成功率更高。历史上，我国就曾积极开展对外交流，拥有与周边国家水乳交融的沿革过往。今天，中国亦在"一带一路"建设中与世界各国共同发展、共同进步。因此，可充分挖掘相关文献，进行联合申报，展现从古至今人类跨文化交流的宝贵实践。当然，跨国联合申报的主要出发点在于确保文献遗产的完整性，故应遵循实事求是的原则合理选择申报方式，根据拟提名文献的保存位置、影响范围和群体等相关因素合理选择。

4. 着眼共同命运，关注人类发展的"共同记忆"（shared memory）

自 1995 年《世界记忆名录》创建至今，尽管不断强调世界意义，但这种世界意义更多的是"代表性"，即用某一件（组）文献遗产代表世界相同类型、相似内容的历史记忆或文献资源。

然而，在全球化与数字化的双重加持之下，曾经在"民族国家框架"下的集体记忆，逐渐因越来越密切的交流与互鉴，而朝着"世界主义框架"转向。特别是，诸如新冠疫情（Covid-19）等全球共同记忆议题的出现，将加

快对全球共同记忆的探索。因此，《世界记忆名录》入选遗产的"世界意义"或将更为关注这种构建于多元背景人民共同经验之上的全球共同记忆，这亦与联合国教科文组织的"共享遗产"等理念不谋而合。因此，中国文献遗产申遗时，更应以推动构建人类命运共同体的理念为指导，拓宽格局、着眼未来，积极提倡"多元文明共存"思想，关注并探索人类发展的共同记忆。

第三章 政治之争：人类探寻共同记忆中的挑战与世界记忆项目变革

"事实上，并不存在所谓的遗产"① ——Laurajane Smith

人类的记忆类型多样，包含辉煌灿烂的文明华章，也包含战乱纷争的创伤记忆。政治是遗产难以避免的一个组成部分，政治在记忆和遗产混合体中的存在扩大了遗产的时间范围。因为，政治是当今为了影响未来而寻求权力的工程。②

《世界记忆名录》中收录了部分政治、历史等主题的文献遗产，因涉及不同国家的政治立场和利益，时常会产生争端。受部分国家的政治阻挠，《世界记忆名录》的评选也曾遭遇"暂停"。政治之争成为人类探寻共同记忆过程中必须直面的挑战。

第一节 遗产话语与遗产研究中的"政治转向"

一 话语视角下的遗产研究

法国哲学家、思想家米歇尔·福柯（Michel Foucault）在其著作《知识考古学》中曾提出，"话语由一系列形成陈述的符号构成，而陈述规定事物的存

---

① Smith, Laurajane, *Use of Heritage*, Routledge, 2006, p. 11.

② Isar, Y. R., Anheier, H. K, D., Viejo-Rose, eds., *Cultures and Globalization: Heritage, Memory and Identity*, Sage, 2011, p. 3.

在样态"。① 话语不仅仅是单纯的"语言学"概念，"话语涉及的是通过语言对知识的生产"，我们对于世界、社会的理解和对知识、价值的巩固都在话语之中形成并确立。而知识考古学所考古的对象即为生产了知识的陈述及由其构成的话语实践体系。②

遗产话语是指在具体社会语境中对遗产概念、价值、意义等问题进行阐释和理解③的口头或书面语言，也是建构和再生产遗产知识的话语实践和社会实践方式。④ 即，遗产是在话语中被"创造"出来并由话语背后的权力和意识形态赋予价值和意义，遗产的本质是话语的建构。⑤ 当话语裹挟权力出现时，就会演变为"真理"并成为某种实践的标准，控制着对象如何被讨论、表征和建构。⑥ 根据福柯"知识考古学"所提出的方法论，在话语构架下对知识与权力的关系进行探讨，将知识与权力看作话语的两个面，拓宽遗产话语的研究方向。

以语言学为基础的"批判话语分析"（critical discourse analysis）则更加关注具体言说，为福柯关于话语概念的理解做了很好的补充。⑦ 英国社会语言学家诺曼·费尔克劳（Norman Fairclough）从社会实践、话语实践、文本本身三个维度定义"话语"，将话语视为具体的语言应用，结合福柯的话语理论在意识形态、社会实践维度思考它的生产、流通、使用以及意义。⑧

将福柯的"话语理论"与"批判话语分析"的内容相结合可以得出话语视角分析主要涉及的两个层面：表征与建构、权力与意识形态。从表征与建构方面来说即是对话语如何进行生产、呈现进行考察，审视其在具体的语境之中如何

---

① Foucault, M. , *The Archaeology of Knowledge*, Tavistock Publications, 1972, p. 107.

② 宋奕：《话语中的文化遗产：来自福柯"知识考古学"的启示》，《西南民族大学学报（人文社会科学版）》2014 年第 8 期，第 7~11 页。

③ 李静：《失语与言说之间：非物质文化遗产语境中池州傩戏的不同话语与角力》，《民族艺术》2018 年第 2 期，第 65~73 页。

④ 龚浩群、姚畅：《迈向批判性遗产研究：非物质文化遗产保护中的知识困惑与范式转型》，《文化遗产》2018 年第 5 期，第 70~78 页。

⑤ 宋奕：《话语中的文化遗产：来自福柯"知识考古学"的启示》，《西南民族大学学报（人文社会科学版）》2014 年第 8 期，第 7~11 页。

⑥ 于佳平、张朝枝：《遗产与话语研究综述》，《自然与文化遗产研究》2020 年第 1 期，第 18~26 页。

⑦ 侯松、吴宗杰：《遗产研究的话语视角：理论·方法·展望》，《东南文化》2013 年第 3 期，第 6~13 页。

⑧ Norman, Fairclough, *Discourse and Social Change*, Polity Press, 1992, pp. 62-73.

完成内容的展示和情感的塑造。从权力与意识形态方面来说则是对话语中的影响因素进行探讨，观察话语带来的结果和影响，以及对权力的巩固或是意识形态的作用。

从 1980 年代开始，学界对遗产的研究中逐渐添加话语视角，创新性地从叙事、表达上研究遗产话语的构架。其中，英国文化学者斯图特·霍尔（Stuart Hall）认为可以将遗产看作一种话语实践，"它是国家建构集体社会记忆的途径之一"，像个体或家庭一般将某些高潮或值得纪念的故事转变为统一的、连贯的叙事来构建身份认同。[①] 以话语的视角去分析"谁的遗产"，将问题的焦点转化到"遗产叙事"上，在遗产的表达与价值的讨论中引入新的思考方式，也为遗产的保护和利用提供了新的路径。澳大利亚学者劳拉简·史密斯运用话语理论寻找遗产问题的切入点，认为遗产与话语之间是互构的。究其本质，遗产应当被视作一种文化实践，"涉及一系列价值和理解的建构及规范化过程"。[②] 其在《遗产利用》一书中更是基于此对"遗产"的意蕴理解与当代人对于遗产所肩负的特殊责任做了解释：当代人的功能只在于"托管"，保证其能够完好无损地传递下去，以便大众能够从中接收由国家、专家所预制的各种历史信息。[③] 她借用批判话语分析对遗产的认定、保护、利用价值进行阐述，并认为语言构建了遗产的存在和意义，同时社会环境下的政治、文化等因素也影响了遗产中话语的表达。史密斯的学生艾玛·沃特顿（Emma Waterton）关注遗产政策和遗产的视觉表征，结合批判话语分析的"视觉设计语法"（grammar of visual design）与社会文本分析法，对英国遗产保护组织和政府机构的遗产宣传以及政策文本中的图片进行了细致的分析解读，[④] 推动了话语分析方法在遗产研究中的应用。中国学界在遗产话语分析领域也颇有研究，李军借助知识考古学的方法，追问了"文化遗产"概念的产生与演变过程，认为

① Hall, S. , "Un-Settling ' the Heritage' , Re-Imagining the Post-Nation Whose Heritage? "*Third Text* 13, 49, 1999, pp. 3-13.

② 〔澳〕劳拉·简·史密斯：《遗产利用》，苏小燕、张朝枝译，科学出版社，2020，第 1 页。

③ 〔澳〕劳拉·简·史密斯：《遗产利用》，苏小燕、张朝枝译，科学出版社，2020，第 8 页。

④ Waterton, E. , "Sights of Sites: Picturing Heritage, Power and Exclusion," *Journal of Heritage Tourism* 4, 1, 2009; Waterton, E. , "Branding the Past: The Visual Imagery of England's Heritage, "in Waterton, E. , and Watson, S. , eds. , *Culture, Heritage and Representations: Perspectives on Visuality and the Past*, Ashgate Publishers, 2010.

它实际上是一种话语制造，其后隐藏着东西方的文明冲突。① 李立则将话语分析与民族志有机结合，对贵州屯堡的村志书写、学术论著以及村民与人类学家的互动过程展开话语分析，具体而微地揭示了遗产制造过程中不同利益主体的经验与想象、博弈与共谋，开始将"民族志导向型话语分析"（ethnographic-oriented discourse analysis）引入遗产研究。② 可见，从话语视角出发，遗产不再被简单地理解为"物"，它的内在价值也不再被理解为是客观的、中立的，一切都处在政治的、文化的、历史的观念以及价值与意识形态交互作用的网络之中，与语言符号的表征和建构有着千丝万缕的关联。③ "遗产话语研究"已成为一种新视角下的遗产研究，并在遗产研究中成为一支独特的力量。

二　权威遗产：正视遗产与权力的关系

遗产的话语表征与建构中充满了当代人的知识、想象、价值观、文化思维、利益诉求、权力关系和意识形态，因而它从来都不是中立的，文化政治总是与之如影随形，国际学界将这称为"遗产政治"。④

在西方遗产话语之下，联合国教科文组织（UNESCO）、国际文化财产保护与修复研究中心、国际古迹遗址理事会（ICOMOS）等国际组织构建了一系列关于遗产认定、保护和利用的准则或公约。如《保护世界文化和自然遗产公约》中，强调"整个国际社会有责任通过提供集体性援助来参与保护具有突出普遍价值的文化和自然遗产"，并对列入世界遗产的重要标准，即具有"突出普遍价值"进行了解释，即"超越了国家的界限，对全人类的现在和未来均具有普遍的重大意义"。⑤ 诸如此类的公约、准则等得到了国际上的认可，也因此正式形成了遗产领域的准则和权威。

劳拉简·史密斯基于 19 世纪欧洲考古学与建筑学等领域在对遗产管理与

---

① 李军：《什么是文化遗产？——对一个当代观念的知识考古》，《文艺研究》2005 年第 4 期。
② 李立：《在学者与村民之间的文化遗产——村落知识生产的经验研究、话语分析与反思》，人民出版社，2010。
③ 侯松、吴宗杰：《遗产研究的话语视角：理论·方法·展望》，《东南文化》2013 年第 3 期，第 6~13 页。
④ 侯松、吴宗杰：《遗产研究的话语视角：理论·方法·展望》，《东南文化》2013 年第 3 期，第 6~13 页。
⑤ 联合国：《保护世界文化和自然遗产公约》，https://whc.unesco.org/archive/convention-ch.pdf，最后访问时间：2023 年 8 月 6 日。

遗产保护方面进行的讨论，提出世界遗产背景下存在"权威化遗产话语"（authorized heritage discourse），是一种在遗产领域占有主导性的专家和技术话语。在这种话语情境下，遗产被专家认为是过去积极的、正面的历史与记忆的遗留物，是在当下符合一个国家或民族所塑造的积极的、自我肯定的身份认同的文物、遗址等，保护这些遗产有利于遗产与文化在未来的可持续发展，对人类的子孙后代具有重要意义，因而有义务、有责任来保护这些遗产。①

事实上，官方组织机构对于遗产的认定与实践提出准则是一种权力的象征。准则文件从国际层面引入，融入各国的法律规则、文化政策，甚至成为普遍认同、毋庸置疑的"常识"，从现实意义上来说使遗产成为霸权的工具。而对于国家来说，处在话语权力之中就需要对国家内部不同群体进行身份认同上的追求，对于遗产的叙事也逐渐更具政治化倾向。艾玛·沃特顿（Emma Waterton）在探讨遗产领域问题时正式将话语分析引入遗产学研究方法，并指出遗产话语能推动利益群体之间在遗产实践中的对话，② 为遗产的多角度、批判性研究奠定了基础。

权威遗产话语以全球化的视角促进了世界遗产的认识与保护，而伴随着国内外遗产运动和研究实践的丰富与发展，关于权威遗产话语的反思不断涌现。学者们认为，权威遗产忽视了文化的多样性，忽视了遗产理解的多元化和参与群体的多样性。李正欢通过对鼓浪屿遗产化过程的分析发现了西方权威遗产话语模式下的各国遗产实践，实际上是在权威话语框定的语境中对本国遗产资源的重新定义、命名与评判管理的过程，③ 同时使标准之外的遗产的保护陷入困境。桑德拉（Sandra J. T. M. Evers）通过马达加斯加的土地遗产案例提出，国际遗产话语脱离了当地的文化模式，地方话语内涵没有得到充分的理解和重视，引发全球和地方遗产的矛盾和争议。④ 吴宗杰认为，目前，国际遗产实践

---

① 谢欣：《"困难遗产"的学术维度与批判性思考》，硕士学位论文，中央民族大学，2020，第36页。

② Waterton, E., Smith, L., Campbell, G., "The Utility of Discourse Analysis to Heritage Studies: The Burra Charter and Social Inclusion," *International Journal of Heritage Studies* 12, 4, 2006, pp. 339–355.

③ 李正欢：《话语、权力与目的地治理转型：鼓浪屿遗产化研究》，《旅游论坛》2015年第2期，第7~13页。

④ Evers, S. J. T., Seagle, C., "Stealing the Sacred: Why 'Global Heritage' Discourse is Perceived as a Frontal Attack on Local Heritage Making in Madagascar," *Madagascar Conservation & Development* 7, S2, 2012, pp. 97–106.

仍未完全跳出西方权威话语体系的框定,① 仍需要权衡权威遗产话语所带来的各种利弊,不断地反思和调整,纳入时代背景和多元遗产主体的声音。②

三 批判遗产:倡议遗产的多元与包容

随着人们对于"遗产"概念的深入理解,对于遗产研究的视角也逐渐开始多元化。世界遗产价值的普遍性与地方独特性、多样性的冲突在实践过程中更加凸显。从世界遗产认定过程上分析,政治化趋势逐渐上升,"申遗"趋于一种缔约国之间竞争国家实力的政治过程,③ 遗产背后也反映出"专家—遗产—访客"的自上而下的权力关系。④ 理解遗产话语如何确立权威性和合法性,明晰在怎样的运作下导致一些声音的去中心化,是促进文化多样性的重要前提。批判遗产(critical heritage)的概念应运而生。

"批判遗产研究"(critical heritage studies)⑤ 在"遗产研究"的基础上出现,于 2010 年由罗德尼·哈里森(Rodney Harrison)提出。2010 年前后,为建立遗产与博物馆研究人员和学者的全球网络,探索批判视域下遗产研究新范式的可能性,批判遗产研究联合会(Association of Critical Heritage Studies,ACHS)正式成立。为筹备 2012 年批判遗产研究联合会第一届大会——哥德堡会议,确立批判遗产研究联合会的机构目标和研究旨趣,该联合会起草了批判遗产研究领域的纲领性文件——《2012 年宣言》(2012 Manifesto),⑥ 该宣言可谓批判遗产研究联合会正式成立的官方证明。"批判遗产研究"带有后殖民主义色彩,从辩证角度为遗产研究提供新的视角,即以遗产为核心来研究当代文化与社会问题,其意义并非对权威遗产话语的否认,而是在于倡导遗产多元

---

① 吴宗杰:《话语与文化遗产的本土意义建构》,《浙江大学学报(人文社会科学版)》2012 年第 5 期,第 28～40 页。

② 于佳平、张朝枝:《遗产与话语研究综述》,《自然与文化遗产研究》2020 年第 1 期,第 18～26 页。

③ Zhang, R. , "World Heritage Listing and Changes of Political Values: a Case Study in West Lake Cultural Landscape in Hongzhou, China," *International Journal of Heritage Studies* 23, 3, 2017, pp. 215-233.

④ 张朝枝、蒋钦宇:《批判遗产研究的回顾与反思》,《自然与文化遗产研究》2021 年第 1 期,第 81～91 页。

⑤ 有学者把 critical 译为"批判",也有学者把 critical 与中文的"慎思明辨"对应起来,本书主要采用"批判遗产研究"的表述方式。

⑥ Association of Critical Heritage Studies, "2012 Manifesto,"https://www. criticalheritagestudies. org/history, accessed: 2022-12-21.

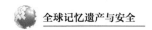

文化价值、构建底层文化价值体系。①

　　史密斯与沃特顿在发现遗产领域内的权力竞争之后，以批判性话语分析为主要方法，对遗产的研究进行了具有批判性的探索。沃特顿的分析指出，对于同一遗产的解读可能是多样的，将遗产意义直接与国家认同对接，实际上反映出政治对差异的恐惧。把不同的思维直接统一进单一的叙事是对多元文化发展的阻碍，同时也展现出权威遗产话语对于文化多样性和参与群体多样性的忽略。从遗产与文明传承的角度而言，权威遗产话语使文明之间的天平倾斜加剧，阻碍了文明之间的尊重、沟通与理解，其他被忽视的遗产也在更快地消亡。

　　批判遗产打破了权威遗产话语彻底垄断遗产领域话语权的局面。一方面，权威遗产话语的提出者与管理者是专家等精英阶层，他们所宣扬、提倡的话语也是为精英阶层的利益发声，没有考虑到其他阶层人民的需求，只是引领社会大众接受他们所倡导的思想，从而更好地塑造国家形象，维护自身的身份地位。而批判遗产关注到"仅仅宣扬一种官方主流文化与思想，对于与其主导的思想观点相异的话语则剔除在外"的局限性，坚持包容多元的对话原则，在帮助社会与公众了解遗产的定义以及遗产的价值等问题的同时，让更多小众、边缘化的遗产有展示自己的机会。另一方面，就起源来看，权威遗产话语是将欧洲作为中心进行的遗产话语的探讨，更具西方视角，反而忽略了亚洲、非洲、南美洲等在欧洲之外的遗产，不符合"世界遗产"保护全人类共同遗产的想法，缺少了全球普遍性。在批判遗产的视角下，遗产是由世界上的所有人类共同创造的，因而遗产不应被单一话语所控制，而是允许代表不同权力主体的遗产话语兼容并存，唯有遗产话语的多元化才能体现遗产的民主化，也唯有在遗产民主化的状态下，各群体才能为自己的利益发声，遗产才能真正成为真实、完整的历史真相的传达者。② 遗产研究实际上是对所有关于权威遗产话语的一种当代警醒，当然其批判的对象不仅仅是西方，还包括所有被默认为是理所应当的"遗产社会现实"，是一种跨学科与跨文化的思辨能力，是对地方

---

① 潘君瑶：《遗产的社会建构：话语、叙事与记忆——"百年未有之大变局"下的遗产传承与传播》，《民族学刊》2021 年第 4 期，第 41~51+115 页。

② 谢欣：《"困难遗产"的学术维度与批判性思考》，硕士学位论文，中央民族大学，2020，第37 页。

文化、多元文化、民族文化利益的捍卫。① 通过对多种思想文化观点的探讨与冲突来对遗产进行深刻的自我反思，才是更加值得提倡的多角度、包容性的思考与研究。

1990 年代以后，一大批学者的研究开了批判遗产研究的先河，代表人物有格雷厄姆（Brian Graham）、阿什沃斯（Gregory Ashworth）、坦布里奇（John Tunbridge）、本内特（Tony Bennett）、迪克斯（Bella Dicks）、克申布拉特-金布莱特（Barbara Kirshenblatt-Gimblett）、麦克唐纳（Sharon Macdonald）、伯恩（Denis Byrne）等。② 在这些学者的带领下，通过以"权威遗产话语"为批判对象的学术讨论，批判遗产研究逐渐在更多学者中产生了共鸣。

张朝枝在回顾批判遗产研究的背景、思想及方法论之后，提出批判遗产就这些问题展开讨论："什么是遗产""谁决定遗产""遗产的价值""怎样研究遗产"，并提出新的思考。对权威遗产话语的批判是批判遗产研究的起源，主要意在呼唤对于边缘或底层等多元价值的重视，而非否认权威遗产或权威之于遗产的意义。③ 批判遗产的出现帮助遗产学界从全新、多元的角度重新认识遗产的本质内涵，反思其背后关于国家、专家、人民间的权力关系，倡导更加包容的遗产研究和实践。

不是只有象征着人类辉煌历史文明成就的遗产才是有价值、有意义的官方遗产，其他边缘的、小众的或是涉及普通人需求与利益的遗产也是遗产领域需要关注的方向。批判遗产接纳了难以被权威遗产话语接纳的困难遗产，如世界遗产项目、世界记忆项目等都已有将展现人类历史发展中负面的、消极的历史与记忆的遗产视作常被忽略但具有重要意义的对象的先例。如今，社会大众已经能够以开放的、包容的态度去应对这些困难遗产，公众不再需要单一的主流文化引领整个社会，而是渴望多元文化的相互交流与碰撞。尽管我们无法消除客观的历史事实与社会影响，但我们可以以批判的思维研究过去为未来留下的遗产，帮助人类留存文明进程。

---

① 潘君瑶：《遗产的社会建构：话语、叙事与记忆——"百年未有之大变局"下的遗产传承与传播》，《民族学刊》2021 年第 4 期，第 41~51+115 页。
② 朱刚：《从历史到现实：批判遗产研究探骊》，《民俗研究》2022 年第 6 期，第 20~31+154 页。
③ 张朝枝、蒋钦宇：《批判遗产研究的回顾与反思》，《自然与文化遗产研究》2021 年第 1 期，第 81~91 页。

四 困难遗产：直面世界文明进程中的灰色地带

遗产一般被认为是国家或集体记忆构建和身份认同形成的关键。出于对自身或群体的保护，国家或人民往往选择隐藏消极黑暗的一面，以更加正面阳光的形象示人，这是一种对于安全感的渴求，也是过去建立稳定身份的途径之一。

1990 年代，人们开始直面历史与记忆中的黑暗部分，学者们也逐渐将研究的目光放置在"困难遗产"之上，人们逐渐认识到那些看似不堪或是令人不安、自卑、羞愧的历史记忆也是国家记忆的重要组成部分。其自身带有的对于当下积极身份的否定与争议让困难遗产具有了不和谐的部分，但也恰恰是这个在权力、利益背景下被忽略的遗产帮助我们反思和争取边缘群体或少数群体的权益。

由于学界对于"困难遗产"的定义并未有一个统一的说法，在遗产研究领域出现过"不和谐遗产""有争议遗产""负面遗产"等概念与困难遗产相交叉，用来指代蕴含消极情绪或具有负面作用的遗产。[1] 第一次提出与创伤、伤痛相关的历史事件遗址使用的是 1996 年由唐布里奇（Tunbridge，J. E.）和阿什沃思（Ashworth，G. J.）提出的"不和谐遗产"（dissonant heritage），他们认为"不和谐是遗产的本质"。[2] 阿什沃思进一步解释了不和谐遗产是人与其遗产在时间或空间上缺乏一致性的一种情况。1997 年，唐布里奇提出"有争议遗产"（contested heritage）的概念来强调不同利益者间、不同阶段下遗产的争议与矛盾。1998 年，大卫·乌兹尔（David Uzzell）和罗伊·百伦泰（Roy Ballantyne）则用"伤痛遗产"（heritage that hurts）来指代在发生过死亡、灾难和暴行等伤痛之后得到纪念和认可的遗产。[3] 2000 年，约翰·列侬（John Lennon）和马尔科姆·福利（Malcom Foley）创造了"黑色遗产"（dark heritage）的说法，随后学界还将遗产的利用发散到旅游行业，对遗址的开发与记忆的承载进行研究。2002 年，美国学者林恩·梅斯凯（Lynn Meskell）提

---

① 王倩媛、王玉珏：《困难遗产视角下的档案正义与世界记忆项目建设研究》，《兰台世界》2021 年第 8 期，第 29~35 页。

② Hall, C. M., "Dissonant Heritage: The Management of the Past as a Resource in Conflict," *Habitat International 2*, 2, 1996, pp. 79-81.

③ Uzzell, D., Ballantyne R., *Contemporary Issues in Heritage and Environmental Interpretation: Problems and Prospects*, The Stationary Office, 1998, pp. 1-10.

出了"负面遗产"（negative heritage）这一概念，认为遗产保护与对文化差异的尊重是相悖的。①

2009 年，英国约克大学教授麦夏兰（Sharon Macdonald）在对博物馆学与文化遗产进行研究时，发现了位于德国纽伦堡的纳粹遗产。由于纽伦堡与纳粹密切相关，人们在谈及纽伦堡时总会将其与暴行、审判、集会相联系，这对纽伦堡的城市建设与发展产生了一定的负面影响。然而德国在战后处理"困难遗产"的策略与方法吸引了麦夏兰教授的注意。在对纳粹遗产实行半毁灭、闲置或是用途转化等处理都无果之后，德国终于意识到要公开承认纳粹历史，解决棘手问题。以"人权之城"为构想，为纽伦堡塑造新的国际形象，加之文献中心的建立、在纳粹集会场地上展览、导游工作的开展，使得纽伦堡逐渐转变为和平与人权的中心，也将属于纽伦堡的纳粹记忆上升为世界性的人权记忆。②

在《困难遗产：纽伦堡等地对纳粹历史的协定》（*Difficult Heritage：Negotiating the Nazi Past in Nuremberg and Beyond*）一书中，麦夏兰教授对"困难遗产"的概念进行了定义与阐释，认为困难遗产是指国家或集体公开纪念他们过去犯下的、为之感到羞耻的暴行的历史，一般在当下被认为有意义，但也存在争议，且很难与一个"积极的、自我肯定的当代身份"相协调。③ 不同于威廉·洛根（William Logan）和基尔·里夫斯（Keir Reeves）在定义中强调遗址带来的痛苦和羞愧，麦夏兰在阐释中更加强调遗产的"麻烦"和"难以解决"，以及国家身份与公众和解。她认为公开承认一方的历史罪行正在日益普及并成为一种国际做法，应当被视为当代身份认同的积极进展。④

2018 年，由法国和比利时联合申报的文化遗产项目"一战（西线）墓地和纪念地"（Funeral and Memorial Sites of the First World War）引发了近期世界遗产领域对价值层面涉及 20 世纪冲突性历史的遗产地的反思，且咨询机构特意为该议题创造了一个新的词语——"与近期冲突记忆相关的遗产"（sites as-

---

① Meskell, L. , "Negative Heritage and Past Mastering in Archaeology,"*Anthropological Quarterly* 75, 3, 2002, pp. 557-574.

② 谢欣：《"困难遗产"的学术维度与批判性思考》，硕士学位论文，中央民族大学，2020，第 33 页。

③ Macdonald, S. , *Difficult Heritage, Negotiating the Nazi Past in Nuremberg and Beyond* , Routledge, 2009, p. 1.

④ 〔英〕麦夏兰、申屠神悦：《"棘手遗产"是否依旧"棘手"？——为何公开承认往日恶行不再颠覆集体身份认同》，《国际博物馆（中文版）》2017 年第 Z1 期，第 11~23 页。

sociated with memories of recent conflicts）。

国际古迹遗址理事会（International Council on Monuments and Sites，ICO-MOS）在 2020 年征求意见文件《与近期冲突记忆相关遗产的世界遗产申报评估》中指出，与近期冲突记忆相关的遗产指"这类遗产的核心价值或潜在的突出普遍价值，是由记忆或群体记忆赋予的。如此，与这一记忆相关的场所或遗产地可能成为记忆来源，如已发生的战争、创伤、大屠杀、种族灭绝或其他事件的附属品"。①

由上述概念不难发现，这类困难遗产所展现的是一个国家或民族不愿提起的、令人不安的、消极的历史，且会与当下所塑造的积极的、正面的、自我肯定的国家身份相冲突。然而不可否认的是，困难遗产是遗产领域的一个重要组成，是人类历史文明形成的一个部分。困难遗产借助叙事来完成记忆构建与身份认同，尽管其承载着伤痛的情感与令人不安的历史，但是其真实性成了构建完整记忆的最佳凭证，同时也为边缘群体或少数群体争取到了表达的机会。对于困难遗产的重视，不仅是在争取历史的叙事权，宣扬国家历史文化与精神内涵，也是在关注世界上每个公民是否平等地享有权利，实现表达的自由。而在表述与展示困难遗产时，我们也需要严谨审慎地思考与之相关的政治、阶级、宗教等一系列外因因素，从而尽可能地减少这些外部条件的干扰，以最佳的效果展示困难遗产。② 唯有将多方影响因素都考虑在内，我们才能对遗产进行更加批判性的反思与对话，从而挖掘并展现困难遗产的价值与意义，使遗产能够时刻反思着、对话着、进步着，还原真实的历史。

第二节　记忆遗产与国家历史叙事

一　历史文献是国家的"记忆之场"

记忆遗产作为历史的"参与者"与"见证者"，成为各国关注本体安全与

---

① ICOMOS, "Discussion Paper: Evaluations of World Heritage Nominations Related to Sites Associated with Memories of Recent Conflicts," https://www.icomos.org/en/home-wh/41670-icomos-discussion-pa-per-on-evaluations-of-world-heritage-nominations-related-to-sites-associated-with-memories-of-recent-conflicts-2, accessed: 2021-08-01.
② 谢欣:《"困难遗产"的学术维度与批判性思考》，硕士学位论文，中央民族大学，2020，第38 页。

记忆安全的重点，同时也成为构建集体记忆的重要"原料"。集体记忆是历史与记忆辩证关系的产物，它把精选的故事片段融合到一个共同的叙事，由政治、社会、个人和文化利益等因素塑造。[1] 法国历史学家皮埃尔·诺拉（Pierre Nora）提出了"记忆之场"（les lieux de mémoires）理论，认为"记忆之场承载着一段历史的纯粹象征化的现实"，是记忆沉淀的场域，同时也是历史不断展演的表现。[2] 无论是档案馆、图书馆、博物馆等这些存在的地点，还是墓碑、建筑、徽章等这些有纪念性和象征性的场所，抑或是如教科书、自传或联想这些特定物件，都与叙事有着紧密的联系。[3]

诺拉将档案馆等记忆机构看作"记忆之场"，通过完成从"民族性到遗产性"的过渡，构建一种围绕"民族感情"的研究，挖掘其在身份认同构建中的积极作用。[4] 从记忆展演与复刻的角度来看，历史事件在脱离了它所发生的场所之后，重新被人们用文字、声音、影像等媒介呈现出来，这是一种历史叙事的手段，也是记忆被不断筛选和重塑的一个过程。正是记忆不断凝聚，历史对现有的记忆不断"转变、塑造和固化"，才使得历史和记忆不断往复，形成"记忆的堡垒"。叙事就是对历史记忆不断加工的过程，同时也是追求历史真实性，增强记忆连续性的一个手段。诺拉的"记忆之场"鼓励原始史料的使用，强调了档案文献在集体记忆与民族意志构建中的象征作用与认同价值，其思想更是为档案馆、博物馆等记忆机构参与构建多元化社会记忆、避免集体遗忘症的研究提供了理论根基。

二　不容忽视的历史记忆与安全

历史是一个国家和民族的重要组成，虽然历史本身是客观的，但影响着当今战略决策的实际上是人们心中基于历史的认识和解读，即历史记忆。这种对历史的理解和记忆无法脱离基本的历史事实，但它仍是经过加工的。历史记忆与历史观念渗透进领袖人物、精英人物的思想和路线以及普通民众的社会政治

[1]　Brot, R. , "The Illusive Collective Memory: Revisiting the Role of Law in Israel's Holocaust Narrative, " *Journal of Israeli History* 38, 1, 2020, pp. 77-101.

[2]　〔法〕皮埃尔·诺拉主编《记忆之场：法国国民意识的文化社会史》，黄红艳等译，南京大学出版社，2015，第 76 页。

[3]　丁华东：《记忆场理论与档案记忆研究的学术思考》，《浙江档案》2019 年第 7 期，第 9~11+18 页。

[4]　Picoeur, Paul, *la mémoire, l' histoire, l' oubli*, Seuil, 2000, pp. 522-535.

意识，构成了一个国家民族性格的重要组成部分，是国家政治文化的一个组成部分，对国家根本性战略的思考和抉择发生着深刻影响。①

对历史经验教训的汲取是历史记忆的一种最重要的形式。人们受到历史教训的阴影的影响，也受到历史上成功的战略所带来的束缚，或者更准确地说，是被历史惯性所裹挟。一方面，历史提供了教义，虽是一笔遗产，但也可能会成为包袱；另一方面，缺少历史和缺乏历史感，尽管会有失深邃和厚实的底蕴，但也可能会因缺乏条条框框的束缚而更能直面现实和着眼未来。积极的历史记忆，对历史的准确、合理加工，能够对国家与民族的发展提出积极的警告和鼓励；歪曲的历史解读、畸形的历史记忆，则可能引导国家与民族在根本道路的选择上走向偏狭。②

历史记忆关乎国家和民族的精神与命脉，是国家秩序稳定持续发展的内在支撑，是社会发展的原动力和驱动力。近年来，以美国为首的部分西方国家大搞"记忆政治"，通过篡改历史进而贬低、诋毁苏联在第二次世界大战中的贡献，并在二战纪念日等重要时间节点，选择性地"忘记"苏联，将二战胜利的功劳纳入美英囊中。③ 国际上指责其对传统文化与历史记忆下"软刀子"的做法。诸如此类的现象也应引起我们的注意：国家历史记忆与文化安全，是国家安全的基石，不容忽视。

西班牙也曾经历过一段主动选择的"遗忘"，当时西班牙各政治力量之间达成一个对历史保持缄默的共识，也就是所谓的"遗忘协议"。这个协议的内容就是要忘记西班牙内战造成的创伤以及战后佛朗哥政权持续多年的高压统治。而近几十年来，西班牙作家、历史学家和影视导演们则开始探索这段战争历史，挖掘创伤记忆背后隐藏的真实情感，寻找对抗历史失忆问题的方法。

2007年11月，西班牙政府颁布《历史记忆法》，承认了"历史记忆运动"的合法性。该法案主要规定了三个方面的内容：一是对集体记忆的官方立场；二是在新的社会政治秩序下判断记忆包含或不包含哪些内容的标准；三是巩固法案合法性与持续性的政治一致原则。然而，法案刻意未提及任何历史或集体记忆，也没有描述发生了哪些侵犯人权的事实，更没有对佛朗哥政权的所作所为进行指责。它仅仅承认了每个公民"个人和家庭的记忆"

---

① 万楚蛟：《历史记忆与俄罗斯国家安全战略选择》，硕士学位论文，东北师范大学，2006，第3页。
② 万楚蛟：《历史记忆与俄罗斯国家安全战略选择》，硕士学位论文，东北师范大学，2006，第3页。
③ 张弘：《俄构建文化安全应对西方软刀子》，《环球时报》2021年7月7日，第14版。

的权利，或者调查与其家庭直接相关的罪行的权利。① 如何面对被不断唤起的创伤记忆，如何对待历史罪行，如何走出内战阴影，并在此基础上重建一个具有完整精神人格的新西班牙，都是当时西班牙社会文化中亟待解决的核心问题。

乔·拉班尼评价《历史记忆法》"是一次过去与现在的断裂。记忆所揭露的东西正是当下对于过去的态度，这种态度在社会不同阶级成员共同生存的环境下需要被充分地理解。这正是一个国家达成和解的意义所在，而不是单纯追求一种不可能的一致"。② 《历史记忆法》的出台，虽未达到为历史记忆正名的本来目的，却将政治民主化过程中国家集体记忆与个人记忆之间的矛盾集中显现，使西班牙人开始反思 30 年来在历史记忆问题上经历的遗忘、回忆与修正，并将个人历史记忆的表达欲望与保存意识根植于心，从而为国家集体记忆及民族文化认同的重塑奠定基础。或许法律可以稳定混乱的社会，帮助实现记忆的平衡，但是对于经历了黑暗时期的人民来说，创伤并没有被抹去，这种创伤还在制造新的创伤，政治行为终究无法解决人的心灵问题，真实完整的历史记忆才是愈合伤口的良药。

在德国，随处可见二战历史纪念馆或纪念碑，在柏林更是有各种关于纳粹的遗迹、犹太人和集中营相关的纪念遗址。德国文化部部长曾在 2019 年 7 月阿罗尔森档案馆永久展览"纸质纪念馆——阿罗尔森档案馆的历史"开幕式上提出，"直面大屠杀是我们看待自己的一部分，这是毋庸置疑的，我们必须把这一信息传达给每个居住在德国以及想入籍德国的人"。③ 此前，德国也曾对纳粹遗产实行半毁灭、闲置或是用途转化，想让这段历史记忆"边缘化"，但是均未有结果。加之被揭露的纳粹犯罪事实给年轻一代带来巨大的精神打击和身份动摇，德国这才意识到，只有清算纳粹，对历史做全方位的反思与自省才可能完成新身份的蜕变，避免悲剧重演。

英国社会学家齐格蒙·鲍曼在《现代性与大屠杀》一书中指出，大屠杀

---

① Boyd, C. P. , "The Politics of History and Memory in Democratic Spain," *Annals-American Academy of Political and Social Science* 617, 1, 2008, pp. 138-148.

② Labanyi, J. , "The Politics of Memory in Contemporary Soain," *Journal of Spanish Cultural Studies* 9, 2, 2008, pp. 119-125.

③ Deutsche UNESCO - Kommission, "Neue Dauerausstellung in den Arolsen Archives," https://www. unesco. de /kultur - und - natur/weltdokumentenerbe/neue - dauerausstellung - den - arolsen - archives, accessed: 2021-10-26.

的出现不仅是一个种族问题，更是一个关乎现代理性文明的问题，在后现代的多元社会，更需要建立一种维护他者的后现代伦理，以免重蹈大屠杀的覆辙。① 历史文化不仅仅是灿烂的、辉煌的，也可能存在着黑暗与苦痛，面对负面记忆之时也应当勇于承担责任，解决棘手问题，以促进一个更具反省力、包容性的道德社会的形成。保护和纪念类似大屠杀的历史并不是强调仇恨，追诉暴行，而是以史为鉴，警钟长鸣，思索引发冲突与苦难的根源，寻求和解与和平。诚如巴里·施瓦茨（Barry Schwartz）所说，记忆冲突和争论的首要意义不是通过对过去的再阐释来攫取权力，而是经由争论阐明现实。历史阴影仍然左右着今天人们的思维、情感乃至国家和国际想象，唯有把握好历史记忆在国家内部、国家之间和全球化空间内的创伤化或去创伤化过程，才能更好地理解其间所蕴含的历史文化价值与现实意义。

三　文化安全的延伸——记忆安全

文化安全是国家的一张隐形名片，标志着国家总体安全状况②，总体国家安全观中对于文化安全等非传统安全的保护与重视为此研究做了支撑，记忆安全作为与历史、文化息息相关的部分是文化安全中理应被重视的环节。此外，记忆安全在历史正义与身份认同等方面也同样扮演着重要的角色。对记忆安全的提出与发展进行梳理有利于对遗产冲突问题的矛盾原因进行探究，也对后续思考国际安全问题中的"软安全"问题奠定了基础。

（一）"本体安全"概念的引入

面对国家间的身份认同与国家安全问题，学者们多引用本体安全理论来对此进行研究和论述。"本体安全"（Ontological Security）的概念最早由安东尼·吉登斯（Anthony Giddens）提出，是指"大多数人对其自我认同之连续性以及对他们行动的社会与物质环境之恒常性所具有的信心"。③ 在《现代性与自我认同：现代晚期的自我与社会》中，吉登斯以现代性为背景条件分析了本体安全对于消减个人存在性焦虑与构建自我认同的帮助，认为其在个体树

---

① 〔英〕齐格蒙·鲍曼：《现代性与大屠杀》，杨渝东、史建华译，译林出版社，2002。
② 杨艳、李振宇：《总体国家安全观视野下的文化安全观》，《求知》2018 年第 8 期，第 20~22 页。
③ 〔英〕吉登斯：《现代性的后果》，田禾译，译林出版社，2000，第 80 页。

立对他人与社会环境的基本信任的场景中也有非同一般的意义。①

吉登斯认为，自我认同"并不是个体所拥有的特质，或一种特质的组合。它是个人依据其个人经历所形成的，作为反思性理解的自我"，是一个动态的不断构建的过程。② 而本体安全则是自我认同的生长点，是人类生存最原始的需要。它源于"基本信任"的培养，通过习惯和惯例的建立而维系，抵御"存在性焦虑"，从而确保自我认同的稳定。

在国际关系理论中，学者时常将国家进行拟人化，由此将本体安全从个人层面拓展到了国家层面。珍妮弗·米特森（Jennifer Mitzen）假设国家是一个需要本体安全的行为体，认为国家与个体相似，在自我存在或身份认同上需要获得安全感，而这种情况下所需要的认知环境极大可能受到国际社会大环境中的不确定性的威胁，因此在创造行为与认知上的确定性来消解不安全感时，国家会如个人一般以创建惯例的方式来应对。③ 当国家原有的惯例被突发的威胁打破，就会引起群体的身份焦虑，从而动摇本体安全，国家也将会因此在与别国的沟通上产生障碍，引发国际上的身份威胁。

结合我国关于"总体国家安全观"的研究，本体安全超越了本国安全，将国家安全与整个社会发展、全人类的共同安全联系起来，对内构建和谐社会，对外促进共同安全，④ 且不断强调重视如文化安全等的非传统安全的问题，这与本体安全所提出的自我认同、身份稳定的安全追求相吻合。在当今全球化的背景之下，不确定性和不安全感不断增强，如何保证本体安全以及如何实现国家安全，尤其是非传统安全问题，成为各国持续关注的焦点。

（二）"记忆安全"概念的提出

米歇尔·福柯（Michel Foucault）在研究社会与权力时曾强调记忆的重要

---

① 李格琴：《本体安全理论介入国际政治研究及其创新价值》，《太平洋学报》2010 年第 1 期，第 81~89 页。

② 李慧敏：《"本体安全"——解读安东尼·吉登斯的自我认同理论》，《河北软件职业技术学院学报》2005 年第 3 期，第 4~6 页。

③ Mitzen, J. , "Ontological Security in World Politics: State Identity and the Security Dilemma," *European Journal of International Relation* 12, 3, 2006, pp. 341-370.

④ 张金海、马振超、旭东、丁姿：《习近平总体国家安全观研究的系统性文献综述》，《情报杂志》2020 年第 5 期，第 11 页。

性，他认为"我们的记忆必须被捍卫"并作为无所不在的安全话语的变体出现，就像人们熟悉的"社会必须被捍卫"一样。① 记忆在个人成长以及社会发展中占据重要地位，它通过提供"我们来自何处"和"我们经历过什么"的时空信息来使过去变得有意义，以叙事和纪念的方式不断巩固和加深我们对于历史与身份的既定印象，从而形成自信心与尊严感。但是对于记忆的认可和纪念时常会让国家感到不安。记忆作为一种重要的自我认同需求出现，它常常被用来构成国家对过去的中心叙述。在构建记忆的过程中，各国由于所处立场和处事观念的不同，对于同一历史事实会产生不同的理解和记忆。为了实现加固记忆的目的，国家通常倾向于以牺牲某些"陌生人"为代价来维护和强化身份认同，这在很大程度上动摇了国家的本体安全。除此之外，对于认同的消极作用也会直接导致文化安全遭受威胁，进而影响国家安全。安东尼·D. 史密斯（Anthony D. Smith）曾指出："没有记忆就没有认同，没有认同就没有民族。"②

玛丽亚·麦索（Maria Mälksoo）在对国际关系中的本体安全进行理论补充与拓展时，首次提出了"记忆安全"（mnemonical security）的概念，即对过去的不同理解应固定在公众的记忆和意识中，作为其政治机构的基础来支撑行为者稳定的自我意识。③ 通过对社会记忆构建与身份认同树立的过程进行探究，反思记忆问题中自我与他人之间的联系，并对记忆安全化的结果与影响进行思考。她认为历史记忆的安全化可能会导致再现相互不安全感和恢复历史仇恨的困境，并提出面对不可避免的焦虑感，应该去承认并且接受它，以一种更加"仁慈"的态度来解决记忆争论，而不是幻想拥有一个完全安全的身份而使用一些带来牺牲的强制性举措。

中野凉子（Ryoko Nakano）则在此基础上，以"记忆安全"为理论依据，探索了记忆安全的产生与维护的方式，认为记忆安全由本体安全的概念演化而来，并说明其对身份转换的重要性。④ 她通过梳理世界记忆项目的评选程序，

---

① Foucault, M., "Society Must Be Defended: Lectures at the Collège De France, 1975-1976," *Picador*, 2003.

② Smith, A. D., "The Ethnic Origins of Nations," *British Journal of Sociology* 39, 4, 1987, pp. 340-367.

③ Mälksoo, M., "'Memory must be Defended': Beyond the Politics of Mnemonical Security," *Security Dialogue* 46, 3, 2015, pp. 221-237.

④ Nakano, R., "Japan's Demands for Reforms of UNESCO's Memory of the World: the Search for Mnemonical Security," *Cambridge Review of International Affairs* 34, 4, 2020, pp. 590-607.

以及分析中日关于《南京大屠杀档案》申遗的态度及行动，提出记忆安全寻求的是从过去到现在的连续的身份。在身份变化与记忆冲突之中，记忆安全化主要由国家进行主导，用于巩固民族身份，维护自我意识和地位。如果对记忆与身份的挑战是全球化的一个常规影响，那么理性的安全寻求策略可能就是接受自我的多重保障，采用多元化的历史叙事手段。

由上可知，记忆安全的内涵一方面来自内部对于本体安全的需求，以实现自我意识的稳定；另一方面则来自外部历史叙事对于自我身份的影响，内外共同作用、刺激对于记忆安全的探寻，从而丰富集体记忆的内容，实现并固化自我认同。这份安全寻求的是从过去到现在的连续身份，消除记忆差异只会导致不安全感的加深。同时通过政治、外交等手段介入历史记忆可能会使国家间的矛盾日益尖锐。由此可见，记忆作为历史事实与情感的载体，对于人类的认知与行动都有着影响，而对于集体和国家而言，记忆更是形成身份认同的原料，同时也是维护正义与公平的基础。将记忆设定为安全议题可以有效地实现内部的交流和沟通，同时缓和对外的争议和矛盾。

（三）记忆安全成为各国新的重要议题

"历史在加速消失。"历史事件脱离了它发生的场所，而后被人们以文字、声音、影像等方式记录下来，成为人们记忆的一种凭证。诺拉曾描述过不同类型的"记忆之场"，记忆在历史的长河中不断丰富与延续，承载着各自的使命，演绎着不同生命的故事。倘若记忆没能不断展演和复刻，那么它终会随着时间的流逝而淡化，历史也将无法保留住其真实的一面，它本可以留下的深刻意义也将和记忆一起被遗忘。因此，人们采用叙事、纪念、法律等各种形式来完成对于记忆的守护。然而，出于维护记忆安全的目的，各个国家逐渐站在本国的立场对历史材料进行"加工"，不安感经过连锁反应使记忆的真实性受到影响，记忆安全问题随之出现。

文献遗产的保护项目引发国际政治竞争，其核心在于"文献遗产"是维系国家历史记忆的关键因素。中野凉子曾提出，以《南京大屠杀档案》为例，该遗产入选《世界记忆名录》表明联合国教科文组织认可了其价值与真实性，而档案中记录着对过去日本暴行的指控；同时日本政府未能阻止其入选也将可能引发外界对日本在外交、政治和文化方面的力量薄弱的猜测。①

当前国际形势下，依靠互联网、科技、社会、文化等引发的"软安全"问题频频出现。2021 年 7 月 2 日，俄罗斯总统普京签署总统令，批准了新版《俄罗斯联邦国家安全战略》，将"保护俄罗斯传统精神和道德价值观、文化和历史记忆"置于战略优先方向之中，这是国际范围内将"历史记忆安全"上升到法律战略实践中的首次尝试，也反映出当前国际环境中，特别是由于互联网传输平台而带来的对国家历史叙事的恶意改写、抹杀和中伤行为对国家安全造成的隐患愈演愈烈。正如意大利历史学家克罗齐所言，没有叙事，就没有历史。历史叙述是对历史的记录和描述，它的重要功能在于"传递"历史。这种传递，既包括历史事实的传递，也包括历史叙述主题个人意识的传递。所以，历史叙述本身兼具客观性和主观性的复杂过程。②

四 总体国家安全观与历史记忆安全面临的挑战

国家安全是国家的基本利益，是一个国家处于没有危险的客观状态，也就是国家没有受到外部威胁和侵害，也没有内部的混乱和疾患的客观状态。③2014 年 4 月，习近平总书记首次提出总体国家安全观重大战略思想，既包括政治、国土、军事等传统安全，也包括经济、文化、社会、网络、生态等非传统安全；既包括当下的安全领域，也包括太空、深海、极地、生物等新兴领域；既包括物的安全，也包括人的安全。④"总体国家安全观"丰富了过去国家安全体系的建设，同时对非传统安全问题的防范与化解进行了强调，推动"共同安全"目标的实现。文化安全在其中扮演着"关乎国家存亡、提供精神引领和保障"的重要角色，⑤ 它为人们建立起了身份认同，形成了可识别的文

---

① Nakano, R., "The Unintended Consequences of UNESCO's Documentary Heritage Program: Shaming without Naming," *Asr Chiang Mai University Journal of Social Sciences and Humanities* 5, 2, 2018, pp. 99-113.

② 张垚：《历史叙述如何接近历史真实》，《人民日报》2012 年 12 月 31 日，第 7 版。

③ 刘跃进主编《国家安全学》，中国政法大学出版社，2004，第 51 页。

④ 万鹏、秦华：《深入把握总体国家安全观》，中国共产党新闻网，2021 年 11 月 22 日，http://theory. people. com. cn/GB/n1/2021/1122/c148980-32288411. html，最后访问时间：2024 年 2 月 1 日。

⑤ 罗月佳：《近期国内关于习近平总体国家安全观研究述评》，《中共南京市委党校学报》2019 年第 2 期，第 43 页。

化独特性，从而成为区别不同国家的存在性证据。

　　石文卓对文化安全的内涵进行阐释分析，强调价值观在文化安全保护中的核心地位。① 王瑞香则认为，国家文化安全是相对于"文化威胁"或"文化霸权"而提出的，并非仅局限于政治意识形态上的安全，还包括国家优秀传统文化的传承发展、新的时代文化的创新、国民核心价值精神和文明素养的塑造等。② 而面对全球化带来的机遇与挑战，要确保我国国家文化安全，更为重要的是要加强国内的文化建设，即我国要以开放的心态面对世界文化的多元化，同时保持中国传统文化的核心特色，实现求同存异的和平发展。③

　　面对文化安全的议题，胡慧林直接点出，"文化遗产安全"没有得到有效保护是当今人类社会面临的最为严峻的文化安全问题。④ 他认为文化遗产话语是国家话语权安全的重要形态，对此类精神资源解释的话语权，往往意味着一种力量或权力对一个国家和民族精神文化发展走向的主导权和解释权。对同一对象的不同解释而引起纷争和导致战争，很可能导致一个国家和民族分裂，乃至人类文明社会的分裂，这正是当今世界人类社会不安全的重要原因。除此之外，新时代背景下也应当注重维护国家文化资源安全，这些历史文化信息作为人类文明的历史档案，是过往历史的记忆和记录载体，具有对于人类文明、文化认同和身份价值不可替代的"物证性"。⑤ 由此可见，对于文化安全的保护，学者们的关注重点从其内涵与价值观逐渐转移到对于文化遗产等历史文化资源之上，通过对于文化资源的保护与丰富属性的挖掘，实现其可持续发展，从而达到构建国家和民族文化认同与文化身份安全的目的。

---

① 石文卓：《价值观在文化安全中的核心地位及现实挑战》，《毛泽东邓小平理论研究》2020 年第 5 期，第 16~21+108 页。
② 王瑞香：《论总体国家安全观视野中的国家文化安全》，《社会主义研究》2016 年第 5 期，第 70~75 页。
③ 孙晓娟：《全球化时代如何守护我们的文化安全》，《人民论坛》2017 年第 20 期，第 128~129 页。
④ 胡慧林：《文化遗产安全：一个人类文化安全议程》，《探索与争鸣》2017 年第 6 期，第 83~92 页。
⑤ 胡慧林：《新时代应尤其注重维护国家文化资源安全——学习习近平总书记总体国家安全观关于文化资源安全的重要思想》，《人民论坛·学术前沿》2018 年第 22 期，第 68~79+107 页。

历史与记忆是文化认同和身份认同中不可缺少的一部分。在历史记忆众多表现形式中，文化遗产是一个国家文化与历史的记录，是民族精神与情感的积淀。而现如今政治层面的过度干涉导致其历史文化价值淡化，也对国家文化主权造成了巨大的影响。在 2013 年举行的第 37 届世界遗产大会上，包括"大马士革古城"在内的叙利亚 6 处世界遗产全部被列入濒危世界遗产名录，此举旨在引起国际社会对因国内局势动荡而面临险境的世界遗产的关注。然而俄罗斯为支持和宣传阿萨德政权而强烈反对上述遗产进入濒危名录，表达其在政治、经济和军事上的强烈意愿。世界遗产无法摆脱相关事务的影响，它们被作为一种外交手段运用到了利益交易之中。①

事实上，历史记忆之争还可能引发军事冲突。历史上，泰国与柬埔寨在柏威夏寺附近地区的主权归属问题上一直存在争议。2008 年，柬埔寨将柏威夏寺及其周边地区一起申报为世界文化遗产。泰国以"争议领土"不能申遗为由，强烈反对柬埔寨的申遗行为，此后三年双方冲突不断。按照《世界遗产公约》规定，只有周边邻国没有争议的古文物才能"申遗"，最后只有柏威夏寺被列为世界文化遗产。此次申遗成功引发泰国国内广泛抗议。随后，泰柬两国军队为争夺历史遗留的遗产归属权发生冲突，互有伤亡。在这种形势下，海牙国际法庭出面进行裁决解释，以柏威夏寺归属柬埔寨作结。一场关于历史遗址的争夺引发了国家安全危机，也使世界遗产领域不得不面对的政治干预与记忆安全问题浮出水面。

记忆安全，作为国家安全的延伸，在历史记录、文化传承和身份认同等方面有着重要作用。基于遗产视角的记忆安全研究回顾了记忆与认同在档案、文献等记忆遗产参与下的构建过程，同时为其保护研究拓宽了边界，对了解历史文明、构建世界共同记忆具有深远影响。尤其是当国家叙事、外交利益引发遗产上的争端时，记忆遗产如何在重塑真实的历史叙事、维护国家记忆安全、形成公民认同等方面发挥其作用，成为应当探讨的话题。

---

① 〔澳〕林恩·梅斯克尔：《废墟上的未来：联合国教科文组织、世界遗产与和平之梦》，王丹阳、胡牧译，译林出版社，2021，第 195~197 页。

第三节 世界记忆项目与世界遗产的政治平衡

一 困难遗产是当今世界遗产中的重要话题

"总有记忆不能也不应该被忘却。"① 日本在收集广岛、长崎原子弹爆炸事件幸存者的证词时提出了这样的宣传口号，它提醒着人们需要将战争中的经历书写保存下来。目前，人们已经进入积极参与并尽可能详尽地将各种经历（即便是那些能够引发负面回忆的经历）作为共同遗产保存下来的"保存的时代"。② "困难遗产"的概念就是产生于对文化遗产的本质的探讨。由于困难遗产涉及负面情绪、创伤记忆等，容易引起争议，因此也常常和"不和谐遗产""黑色遗产"等概念一起讨论。人们时常会有选择性地去遗忘伤痛，保存需要的记忆，因此困难遗产的出现有了全新的意义，不是彰显仇恨或追诉罪行，而是寻求理解、宽恕与和平，对未来起到警示与启迪的作用。

1979 年，《前纳粹德国奥斯维辛—比克瑙集中营（1940~1945）》〔*Auschwitz Birkenau German Nazi Concentration and Extermination Camp（1940-1945）*〕入选《世界遗产名录》，成为名录中出现的第一个困难遗产，由于其背后残忍、悲痛的历史而成为举世公认的二战欧洲战场的罪恶象征。根据世界遗产委员会的描述，奥斯维辛是 20 世纪人类对其同类进行残酷虐杀的见证。③这次入选也为世界遗产项目带来了新的思考，世界遗产不再仅仅面向优秀的灿烂文明，而开始直面人类历史上的"创伤"与"黑暗"。直面人类历史上的创伤记忆，并将其纳入《世界遗产名录》，是世界遗产项目开展的一次挑战，也是一次进步。它不仅以事实和记录还原历史真相，留下真实、鲜活的记忆，在某种意义上也是对于战争罪恶的征服和对殉难者的悼念。然而，此类遗产所引发的争议及带来的政治博弈也对世界遗产项目的顺利开展提出了新的挑战。

---

① 〔日〕荻野昌弘、韦雪霁：《社会学视角下的文化遗产问题——以负面历史遗产为例》，《遗产》2020 年第 1 期，第 125~133+286~287 页。

② 〔日〕荻野昌弘、韦雪霁：《社会学视角下的文化遗产问题——以负面历史遗产为例》，《遗产》2020 年第 1 期，第 125~133+286~287 页。

③ UNESCO World Heritage Center, "Auschwitz Birkenau German Nazi Concentration and Extermination Camp(1940-1945)," https://whc. unesco. org/en/list/31, accessed: 2023-08-06.

在以文献遗产为保护对象的"世界记忆项目"中不乏有困难遗产的出现，例如描述战争与奴役的《安妮日记》，叙述政治与保卫人权的《智利人权档案》，以及《根除天花病的档案》等医学类遗产。以档案文献为载体生动地还原历史，将原本模糊的记忆重现展演，在实现全面记录的基础上完成对于苦难的铭记以及正义的守护，这是困难遗产被赋予的重要意义。

困难遗产之所以存在争议，是因为某一文献或物体被认定为遗产并不是密切按照历史或美学相关的标准，而是按照与身份相关的标准。它们不仅涉及科学家、专家和决策者，也涉及社会团体。例如遗产这样的文化资产的选择不是其形式特征的客观结果，而是社会代表群体选择的结果。但是没有一个社会群体是同质的；相反，它们是多样化和复杂的，[1] 所以对某一遗产价值的判定是存在争议的。有学者研究发现，困难遗产的争议主要聚焦于三个方面，一是遗产解释的真实性，遗产解释通常侧重于对遗产的推广，这意味着有时"真实"的历史被丢弃甚至扭曲；二是遗产解释的选择性，对遗产的解释有时会抹去部分或全部不受欢迎的历史，例如为了建立国家认同感或"忘记"不想要的记忆和历史；三是遗产解释的矛盾性，由于不同社会群体，尤其是在宗教群体之间对遗产所有权有不同的竞争主张，每个群体都试图从自己的角度提出对自己有利的解释。[2]

二 《世界记忆名录》中的困难遗产与政治博弈

世界记忆项目拯救濒临消失的宝贵文献，挖掘鲜为人知的历史记忆，然而，在保存这些在政治、历史等方面具有一定争议的文献遗产的过程中，因不同国家政治立场和利益获取而导致的摩擦，时常会产生记忆纷争。近年来，多个困难遗产的入选引起了部分国家的政治阻挠，世界遗产项目中的政治焦虑逐渐转移至世界记忆项目之中。中野凉子提出，"联合国教科文组织将有争议的历史准确性问题的文件和音像记录列为世界重要遗产的行为，无意中引发了争议，并加剧了国家和国家之间的紧张关系。即使没有直接指名道姓的目标行为者，

---

① Urtizberea, I. A., "The Heritage and Museums Field: A Controversial Cultural Space," *Revista de Dialectología y Tradiciones Populares* 65, 2, 2010, pp. 303-335.

② Liu, Y., Dupre, K., Jin, X., "A Systematic Review of Literature on Contested Heritage," *Current Issues in Tourism* 24, 4, 2020, pp. 442-465.

推广在遗产标题下指出其不当行为的文件也是一种羞辱行为者的象征性行为"。[①]

　　困难遗产作为史实的载体，承载着人类共同的记忆，不仅能够使当今社会了解真实的历史，更能够使人超越史学家视角，重新审视、认识和阐明历史事件，从而缅怀那些在传统史学中缺乏关注的弱势群体和受压迫者。[②] 从奥斯维辛—比克瑙（1979 年入选）到原爆穹顶（1996 年入选），再到桑给巴尔的石城（2000 年入选），这些带有伤痛的历史遗产入选提供了一个从过去吸取教训的机会，并由此产生了积极的教育意义。[③] 困难遗产入选《世界记忆名录》，将创伤记忆保存在人类记忆中，展现世界记忆项目的人文关怀，践行世界记忆项目开展的初衷，能够维护文化多样性。

　　入选《世界记忆名录》的困难遗产涉及战争、殖民统治、种族隔离等多个主题，其中，2007 年入选的《南非自由斗争档案集》（*Liberation Struggle Living Archive Collection*）以视听档案的形式揭示种族隔离统治下的南非历史，记录了从种族隔离制度解放出来的斗争的重大转折点；[④] 关于纳尔逊·曼德拉（Nelson Mandela）的视频资料详细记录了其获罪原因、获释过程以及就职典礼、演讲等活动，能够帮助南非乃至世界人民更深入和细致地了解种族隔离带给社会的危害。《安妮日记》是德籍犹太人安妮·弗兰克（Anne Frank）于躲避纳粹德国屠杀犹太人期间所写的日记，其在揭露二战时期纳粹党罪恶的同时，也象征着人类对和平的向往与渴望。事实上，世界记忆项目中还有诸多文献遗产档案都揭示着殖民统治与贩卖黑奴的黑暗历史。这些困难遗产保存的创伤记忆记录了世界历史上不为人知的黑暗之处，世界记忆项目将其记录出来，让全人类直面痛苦和黑暗，才能更好地警醒世人珍惜和平和光明。

　　在维护文化多样性和世界记忆项目的实施过程中，困难遗产的入选引发了多次政治争端，政治争端的主要原因是当困难遗产所涉及的冲突中的对立双方

---

①　Nakano, R. , "The Unintended Consequences of UNESCO's Documentary Heritage Program: Shaming without Naming," *ASR: CMU Journal of Social Sciences and Humanities Special on Heterodoxy in Global Studies* 5, 2, 2019, pp. 99-113.

②　Edmondson, R. , Lothar, Jordan, L. , Prodan, A. C. , *The UNESCO Memory of the World Programme: Key Aspects and Recent Developments*, Springer Nature Switzerland AG, 2020, pp. 75-76.

③　Romey, Veale, Sharon, P. , "Places of Pain and Shame-'Dealing with Difficult Heritage' [Book Review]," *Historic Environment* 22, 3, 2009, p. 57.

④　UNESCO, "Liberation Struggle Living Archive Collection," https://www.unesco.org/en/memory-world/liberation-struggle-living-archive-collection, accessed: 2023-08-06.

对事件和地点的记忆不同时，民族主义的解释通常会加剧分歧，维持甚至加剧紧张局势。① 其中，巴勒斯坦提名的《解放巴勒斯坦海报图形集》在以色列和其他国家引起了争议。② 2016 年德国提交了《法兰克福奥斯维辛集中营审判》文献遗产申报《世界记忆名录》，《法兰克福奥斯维辛集中营审判》涵盖 1963~1965 年法兰克福奥斯维辛集中营历时 183 天的听证会审判文件，全世界聚焦于审判文件中记录的出于种族和政治原因的杀人制度上，在申报过程中，由于世界遗产委员会部分成员认为世界遗产的标准是体现人类文明发展的最高成就，但《法兰克福奥斯维辛集中营审判》文献遗产却笼罩了创伤、大屠杀等悲剧色彩，因此将其推迟一年审议，在 2017 年才通过审议并入选《世界记忆名录》。③

日本广岛和平纪念公园（原爆遗址）的申遗过程也充满了政治博弈。1993 年，美国为宣传其在核领域的科学成就，提议将广岛原爆遗址申报世界遗产，但是引发了民众的反核情绪，美国退出申报。1996 年，日本将广岛原子弹爆炸遗址视为"原爆点"，以"受害者"视角宣传原子弹爆炸的残酷，将原爆遗址论述为"受害者苦难记忆的象征"，但是不提日本在战争中对中国等国家进行的侵略，以原爆遗址申遗，意味着日本从施暴者变成"受害者"，混淆正义与邪恶，引发了美国和中国的反对，因为这不仅给太平洋战争中受侵略的美国贴上"侵略者"的标签，更对包括中国在内的受日本侵略的亚洲国家造成伤害。但如今两个困难遗产都已入选《世界记忆名录》，其入选过程中涉及的国家争端体现了世界各国对历史正义和国际政治形象的重视。

近年来，《南京大屠杀档案》的入选在国内外受到广泛关注。《南京大屠杀档案》是日本在侵华过程中残忍血腥杀害中国人的铁证，包括金陵女子学院舍监程瑞芳日记、日军暴行照片、幸存者陆李秀英证词和外国人日记"占领南京——目击人记述"等档案文献。2014 年 6 月，中国宣布将南京大屠杀和慰安妇等历史档案遗产申报世界记忆项目。在遗产审查过程中，日本通过停止缴纳会费等一系列行动对联合国教科文组织施压，使用外交手段阻挠《南

---

① Logan, W. , "Heritage Interpretation, Conflict and Reconciliation in East Asia: Global Issues in Micro-cosm," *Journal of Cultural Heritage Management and Sustainable Development* 12, 1, 2022, pp. 5-18.

② Houdek, M. , "The Rhetorical Force of ' Global Archival Memory' : (Re) Situating Archives along the Global Memoryscape," *Journal of International & Intercultural Communication* 9, 3, 2016, pp. 1-18.

③ UNESCO, "Frankfurt Auschwitz Trial, "https://en. unesco. org/memoryoftheworld/registry/425, access-ed: 2023-08-06.

京大屠杀档案》和《"慰安妇"档案》入选，日本文部科学大臣下村博文的后任者驰浩在与时任联合国教科文组织总干事伊琳娜·博科娃（Irina Bokova）会谈时提出，要改善世界记忆项目评审制度，推进评审过程透明化，并暗示日本将停止缴纳会费和其他特定项目的专项资金。[1] 日本外相岸田文雄也曾表示，"日本已敦促教科文组织改进遗产项目审查程序，并决定拒绝向其缴纳今年的会费"。[2]

2015 年 10 月 9 日，《南京大屠杀档案》正式列入《世界记忆名录》，《"慰安妇"档案》落选。与此同时，日本对世界记忆项目的政治威胁不断加剧，2017 年，这场困难遗产引起的冲突和政治威胁达到高潮，世界记忆项目受到重创。联合国教科文组织宣布暂停申报并冻结《世界记忆名录》，同时将改革世界记忆项目。[3] 一方面，国家层面的政治干预与阻挠，造成记忆遗产入选《世界记忆名录》的内容及范围受到限制，真实全面的"世界记忆"难以得到保障；另一方面，屡受政治阻挠，导致了世界记忆项目在发展规模上的局限，也成为制约世界记忆项目发展的关键问题。

三　世界记忆项目改革与进程

世界记忆项目始终保持自身开放性，接纳可能引发潜在争端的"负面记忆"（negative memory）进入《世界记忆名录》。这种包容与接纳，既体现了世界记忆项目的人文关怀，又表达了其对真实、完整的世界记忆，而非"装饰"过的世界记忆的追求。然而，"负面"往往伴随争议与矛盾，导致世界记忆项目于 2019 年暂停《世界记忆名录》的评审，进入全面审查阶段，直至 2021 年新版《世界记忆项目总方针》颁布。

（一）在"专家导向"与"政治导向"间摇摆不定

目前，世界记忆项目采取"专家评审制度"。世界记忆项目是由专家领导

---

[1] 〔日〕笠原十九司：《日本政府否定南京大屠杀的居心暴露于世——关于〈南京大屠杀档案〉入选世界记忆遗产名录的问题》，芦鹏译，《日本侵华史研究》2017 年第 1 期，第 126～133+139 页。

[2] 中华人民共和国国防部：《日本拒缴会费彰显其不愿正视历史》，2016 年 10 月 21 日，http://www.mod.gov.cn/jmsd/2016-10/21/content_4750495.htm，最后访问时间：2021 年 1 月 16 日。

[3] Edmondson, R., Jordan, L., Prodan, A. C., *The UNESCO Memory of the World Programme: Key Aspects and Recent Developments*, Springer Nature Switzerland AG, 2020, pp. 75-76.

的国际非政府项目，世界记忆项目的最高管理机构是由遗产专家组成的"国际咨询委员会"（International Advisory Committee，IAC），最终决策权由联合国教科文组织总干事和联合国教科文组织大会掌控。

《世界记忆项目总方针》提出，国际咨询委员会是世界记忆项目的最高机构，由14名国际专家组成，这些专家的遴选以其在保护文献遗产方面的专业知识为依据，要代表成员和国际档案理事会（ICA）、国际图书馆协会联合会（IFLA）等主要国际专业组织在这一领域流行的各种学科和流派，并适当考虑地域和性别代表性。

国际咨询委员会的专家为非政府机构成员，以个人身份任职，不作为国家或者任何其他附属实体的代表，不能寻求或者接受政府或者当局的指示。专家由总干事任命，总干事或其代表参加国际咨询委员会或者其分委会的工作，但是没有表决权。国际咨询委员会每两年召开一次会议，迄今已举办13次会议。

国际咨询委员会在执行专家评审的任务中需要遵循，如《世界记忆项目总方针》、《世界记忆项目国际咨询委员会章程》（Statutes of the International Advisory Committee of the Memory of the World Programme）、《国际咨询委员会议事规定》（International Advisory Committee of the Memory of the World Programme：Rules of Procedure）、《世界记忆项目道德准则》（The Memory of World Programme：Code of Ethics）等规定。这些政策文件规定了专家评审制度的流程、规范和注意事项，使得评审制度更加公开、透明、有序。

1. 专家评审制度的优劣性

国际咨询委员会是专家评审制度的主体，委员会中的14位委员作为专家进行文献遗产的评审工作是遗产入选《世界记忆名录》审查过程中重要的一环。14位专家的任职机构、专业背景以及所属地域均具有多样性。从职务上看，专家多任职于图书馆、档案馆等机构，但也有来自国际组织、政府、企业、高校的负责人；在专业背景上，他们不仅钻研文献遗产保护、具备相关知识，同时也具备法律、计算机、工商管理等专业知识；从所属地域来看，专家们来自欧美、亚太、非洲、阿拉伯、拉美及加勒比五大地区，他们以独立的身份、自愿的原则进行评审工作。

"专家导向"的评审制度在专业性上有明显的优势。国际咨询委员会中的专家会根据自身的专业知识和技能评判文献遗产是否符合真实性（authenticity）与完整性（integrity）、历史意义突出、稀有性（rarity）、保存状况完好等特征，明确文献遗产承载的文化和保护价值。世界记忆项目在选择专家的过程中尽量保证专家在地域、文化、性别、专业领域等方面的独立性和广泛性，确保评审结果的公正性，促进文化多样性的保护和发展。每位专家的任期为4年，仅可连任一次，国际咨询委员会每两年进行一次成员更替，每次更换半数成员。用任职周期等条件对专家进行约束，在评审过程中以文献遗产自身价值为依据进行去政治化评判，保证评审的客观性。通过限制任职时长，降低个人权威对文献遗产审查的影响。

然而，相较于由缔约国代表组建的委员会审理工作，专家评审制度削弱了政治立场和国家利益的影响。同时，由于缺乏缔约国支持，难以获得更多的资金和资源，缺乏体系化的组织架构和专职工作人员。

2. 专家评审制度现存的问题

随着世界记忆项目的发展，入选《世界记忆名录》的文献遗产类型、文化背景更加多样化，专家评审制度逐渐暴露出缺陷。在专业能力方面，由于国际咨询委员会的专家成员专业背景多样，从事的研究复杂多样，对其专业性难以判断，且评审专家依据自愿原则参与工作，对于专家的工作能力、工作热情和工作水平难以进行定性的评价。由于专业背景不同，在同一文献遗产的评审过程中，不同的专家可能对文献遗产能否入选产生意见分歧，对文献遗产的入选产生影响。同时，部分研究科学技术、信息管理等领域的评审专家，在文献遗产领域的专业知识较少，在评审过程中可能对文献遗产较为专业的评审原则落实不到位。

此外，国际咨询委员会委员构成中，来自欧洲的专家学者所占比例较高，导致欧美文化在文献遗产评审过程中影响较大，有一定的文化垄断风险，对文化多样性产生影响。不仅存在洲际不平衡，在地区内还存在国家不平衡，如，隶属亚洲的评审专家主要集中在东亚地区，而中亚、中南亚等地区的国家极少有专家任职，评审专家的国家背景不均衡在评审不同地区、国家的文献遗产的过程中可能对相关文化了解较少，影响文献遗产评审的公正性。

3. 专家评审制度的发展方向

受政治因素干扰，世界记忆项目于2018年暂停《世界记忆名录》的评审工作，在联合国教科文组织的指导下，重新审核和改革工作，以调整其运行机制。此次改革的目的在于："第一，加强世界记忆项目的影响力，包括名录的整体重点将限制在保存、获取和提高认识方面；第二，改进与成员协商和合作的方式，同时继续让专家团体参与进来；第三，改革和重新启动《世界记忆名录》的提名与周期运行制度，在最合适的法律框架基础上加强项目的透明度，增进对话与合作。"①

根据世界记忆项目改革的目的，"专家评审制度需要调整，以增加成员在世界记忆项目的相关工作中的参与度"。这体现出联合国教科文组织希望通过增加成员的参与度，提升项目影响力并尽可能减少成员之间矛盾的初衷。如何在世界记忆项目逐步"政治化"的情况下，保证文献遗产评审过程和结果的透明性和正义性；如何调整目前采用的专家评审制度，使之更为专业，是该项目改革需要面对的核心问题。

（二）"建议书"是否应上升为"公约"

1. "建议书"与"公约"的区别

联合国教科文组织的法律文件形式主要分为公约（convention）、建议书（recommendation）和宣言（declaration）三个等级，其法律效力与约束力依次减弱。公约是联合国教科文组织最高等级的政策文件，是若干国家举行国际会议缔结的多边条约，规定一些共同遵守的行为规则和制度，具有法律和规范效力，各个缔约国需要遵守公约内容，履行自身义务。同时，公约作为权威文件，不仅能够为名录带来更加坚实的地位和有力的支持，还有利于提升全世界的遗产保护意识。"公约的影响随着时间的推移而不断扩大，促使政府、社区和个人、大学、基金会和私营部门更多地参与其中。"② 建议书（recommendation）无须批准，但推荐成员国适用其规则，旨在影响各国法律与实践的发展。"宣言"（declaration）的约束力最弱，只需成员国尽可能地提供支持即可。③

"公约"作为一项具有突出普遍价值的集体保护遗产的新规定而确立，按

① UNESCO Executive Board, "Updated Action Plan for a Comprehensive Review of the Memory of the World Programme," September 7, 2018, https://unesdoc.unesco.org/ark:/48223/pf0000265604?posInSet=1&queryId=3a19260d-328d-4cb3-86fd-ce44e21e8cbc, accessed: 2021-04-20.

② Bandarin, F., "World Heritage: Challenges for the Millennium," UNESCO, 2007, https://unesdoc.unesco.org/ark:/48223/pf0000150164, accessed: 2023-08-07.

③ 王玉珏、施玥馨：《联合国教科文组织文献遗产保护政策体系研究》，《图书馆建设》2022年第2期，第120~130页。

照设想，"公约"将在常设基础上组织，由国际社会批准，并按照现代科学方法执行，通过签署该公约，每个国家不仅保证保护其领土上的世界遗产，而且保证保护其国家遗产。[①]"宣言"分三种情况：一是两国或数国政府发表的不规定具体权利义务的政策声明，这类宣言不属于严格意义上的条约；二是两国或数国在发表政策声明的同时还在文件中规定某些相互权利和义务；三是宣言本身就是一个条约，规定国家的相互权利和义务或行为规则。[②]伊斯雷尔（Doron Israel）指出，"建议书"和"宣言"作为"软法律"，它们不包含具有法律约束力的义务，也没有对不履行义务的制裁。相反，它们包含了政府同意遵循的规范和准则，但没有要求遵守这些规范和准则。[③]

针对《世界遗产名录》与《人类非物质文化遗产代表作名录》的评审，联合国教科文组织分别于 1972 年颁布了《保护世界文化和自然遗产公约》，2003 年颁布了《保护非物质文化遗产公约》，以指导并确保其实施。

公约的颁布一方面形成了世界层面的遗产保护原则与宗旨，另一方面也增进了缔约国对项目评审的支持及遗产的保护。在战略上，作为纲领性文件，联合国教科文组织的公约和指南从立法的高度和具体操作的层面，为世界各国在保护、传承和利用世界文化和自然遗产的过程中制定各自的法规和实施规章制度，提供了宏观和战略性的指导蓝图与务实可行的行动纲领。在经济上，世界遗产项目和世界非物质文化遗产项目由于公约的权威性，更好地获得了缔约国提供的资金和资源，有利于维持稳定的运作。

然而，《世界记忆名录》评审的指导文件主要为"总方针"和"建议书"，建议书作为缔约国自愿接受的软性规则，并非强制性条例，不具备正式的法律效力，约束力也较低，仅对世界记忆项目和各国实施记忆遗产保护项目进行指导，无法对各国的行为进行强制性规范和要求。

目前，世界记忆项目的纲领性、指导性文件——《世界记忆项目总方针》（2021 年）和成果性文件《关于保存和获取包括数字遗产在内的文献遗产的建

① Meskell, L., "UNESCO's World Heritage Convention at 40: Challenging the Economic and Political Order of International Heritage Conservation,"*Current Anthropology* 54, 4, 2013, pp. 483−494.

② 丽洋：《国际条约（中文版）的检索定义与方法》，法律信息研究网，http://www. chinalawlib. org. cn/LunwenShow. aspx? CID = 20081224141555500179&AID = 20150716092513233027&FID = 20081224141145450128，最后访问时间：2022 年 1 月 23 日。

③ Doron, I., Apter, I., "The Debate around the Need for an International Convention on the Rights of Older Persons," *The Gerontologist* 50, 5, 2010, pp. 586−593.

议书》（2015 年）的作用和影响力较弱。因此，是否将当前的"建议书"上升为"公约"，成为亟待解决的议题。

2. 世界记忆项目是否需要上升为"公约"

世界记忆项目建立"公约"将有利于提升项目在国际上的地位和影响力，在国际范围内强调记忆遗产的重要地位。在世界记忆项目不断拓宽深度和广度的同时，理应建立与之相匹配的法律框架与指导政策。但是，上升为"公约"意味着《世界记忆名录》将逐步"政治化"，缔约国将更易左右评审结果，进而影响对世界性记忆的判定与叙事。在此背景下，世界记忆的正义与公平是否依然能得到保障，令人担忧。此外，世界记忆项目在实施过程中出现经费不足、人员短缺等问题，这也让管理者反思"世界记忆项目是否应该建立公约"这一问题，试图通过颁布"公约"实现世界记忆项目战略、政治和经济上的稳定，促进该项目更稳定地发展。

在"世界记忆项目是否应该建立公约"这一问题的讨论上，多名专家学者产生了意见分歧。在 2012 年召开的世界记忆专家会议上，以雷·埃德蒙森（Ray Edmondson）为代表的专家认为，世界记忆项目长期处于边缘地位，对文献遗产的保护优先级较低。与建筑遗产、自然遗产或非物质文化遗产等相比，文献遗产对人类社会同等重要，但在地位上却远低于前者。随着世界记忆项目的影响范围扩大、数量增多、资源增多，世界记忆项目缺乏坚实的法律基础，因此应该完善文献遗产保护法律框架，建立世界记忆公约以强调文献遗产的重要地位，保障世界记忆项目的进一步发展，提高国际社会对记忆遗产的保护意识。然而，以林德尔·普洛特（Lyndell Prott）为代表的专家则认为，世界记忆项目是一个专家主导的项目，如果指定公约来进行管理，必然带来沉重的外交和政治负担，尤其对部分小国而言。此外，公约也会使世界记忆项目的专家导向机制受到冲击，为文献遗产活动带来更多政治牵制。与"公约"相比，保持"建议书"似乎更为适当。"建议书"具有迅速调整的灵活性，能够快速适应现代文献遗产载体的技术演变，也同样能提高会员国对世界记忆项目的认知。[①]

公约是权威性的象征，《保护世界文化和自然遗产公约》的出台促进了世

---

① Edmondson, R., Jordan, L., Prodan, A. C., *The UNESCO Memory of the World Programme: Key Aspects and Recent Developments*, Springer Nature Switzerland AG, 2020, pp. 75-76.

界遗产项目的快速发展，也对缔约成员提出了要求，规范了世界遗产项目的运行，在全世界提升了保护文化和自然遗产的意识，确保了世界遗产项目运行的稳定性。在《保护世界文化和自然遗产公约》出台后产生的显著效果示范下，世界记忆项目出台公约也会产生较多的积极效应。第一，出台公约有利于提升世界记忆项目在国际上的地位和影响力，进一步强调记忆遗产的重要性，为世界记忆项目的开展提供良好的环境和氛围。第二，出台公约能够使世界记忆项目在不断拓宽深度和广度的同时，加快建立与之相匹配的法律框架与指导政策，稳定世界记忆项目的发展。第三，公约的执行效率更高，使项目审核程序更规范、过程更透明、结果更具公信力，公信力的提升可以赋予世界记忆项目更好的地位，也尽量规避政治阻挠导致的入选文献遗产的历史正义被破坏。第四，出台公约能够提升世界记忆项目的权威性和约束力，增加缔约成员的支持和资源，使世界记忆项目能获得的人财物更加稳定。

公约在代表权威性的同时，也会出现一定的负面影响。公约的颁布预示着世界记忆项目更加规范、常规化地运行，需要有更多的专职人员来负责项目的运转。首先，世界遗产项目有许多专职工作人员，而世界记忆项目则完全依靠遗产专家志愿开展工作。世界记忆项目亚太地区委员会主席雷·埃德蒙森于2011年联合国教科文组织第四届大会上表示，世界遗产项目有数百名工作人员，而世界记忆项目甚至没有一名专职工作人员，二者形成了鲜明对比。[①] 与世界遗产项目数量庞大的人员体系相比，世界记忆项目仅有"兼职志愿者"，如果颁布公约，势必会造成人手不足、人员管理混乱等组织管理问题，但是世界记忆项目目前所获得的资助有限，难以招聘更多工作人员进行专职工作。其次，出台公约后，世界记忆项目能够提升影响力和吸引力，吸引更多国家提交材料申报遗产项目，审核项目的增多、流程规范等因素会对世界记忆项目的组织架构、工作效率提出不小的挑战。最后，出台公约会要求缔约国提供资助和人员支撑，对于较小国家会造成一定的政治和经济负担，对于小国的吸引和引导减弱，从而造成入选《世界记忆名录》的文献遗产出现地域、国家间的不平衡，难以维持世界记忆项目的公平性、正义性，对于维护人类文明多样性的愿景提出挑战。

---

① Edmondson, R. , "The Legal Status of Memory of the World Time for a Convention, "Culture Memory I-dentities: Memory of the World Program and Diver-Sified Perception of the Past, Papers of the 4th International Conference of the UNESCO ' Memory of the World' Programme, UNESCO, 2013, pp. 158-165.

"建议书"是否会升级为"公约"还有待继续关注。但是无论是否将"建议书"升级为"公约",世界记忆项目都将面对"挑战"。因此,更需要根据项目发展现状,回归项目的初心和使命,制定恰当的方针和政策,采取合适的手段,规范世界记忆项目的运行,真正实现对全人类文献遗产的保护,完成"于人之思想中构建和平"的愿望。

四 《世界记忆项目总方针》——全球文献遗产保护新的"风向标"

世界记忆项目成立之初就将拟订指导方针列入议程。1993 年世界记忆项目制定了一项行动计划,其中包括"制定项目的技术、法律和财政框架以及组织运转的指导方针"。① 1995 年,《世界的记忆:保护文献遗产的总方针》正式出台。

(一) 建立伊始:《世界的记忆:保护文献遗产的总方针》(1995 年、2002 年)

1995 年,第二届世界记忆项目国际咨询委员会会议审定通过了《世界的记忆:保护文献遗产的总方针》(*Memory of the World:General Guidelines to Safeguard Documentary Heritage*)。② 《总方针》(1995 年) 经世界记忆项目国际咨询委员会与国际图书馆协会联合会 (IFLA)、国际档案理事会 (ICA) 磋商,由国际图书馆协会联合会起草,是文献保护领域专家通力合作的共同结晶。《总方针》(1995 年) 规定了世界记忆项目的范围与管理架构、《世界记忆名录》评选、文献遗产的保护与利用等基本内容,为项目的未来发展奠定了坚实的政策基础。

进入 21 世纪,数字技术的高速发展催生出大量数字文件,数字遗产作为一种全新的遗产形式逐渐引发关注。同时,数字遗产面临的存储空间过载、技术过时、载体不可读取等风险进入多方学者和记忆机构的视野。由于时代的局限性,《总方针》(1995 年) 并未涉及数字遗产的保护;此外,经过一段时间的实践,世界记忆项目发现了在实际运行中需要调整的问题,因此《总方针》(1995 年) 的修订工作迫在眉睫。

2002 年,《总方针》进行了首次修订。这一版本在很大程度上借鉴了初

---

① "Memory of the World: General Guidelines to Safeguard Documentary Heritage, "1995, https://unesdoc. unesco. org/ark:/48223/pf0000105132, accessed: 2021-12-04.

② 2017 年,该文件经修订后更名为《世界记忆项目总方针》,以下均简称《总方针》。

版，但在内容、结构和重点方面有所不同。整体而言，《总方针》（2002 年）在章节设置上更为精简，从 11 章 54 条优化为 7 章 45 条；内容设计更具有逻辑性，将 1995 年版第 7~9 章"保护""利用与发行""提高认识"合并为"保护与利用"。此外，《总方针》（2002 年）关注文献遗产数字化，强调机构合作的意义。结合实践经验，《总方针》（2002 年）还优化了《世界记忆名录》遴选标准和提名程序等议题，并提出设立"名录小组委员会"（RSC）。

（二）修订未果：《世界记忆项目总方针》（2017 年）未能通过联合国教科及组织执行局审议

在《总方针》整体框架的要求下，《世界记忆项目国际咨询委员会章程》《保存数字遗产宪章》等一系列文件相继出台，特别是 2015 年《关于保存和获取包括数字遗产在内的文献遗产的建议书》（*The Recommendation Concerning the Preservation of, and Access to, Documentary Heritage including in Digital Form*）颁布后，共同构建形成了联合国教科文组织文献遗产保护的政策体系。然而，随着世界记忆项目全球影响力的显著提升，《总方针》暴露出更多问题：部分内容过时且不再准确、原生数字遗产内容欠缺、细节规定不完善等，都形成对新一轮修订的呼告。[1] 2015 年通过的《关于保存和获取包括数字遗产在内的文献遗产的建议书》也要求《总方针》在理念和内容上与其保持一致。在此需求下，世界记忆项目着手再次修订《总方针》。

《总方针》（2017 年）在内容上首先明确世界记忆项目的背景、目标等基础信息，再详述文献遗产保护与获取的策略。随后阐明世界记忆项目的组织架构与工作要求、项目开展的具体活动等，并详细说明《世界记忆名录》的评审与管理流程。最后补充阐释已遗失遗产的处置等问题。附录中列出《关于保存和获取包括数字遗产在内的文献遗产的建议书》《世界记忆项目道德准则》等文件全文，对《总方针》"描述与策略""项目的结构"等特定章节进行了更加完整的补充。与前述版本相比，《总方针》（2017 年）具有较大革新，如：扩充数字遗产内容，重视原生数字遗产保护；弱化资金与市场开发问题，强调遗产历史文化价值；变更小组委员会，优化项目结构与职能；细化《世界记忆名录》评选过程，明确具体评审程序等。

---

[1] 卜鉴民：《世界记忆项目在中国》，苏州大学出版社，2019，第 6 页。

2017 年，世界记忆项目国际咨询委员会通过了新修订的《总方针》，并将其提交至联合国教科文组织执行局（UNESCO Executive Board，以下简称"执行局"）以供审议。然而，在世界记忆项目展开改革并逐渐身陷政治漩涡的背景下，该版本未能完全解决项目面临的质疑与争议，因此并未获得执行局通过。①在面向成员的调查问卷中，仅有 40%表示完全支持《总方针》（2017 年），其余则要求进一步修订或持反对意见。② 因此，《总方针》被迫走上继续修订的征途。

（三）最终确立：《世界记忆项目总方针》（2021 年）审议通过

由于某些国家提出对世界记忆项目透明度与公正性不足等质疑，整个项目进入"全面审查"（comprehensive review）及项目治理改革阶段。③ 在此期间，项目重点推进政策框架重塑，对《总方针》《世界记忆项目国际咨询委员会章程》及《世界记忆项目道德准则》进行重新修订。

在全面审查过程中，世界记忆项目向联合国教科文组织成员征集《总方针》的修订意见，汇总得出五项分歧点：世界记忆项目的性质、法律基础、治理模式、国际咨询委员会与《世界记忆名录》。随后将其综合为世界记忆项目法律基础与《世界记忆名录》提名程序两个优先讨论事项。④ 在多次会议探讨与意见征集后，世界记忆项目面临的问题与解决策略逐渐清晰。据《审查工作组共同主席报告》，政府间机构的作用与职能得到广泛强调。成员均认为有必要建立世界记忆项目的混合治理模式，使独立专家与政府间机构共同发挥作用。此外，还提出了建立在线平台、设立"双轨提名程序"（无争议提名与有争议提名进入不同程序轨道）等设想。⑤ 在此基

---

① UNESCO, "Final Report of the International Advisory Committee (IAC) on the Review Process of the Memory of the World Programme, " https://unesdoc. unesco. org/ark: /48223/pf0000378464, accessed: 2021-12-12.

② UNESCO, "Online Survey on the IAC-led Review Documents Final Report, "https://en. unesco. org/ sites/default/files/2019_ mowfinalreportonlinesurvey. pdf, accessed: 2021-12-12.

③ Edmondson, R. , Jordan, L. , Prodan, A. C. , *The UNESCO Memory of the World Programme: Key Aspects and Recent Developments*, Springer Nature Switzerland AG, 2020, p. 103.

④ "Memory of the world Programme: Consolidated Report on the Comprehensive Review of the Memory of the World Programme", September 13, 2019, https://unesdoc. unesco. org/ark: /48223/pf0000370642, accessed: 2021-12-12.

⑤ UNESCO, "' Co-Chairs' Report of Open-Ended Working Group (OEWG) on the Examination of Other Concrete Suggestions for the Reform of the MoW Programme Beyond a Redrafting of the IAC Statutes and of the General Guidelines, " https://en. unesco. org/sites/default/files/oewg-co-chairs-report_ final_ en. pdf, accessed: 2021-12-12.

础上，世界记忆项目重新修订《总方针》，将已达成的共识纳入政策内核，以反映全面审查的结果。

经过长达四年的修订与审议，2021 年 4 月，修订后的《世界记忆项目总方针》提交至联合国教科文组织执行局第 211 届会议审议通过，① 成为世界记忆项目新的 "规则手册"。这标志着世界记忆项目结束全面审查，在新版《总方针》的引领下重新启动运行。

《世界记忆项目总方针》于 2021 年的修订、出台，是世界记忆项目发展的里程碑事件。它标志着全面审查的结束，实现了治理机制的转向，有关各方达成共识，推动世界记忆项目重新起航。经历多年漫长的停摆，世界记忆项目终于回归正常轨道。

（四）《世界记忆项目总方针》（2021 年）的主要特点

在全面审查背景下修订的《世界记忆项目总方针》，其关注重点始终在专业性与政治性之间摇摆不定、寻求平衡。与此前版本相比，《总方针》（2021年）的核心特点即为对世界记忆项目治理机制的调整——由 "专家导向" 逐渐转向 "专家政府混合治理" 模式，具体表现在以下三个方面。

1. 联合国教科文组织执行局成为世界记忆项目的最终决策机构

在全面审查开展前，世界记忆项目的决策权隶属联合国教科文组织总干事。旧版《总方针》中，世界记忆项目的最终决策均由联合国教科文组织总干事决定：世界记忆项目国际咨询委员会成员由总干事任命；入选《世界记忆名录》的文献遗产名单由总干事签发；对已入选《世界记忆名录》文献遗产的移除建议也提交至总干事。旧版《总方针》正文中从未提及联合国教科文组织执行局这一机构。

而在新版《总方针》中，执行局代替总干事成为世界记忆项目的最终决策机构。国际咨询委员会成员任职须提请执行局知悉，《世界记忆名录》入选遗产名单须执行局认可，入选遗产的移除建议也改为提交至执行局。此外，因质疑提名而进入对话程序后，每个周期的对话情况需要向执行局汇报；《世界记忆名录》的具体评选周期也由执行局确定。

---

① UNESCO, "Decisions Adopted by the Executive Board at Its 211th Session, " https://unesdoc. unesco. org/ark:/48223/pf0000377290, accessed: 2021-12-05.

执行局是联合国教科文组织三大权力机构之一，由 58 位代表组成，负责审查组织内部项目工作、对联合国教科文组织进行全面管理，代表联合国教科文组织大会行使权力、处理问题。① 执行局替代总干事成为世界记忆项目的最终决策机构，一方面体现出联合国教科文组织对世界记忆项目的重视度有所提升；另一方面由于执行局由各国官方代表组成，也表明成员的官方立场对世界记忆项目的影响将逐步提升。

2. 各国政府对世界记忆项目的影响力增加

与旧版相比，新版《总方针》中更加明确"联合国教科文组织全国委员会"和"世界记忆项目国家委员会"在世界记忆项目中的作用。如，新版《总方针》第 8.5.1 条与第 8.5.3 条规定，申报《世界记忆名录》、对其他提名提出意见都必须通过联合国教科文组织全国委员会或世界记忆项目国家委员会等机构。国际组织如有意申报，也必须通过联合国教科文组织全国委员会获得相关成员批准。这些机构通常都由政府建立并管理，具有明显的政治取向。旧版中则支持个人、机构或组织直接提交申请，自由申报《世界记忆名录》。

与此同时，与旧版由总干事直接任命国际咨询委员会专家相比，新版第 5.1.1 条提出，"国际咨询委员会成员由总干事任命，总干事在与有关成员的国家委员会协商后，向执行局提交任命名单，请其阅知"。增加了与相关成员协商和提交名单至执行局的环节，使成员和执行局也能够参与国际咨询委员会专家的选拔。

新版《总方针》出台后，各国政府可以通过相关机构，对本国与涉及本国的《世界记忆名录》申报遗产进行直接或间接的控制；并参与国际咨询委员会成员选拔，影响世界记忆项目管理机构的组成。这些政策条款极大地增加了各国政府在世界记忆项目中的话语权和影响力，是世界记忆项目向专家政府混合治理机制转型的直接体现。

3. 联合国教科文组织试图确保中立、避免陷入政治纠纷

考虑到此前部分成员对联合国教科文组织的不满与攻击，导致世界记忆项

① UNESCO, "Executive Board in Brief," https://www.unesco.org/en/executive-board/brief, accessed: 2021-12-05.

目全面停摆，① 新版《总方针》中存在联合国教科文组织试图保持中立、独立于矛盾之外的倾向。具体体现在以下三个方面。

其一，确保《世界记忆名录》提名涉及方知情。如第 8.5.2 节中提到，如果提名文献涉及或来源于某成员，则世界记忆项目秘书处也应抄送对应成员的常驻代表团、联合国教科文组织全国委员会或世界记忆项目国家委员会等。以此确保所有提名相关方了解情况，减少可能引发的争议。若双方有争议也能够尽早提出，尽快暂停评审程序、进入特殊程序进行调解对话，从而减轻冲突，确保世界记忆项目正常运行。其二，删除联合国教科文组织对入选《世界记忆名录》文献遗产的内容保持中立性的表述。新版第 2.4 节中仅强调"世界记忆项目关注的是原始资料的保护和利用，而不是对资料的解读或历史争端的解决"，删除旧版中关于不参与历史争端、不一定赞同入选遗产内涵等更为直接的说明，避免外界对这一表述的误读。其三，设置特殊程序，解决受质疑的困难遗产问题。主要涉及第 8.5.4 条中"因其他原因受到质疑情况"，若有申报遗产受到反对则评审程序暂停，无限期开展调解对话。先解决争议，达成一致后再考虑是否能够入选《世界记忆名录》，联合国教科文组织仅推荐调解人作为中立方进行调解。这一做法将联合国教科文组织排除于矛盾之外，确保世界记忆项目远离政治纠纷、持续平稳发展。

联合国教科文组织为避免再次引发争议事件、影响项目正常推进，在新版《总方针》中采取了更为审慎的处事态度与更加安全的保全策略。竭力保持中立态度，远离国际政治纠纷与历史争端，将不和谐的争议扼杀于萌芽之中。

---

① 王倩媛、王玉珏：《困难遗产视角下的档案正义与世界记忆项目建设研究》，《兰台世界》2021
年第 8 期，第 29~35 页。

第四章 创伤之痛：人类共同的记忆之殇与再审视

"正如这些独特的叙事所展示的那样，一个国家对战争（尤其是战败）的记忆，无法制造出一幅整齐划一、全体赞同的图像，而是创造了一场充满分歧和不同声音的公共讨论。"[①] 桥本明子（Akiko Hashimoto）在探索了日本战败的文化创伤之后，基于牺牲者、施害者和受害者这三种分裂记忆下的道德观，探讨解决战争罪责、转型正义、边界岛屿的领土争端和再军事化等问题的共同基础与国家态度。不仅仅是战争记忆，任何带来创伤的历史都面临着"多元""失忆""认同"的挑战。是以"和解"为借口的控制、遮掩？是考虑到政治争议而选择放弃妥协？还是数字时代集体遗忘的蔓延？创伤记忆究竟要如何安放？

第一节 《世界记忆名录》中承载的创伤记忆

一 "创伤记忆"

"创伤"一词来源于希腊语"τρυμα"，最初是指外部力量给人的身体造成的损伤。创伤现象开始与精神、心理关联并被研究起始于 19 世纪下半叶，是以精神病学领域的衍生概念出现的。进入 20 世纪，人们逐渐开始认识创伤、面对创伤、研究创伤，创伤逐渐与集体记忆研究相伴相生。因此，20 世纪也被称为"创伤的世纪"。

---

① 〔美〕桥本明子：《漫长的战败——日本的文化创伤、记忆与认同》，李鹏程译，上海三联书店，2019。

在创伤理论的研究中，耶鲁大学社会学系教授杰弗里·亚历山大（Jeffrey Alexander）提出并明确了文化创伤的概念，认为当个人和群体觉得他们经历了可怕的事件，在群体意识上留下难以磨灭的痕迹，成为永久的记忆，根本且无可逆转地改变了他们的未来，文化创伤（cultural trauma）就发生了。[①]

创伤理论在 2000 年初被中国学者所关注，以《创伤记忆：中国现代哲学的门槛》的出版为标志，作者张志扬将创伤记忆作为一门现象学来分析，[②] 并结合中国的现代性问题进行了个案讨论，迈出了创伤理论中国化的第一步。陶东风指出，文艺与记忆相互依存，创伤记忆与集体记忆、文化创伤有着密切的关系，[③] 并通过引入德国学者扬·阿斯曼的"文化记忆"概念，总结了创伤记忆的两种存在形式。[④] 此外，暨南大学赵静蓉不仅从心理学层面分析了创伤记忆的三个特征，而且还从心理事实和文化表征，特别是媒体方面，对创伤记忆的影响进行了探索。[⑤] 整体而言，创伤记忆在国内的研究表现出对西方观点的理解与阐释、与其他学科以及创伤理论的其他主题相互交融的发展趋势。

关于创伤记忆与文献遗产档案的关系，阿密特·平切夫斯基（Amit Pinchevski）指出，随着档案馆技术设备的升级，媒体技术与创伤记忆相融合，使档案馆产生了新的档案结构，为创伤记忆实践提供了信息。他分析了"档案、媒体和创伤"之间的三角关系，将档案馆视为一种记忆媒介，可以为当下社会提供与过去创伤抗争的宝贵经验。[⑥] 在信息传播载体发生深刻变化的时代，传统以纸质文件为信息存储和传播的媒介，得到了视觉和声音等非符号记录系统的补充，很多无意识留存下的音频、视频档案成为大屠杀创伤事件的证词。[⑦] 维多莱格·安娜丽斯（Verdoolaege Annelies）论述了南非真相与和解委员会（TRC）通过提交受害人听证会的档案，鼓励种族隔离受害者站出来告诉

---

① 〔美〕杰弗里·C. 亚历山大、王志弘：《迈向文化创伤理论》，《文化研究》2011 年第 1 期，第 11~36 页。

② 张志扬：《创伤记忆：中国现代哲学的门槛》，上海三联书店，1999。

③ 陶东风：《"文艺与记忆"研究范式及批评实践》，《文艺研究》2011 年第 6 期，第 13~24 页。

④ 陶东风：《文化创伤与见证文学》，《当代文坛》2011 年第 5 期，第 10~15 页。

⑤ 赵静蓉：《创伤记忆：心理事实与文化表征》，《文艺理论研究》2015 年第 2 期，第 110~119 页。

⑥ Pinchevski, A., "Archive, Media, Trauma," in Neiger, M., Meyers, O., Zandberg, E., eds., *On Media Memory: Palgrave Macmillan Memory Studies*, Palgrave Macmillan, 2011, pp. 253-264.

⑦ Pinchevski, A., "The Audiovisual Unconscious: Media and Trauma in the Video Archive for Holocaust Testimonies," *Critical Inquiry* 39, 1, 2012, pp. 142-166.

全世界他们所经历的事情。①

国内创伤记忆所关联的主要事件为"南京大屠杀",与其相关的历史记忆的研究层出不穷。余霞以内容分析法研究了 1949~2014 年中、日、美、英四国媒体有关"南京大屠杀"及相关事件的报道,从而分析全球传播语境中的国家创伤与媒介记忆。②李昕则认为,作为典型的创伤记忆,南京大屠杀受害者正经受一场不易察觉却又不容忽视的社会认同危机,他从自身和社会两个层面构建全人类共同的创伤记忆,并通过这一建构,为南京大屠杀受害者获取最为广泛的社会认同。③李红涛、黄顺铭深入探究南京大屠杀创伤建构与记忆形塑的过程,揭示国家权力、地方记忆社群、大众传媒如何合力塑造出南京大屠杀在当代中国的记忆政治与记忆文化。④

除此之外,国内部分学者也致力于挖掘其他创伤档案以及构建创伤记忆中的责任。曹亚明采用了文化创伤理论,认为侨批档案不但反映了个人记忆,而且反映了我国海外移民群体的创伤记忆。侨批档案记载的内容,让我们感受到早期海外侨民所遭遇到的精神创伤的深重。⑤王思怡在《纪念与记忆:创伤叙事的策展建构与诠释——以东亚社会各慰安妇主题纪念展览为例》一文中,以东亚社会的慰安妇纪念馆为例,讨论如何进行创伤叙事,以及创伤纪念馆建构集体记忆的方式及所承担的社会责任。⑥

二 创伤记忆是《世界记忆名录》中不可忽视的部分

希拉里·查尔斯沃思(Hilary Charlesworth)表示,世界记忆项目是在国际

---

① Verdoolaege, A. , "Representing Apartheid Trauma: the Archive of the Truth and Reconciliation Commission Victim Hearings, " in Gibson, S. , Mollan, S. , eds. , *Representations of Peace and Conflict: Rethinking Political Violence Series*, Palgrave Macmillan, 2012, pp. 285-305.

② 余霞:《全球传播语境中的国家创伤与媒介记忆——中、日、美、英"南京大屠杀"相关报道(1949~2014 年)的内容分析》,《华中师范大学学报(人文社会科学版)》2016 年第 5 期,第 129~137 页。

③ 李昕:《创伤记忆与社会认同:南京大屠杀历史认知的公共建构》,《江海学刊》2017 年第 5 期,第 157~163 页。

④ 李红涛、黄顺铭:《记忆的纹理》,中国人民大学出版社,2017。

⑤ 曹亚明:《文化创伤与侨批记忆》,《韩山师范学院学报》2015 年第 5 期,第 100~105 页。

⑥ 王思怡:《纪念与记忆:创伤叙事的策展建构与诠释——以东亚社会各慰安妇主题纪念展览为例》,《中国博物馆》2017 年第 1 期,第 14~22 页。

人权框架下成长起来的。① 尽管创伤记忆的入选阻碍重重，《世界记忆名录》中已经存在着许多与过去悲剧苦难相关的提名，包括奴隶制、战争、抵抗、解放运动、种族灭绝等，以及侵犯人权的行为（这些提名部分由感兴趣的个人、机构和民间组织提交）。他们将《世界记忆名录》视为一扇窗，窥见人类社会经历的创伤、痛苦、羞辱以及受迫害的记忆。

目前，已有 56 项困难遗产入选《世界记忆名录》（见表 4-1），其中有关于殖民统治的《贝宁殖民地档案》《"黑人和奴隶"》档案，也有彰显为人权而斗争的《法兰克福审判》《智利人权档案》。此外，还有关于对社会经济造成巨大损害的重大灾害的文献档案，如《印度洋海啸档案》《切尔诺贝利核事故的档案》，以及《根除天花病的档案》《卑尔根城的麻风病档案》等关于人类战胜疾病的重要文献记录。

表 4-1 1997~2023 年入选《世界记忆名录》的创伤记忆

序号	入选文献遗产名称	主题内容	申报主体	地区	入选时间
1	拉普拉塔总督辖区的档案（Documentary heritage of the Viceroyalty of the Río de la Plata）	殖民统治、贩奴与废奴	阿根廷	拉丁美洲及加勒比地区	1997 年
2	贝宁殖民地档案（Colonial Archives）	殖民统治、贩奴与废奴	贝宁	非洲地区	1997 年
3	法国殖民统治时期的档案（Records of the French Occupation of Mauritius）	殖民统治、贩奴与废奴	毛里求斯	非洲地区	1997 年
4	《夸希马尔帕特齐勒炎手抄本》（Codex Techaloyan de Cuajimalpaz）	殖民统治、贩奴与废奴	墨西哥	拉丁美洲及加勒比地区	1997 年
5	瓦哈卡山谷地区的手抄本（Codices from the Oaxaca Valley）	殖民统治、贩奴与废奴	墨西哥	拉丁美洲及加勒比地区	1997 年
6	法属西非的档案（1895～1959）［Fonds of the "Afrique occidentale française"（AOF）］	殖民统治、贩奴与废奴	塞内加尔	非洲地区	1997 年

---

① Charlesworth, H. , "Human Rights and the UNESCO Memory of the World Programme," *Social Science Electronic Publishing* 33, 4, 2010, pp. 12-16.

序号	入选文献遗产名称	主题内容	申报主体	地区	入选时间
7	德属东非档案（German Records of the National Archives）	殖民统治、贩奴与废奴	坦桑尼亚	非洲地区	1997 年
8	伊曼纽尔·林格尔布卢姆档案［Warsaw Ghetto Archives（Emanuel Ringelblum Archives）］	战争	波兰	欧洲及北美地区	1999 年
9	卑尔根城的麻风病档案（The Leprosy Archives of Bergen）	医学、医药	挪威	欧洲及北美地区	2001 年
10	1980 年 8 月格但斯克罢工工人提出"二十一条要求"事件的档案（Twenty－One Demands, Gdañsk, August 1980. The birth of the SOLIDARITY trades union－a massive social movement）	政治与保卫人权	波兰	欧洲及北美地区	2003 年
11	智利人权档案（Human Rights Archive of Chile）	政治与保卫人权	智利	拉丁美洲及加勒比地区	2003 年
12	加勒比地区 17~19 世纪役使非洲奴隶的档案（Documentary Heritage of Enslaved Peoples of the Caribbean）	殖民统治、贩奴与废奴	巴巴多斯	拉丁美洲及加勒比地区	2003 年
13	戴高乐于 1940 年 6 月 18 日发表的《告法国人民书》的手稿、录音和海报（The Appeal of 18 June 1940）	战争	法国、英国	欧洲及北美地区	2005 年
14	国际反核运动"内华达—塞米巴拉金斯克"的影视档案（Audiovisual documents of the International antinuclear movement "Nevada－Semipalatinsk"）	战争	哈萨克斯坦	亚太地区	2005 年
15	"黑人和奴隶"档案（Negros y Esclavos Archives）	殖民统治、贩奴与废奴	哥伦比亚	拉丁美洲及加勒比地区	2005 年
16	国际战俘局 1914~1923 年的档案（Archives of the International Prisoners of War Agency, 1914－1923）	战争	红十字国际委员会	其他	2007 年

续表

序号	入选文献 遗产名称	主题内容	申报主体	地区	入选 时间
17	1976~1983年反对军政府实行国家恐怖主义、捍卫人权运动的档案（Human Rights Documentary Heritage 1976 – 1983 – Archives for Truth, Justice and Memory in the struggle against State Terrorism）	政治与保卫人权	阿根廷	拉丁美洲及加勒比地区	2007年
18	18~19世纪英国移囚澳大利亚的历史档案（The Convict Records of Australia）	殖民统治、贩奴与废奴	澳大利亚	亚太地区	2007年
19	恐怖时期的档案（Archives of Ter-ror）	政治与保卫人权	巴拉圭	拉丁美洲及加勒比地区	2009年
20	反对特鲁希略暴政，为捍卫人权而斗争的国家档案（1930~1961）（Documentary Heritage on the Resistance and Struggle for Human Rights in the Dominican Republic, 1930–1961）	政治与保卫人权	多米尼加共和国	拉丁美洲及加勒比地区	2009年
21	《安妮日记》原件（Diaries of Anne Frank）	战争	荷兰	欧洲及北美地区	2009年
22	英属加勒比地区殖民地奴隶注册登记名册档案（1817~1834）（Registry of Slaves of the British Caribbean 1817–1834）	殖民统治、贩奴与废奴	巴哈马群岛、伯利兹、多米尼克、牙买加、圣基茨与尼维斯、特立尼达和多巴哥、英国	欧洲及北美地区、拉丁美洲及加勒比地区	2009年
23	"5·18"起义反对全斗焕军政府的人权运动档案（Human Rights Documentary Heritage 1980 Archives for the May 18th Democratic Uprising against Military Regime, in Gwangju, Republic of Korea）	政治与保卫人权	韩国	亚太地区	2011年

续表

序号	入选文献遗产名称	主题内容	申报主体	地区	入选时间
24	18~19 世纪海上私掠活动的档案（Privateering and the international relations of the Regency of Tunis in the 18th and 19th centuries）	战争	突尼斯	阿拉伯地区	2011 年
25	登博斯（恩登布）档案（Arquivos dos Dembos/Ndembu Archives）	殖民统治、贩奴与废奴	安哥拉、葡萄牙	非洲地区、欧洲及北美地区	2011 年
26	拉普拉塔皇家检审法院档案全宗 [Documentary Fonds of Royal Audiencia Court of La Plata（RALP）]	殖民统治、贩奴与废奴	玻利维亚	拉丁美洲及加勒比地区	2011 年
27	印度契约劳工的档案（Records of the Indian Indentured Labourers）	殖民统治、贩奴与废奴	斐济、圭亚那、苏里南、特立尼达和多巴哥	拉丁美洲及加勒比地区、亚太地区	2011 年
28	国际寻人服务局 1933~1945 年的档案（Archives of the International Tracing Service）	战争	国际寻人服务局国际委员会	其他	2013 年
29	李舜臣将军作战日记——《乱中日记》手稿（Nanjung Ilgi: War Diary of Admiral Yi Sun-sin）	战争	韩国	亚太地区	2013 年
30	耶路撒冷犹太大屠杀纪念馆 1954~2004 年收集的受害者的身份证明档案（Pages of Testimony Collection, Yad Vashem Jerusalem, 1954-2004）	战争	以色列	欧洲及北美地区	2013 年
31	西班牙征服者 1533~1538 年对秘鲁实行殖民统治时期的档案（Travelling Registry of the Conquistadors or "Becerro Book"）	殖民统治、贩奴与废奴	秘鲁	拉丁美洲及加勒比地区	2013 年
32	三国联盟战争的摄影史料档案（The War of the Triple Alliance Iconographic and Cartographic Presentations）	战争	巴西、乌拉圭	拉丁美洲及加勒比地区	2015 年

续表

序号	入选文献 遗产名称	主题内容	申报主体	地区	入选 时间
33	返回舞鹤港——与遣返日俘有关的文献（1945~1956）［Return to Maizuru Port—Documents Related to the Internment and Repatriation Experiences of Japanese（1945-1956）］	战争	日本	亚太地区	2015 年
34	1914 年 7 月 28 日奥匈帝国向塞尔维亚正式宣战的电报文本（Telegram of Austria-Hungary's Declaration of War on Serbia on 28th July，1914）	战争	塞尔维亚	欧洲及北美地区	2015 年
35	英国陆军元帅道格拉斯·黑格爵士 1914~1919 年的日记手稿（Autograph First World War Diary of Field Marshal Sir Douglas Haig，1914-1919）	战争	英国	欧洲及北美地区	2015 年
36	南京大屠杀档案（Documents of Nanjing Massacre）	战争	中国	亚太地区	2015 年
37	1897 年 4 月内汉达和卡古维案件卷宗［Nehanda and Kaguvi mediums' judgement dockets（April 1897）. Case between State versus Nehanda and Kaguvi spirit mediums leading to their execution］	殖民统治、贩奴与废奴	津巴布韦	非洲地区	2015 年
38	1841~1846 年突尼斯废除奴隶制档案（The Abolition of Slavery in Tunisia，1841-1846）	政治与保卫人权	突尼斯	阿拉伯地区	2017 年
39	法兰克福审判（Frankfurt Auschwitz Trial）	政治与保卫人权	德国	欧洲及北美地区	2017 年
40	印度洋海啸档案（The Indian Ocean Tsunami Archives）	历史	印度尼西亚、斯里兰卡	亚太地区	2017 年

续表

序号	入选文献 遗产名称	主题内容	申报主体	地区	入选 时间
41	根除天花病的档案（Records of the Smallpox Eradication Programme of the World Health Organization）	医学、医药	联合国世界卫生组织	其他地区	2017 年
42	1920 年华沙战役期间波兰无线电情报机关的档案（Documents of Polish radio intelligence from the period of the Battle of Warsaw in 1920）	战争	波兰	欧洲及北美地区	2017 年
43	切尔诺贝利核事故的档案（Documentary Heritage Related to accident at Chernobyl）	历史	乌克兰	欧洲及北美地区	2017 年
44	《于尔根·斯特鲁普报告》（Jürgen Stroop's Report）	战争	波兰	欧洲及北美地区	2017 年
45	葡萄牙驻法国波尔多领事馆 1939~1940 年办理签证的登记簿 [Register Books of visas granted by Portuguese Consul in Bordeaux, Aristides Sousa Mendes（1939–1940）]	战争	葡萄牙	欧洲及北美地区	2017 年
46	圣马丁岛废奴档案（Route/Root to Freedom: A case study of how enslaved Africans gained their freedom on the dual national island of Sint Maarten/Saint Martin）	殖民统治、贩奴与废奴	圣马丁岛	拉丁美洲及加勒比地区	2017 年
47	西印度委员会档案（The West India Committee Collection）	殖民统治、贩奴与废奴	安提瓜和巴布达、牙买加、英国、安圭拉、蒙特塞拉特岛	欧洲及北美地区、拉丁美洲及加勒比地区	2016 年①

---

① 根据联合国教科文组织官网，该文献遗产入选时间为 2016 年，但《世界记忆名录》均在奇数年公布入选提名，该入选时间可能并不准确。

续表

序号	入选文献 遗产名称	主题内容	申报主体	地区	入选 时间
48	印度契约劳工的档案①（Records of the Indian Indentured Labourers）	殖民统治、贩奴与废奴	圣文森特和格林纳丁斯	拉丁美洲及加勒比地区	2017 年
49	女权主义、科学与政治——贝莎·卢茨的遗产（Feminism, Science and Politics-Bertha Lutz's Legacy）	政治与保卫人权	巴西	拉丁美洲及加勒比地区	2023 年
50	克劳德·朗兹曼的《肖亚》，修复了 35 毫米的底片；犹太历史见证音频档案，200 小时（"Shoah", by Claude Lanzmann, restored 35 mm negative; Audio Archive Witnesses to the History of Shoah, 200 hours）	战争	法国、德国	欧洲及北美地区	2023 年
51	识别前法国殖民地被奴役者的登记册（1666~1880）[Registers identifying enslaved persons in the former French colonies (1666－1880)]	殖民统治、贩奴与废奴	海地、法国	拉美及加勒比地区、欧洲及北美地区	2023 年
52	瓦琼大坝灾难的刑事诉讼（Criminal Proceedings of the Vajont dam disaster）	历史	意大利	欧洲及北美地区	2023 年
53	毛里求斯的奴隶贸易和奴隶制记录（1721~1892）[The Slave Trade and Slavery Records in Mauritius (1721－1892)]	殖民统治、贩奴与废奴	毛里求斯	非洲地区	2023 年
54	荷属加勒比被奴役人民及其后裔的文献遗产（1816~1969）[Documentary heritage of the enslaved people of the Dutch Caribbean and their descendants (1816－1969)]	殖民统治、贩奴与废奴	荷兰、苏里南（代表库拉索岛、圣马丁岛）	欧洲及北美地区、拉丁美洲及加勒比地区	2023 年

① 2011 年入选的《印度契约劳工的档案》的补充文献。

序号	入选文献 遗产名称	主题内容	申报主体	地区	入选 时间
55	巴比亚尔文献遗产（Documentary Heritage of Babyn Yar）	战争	乌克兰	欧洲及北美地区	2023 年
56	孩子们在说话：加拿大寄宿学校对土著儿童的强制同化（The Children Speak：Forced Assimilation of Indigenous Children through Canadian Residential Schools）	殖民统治、贩奴与废奴	加拿大	欧洲及北美地区	2023 年

注：本表依据世界记忆项目官网资料、数据自行分类统计，主要涉及战争、奴役、人权以及历史灾难等主题的文献遗产 56 项，如有遗漏、错误之处敬请谅解。

三　案例：《世界记忆名录》中的大屠杀记忆

作为空前规模的种族灭绝事件，纳粹大屠杀代表着人类历史上的"至暗时刻"，而大屠杀的主要发生地奥斯维辛集中营更是举世公认的大屠杀象征。有学者认为，作为一个象征符号，奥斯维辛集中营具有历史与记忆两种面向：作为历史事件，奥斯维辛集中营是纳粹实施大屠杀的核心场所，上百万无辜者在此惨遭毒手；作为公共记忆，1947 年在集中营原址基础上建立起来的国家纪念馆，陈列着当年纳粹罪恶行径的证据，成为各种力量对大屠杀记忆进行阐释和争夺的战场。[1]

事实上，经过 1945 年的纽伦堡审判（The Nuremberg Trials）、1963～1965 年的奥斯维辛审判（Verdict on Auschwitz），大屠杀已被国际社会认定为一件不容否认的历史事实，相关证据也逐渐开始被固化。在欧盟和国际大屠杀纪念联盟的纪念与推动下，大屠杀记忆作为一种典型的创伤记忆在德国、波兰、奥地利等中欧和东欧国家得以复苏。目前，大屠杀记忆经历了大屠杀意识的沉默、复苏、欧洲化与全球化的进程，从民族记忆逐步转变成世界性文化记忆。[2] 大屠杀记忆作为一种全球集体记忆，通过本土和全球之间的有效互动而

---

[1] 艾仁贵、闫涛：《奥斯维辛国家纪念馆与战后波兰社会对大屠杀记忆的争夺》，《外国问题研究》2022 年第 3 期，第 96～106 页。

[2] 张倩红、邓燕平：《国际组织对大屠杀记忆的传承》，《历史教学》2021 年第 6 期，第 17～29 页。

获得和维持，这种特殊化和普遍化的双重过程产生了一种基于世界性记忆的全球罪行文化的象征。①

进入 21 世纪以来，国际组织成为大屠杀纪念和教育的积极推动者，大屠杀在全球记忆中占据了中心地位。② 其中，联合国教科文组织作为维护世界和平的国际组织，在抵制各种种族主义、推广大屠杀教育与纪念活动、建构"世界性记忆"等方面发挥了重要作用，③ 推动大屠杀式的悲剧不再重演。1992 年由联合国教科文组织创立的世界记忆项目，以"保存文献遗产，提高人类意识，宣传和公开人类的文献财富"为目标，曾多次将大屠杀记忆相关遗产列入《世界记忆名录》。

1999 年，由波兰政府提交的"华沙犹太区档案"（Warsaw Ghetto Archives，又称伊曼纽尔·林格尔布卢姆档案，Emanuel Ringelblum Archives）因记录下 350 万犹太人命运的历史价值被选入《世界记忆名录》。主要包括了政府文件、有关犹太区抵抗的材料、大屠杀期间犹太社区命运的证词、文学作品、艺术品和大屠杀受害者收集的私人信件，以便将有关大屠杀的信息传递给后代。④ 无论从起源还是从历史价值来看，该遗产都具有其独一无二的价值，将纳粹占领的欧洲最大犹太区里的浩劫展示给了全人类。

由荷兰政府提交的《〈安妮日记〉原件》（Diaries of Anne Frank）于 2009 年被列入《世界记忆名录》。⑤ 它记录了二战期间犹太少女安妮等 8 人在秘密小屋 2 年多的日常生活。作为世界上阅读量极高的经典之作，它也是学者研究历史的重要文献，它对纳粹党罪恶的揭露，对二战时期历史的描写，使它独具历史价值。

由以色列亚德瓦谢姆大屠杀纪念馆提交的《耶路撒冷犹太大屠杀纪念馆1954~2004 年收集的受害者的身份证明档案》（Pages of Testimony Collection,

---

① Levy, D., Sznaider, N, "Memory Unbound: The Holocaust and the Formation of Cosmopolitan Memory," *European Journal of Social Theory* 5, 1, 2002, p. 93.

② Subotic, J, "Political Memory, Ontological Security, and Holocaust Remembrancein Post-communist Europe," *European Security* 27, 3, 2018, p. 299.

③ 张倩红、邓燕平：《国际组织对大屠杀记忆的传承》，《历史教学》2021 年第 6 期，第 17~29 页。

④ UNESCO, "Warsaw Ghetto Archives/ Emanuel Ringelblum Archives," https://en. unesco. org/memoryoftheworld/registry/619, accessed: 2023-02-06.

⑤ UNESCO, "Diaries of Anne Frank," https://en. unesco. org/memoryoftheworld/registry/402, accessed: 2023-02-26.

Yad Vashem Jerusalem，1954-2004）于 2013 年被列入《世界记忆名录》。① 该遗产由珍贵的亲笔签名证词组成，努力复原犹太人受害者的姓名与面孔，代表了世上独一无二的对大屠杀受害者集体的纪念，让 600 万不再只是简单的数字。

2013 年，由国际寻人服务局国际委员会（International Commission for the International Tracing Service，ITS）提交的"国际寻人服务局 1933~1945 年的档案"申遗成功，该档案记录了第二次世界大战以来对少数民族和各种政治对手的迫害，对强迫劳动者的极端剥削，以及大批人的背井离乡。其档案数量之多，内容之丰富也使其成为随时间流逝、证人去世后宝贵的文字材料。②

在奥斯维辛审判之后，有关二战期间奥斯维辛集中营纳粹大屠杀的罪行被逐步公之于众。而《法兰克福奥斯维辛审判》（Frankfurt Auschwitz Trial）的档案也在德国的推荐下于 2017 年被列入联合国教科文组织《世界记忆名录》。该档案集由保存在威斯巴登市黑森州档案馆的 454 卷文件构成，其中包括由 319 名证人在 103 盘磁带上留存的 430 个小时的证词录音。③ 彰显了这些档案的历史价值和社会价值，以及德国铭记历史的文化。

《浩劫》是一部关于二战期间 600 万犹太人被大规模屠杀的电影，由克劳德·朗兹曼创作，历时 12 年。这部电影拍摄于 1970 年代，是 30 年来几乎完全没有幸存者证词的第一部证人证词集。"Shoah"捕捉了目击者、肇事者和受害者的证词，通常在前死亡集中营附近拍摄。2023 年，法国和德国将该文献遗产（"Shoah"，by Claude Lanzmann，restored 35 mm negative；Audio Archive Witnesses to the History of Shoah，200 hours）提交申报《世界记忆名录》。这部电影是一部重要的教育作品，提供了严格的历史信息，并将其固定在全球观众的记忆中。④

2023 年，由乌克兰提交申请的《巴比亚尔文献遗产》正式入选《世界记

---

① UNESCO, "Pages of Testimony Collection, Yad Vashem Jerusalem, 1954-2004, "https://en. unesco. org/memoryoftheworld/registry/514, accessed: 2023-02-26.

② UNESCO, "Archives of the International Tracing Service, "https://en. unesco. org/memoryoftheworld/registry/640, accessed: 2023-02-26.

③ UNESCO, "Frankfurt Auschwitz Trial, " https://en. unesco. org/memoryoftheworld/registry/425, accessed: 2023-02-26.

④ UNESCO, " Memory of the World Register, " https://www. unesco. org/en/memory-world/register2023, accessed: 2023-07-23.

忆名录》。该收藏记录了巴比亚尔的悲惨历史，这里发生了大规模枪击平民和战俘的事件，与二战期间纳粹占领基辅有关。随着乌克兰的独立，巴比亚尔已成为纪念纳粹罪行受害者的地方。这些收藏品是人类记忆中不可分割的一部分，是对种族主义、种族仇恨、迫害和少数民族灭绝的危险再次出现的警示。①

世界记忆项目对于"大屠杀"相关遗产的保护足见大屠杀记忆之于人类的重要性。事实上，早在《奥斯维辛集中营》入选世界遗产项目时，就曾在世界引起轰动，并对后续诸如此类的创伤记忆与困难遗产的申遗造成了一定的影响。

1979 年，世界遗产委员会决定将波兰申报的《奥斯维辛集中营》列入世界遗产名录，以警示世界"要和平，不要战争"。而实际上，《奥斯维辛集中营》的申遗并非一次成功。在世界遗产的评审过程中，针对文化遗产的遴选有六项标准，符合其中一条即可入选。其中，第六条"直接或明显地与具有突出普遍重要意义的事件、生活传统、信仰、文学艺术作品相关"，是唯一一条满足该类体现人类邪恶罪行、苦难历史与创伤记忆的遗产入选标准。然而，世界遗产委员会中相当一部分成员认为世界遗产遴选标准第六条的初衷是体现人类文明发展的最高成就，而不是奥斯维辛集中营这类遗产。② 由此，在 1978 年波兰政府将《奥斯维辛集中营》列为申报项目后，收到了世界遗产委员会的决议：推迟一年再审议。

这类争议直到《奥斯维辛集中营》在下一年成功列入名录之后也不曾停止。在 1979 年的大会之前，一份针对如何使用世界遗产遴选标准的报告专门讨论了《奥斯维辛集中营》和第六条标准的关系问题。报告认为，《奥斯维辛集中营》作为表现战争创伤的遗产，在其列入《世界遗产名录》之后足以"代表"其他相似遗产地。因此，"奥斯维辛可以被列入名录，但它的列入不能成为一系列类似遗产的先例"。③ 即其他类似遗产不应再继续申报。世界遗

---

① UNESCO, "Memory of the World Register," https://www.unesco.org/en/memory-world/register2023, accessed: 2023-07-23.

② Beazley, Owlen, *Drawing a Line Around a Shadow? Including Associative Intangible Cultural Heritage Values on the World Heritage List*, Ph. D. diss., Australia National University, 2006.

③ Parent, M., "Comparative Study of Nominations and Criteria for World Cultural Heritage," in Third Session of the World Heritage Committee, Principles and Criteria for Inclusion of Properties on World Heritage List, UNESCO WHC. CC-79/CONF. 003/11, Annex, 1979, http://whc.unesco.org/archive/1979/cc-79-conf003-11e.pdf, p. 24, accessed 2021-01-27.

产委员会最终采纳了这项建议，并在《奥斯维辛集中营》列入《世界遗产名录》的决议中专门强调："委员会决定将《奥斯维辛集中营》作为一项独特遗产列入名录，并在今后严格限制其他具有类似性质的遗产的申报"。① 这段话表明，《奥斯维辛集中营》的入选仅为特例。

自《奥斯维辛集中营》开始，世界遗产委员会对警世遗产的认定始终抱有一种暧昧的态度。② 无论是《奥斯维辛集中营》，还是 1996 年日本申请的《广岛和平纪念公园》，对于世界遗产委员会而言，都是"特例"而非"常例"。日本原爆遗址通过一系列政治博弈而成功申遗，甚至导致委员会针对战争、创伤相关遗产是否列入名录有了更为严格、保守的态度，对未来其他类似遗产的申报造成了很大的影响。

国际组织通过大屠杀记忆的传承建构起一种全球化背景下的道德反思语境，在明晰道德规则、呼唤人性回归方面具有不可忽视的启迪与警示作用。20 世纪是文明与黑暗并存的世纪，大屠杀是典型的"记忆创伤性遗产"，或者说是"历史性创伤的普遍比喻"。③ 人们越来越多地用大屠杀来唤起人们对其他创伤和暴行的关注。而进入 21 世纪，在意识形态多元化且充满不确定性的时代，人们更加关注普遍性的理性意识，期待建立全球性的道德准则。在国际组织的努力下，大屠杀记忆已经逐渐成为一种能够跨越国界、将欧洲和世界其他地区联合起来的世界记忆，成为全人类的记忆遗产，警醒世界时刻牢记大屠杀的创伤与教训。

大屠杀传达出来的含义已经成为"一种抽象的价值范式，远远脱离了大屠杀的历史和地缘背景。它已经成为一颗能指代广泛问题的种子，囊括人权与和平问题"。④ 正是在这样的语境下，纳粹大屠杀的历史成为全人类的共同记忆，对大屠杀的历史反思也成为一种全球话语。

---

① WHC(World Heritage Committee), "Report of the Rapporteur on the Third Session of the World Heritage Committee", UNESCO. CC - 79/CONF. 003/13, 1979, http://whc. unesco. org/archive/1979/cc - 79-conf003-13e. pdf, accessed: 2021-01-28.

② 燕海鸣：《警世遗产与"申遗"政治》，《文化纵横》2015 年第 4 期，第 78~84 页。

③ 张倩红、邓燕平：《国际组织对大屠杀记忆的传承》，《历史教学》2021 年第 6 期，第 17~29 页。

④ 张倩红、邓燕平：《国际组织对大屠杀记忆的传承》，《历史教学》2021 年第 6 期，第 17~29 页。

第二节　记忆完整性的维护与档案正义论

一　档案与创伤记忆

在多米尼克·拉卡普拉（Dominick Lacapra）看来，"见证的一个重要作用就是增补历史学中那些更标准的纪实性史料"。他反对狭隘地用见证来推导一个事实，而见证的作用正是对创伤记忆的理解起到帮助。这些证词往往暗示着讲述人一些高度敏感却又没用语言表达出来的情感上的投射。[1] 拉卡普拉批判那些怀疑证词作为史料的可靠性而否定它对历史研究的价值的做法。创伤经验与创伤事件的联系不一定是必然的，有些人（如大屠杀幸存者或受害者的子女）没有经历过创伤事件，却会通过代际间见证的传达、影像、文字等产生创伤经验，所以创伤经验无法脱离见证这一环节——无论是参与者还是未参与者、讲述者或倾听者，但可以一定程度上独立于创伤事件之外，创伤事件并非创伤经验的必要条件。反过来，历史学家想要证实创伤事件的创伤属性就必须借由经验作为中介，这包括了证词、回忆、文献及各种遗存和痕迹。过去历史学家们经常囿于创伤经验的无序、混乱，甚至自我颠覆，使创伤无法借由已有的经验得以表达，而拉卡普拉却强调这种私人化的证据的价值，认为这恰恰体现了最为本真的真实。[2]

美国密歇根大学本特利历史图书馆前馆长弗朗西斯·布劳因曾说，档案正在成为理解、恢复和表达社会记忆这一挑战的中心问题。[3] 其一，档案资源刻写固化创伤记忆。档案是创伤记忆国际认同中不可或缺的建构要素，对创伤记忆的传承具有积极的促进作用。其二，档案资源重塑传播创伤记忆。档案自身不会传播创伤记忆，它需要结合大众传媒工具，进行大范围的传播，而在创伤记忆的传播过程中，让更多的受众了解这段历史、记住这段历史，可以达到创伤记忆传承的目的。其三，档案资源双向控制创伤记忆。档案资源控制创伤记

---

[1] Lacapra, Dominick, *Writing History, Writing Trauma*, The Johns Hopkins University Press, 2000, pp. 86–87.

[2] 孟翊洁:《纳粹大屠杀记忆的史学考察》，博士学位论文，东北师范大学，2020。

[3] 〔美〕弗朗西斯·布劳因:《档案工作者、中介和社会记忆的创建》，晓牧、李音译，《国际档案界》2001 年第 9 期，第 48~51 页。

忆涉及政治权力因素，主要与不同权力主体的政治立场和意识形态有关。近年来，档案中的权力因素逐渐受到档案学界的关注，其对社会记忆的双向控制作用日益显现。在正向控制方面，档案中的权力因素起到一种导引性的控制作用，引导、强化社会主流记忆。其四，档案资源塑造创伤记忆国际认同。

正如科瑟在哈布瓦赫的《论集体记忆》导言中所说，"集体记忆在本质上是立足现在而对过去的一种重构"。① 社会记忆的传承与建构是交互演变的，档案在其中扮演着十分重要的角色。

除了各国记忆机构之外，国际组织也基于档案完成了创伤记忆的保存、纪念与传播，然而在这个过程之中也存在着诸多风险。以大屠杀记忆为例，国际组织向世界推广大屠杀记忆的同时，不可避免地遭受到主权国家民族叙事的竞争，不同群体对记忆的建构是有选择性的，犹太民族的聚焦点主要在于纳粹对于犹太人的迫害、痛苦的经历与刻骨铭心的记忆，英国等欧洲国家对于二战记忆更多的是表述残酷的战争场面以及盟国为此而做出的牺牲。作为一种全球象征，大屠杀记忆在传播过程中过度注重其象征意义，将大屠杀叙事纳入国家课程为民族叙事提供辩护，但有时会在一定程度上忽略了历史事件的客观性与准确性。伊姆雷·卡尔特斯（Imre Kertesz）写道："人们谈论它越多，大屠杀似乎变得越来越难以理解……随着时间的推移，大屠杀的沉重负担赋予谈论大屠杀的多种语言形式，但甚至从未触及它的现实。"② 对大屠杀记忆的滥用也是一种不争的事实，主要表现为对大屠杀的偏转与粉饰、大屠杀记忆的产业化、大屠杀记忆的琐碎化等。因此，在传承大屠杀记忆的同时抵制大屠杀记忆被滥用显得同样重要。③

记忆与记忆之间的保存不是相互排斥的，而是相互促进且多向的，因而对一个国家民族创伤记忆的纪念有利于其他国家民族提高对创伤记忆的认知，向全球表达不忘历史、缅怀逝者、祈愿和平的共同价值理念，助力人类命运共同体的构建。档案资源在其中发挥着极其重要的作用，档案部门应该加强与现代

---

① 〔法〕莫里斯·哈布瓦赫：《论集体记忆》，毕然、郭金华译，上海人民出版社，2002，第59页。

② Fracapane, Karel, "International Organisations in the Globalisation of Holocaust Education, "in Zehavit, Gross, E. , Stevick, Doyle, eds. , *As the Witnesses Fall Silent: 21st Century Holocaust Education in Curriculum, Policy and Practice*, Springer, 2015, p. 268.

③ 张倩红、邓燕平：《国际组织对大屠杀记忆的传承》，《历史教学》2021年第6期，第17~29页。

传媒的合作，争取将集体创伤记忆上升至受各国重视且广泛认同的世界记忆高度，而不是任其被遗忘、被扭曲、被篡改或陷入无休止的争论。[①]

二 档案正义论视角下创伤记忆的保存

档案具有双重力量，同一份档案可以用于不同的用途：它既可以是伸张正义的证据，也可以是助纣为虐的推手；既可以支持专制镇压，也可以维护正义诉讼；既能服务于既得利益者的利益，也能成为被压迫者反抗的武器。[②] 伴随着经济的发展与社会主要矛盾的改变，人们对于民主、权利的意识觉醒，想要参与管理的渴望不断增强，社会正义与公平也逐渐成为和谐社会追求的目标。特里·库克（Terry Cook）在其档案学范式研究中指出，档案正从支撑学术精英的文化遗产转变为服务于认同和正义的社会资源。[③] 档案正义研究的开展充分发挥了档案维护社会正义的功能，给弱势群体、边缘声音以表达的机会和途径，是对档案职业责任的明确，也是对档案工作中维护正义与公平的指导。

南非档案学家凡尔纳·哈里斯（Verne Harris）是档案与社会正义研究领域的权威学者。在《档案与正义：南非的视角》（*Archives and Justice：A South Africa Perspective*）一书中，他所提出的"档案追寻正义"的观点为档案正义研究奠定了基础。

哈里斯"档案追寻正义"的思想主要包含五个基本观点：（1）档案工作是反对种族隔离压迫斗争的一个组成部分；（2）档案工作者不是一个公正客观的档案保管员，而是一个支持或者反对压迫制度的记忆活动家；（3）为被种族隔离制度压制而导致的沉默声音和无声叙事创造表达空间，是一种道德伦理上的需要；（4）反对旧南非社会占主导地位的元叙事，建构一个新叙事；（5）档案工作在南非反对种族压迫斗争接近尾声，但维护正义、反对压迫的终局仍然需要档案的参与。[④] 哈里斯以解决"档案为什么要追求正义"的问题为主要目标，将德里达的解构主义方法应用于档案正义研究，在强调档案是构

---

① 陈琴：《档案资源在创伤记忆国际认同中的建构作用及实现路径探析》，《档案与建设》2020年第2期，第14~17+8页。

② 熊文景：《档案正义论》，《档案学通讯》2021年第6期，第109~112页。

③ 〔加拿大〕特里·库克：《四个范式：欧洲档案学的观念和战略的变化——1840年以来西方档案观念与战略的变化》，李音译，《档案学研究》2011年第3期，第81~87页。

④ Harris, V., "Jacques Derrida Meets Nelson Mandela: Archival Ethics at the Endgame," *Archival Science* 11, 2011, pp. 113-124.

建集体记忆、维持社会正义的重要资源的同时，也为南非的档案工作提供了指导性的建议。以"档案追寻正义"为核心命题，提出"为正义而记忆"的观点，并提倡社会积极参与争取平等、公平的正义斗争，通过档案的保存与利用增强认同感，凝聚群体，创造和谐友好的新公众。

美国档案学家兰达尔·吉莫森（Randall C. Jimerson）提出维护社会正义的四个途径："（1）监督社会与政治领袖，使其为自己的行为负责；（2）抵制政治压力以支持、推动开放型政府；（3）通过档案工作纠正社会不公平现象；（4）通过记录社会弱势群体和培育民族与社会认同感来维护社会正义。"[①] 以上结论为我们了解档案资源在维护公平公正、抵制权力滥用、构建正义社会中的作用机制提供了理论上的支撑，同时也对档案工作中的实践应用进行了策略规划。

"档案责任与职业伦理就是恪守诚实、公平、真实、专业的原则，在档案和记忆的实际工作中，档案工作者和文件管理员必须立场坚定，勇于为社会和未来负责，保护文件和文件保管体系的完整性和真实性。"[②] 面对可能出现的不公或威胁，档案工作者应该承担起责任，以档案为证，揭露真相，拒绝权力的操控，成为社会公平与正义的守护者。

2013年温迪·达夫（Wendy M. Duff）等人在具体分析了档案与正义的关系之后，探索了研究社会正义的档案学方法。他认为，档案构建、塑造和衍生社会记忆总是偶然的、可竞争的、可重塑的，且政治与权力总是参与在过程中；档案与档案实践总是存在于权力语境中（无论是政治的、经济的，还是组织的、个人的）。[③] 在对社会正义进行理解之后，认识到社会正义仍然是不稳定的，会受到空间、时间和文化背景等因素的影响，并伴随着强烈紧张的历史斗争，特别是在平衡个人自由与社会共同利益方面。接着对社会正义中的档案资源进行分析，得出档案与社会正义之间的多重联系以及风险挑战，并提倡利用档案资源抵制排斥和边缘化，消除沉默和不平等。最后提出了档案—社会正义的研究框架并阐明档案对社会正义的影响是复杂多元的，可能对不同群体

---

① Jimerson, R. C. , "Archives for All: Professional Responsibility and Social Justice, "*American Archivist* 2, 2007, pp. 252–281.

② 付苑：《档案与社会正义：国外档案伦理研究的新进展》，《档案学通讯》2014年第4期，第4~9页。

③ Duff, Wendy M. , et al. , "Social Justice Impact of Archives: a Preliminary Investigation, "*Archival Science* 13, 4, 2013, pp. 317–348.

产生不同的结果，这些结果可能是积极的或消极的、永久的和实质性的，也可能是部分的和可逆的。

达夫等人对于档案与正义两者间的关系分析的框架研究审视了社会记忆建构的模式，对档案影响社会正义的因素和方式进行揭示，通过构建研究框架实现对档案与社会正义的考察，完成阐明档案为何被认为影响社会正义、档案工作如何服务于社会正义的目标，是具有创新性与系统性的一次研究突破。

国外学者的理论研究提出了对社会正义基本特征的新认识，扩展了档案伦理与社会正义的新内容，建构了研究档案与社会正义的新框架。[1] 而国内对于档案正义论的研究也在不断发展。付苑对国外档案伦理研究进行梳理，从哈里斯、吉莫森、华莱士等人的理论著作中提炼观点，从理论与实践两个方面分析档案与社会正义的关系，提出"档案工作的社会责任是确保政府开放和社会的公平"。[2] 姚芹以社会正义的取向为基点，从档案工作、档案人员、档案本身三个方面进行分析，阐明维护正义是档案追求的一种积极价值，是档案职业伦理的补充。[3] 陆阳基于实质正义观与程序正义观的冲突对档案与档案事业进行考察，得出"恪守程序正义，追求实质正义，直至两者深度融合"的结论。[4] 丁然、丁华东则从历史正义的层面呼唤档案的时空责任，期待以档案记忆的构建与重塑机制达成促进施害者与受害者和解，推动世界和平发展的美好愿望。[5] 而王笛则以社会正义的取向难以界定为由，对档案正义的理论与档案正义的驱动力进行探究，质疑正义是否可以成为档案研究与发展的方向，为档案正义论的发展提供了批判性的思维。[6]

美国社会学家杰弗里·亚历山大提出了"文化创伤"理论，认为通过建构文化创伤，还原历史真相，能让集体、社会、国家甚至整个文明了解人类苦难的存在和根源，把创伤记忆扩大到了更大的群体，形成了更广泛的社会认

---

① 付苑：《档案与社会正义：国外档案伦理研究的新进展》，《档案学通讯》2014 年第 4 期，第 4~9 页。
② 付苑：《档案与社会正义：国外档案伦理研究的新进展》，《档案学通讯》2014 年第 4 期，第 4~9 页。
③ 姚芹：《论维护社会正义与档案职业伦理的关系》，《山西档案》2019 年第 4 期，第 48~53 页。
④ 陆阳：《档案伦理与社会正义关系研究的深层解读——基于实质正义观与程序正义观的冲突》，《档案学通讯》2020 年第 6 期，第 22~30 页。
⑤ 丁然、丁华东：《档案在历史正义中的时空责任》，《档案学研究》2021 年第 1 期，第 18~22 页。
⑥ 王笛：《档案正义论质疑》，《档案管理》2017 年第 4 期，第 14~17 页。

同。这些形成广泛认同的社会群体就会担起道德责任，分担他人的苦难，获得反思现实甚至建构未来的能力，最终发挥维系社会正义和团结的作用。① 德国学者阿莱达·阿斯曼提出创伤记忆能够带给社会大众一种"感性真实"，而这种"感性真实"使得未曾亲历过创伤事件的人有了亲历者的感觉，并由此引发了社会对战争、暴力、冲突的反思。② 足以见得，保护与记录创伤记忆在维护历史正义、还原历史真相、纪念以及关怀亲历者方面的重要地位。

当今社会有相当数量的群体对国家和民族的创伤知之甚少，甚至一小部分人做出了伤害民族感情、威胁历史正义的行为。针对这一现象，档案部门急需采取行动，充分利用创伤档案资源建构创伤记忆，还原当时国家和民族遭受的创伤，让更多的人能够了解历史真实情况，正确认识创伤事件，珍惜当下，铭记创伤。③

三 案例：《南京大屠杀档案》入选遭遇的阻挠

《南京大屠杀档案》入选世界记忆遗产实际上是在完成"民族记忆"向"世界记忆"的转变，通过真实可靠的文献搭建历史沟通的平台来寻找共同性，将以苦难和创伤为基调的屠杀记忆重构、固化为超越民族、国家研究框架的"共同记忆"，使国家之间可以在某一部分联通，吸取经验和教训，促进沟通与理解，实现未来世界的和平。

（一）简介及背景

2015 年 10 月，由中国申报的《南京大屠杀档案》正式入选《世界记忆名录》，11 组档案全部为记录侵华日军南京大屠杀的第一手史料，"具有无可争辩的权威性和真实性"，同时，"这些确凿的证据也对国际社会产生了深远的影响，帮助世界各国人民更好地理解战争的残酷性"。④ 然而，日本政府对于

---

① 〔美〕杰弗里·C. 亚历山大：《迈向文化创伤理论》，王志弘译，《文化研究》2011 年第 1 期，第 26 页。
② 〔德〕哈拉尔德·韦尔策编《社会记忆：历史、回忆、传承》，季斌、王立君等译，北京大学出版社，2007，第 59 页。
③ 李胜文：《档案馆社会创伤记忆建构研究》，硕士学位论文，山东大学，2019，第 22 页。
④ UNESCO, "Nomination Form International Memory of the World Register Documents of Nanjing Massacre," 2014, https://en. unesco. org/sites/default/files/china_ nanjing_ en. pdf, accessed: 2023 – 08 – 06.

中国的此次申报以及联合国教科文组织的评选提出质疑。日方多次以质疑档案真实性为由要求中国撤回申报，同时还试图派遣日本的资料鉴定专家前往协助调查，但这些都没有改变最终的结果。

在《南京大屠杀档案》成功入选《世界记忆名录》的同时，《"慰安妇"档案》的申遗之路却受尽阻挠。联合国教科文组织在审定会议后指出，中国《"慰安妇"档案》申遗完全符合世界记忆遗产的申报规定，但考虑到"慰安妇"的受害国不止中国，其他国家也希望申遗，因此建议明年联合申报。这实际上是一次政治妥协。为避免日本的国际形象受损，日本官房长官菅义伟称"将全力应对，避免联合国教科文组织被政治利用"，为阻止"慰安妇"资料申遗成功，将加强对联合国教科文组织做工作。① 随后，作为联合国教科文组织最大的资金来源国，日本政府以缺乏"透明度和公平性"为由，以拒缴会费相要挟，向联合国教科文组织施压，要求对世界记忆项目的申报机制进行改革。在日本的影响下，联合国教科文组织于 2018～2019 年召开数次会议对项目进行"全面审查"，原本应于 2019 年进行的新一轮《世界记忆名录》评审暂缓，世界记忆项目发展受阻，进入停滞阶段。②

（二）日方的质疑与指责

首先，日方质疑南京大屠杀的真实性与遇难人数。

日本政府对于中国的此次申报以及联合国教科文组织的评选提出质疑。日方多次以质疑档案真实性为由要求中国撤回申报，但是遭到了拒绝。日方认为，关于南京大屠杀的所谓主要争议是死亡人数。然而，关于"30 万人以上"遇难的结论，事实上经历了长期的历史考察和检验，是我国官方和学术界的主流观点。"因为日军销毁证据，因为战争年代的动乱，南京大屠杀的遇难者中，许多人的姓名和身份至今无法得知，但遇难者人数达 30 万以上，却是无法抹杀的事实"③。日本政府承认这起屠杀事件，承认许多中国士兵和平民被日军杀害，但否认中国对死亡人数的认定。据此，日本政府一直反对该项世界

---

① 孙梦文：《中韩等就"慰安妇"资料联合申遗，日方声称全力阻止》，澎湃新闻，2016 年 6 月 9 日，https://www.thepaper.cn/newsDetail_forward_1481239，最后访问时间：2023 年 8 月 6 日。

② Edmondson, R., Jordan, L., Prodan, A. C., *The UNESCO Memory of the World Programme: Key Aspects and Recent Developments*, Springer Nature Switzerland AG, 2020, p. 103.

③ 《南京大屠杀：人类历史黑暗一页》，人民网，2018 年 12 月 6 日，http://politics.people.com.cn/n1/2018/1206/c422645-30447448.html，最后访问时间：2024 年 2 月 2 日。

记忆项目的提名。

其次，日方指责中国"破坏友好关系"。

在多次以质疑档案真实性为由要求中国撤回申报被拒后，日本政府更是以影响中日关系为托词，企图否认历史，认为在中日两国正努力改善关系的时期，中国的做法是在试图"破坏"两国过去所做的尝试，试图以一种"政治的方式去打击日本"，以及"干预、引导人民对日本的仇恨"。日本内阁官房长官菅义伟公开表示，该申遗行为是对中日历史中负面遗产的重提与强调。①日本政府企图以"中日友好""面向未来"等为借口漠视历史，拒不承认曾对中国人民犯下的罪行。作为回应，中国外交部称，这些提名反映了"铭记历史、珍惜和平、避免类似暴行再次发生"的需要。

最后，日方质疑世界记忆项目专家的能力以及决策与审查的公平性、透明性。

在申报过程中，日本政府曾数次联系驻华大使馆向中国政府表达抗议，要求中方撤回申报。同时还试图派遣日本的资料鉴定专家前往协助调查，但这些都没有改变最终的结果。2015 年 10 月 9 日，联合国教科文组织正式宣布将包括《南京大屠杀档案》在内的 47 个新项目收录为世界记忆遗产。

在阻挠《南京大屠杀档案》入选《世界记忆名录》失败后，日本转而将攻击的矛头对准了项目的决策与审查制度。10 月 13 日，日本内阁官房长官菅义伟在记者会上对联合国教科文组织"只以中方意见为主"，阻止日本看到中方提交档案内容的行为与态度进行指责，认为"决策和审查过程缺乏透明度，不允许他方参与有在进行暗箱操作的嫌疑"。②世界记忆项目所采用的是专家导向制度，且负责推荐世界记忆项目名单的专家并不是历史学家，而是图书馆学专家和档案学专家。菅义伟因此质疑国际咨询委员会的 14 名成员是否能够对提名文件进行准确的评估。③

日本针对项目专家的质疑，源于"在许多国家，文献遗产与历史论述密

---

① 《日本蛮横要求中国撤回南京大屠杀和慰安妇申遗》，环球网，2015 年 10 月 5 日，https://mil. huanqiu. com/article/9CaKrnJQgZS，最后访问时间：2024 年 1 月 8 日。

② 高梦蝶：《〈南京大屠杀档案〉入世遗 日本威胁停止或削减经费报复》，央广网，2015 年 10 月 14 日，http://m. cnr. cn/news/20151014/t20151014_520143430. html，最后访问时间：2024 年 1 月 8 日。

③ Nakano, R. , "Japan's Demands for Reforms of UNESCO's Memory of the World: The Search for Mnemonical Security, "*Cambridge Review of International Affairs*, 2020, p. 10.

不可分……与文献有关的专家的社会地位和评价低于历史学家, 历史学家在各种场合都被认为能提供强有力的政治依据。除非历史学家对文献进行研究, 否则文献本身并不重要, 与文献相关的专家必须为其服务"。① 一名日本内阁成员评论说: "做出决定的小组 (使《南京大屠杀档案》评审通过) 由文献遗产保存方面的专家组成, 而不是可以检查内容真实性的历史学家, 这是一个问题。"②

为了表达不满, 重新夺回话语权, 日本政府以停止缴纳会费相要挟, 向联合国家教科文组织施压, 要求对世界记忆项目的申报机制进行改革。日本文化部长在 2015 年联合国教科文组织大会上发表讲话, 呼吁改善世界记忆项目的治理、提高透明度, 并特向总干事重申了这一点, 理由是日本政府和社会施加压力, 要求停止或减少其向联合国教科文组织缴纳会费。虽然这只是一个可能措施的表达, 但它对经费紧张的联合国教科文组织是一个威胁, 自 2011 年以来, 该组织失去了美国的捐款, 日本成为其最大的资助国,③ 如果再失去日本的捐款, 联合国教科文组织将面临严峻的经济危机。

(三) 各方回应

这场冲突既不是突然发生的, 也不是预料之外的。与联合国教科文组织的其他遗产项目相比, 世界记忆项目的运作非常开放, 而这种开放精神却被部分国家公然利用。

首先, 从档案真实性来看, 申报材料均属原始档案, 既经过我国多个历史档案馆的严格筛选、甄别, 也通过了联合国教科文组织有关委员会的慎重审查。侵华日军南京大屠杀遇难同胞纪念馆史料研究部研究人员张国松曾通过口述史证言、档案文献等资料, 追寻母本史源, 并参以相关文字影像资料, 对16 帧南京大屠杀罪证照片的真实性进行考证, 充分证实了其为审判日本战犯

---

① Edmondson, R., Jordan, L., Prodan, A. C., *The UNESCO Memory of the World Programme: Key Aspects and Recent Developments*, Springer Nature Switzerland AG, 2020, p. 94.

② Kiyoshi Takenaka, "Japan may Halt Funds for UNESCO over Nanjing Row with China," October 13, 2015, https://www.reuters.com/article/us-japan-china-nanjing/japan-may-halt-funds-for-unesco-over-nanjing-row-with-china-idUSKCN0S70G320151013/, accessed: 2024-01-16.

③ Nuland, V., "US Department of State Daily Press Briefing," October 31, 2011, https://2009-2017.state.gov/r/pa/prs/dpb/2011/10/176434.htm, accessed: 2019-01-27.

的重要物证，具有珍贵的档案史料价值。① 除此之外，身处国际安全区的金陵女子文理学院舍监程瑞芳的日记、美国牧师约翰·马吉的 16 毫米摄影机及其胶片母片、南京军事法庭审判日本战犯谷寿夫的判决书正本、美国人贝德士在南京军事法庭上的证词以及南京大屠杀幸存者陆李秀英的证词等②作为《南京大屠杀档案》的组成部分，均记录下了历史真相，形成完整的证据链，成为持续与否定南京大屠杀的势力作斗争的最佳证明。中国第二历史档案馆副馆长马振犊也曾表示，对于侵华日军南京大屠杀，位于南京的中国第二历史档案馆馆藏有着系列、完整的档案记载，具有唯一性、真实性和高度的证据性，完全符合联合国教科文组织对世界记忆项目的申报要求。③

其次，从申报意图来看，此次申遗的目的是牢记历史，珍惜和平，捍卫人类尊严，以防止此类违人道、侵人权、反人类的行为在今后重演，而并非日方所描述的"旧事重提""破坏中日友好关系"。随着申报世界记忆遗产工作的推进，16 帧记录侵华日军罪证照片等珍贵的南京大屠杀档案，将从中国档案文献遗产上升到世界记忆遗产，由一个国家和民族的历史上升到人类共同的记忆，让世界人民了解并牢记南京大屠杀这一人类文明史上的负面遗产，彻底认清并批驳日本右翼否认南京大屠杀以及美化对外侵略历史的谬论。④ 反观日本右翼势力为达成某种政治目的，罔顾历史事实，肆意歪曲南京大屠杀史实的做法，才是将南京大屠杀历史"工具化""政治化"的极端表现。⑤ 作为一件文献遗产，《南京大屠杀档案》的申遗是对历史的尊重、生命的敬畏与和平的珍视，其凝结的世界记忆对全人类意义非凡。

最后，从申遗程序来看，针对日本政府对专家能力以及名录评审公平性、透明性的质疑，世界记忆项目与我国均有所回应。世界记忆名录小组委员会

---

① 张国松：《国家公祭与申遗视域下的南京大屠杀罪证照片之检证》，《档案与建设》2014 年第 12 期，第 55~60 页。

② 陈平：《南京大屠杀档案申报〈世界记忆遗产名录〉始末》，《公共外交季刊》2015 年第 4 期，第 91~95+128 页。

③ 徐珊珊：《专家谈南京大屠杀档案"申遗"成功：从中国记忆到世界记忆》，中国新闻网，2015 年 10 月 10 日，http://www.xinhuanet.com/politics/2015-10/10/c_128304491.htm，最后访问时间：2023 年 12 月 26 日。

④ 张国松：《国家公祭与申遗视域下的南京大屠杀罪证照片之检证》，《档案与建设》2014 年第 12 期，第 55~60 页。

⑤ 李昕：《南京大屠杀文化记忆国际传播的理念及其内在逻辑》，《日本侵华南京大屠杀研究》2019 年第 4 期，第 4~13+135 页。

（RSC）的报告显示，2014～2015 年的游说活动是前所未有的：在评估过程中，联合国教科文组织总干事、联合国教科文组织工作人员和名录小组委员会成员承受了巨大压力……名录小组委员会强调，"评估过程是严格保密和公正的，名录小组委员会的任务是评估提名是否符合选择标准。就游说活动与政治干预而言，名录小组委员会对不断增长的压力表示担忧，并指出这可能会损害世界记忆项目计划的完整性"。① 而关于专家评审的客观性和平等性，"世界记忆项目关注的是原始资料的保护和利用，而不是对资料的解读或历史争端的解决。这是历史学家、研究人员和其他相关方的职责所在。联合国教科文组织不对历史事件的解释提出异议，也不偏袒任何一方。"② 此外，中国外交部发言人华春莹也就此问题回应称，联合国教科文组织在《南京大屠杀档案》申报《世界记忆名录》问题上秉持了客观公正的立场，南京大屠杀是第二次世界大战中日本犯下的严重罪行，是国际社会公认的历史事实，中方有关的申报材料完全符合《世界记忆名录》的评审标准，申报的程序完全符合联合国教科文组织的有关规定，日方可以威胁削减对联合国有关组织的经费，但是日方抹不去的是它历史上的污点，而且只会越抹越黑。③

第三节　和解、妥协还是遗忘——如何安放人类经历的创伤之痛

可以宽恕，但不可以忘却。

——约翰·拉贝

一　和解：是不是对被伤害群体的"不尊重"

日本国际关系史学家小菅信子在《战后和解》（*Postwar Reconciliation*）中

---

① UNESCO, "12th Meeting of the International Advisory Committee of the Memory of the World Programme," October 4-6, 2015, https://unesdoc. unesco. org/ark: /48223/pf0000265143, p. 5, accessed: 2024-01-08.

② Edmondson, R. , Jordan, L. , Prodan, A. C. , *The UNESCO Memory of the World Programme: Key Aspects and Recent Developments*, Springer Nature Switzerland AG, 2020, p. 26.

③ 高梦蝶：《〈南京大屠杀档案〉入世遗 日本威胁停止或削减经费报复》，央广网，2015 年 10 月 14 日，https://china. cnr. cn/qqhygbw/20151014/t20151014_520143430. shtml，最后访问时间：2023 年 12 月 26 日。

曾解释说："通过铭记过去来为冲突画上句号，是一种相对现代的建立和平的途径。"这种和解往往建立在加害国对历史罪行进行真诚反省和忏悔的基础上，然而现实的利益考量和功利算计往往超越了单纯的道德追求。① 由于涉及战败或对加害行为的羞耻感，国家往往会以"和解"为借口粉饰太平，对历史事实加以修饰而构建符合需求的记忆，以达到塑造、稳固国家形象的目的。此时，所谓"和解"不过是一种伤害，是对受害者的不尊重，对历史真相与历史正义的漠视，也是对国家记忆安全的损害。

世界记忆项目被视为"联合国教科文组织文化遗产旗舰项目的新生同胞，属于同一个大家庭，但拥有独一无二的特色"。②《世界记忆项目总方针》曾反复强调，"世界记忆遗产属于全人类，要最大限度地实现文献遗产及其数字资源的获取和使用，通过制定和更新立法，以及多样化的宣传保证其目标的实现"。③ 并且，世界记忆项目也曾公开表达过对困难遗产的接纳，期待多元不同的声音。

对于一个经历过战争的国家而言，记忆是有伤痕的，因为它的产生就是基于亲历者分离的家庭、牺牲的鲜血和被控制的人生。它包裹着每一份独特的情感，可以引起人们强烈的情绪和对情景的感知与回忆。而在和平年代的后代子孙是基于想象完成对于战争与屠杀的记忆构建的，他们的创伤不是直接性的，而是来自对体验的复述。④ 这种带有情感的记忆可以警示人们永远不要再制造这些苦难，珍惜来之不易的和平，这一点与世界记忆项目中"于人之思想中共筑和平"的想法不谋而合。

作为带有一定负面情绪的遗产，困难遗产时常成为遗产保护中各国争论的焦点。作为真实的记录，困难遗产可以较快地建立起过去、现在与未来之间的联系，唤起群体对于当时历史事件的情感共鸣，加深现在与未来的凝聚团结。而从社会公平与历史正义的角度而言，正确处理困难遗产可以促进对于错误行为的改正与

---

① 王高阳：《与宿敌为友：国家间和解的政治经济学》，《国际安全研究》2021 年第 6 期，第 104～130+155～156 页。

② Apaydin, V., *Critical Perspectives on Cultural Memory and Heritage: Construction, Transformation and Destruction*, UCL Press, 2020.

③ MoW Guidelines Review Group, "UNESCO Memory of the World Programme, General Guidelines Final Draft," https://en. unesco. org/sites/default/files/iac_ 2017_ 13th_ mow_ general_ guidelines_ with-cover_ en. pdf, accessed: 2021-04-02.

④ 赵静蓉：《文化记忆与身份认同》，生活·读书·新知三联书店，2015，第 93 页。

承担，寻求理解与沟通。以善于"自省"的德国为例，建造柏林被害犹太人纪念碑，保护魏玛布痕瓦尔德集中营遗址并建造纪念馆，都是在利用困难遗产达成"以史为鉴"的目的，通过博物馆、纪念馆、展览、影片等形式把参观者带入情境，将观者与被观者融合起来，帮助理解战争历史，创造原谅与和解的条件。

然而，德国并不是从一开始就学会真正的"和解"与"尊重"的。在二战结束后，德国也曾经选择消除纳粹遗产，或者选择性拆除纳粹建筑，对其实行半毁灭，纽伦堡希望抹掉纳粹历史的所有痕迹，不再与纳粹主义有任何关系，恢复到纳粹以前的纽伦堡，使得城市与民众能够继续前进与生活。在1970 年遗产保护工作正式开始后，完全排斥回避的想法逐渐转变为"让纳粹建筑处于闲置的状态"或"利用原有的纳粹建筑进行新的商业用途的商业主义"，但最后均被否决。此时，德国人才逐渐认识到要公开承认这些纳粹历史并解决这些棘手问题，将纳粹遗产作为对现在和未来的警告。① 就此可以得出，面对困难遗产的处理，将一些苦痛的历史坦然地置于公共文化场所之中，在认真保存历史记忆、集体记忆的同时，也可以引发人类的思考，为"加害国"承担责任提供了途径，也为国家间互相理解、共建和平架起了沟通的桥梁，这才是寻求"和解"的正确态度和做法。

然而，并不是所有国家都可以坦然面对创伤记忆带来的影响，因此当困难遗产越来越受到大众关注时，世界遗产领域就逐渐被染上了政治色彩，政治问题常常披着技术的外衣影响项目的开展。以特殊政治手段干涉遗产项目的评定会对遗产本身的价值造成伤害，既是对历史的不尊重，也是对正义的忽视。2015 年，俄罗斯曾对日本"返回舞鹤港——与遣返日俘有关的文献（1945～1956）"入选《世界记忆名录》提出抗议，认为日方是在"政治利用联合国教科文组织"。日方却辩解称"是与俄罗斯合作推进申遗"，否认指责并拒绝撤回申请。② 而同年，日本政府在中国对《南京大屠杀档案》与《"慰安妇"档案》申遗时进行了各种干扰与施压，不断以"中日友好""面向未来"等为借口漠视历史，拒不承认曾对中国人民犯下的罪行。

政治立场的天然不同导致了各国对于记忆叙事的不同态度，这直接影响了

① 谢欣：《"困难遗产"的学术维度与批判性思考》，硕士学位论文，中央民族大学，2020，第21 页。

② 马丽：《俄罗斯要求日本撤回入遗的西伯利亚扣留相关档案》，环球网，2015 年 10 月 20 日，https://world. huanqiu. com/article/9CaKrnJQJhx，最后访问时间：2022 年 1 月 21 日。

对于遗产的处理，同时也违背了对于历史事实的尊重与社会正义的坚守之心。而从遗产本身来看，这让本就可能具有某些争议的困难遗产陷入了一个不适合生存与发展的环境，困难遗产的保护与利用受政治干扰严重，进而历史正义得不到维护，世界记忆项目也因此发展受阻。

以促进文献遗产的保护与获取为首要目标，世界记忆项目的建立其实蕴含着丰富的人文理想——找寻逝去的记忆。随着文献遗产揭示出的鲜为人知的历史细节被公之于世，人们了解历史真相的知情权得到保障，而历史记忆中展现的正义、自由、和平与抗争也将成为鼓舞各族人民不断前行的动力。[1] 倘若为了私欲和利益企图篡改历史，将具有全球性意义的遗产"政治化"，那么国家间的关系也将变得更加难以调和，共建和平的愿望也将只是一句"口号"。"和解"是为了更好地一起面对未来，绝不是粉饰历史、美化形象的托辞，更不能成为国家历史仇恨重燃的导火索。

二 妥协：缺乏创伤记忆是不是"完整的"世界记忆

因反映二战期间日军暴行的奥斯卡获奖电影《桂河大桥》而为世人所熟知的泰缅铁路，曾一度在泰国国内成为争议焦点。鉴于这条铁路的重要历史价值，泰国政府在北碧府举行听证会，以"为了让人类不再犯同样的错误"为由，明确表示将向联合国教科文组织提出申遗。然而，申遗被拒引发了泰国政府的不满，当被问到是否会与其他国家发生冲突时，来自泰国文化部的一位代表称，他不认为这个问题具有什么相关性。他质疑，为什么欧洲的第二次世界大战遗址可以进入名单，而亚洲的不行？[2] 这无疑将政治权力干预遗产项目与欧洲例外主义的问题重新摆上台面。

是否应该因为政治争议而放弃"记忆"？泰国政府给出的答案是"不"。泰国美术部并不考虑联合国教科文组织的态度，只想将申遗材料做得更加充分。这是国家对于完整历史的尊重与历史正义的渴望，是希望"让历史复活"的决心。然而，在申遗过程中也不断有民众提出，若使用"死亡铁路"字样，可能会导致原本友好的泰国和日本产生历史问题上的摩擦。在现实中，文化和

---

① Edmondson, R., Jordan, L., Prodan, A. C., *The UNESCO Memory of the World Programme: Key Aspects and Recent Developments*, Springer Nature Switzerland AG, 2020, pp. 125-126.

② 〔澳〕林恩·梅斯克尔：《废墟上的未来：联合国教科文组织、世界遗产与和平之梦》，王丹阳、胡牧译，译林出版社，2021。

遗产已经变成工具，它们不仅燃起旧恨，还可能引发新仇，在联合国教科文组织内，在全球范围内，这样的戏码正在上演；而在该组织"温和的"国际协议的框架内，强国总是有理的。①

事实上，真正的"妥协"绝对不是对历史事实的妥协，而是寻找一种综合、连贯的方式来理解受害者、施害者、见证人。矛头对准的是战争和罪责行为本身，而非这场战争中的个人。② 这是"世界记忆"存在的价值，反思过去，警示当下，放眼未来。因为强权而妥协是对创伤记忆的放弃，这意味着舍弃了部分群体曾经共同经历的历史和苦难，只保留了筛选后需要被巩固的记忆。若不能保证"保持不同文化的独立、完整和丰富的多样性"，那么缺乏创伤记忆是否还算完整的"世界记忆"？

在一系列文化遗产项目中有一条评估遗产价值的核心标准——"突出普遍价值"，其意义在于能借此判断并保护不同文明在不同历史时期的文化成果，而不是区分遗产价值的高低。③ 这一方面反映出对于人类社会存在普遍价值观这一事实的坚定信念；④ 另一方面，也证实提倡世界遗产的多元化并不意味着否认建设"人类共同遗产"的团结志向与实现世界和平的美好愿望。日本政府对于《南京大屠杀档案》的入选提出质疑，说明了在一个缺乏共同记忆的世界里，追求全球遗产的难度。日本推行"历史修正主义"以面对历史身份认同不受控的可能性，以"纪念"之名将战争模糊化，借"和平"之愿替代承担与反省，成为日本对待战争记忆的一大特征。这种矫饰欺瞒的叙事态度应该引起警惕，这在很大程度上削弱了文献遗产的价值，使其成为政治与外交的工具，同时也阻碍了世界共同记忆的构建。

在世界记忆项目进行"全面审查"时曾有专家提出："如果我知道对提名的评判不仅基于其内在的优点和意义，而且也基于其目前的政治接受程度，那

① 〔澳〕林恩·梅斯克尔：《废墟上的未来：联合国教科文组织、世界遗产与和平之梦》，王丹阳、胡牧译，译林出版社，2021。
② 〔美〕桥本明子：《漫长的战败——日本的文化创伤、记忆与认同》，李鹏程译，上海三联书店，2019。
③ UNESCO, "The World Heritage List: What is OUV? Defining the Outstanding Universal Value of Cultural World Heritage Properties, "https://www.icomos.org/publications/monuments_and_sites/16/pdf/Monuments_and_Sites_16_What_is_OUV.pdf, accessed: 2021-04-03.
④ 张朝枝、蒋钦宇：《批判遗产研究的回顾与反思》，《自然与文化遗产研究》2021年第1期，第81~91页。

么我会怀疑，例如，《世界记忆名录》的可信度和地位。我更想知道的是，如果我发现曾经入选名录的遗产也因为这些原因被追溯性地清除了，对研究、对项目和联合国教科文组织会产生什么样的后果？"① 此番言论道出了对于创伤记忆与困难遗产无处安放的担忧。倘若名录真的不再接受带有负面性质的历史遗产，那么多元记忆如何保存？完整性、客观性与平等性又如何保证？

在面对边缘化、不受重视甚至是被排斥的记忆时，困难遗产的出现被赋予了全新的意义，不是彰显仇恨或追诉罪行，而是寻求理解、宽恕与和平，通过构建记忆于未来起到警示与启迪的作用。尽管困难遗产中涉及大量战争、奴役、疾病、天灾等创伤记忆，是人类不愿再揭开的"伤疤"，然而记录在载体上的事实可以通过复刻、展演的形式重现历史真相，削弱身份焦虑感，为弱势群体、边缘声音提供表达的机会和途径，避免集体遗忘症的发生。

从认同角度而言，困难遗产帮助完善身份信息，增进文化归属感和安全感。认同的建构是在特定的话语中展开的，"国家身份是以特定的叙事手段制造出来的"。② 完成文化认同除了要认同共性之外，也要认异，即将自身的文化与他人的文化区别开，从而形成自己独特的文化认知。一方面，困难遗产可以弥补过去身份塑造中缺失的部分历史背景，创造更加生动、全面的集体形象，从而赢得国家内部的认同；另一方面，困难遗产可以帮助国家在国际舞台上完成文化展示，宣扬民族精神，在实现沟通与理解的同时得到国际社会的认可。

而从情感与正义角度而言，困难遗产促进问责与和解，完成消极因素的正向转化。记忆是鲜活且生动的，它蕴含着丰富的情感，易于引发群体共鸣。于个人而言，记忆以叙事构建情感纽带连接起过去与现在，在接纳困难遗产的过程中可以完成对历史事实的体悟，将从中提取的民族认同与文化自信根植心中，成为内在精神的动力与源泉。于国家而言，困难遗产以档案文献为材料构建集体记忆，凝聚民族力量，同时推动国家间的沟通与和解，促进对历史罪行的问责，用坦诚的方式减少负面因素的影响，实现不同文化的包容尊重、互鉴互赏。

---

① Edmondson, R., Jordan, L., Prodan, A. C., *The UNESCO Memory of the World Programme: Key Aspects and Recent Developments*, Springer Nature Switzerland AG, 2020, p. 314.

② 吴玉军、刘娟娟：《总体国家安全观视域下的文化认同问题》，《中国特色社会主义研究》2018年第 5 期，第 47～54 页。

在经历《南京大屠杀档案》与《"慰安妇"档案》申遗过程之后，世界记忆项目的专家曾表达了"希望世界记忆项目仍然是历史叙述中被忽视或被主流政治势力所禁止的文献遗产的安全避难所"的美好愿望。而在2021年版《世界记忆项目总方针》中，尽管删除了对入选遗产内容保持中立性的明确表述，但仍然坚持"世界记忆项目关注的是原始资料的保护和利用，而不是对资料的解读或对历史争端的解决"的初衷。将对文件进行阐释研究的责任交给了历史学家和其他研究人员，实际上也是希望世界记忆项目能够坚持中立且客观的导向，避免遗产项目受到政治因素的干扰。世界记忆项目并未想要试图挑起国家间的纷争，或是驳斥、否定某一方的叙事，而是想要找寻人类的共同记忆，形成一个"记忆共同体"，通过正确理解伤痛来帮助人们更好地面对未来。

三　遗忘：不能被记录的创伤记忆何去何从

人以什么理由来记忆？徐贲回答道，人以人性道德的理由来记忆。对于人类共同的灾难，记忆研究最关心的不是我们"愿意"记忆什么，而是我们"有道德责任"记忆什么。认真对待过去的严重伤害要依靠"宽恕"，而不能要求"遗忘"，更不能强迫遗忘。"对于任何一个受了伤害的人，不能既要求他宽恕，还要求他忘记伤害。"创伤记忆与困难遗产入选世界记忆项目，可以被看作全人类为了防止未来再度发生过去的灾难而做出的共同努力。

桥本明子曾言："铭记过去已经成为缔造集体认同感的一种关键实践。"[1]国家认同并不是与生俱来、一成不变的；相反，它"被持续地生产着，并在历史和现实的语境中不断变迁"。[2] 因此，对国家认同连续性的追求，进而对其身份的追求，在很大程度上取决于历史叙事。当他们在本体上不安全时，叙事凭借其记载作用与动员能力成为重要角色。历史叙事可以看作对于遗产与档案文献资源的挖掘与开发，一方面，遗产资源在这个过程中进行了内容再现，使其得到了有价值的、超越时空的利用；另一方面，文献资源与各类媒介进行结合有助于历史记忆的展演，扩大了历史的传播范围，也促进了记忆的国际认同。然而由于立场不同，历史事实与历史叙事的矛盾难以实现调和，并逐渐从

---

[1] 〔美〕桥本明子：《漫长的战败——日本的文化创伤、记忆与认同》，李鹏程译，上海三联书店，2019，第7页。

[2] 吴玉军、顾豪迈：《论历史叙事与国家认同建构》，《中国德育》2017年第13期，第32~35页。

历史、遗产领域延伸到了教育、文化领域。"遮羞式叙事"成为部分国家面对创伤记忆的直接解决办法。有选择性地擦除或删改一些内容，只呈现需要的部分，实则是试图挑战历史真实性，维护自身政治利益，是"集体遗忘"的表征。

历史叙事是主观性的、可建构的，但它是受历史事实约束的、"戴着镣铐"的叙述，必须尊重历史事实，而不能靠着想象力去创作。[1] 以战争记忆为例，倘若"加害国"只是引导人民关注战争中的伤亡与痛苦，而不愿承认过去所犯下的错误，则会形成国家与个人对战争责任的淡化。久而久之，其构建的集体记忆会与"受害国"的创伤记忆发生碰撞，对历史真相造成严重冲击。加害者不再企图逃避或篡改历史，受害者不再记着仇恨或报复，第三方也能从战争记忆中反思并汲取教育意义，这才是未来世界发展中最为需要的格局。

目前，部分学者提出"多元化叙事"的方式，鼓励更多的声音参与困难遗产与历史问题的表达，试图以更大范围地覆盖和梳理来解决国家间的记忆安全问题。然而，部分"多元化"观点的提出并未以保护历史记忆为目的，只是为了"选择性遗忘"，将真相隐于各类加工之中。长此以往，努力建立起的国家形象会受到消极影响，民族精神的传承与历史正义的构建也会遭受冲击，身份认同将会在冗杂的信息中被动摇，困难遗产的保护也将难以推进。

2021年4月，经过修订的《总方针》在联合国教科文组织执行局（Executive Board）第211届会议上正式审议通过，《世界记忆名录》在7月开启了新一轮的评审，并于2023年公布了新入选《世界记忆名录》的64项文献遗产。

通过条款内容的变化可以发现，这次对《总方针》的修订主要是针对评审专家、评审程序进行了规范，并且对困难遗产的入选增加了关注。在8.6特殊程序中规定，"当只有与某一提名相关的成员提出的争议才会予以考虑"，由此避免了过多个人喜好倾向的影响。当遗产项目受到质疑时，秘书处将在争议各方间建立对话进程，积极完成提名者与提出异议成员间的沟通。倘若双方对话并未达成决议，则会由秘书长任命一名中间人进行协调，

---

[1]　吴玉军、顾豪迈：《论历史叙事与国家认同建构》，《中国德育》2017年第13期，第32~35页。

并进入无限时的诚恳对话环节。在相关方对话结束之前，该项目暂不进入后续评审程序。也就是说，倘若国家间无法达成一致，该提名的遗产项目将可能被无限搁置。尽管《总方针》对困难遗产的评审进行了具体的流程把握，但是政治干预并没有从评审环节中消除，相反，政治化程度有所加深。出于维护国家安全的目的，规则可能会被政治利用，项目评审也会因成员国提出异议而提前叫停。

从评选程序来看，新版本的流程表达更加严谨，确保了文献遗产的价值。然而，从创伤记忆与困难遗产的角度观之，以遗产项目"去政治化"为目的的法律框架重塑实际上使遗产在流程中受到了更多政治因素的限制，例如，特定成员可以提出异议并无限时对话，这在一定程度上增加了成员的权力。这样的规则将会导致边缘群体无法表达自己的声音，历史叙事也将因为限制而无法展示出历史真相，不利于历史正义的维护。由于遗产所处的历史时间过于晚近，因而没有在全球形成普遍的、共识性的认识，采纳一方的阐释，则意味着排除其他叙事的可能，这使遗产可能导致隔阂或引发冲突；但是仅仅因为一家之言而停止对困难遗产的价值评估则会加大遗产保护的难度，也违背了世界记忆项目"保护全人类记忆"的目标。失去了保存完整历史的可能，将会使"选择性遗忘"更加明显，通过遗产维系的代际情感也会受到破坏，国家的历史文化安全岌岌可危。

诚然，新版本的修改为世界记忆项目带来了转机，但我们仍然不可忽视创伤记忆、困难遗产的重要性。如何调和困难遗产带来的争议与矛盾，增加国家之间达成历史和解的可能性，不仅仅是世界记忆项目应该关注的问题，也是所有遗产类项目应该包容、思考的部分。

例如，世界遗产大会对于"与近期冲突记忆相关的遗产"的拒绝，也让创伤记忆的生存环境更加艰难。2021 年，第 44 届世界遗产大会在中国福州召开，其中，波兰的申遗项目"格但斯克船厂——团结工会的诞生地和欧洲铁幕倒塌的象征"（Gdańsk Shipyard-the Birthplace of "Solidarity" and the Symbol of the Fall of the Iron Curtain in Europe）由于申报内容涉及近期冲突记忆，成为现场争论的焦点，在大会议程中几经热议。讨论的核心问题其实就在于"近期冲突记忆遗产是否与《世界遗产公约》的目标与范畴相关"。一方面，由于历史时间还不够长远，不足以在全球形成普遍的、共识性的认识，采纳一方的阐释，则意味着排除其他叙事的可能，这使遗产并不具有普遍价值，这类遗产的列入可能导致人与人之间的隔阂或引发冲突，从而有悖于《世界遗产公约》建立和平的宗旨；另一方面，此类遗产的叙事描述与特定语境、特定历史事件直接相关，这使之难以开展比较分析——无法论证一个历史事件比另一历史事件更加惨痛，对人类而言更加重要。① 因为无法通过比较研究确定其具有的"突出性"或"代表性"，世界遗产委员会和咨询机构的研究意见认为，这类遗产性质与《世界遗产公约》的目标与范畴是存在矛盾的。

然而，与近期冲突记忆相关的遗产，并不应先天地被扣上"负面"的帽子。事实上，许多欧洲与非洲国家有大量与近期冲突记忆相关的遗产拟正式申报世界遗产，如法国的诺曼底登陆地点、卢旺达种族灭绝纪念地，以及 2021 年波兰提出的格但斯克船厂等。与近期冲突记忆相关的遗产对于全人类的价值是不可否认的，至少部分价值已形成共识的冲突记忆遗产是可以为具有包容性的《世界遗产公约》所接纳的。当前需要解决的，或更确切地说，需要通过研究与探讨达成共识的，是以何种机制、何种标准甄别这类遗产，排除那些普遍价值尚未形成或价值普遍性不足、突出性不足的遗产，避免以任何形式借助世界遗产的公共话语体系作为工具，篡改真实历史的可能。②

人类总是很擅长遗忘，随着时间的流逝，信息的冗余，情感的消散，创伤记忆将可能成为"遥远的历史"，然而我们始终不能忽略"记忆的重量"。历史代表着一个民族的过去，而记忆饱含着长久以来积攒的情感。走出历史灾难的阴影，实现社会和解，是"不计"前嫌，不是"不记"前嫌。③ 人们应该要同习以为常的遗忘作斗争，因为没有记忆，正义很难真正来到，和解与宽恕也将不复存在。处于和平年代，创伤记忆的完整保存与多面展演可以唤醒沉溺于安乐之中的人们，警示永远不要再制造苦难，警惕对于历史事实的磨灭，这大概是以"共同记忆"对未来世界和平的珍惜与呼唤。

四 共生：人类共同记忆的探寻中是否应保留"伤痛"

历史上有许多战争和灾难并非毫无意义可寻，从人类文明史开始到如今，

① 孙燕：《不可触及的记忆遗产》，清源文化遗产，2021 年 7 月 31 日，https://mp.weixin.qq.com/s/eNPYea4Wxvi_u1VjM1T89w，最后访问时间：2022 年 1 月 20 日。
② 孙燕：《不可触及的记忆遗产》，清源文化遗产，2021 年 7 月 31 日，https://mp.weixin.qq.com/s/eNPYea4Wxvi_u1VjM1T89w，最后访问时间：2022 年 1 月 20 日。
③ 徐贲：《人以什么理由来记忆》，中央编译出版社，2016，第 1 页。

很多历史事件与人物都在提醒我们：人类并不应该忘记这些痛苦和创伤。战争、侵略和奴役给世界带来了巨大灾难，不仅破坏了人类赖以生存的家园，也给人类心灵带来了巨大创伤与伤害。历史上的创伤记忆如此深重、如此持久，我们应当对它有深刻的认识，并抱有敬畏之心。过去人们把战争和侵略作为一种工具，以至于人类总是为自己犯下的种种错误付出沉重代价，因此，我们必须向历史汲取足够的教训，更好地面对未来。

面对这些情况，要唤醒人们对历史上创伤回忆的清醒认识非常重要。这些不能被忘记的痛苦和创伤，就是对我们的警告，是我们应该共同承担的责任。以犹太大屠杀为例，迅速发展的公共史学和现代传媒把大屠杀记忆推到公众面前，给人以强烈的冲击感，而国际组织以组织约章和国际法为依据，运用组织的整体力量和推力，将大屠杀转变为一个"普遍的伦理问题"，成为去领土化"世界记忆"的典型个案。①

1993 年颁布的《关于欧洲和国际社会保护作为历史遗迹的纳粹集中营的决议》（Resolution on European and International Protection for Nazi Concentration Camps as Historical Monuments）被视为大屠杀记忆欧洲化的第一步。文件"注意到目前纳粹集中营遗址的保存所面临的威胁及其在历史上的特殊意义……呼吁各会员国、理事会和委员会向旨在维护纳粹集中营的特殊意义并将其置于欧洲和国际保护之下的所有措施提供财政和其他支持"。② 由此可见，与大屠杀相关的创伤记忆已经成为欧洲跨国家记忆的重要对象，因其历史上的特殊性而得到了纪念与传承。而诸如纳粹集中营此类代表性遗址更是成为这段创伤记忆中需要关注的首要目标。

不仅仅是对该历史事件所涉及的遗址进行保护，在 1996 年欧洲议会通过的《关于奥斯维辛的决议》（Resolution on Auschwitz）中也曾"重申对在集中营中丧生的所有人的尊重，并对因为这一事件遭受巨大痛苦的世界各地的犹太

---

① 张倩红、邓燕平：《国际组织对大屠杀记忆的传承》，《历史教学》2021 年第 6 期，第 17~29 页。

② Kucia, M. , "The Europeanization of Holocaust Memory and Eastern Europe, "*East European Politics and Societies and Cultures* 30, 1, 2016, p. 102; The European Parliament, "Resolution on European and International Protection for Nazi Concentration Camps as Historical Monuments, "Publications Office of the EU, 1993, https: //op. europa. eu/en/publication-detail/-/publication/e03ef836-2326-404a-9d83-49d747da833b/language-en, accessed: 2023-08-06.

社区表示特别同情"。① 此决议足以见得对数百万受害者的缅怀和对最基本的
人权的尊重。同时，对于大屠杀的认知也助推了联合国人权决议的出台，提倡
禁止煽动或实施这种歧视和传播基于种族优越或仇恨的思想，以保证承认和尊
重他人的权利和自由。在纳粹大屠杀这一历史阴影下，尊重和保障人权成为国
际社会认可的行为规范，其目的是推动大屠杀式的悲剧不再发生，让这段
"创伤"记忆成为一种永恒的警示。

2005 年，在布鲁塞尔会议上通过的《关于纪念大屠杀、反犹主义和种族
主义的决议》（Resolution on Remembrance of the Holocaust, Anti - Semitism and
Racism）强调，"欧洲绝不能忘记自己的历史，纳粹建立的集中营和灭绝营是
欧洲大陆历史上最可耻、最痛苦的一页"。② 这短短的一句话彰显出相关国家
对于这段创伤记忆与苦难历史的悲痛与纪念，也再次向人们阐明了铭记历史、
保留伤痛的重要性。

有了保存与传承历史的决心之后，人们更加意识到应该开展更多的活动以
更好地帮助人们理解这段历史背后的深刻含义。除了普通的纪念仪式外，大屠
杀纪念周期间通常在联合国总部举行其他相关活动，包括向非政府组织做情况
介绍、开办展览、放映电影等。自 1979 年《奥斯维辛集中营》申遗成功开
始，为了使大屠杀记忆得到更好的保存，越来越多的相关遗产被列入世界记忆
项目，世界记忆项目也逐渐成为一个公开接纳"负面记忆"的遗产项目。

诚如联合国教科文组织前任总干事伊琳娜·博科娃所言："《世界记忆名
录》旨在保存文献遗产，提高人类意识，宣传和公开人类的文献财富。保存
这些文献遗产非常重要，它能够维护全人类的文化遗产，加深历史认同，加强
我们的历史记忆，它能够成为一种凝聚力，使我们认识到自己是生活在世界共
同体里的社会人。"③ 2021 年版《世界记忆项目总方针》中虽然删除了对入选
遗产内容保持中立性的明确表述，但仍然坚持"世界记忆项目关注的是原始

---

① The European Parliament, "Resolution on Auschwitz," Publications Office of the EU, 1996, https://
op. europa. eu/en/publication - detail/ - / publication/3b4c64a9 - 2b1e - 4aa0 - b6c5 - 38953076a31a/
language-en/format-HTML/source-171756199, accessed: 2023-08-06.

② Kaiser, W., Storeide, A. H., "International Organizations and Holocaust Remembrance: From Europe to
the World,"*International Journal of Cultural Policy* 24, 6, 2018, p. 802.

③ 联合国教育、科学及文化组织编著《世界的记忆》，金琦、万洁译，安徽科学技术出版社，
2015 年，第 1 页。

资料的保护和利用，而不是对资料的解读或对历史争端的解决”的初衷。[①]

创伤记忆，成为“锁住”记忆之魂的钥匙。创伤记忆的保存，不仅是保存历史真相、修复灾后世界的途径，更是从伤痛中吸取教训，凝聚共同记忆与面对未来的力量。

2023年，新一轮《世界记忆名录》出台，新增的64项遗产中“有多项有助于我们从过去的事件中汲取教训并促进和解，特别是加拿大提交的《关于土著儿童同化的遗产》、乌克兰提交的《娘子谷大屠杀档案》，以及由法国和德国共同提交的克洛德·朗兹曼拍摄的大屠杀纪录片《浩劫》及200个小时的影像档案。还有3项遗产涉及与奴隶制有关的记忆，对应提交国分别是：法国和海地，库拉索、荷兰、圣马丁和苏里南，毛里求斯”。[②]

可见，“从过去的事件中汲取教训并促进和解”，将继续成为世界记忆项目及《世界记忆名录》评审的重要内容。

---

① UNESCO, " General Guidelines of the Memory of the World (MoW) Programme, " https://en. unesco. org/sites/default/files/mow_ general_ guidelines_ en. pdf, accessed: 2022-01-23.

② 阿祖莱：《64项文献遗产被列入教科文组织〈世界记忆名录〉》，联合国教科文组织，2023年5月25日，https://www. unesco. org/zh/articles/64xiangwenxianyichanbeilierujiaokewenzuzhishijieji yiminglu，最后访问日期：2023年8月6日。

第五章　数字之变：数字形态的
文献遗产如何融入

　　进入 21 世纪，数字技术的迅速发展与迭代，一方面为全球共同记忆的塑造和延展提供了更多可能性，记忆的存储能力在数字空间不断提升、濒危文化遗产通过数字方式得以持续传承，数字图书馆、数字档案馆、数字博物馆建设如火如荼、方兴未艾；另一方面，数字技术带来的如存储空间过载、技术过时、载体不可读取等风险渐渐显露，产生并存储于数字媒介的记忆资源的真实性、稳定性、安全性、持久性等诸多问题被关注与质疑。文献研究者与保存机构逐渐认识到：数字技术不是记忆保存的"万能灵药"，存储于数字媒介之上的历史与记忆，同样面临着损失的危机。

　　由此，2003 年联合国教科文组织在"世界记忆项目"的框架下，出台了《保存数字遗产宪章》（*Charter on the Preservation of Digital Heritage*）。该宪章拓宽了遗产的概念，正式将"数字"（digital）形式纳入，使之成为一种新的文化遗产形式，标志着数字遗产保护工作与政策建设拉开序幕。

第一节　数字化——文献遗产保护的"当务之急"

一　数字化保护理念的推广

　　随着数字技术的发展，世界发生巨变，传统的社会结构与文化生态逐渐瓦解。数字化转型对人类生活的方方面面产生了显著影响，人们能够不受时空限制地在虚拟世界畅游，一切信息资源都可通过互联网轻易获取。于是，这股数字化之风也不可避免地吹入遗产领域。当人们逐渐认识到文献总是处于危险的境地，苦恼于如何让记载于竹简、羊皮、纸张、胶片上的信息免受灾害破坏，致力于为脆弱的文献遗产寻求"永生之道"时，数字化技术出现了。

然而，数字化保护理念在文献遗产领域的推广是一个渐进的过程。在数字化技术出现之初，这种技术仅仅被认为是一种用于复制原件和促进获取的途径，而非保护的手段。[①] 其无限复制的能力，结合互联网传输技术，能够最大限度突破文献遗产获取的时空限制。尽管数字化促进开放获取的价值得到了广泛认可，但在保存领域却受到了质疑。艾比·史密斯（Abby Smith）在 1999 年出版的《为什么数字化?》（*Why Digitize*?）中强调"数字化就是获取"，并认为"数字化不是保存，至少现在不是"。[②] 在她看来，数字化能实现复制，但这种复制并不是对原件本身的"保存"。即便运用数字化技术复制出再多的衍生品，对原件本身的保存环境和保存状态也没有影响。联合国教科文组织文件《文献遗产数字化的基本准则》（*Fundamental Principles of Digitization of Documentary Heritage*）中也表示，"数字化本身并不是一种保存文献遗产的方法，尽管它确实有助于保护珍贵的文献不被过度处理。它允许保存文件的副本（而不是文件本身），并确保在充分尊重知识产权和其他权利的情况下，对内容进行多重访问"。[③] 在这一阶段，由于便于复制和传输的特性，数字化更多被认可的是传播与利用价值。

自 1972 年联合国教科文组织颁布《保护世界文化和自然遗产公约》后，各缔约国积极组织开展文化遗产保护工作。随着 1990 年代初全球互联网热潮兴起，欧美发达国家率先开展文化遗产保护数字化探索。[④] 文献遗产本身就以大量的信息呈现，对数字化技术具有天然的接受度。于是，这股风潮很快也吹入了文献遗产保护领域。

1992 年，基于对文献遗产严峻生存危机的认识，联合国教科文组织建立

---

① Duranti, L., Shaffer, E., "The Memory of the World in the Digital Age: Digitization and Preservation," An International Conference on Permanent Access to Digital Documentary Heritage, UNESCO Conference Proceedings, Vancouver, 2012, p. 1174.

② Smith, A., *Why Digitize?* Council on Library and Information Resources, 1999, pp. 110~119.

③ UNESCO, "Fundamental Principles of Digitization of Documentary Heritage," https://icom-czech.mini.icom.museum/wp-content/uploads/sites/34/2020/05/Digitization_guidelines_for_web_EN-1.pdf, accessed: 2023-02-22.

④ 马晓娜、图拉、徐迎庆：《非物质文化遗产数字化发展现状》，《中国科学：信息科学》2019年第 2 期，第 121~142 页。

了"世界记忆项目",用以推动全球范围内文献遗产的保护和获取。世界记忆项目的目标之一即为"采用最适当的手段保护具有世界意义的文献遗产",这其中的手段之一就包括"数字化技术"。世界记忆项目的纲领性文件《世界的记忆:保护文献遗产的总方针》(1995 年)第 2.7.4 条中提到,"可以通过将文献遗产转至其他载体,尤其是采用数字化、摄影、缩微拍摄、复印或附录等方法"。① 可见,数字化技术已经作为文献遗产的一种保护方法得到认可。同时,数字化也与世界记忆项目推动文献遗产普遍获取的保护目标"不谋而合"。互联网和数字化项目的浪潮为获取所有文件的想法开辟了道路,每个人都可以且应该访问世界上的每个文档。②

在这一阶段,数字化作为一种文献遗产保护手段的优点逐渐显现,并得到越来越广泛的认可。2004 年,研究图书馆协会(Association of Research Libraries,ARL)发文批准将数字化作为一种保存战略,正式承认数字转换是可行的保存选项之一。③ 即便是反对者也开始建议使用数字化方法,因为它"提供了保存濒危信息源的最佳或唯一机会"。④ "数字化保存"成为一个专有名词,保罗·康威(Paul Conway)将其定义为"创造出值得长期保存的数字产品的活动",并认为与数字化保存相关的活动不仅包括转换过程,还包括选择、创建完整准确的描述以及数字馆藏建设。⑤

此后,数字化作为一种保护手段逐渐为整个文化遗产界所接受,并迅速发展、流行,成为当今遗产保护的主流方式之一。甚至有学者认为,"选择和保护文化遗产的传统模式不再适用"。⑥ 2012 年,在为庆祝世界记忆项目成立 20 周年所召开的温哥华会议上,探讨的核心议题之一即为"数字化相关的事

① 联合国教科文组织:《世界的记忆:保护文献遗产的总方针》,1995 年,https://unesdoc. unesco. org/ark:/48223/pf0000105132_chi,最后访问时间:2022 年 7 月 25 日。

② Edmondson, R., Jordan, L., Prodan, A. C., *The UNESCO Memory of the World Programme: Key Aspects and Recent Developments*, Springer Nature Switzerland AG, 2020, p. 305.

③ Association of Research Libraries, "Recognizing Digitization as a Preservation Reformatting Method," https://siarchives. si. edu/sites/default/files/pdfs/digi_preserv. pdf, accessed: 2022-07-25.

④ Hart, A., "A Critique of 'Recognizing Digitization as a Preservation Reformatting Method," *Microform and Imaging Review* 33, 4, 2004, pp. 184-187.

⑤ Cconway, P., "Preservation in the Age of Google: Digitization, Digital Preservation, and Dilemmas," *The Library Quarterly: Information, Community, Policy* 80, 1, 2010, pp. 61-79.

⑥ Edmondson, R., Jordan, L., Prodan, A. C., *The UNESCO Memory of the World Programme: Key Aspects and Recent Developments*, Springer Nature Switzerland AG, 2020, p. 175.

项"。会议核心成果《温哥华宣言》中更是表明"对于模拟文档，数字化可以通过减少处理来防止有价值的文档变质。就视听文件而言，数字化是确保其生存的唯一手段"。① 对于许多政府和国际组织来说，数字化成为优先考虑事项，因为它是一种快速获取文件和结束对纸质文件依赖的手段。② 数字化保存手段成为世界记忆项目、记忆机构和学界关注的焦点，它们将诸多精力投入文献遗产数字化的技术问题。③ 图书馆、档案馆和博物馆等记忆机构越来越多地将文化遗产数字化视为一项核心职能。④ 联合国教科文组织也承认推动数字化转型是保护文献遗产的关键，表示数字化有助于实现可持续发展目标。⑤ 并认可文献遗产数字化是实现世界记忆项目目标的重要支柱。而近几年，受新冠疫情全球大流行的影响，文献遗产陷入了快速变化的信息环境之中。在出行受到限制的条件下，数字化越发得到重视，越来越多的记忆机构通过提供更大幅度的数字化资源来改善馆藏的可访问性。新冠疫情更加凸显了数字化战略的必要性。

数字化技术在遗产领域经历了一个曲折而渐进的过程：诞生之初即被引入文化遗产领域用于促进开放获取，但被认为不能用于原件保护；被认可成为遗产保护的新型技术手段；再到成为整个文化遗产保护领域的主流形式和重点关注对象。如今，数字化保护的理念已然推广到全球各个角落，广泛应用于全世界文化遗产的不同领域。我们必须承认，"数字化和技术并不是我们所有问题的全部，但这无疑是我们为保护档案和历史而采取的最佳步骤"。⑥

① UNESCO, "UNESCO/UBC Vancouver Declaration: The Memory of the World in the Digital Age: Digitization and Preservation," http://www.unesco.org/new/fileadmin/MULTIMEDIA/HQ/CI/CI/pdf/mow/unesco_ubc_vancouver_declaration_en.pdf, accessed: 2022-05-04.

② Duranti, L., Shaffer, E., "The Memory of the World in the Digital Age: Digitization and Preservation," An International Conference on Permanent Access to Digital Documentary Heritage, UNESCO Conference Proceedings, Vancouver, 2012.

③ UNESCO, "UNESCO/UBC Vancouver Declaration: The Memory of the World in the Digital Age: Digitization and Preservation," http://www.unesco.org/new/fileadmin/MULTIMEDIA/HQ/CI/CI/pdf/mow/unesco_ubc_vancouver_declaration_en.pdf, accessed: 2021-11-17.

④ Duranti, L., Shaffer, E., "The Memory of the World in the Digital Age: Digitization and Preservation," An International Conference on Permanent Access to Digital Documentary Heritage, UNESCO Conference Proceedings, Vancouver, 2012, p.1206.

⑤ UNESCO, "Preservation of Documentary Heritage through Policy Development and Capacity Building Final Project Report," https://unesdoc.unesco.org/ark:/48223/pf0000380655, accessed: 2022-02-11.

⑥ Duranti, L., Shaffer, E., "The Memory of the World in the Digital Age: Digitization and Preservation," An International Conference on Permanent Access to Digital Documentary Heritage, UNESCO Conference Proceedings, Vancouver, 2012, p.850.

二 数字化保存项目的实践

1992 年世界记忆项目建立后，全世界各地的政府和记忆机构都开始重视文献遗产的数字化工作，并实施了许多数字化保存项目。一些规模较大、影响力较广的项目涌现出来，不仅大力推动了文献遗产的保护，也为公众提供了更为便利的利用途径和更为丰富的文化资源。

加强信息全球化与可持续发展平台是由联合国教科文组织世界记忆项目主持、与国际图书馆协会联合会和国际档案理事会合作开展的项目，目的是在遗产保存机构、政府和信息产业机构间建立起有关数字保护的高水平政策对话，促进在相关产业建立起数字文献的永久存续格式前，尽早将档案馆和图书馆的需求和愿望考虑进来，从而促进文献的后期保护工作。PERSIST 项目由联合国教科文组织 PERSIST 指导委员会协调，并通过三个工作组实施：政策工作组（Policy Working Group）、技术与研究工作组（Technology & Research Working Group）、内容和最佳实践工作组（Content & Best Practices Working Group）。政策工作组的目标是制定政府和记忆机构关于文献遗产数字保存的新政策和战略；技术与研究工作组的目标是与软件供应商和解决方案提供商就技术生命周期管理进行对话，以确保软件和内容的数字连续性；内容和最佳实践工作组的目标是确定数字保存从业人员的需求，并探索如何在地方、国家和国际层面以最佳方式满足这些需求。该项目于 2013 年正式启动，在近十年间出台了大量有关数字遗产保护的会议报告和研讨成果，从理论和实践两方面为数字遗产的保护积累了经验。

PERSIST 项目的设立并不是为了重复已有的数字保存工作。其特殊性在于与联合国教科文组织的紧密联系。克服数字保存的挑战并实现数字遗产的可持续性，需要 ICT 行业、遗产机构和政府的积极参与。[①] 联合国教科文组织在全球范围内拥有强大的召集和宣传能力，能够有效凝聚各方力量。

PANDORA（Preserving and Accessing Networked Documentary Resources of Australia）项目是澳大利亚国家图书馆（National Library of Australia，NLA）数

---

① IFLA, "Planning Digital Preservation: In for the Long Run," https://www.ifla.org/events/planning-digital-preservation-in-for-the-long-run/, accessed: 2023-07-10.

表 5-1　PERSIST 项目文件

年份	文件名称
2013	《立场文件：全球数字路线图》 （Position Paper，A Global Digital Roadmap）
2014	《PERSIST 项目报告草案：数字保存战略评估与教科文组织在应对技术挑战中的作用》 （Draft Report on the PERSIST-Session at the 4th Annual Conference of the International Council of Archives（ICA））'Evaluation of Strategies of Digital Preservation & UNESCO's Role in Facing the Technical Challenges'，Girona）
2014	《数字保存战略评估与教科文组织在应对技术挑战中的作用》 （Evaluation and Strategies of Digital Preservation & UNESCO's Role in Facing the Technical Challenges）
2014	《里昂世界图书馆和信息大会（WLIC）PERSIST 项目报告》 （Report from the PERSIST Session at WLIC，Lyon）
2014	《数字时代的选择悖论》 （The Paradox of Selection in the Digital Age）
2015	《PERSIST 项目研讨会报告：需求驱动的原生数字文化遗产长期保存选择》 （Report of the PERSIST Workshop 'Demand Driven Selection for Long Term Preservation of Born Digital Cultural Heritage'，Granada，Digital Heritage 2015 Congress）
2015	《联合国教科文组织 PERSIST 项目软件遗产平台》 （UNESCO PERSIST Heritage Software Platform）
2015	《联合国教科文组织 PERSIST 项目巴黎会议报告》 （Report of the UNESCO PERSIST Meeting in Paris）
2015	《原生数字遗产的遴选与收集策略调查：最佳实践与指南》 （Survey on Selection and Collecting Strategies of Born Digital Heritage-Best Practices and Guidelines）
2016	《联合国教科文组织 PERSIST 项目如何通过软件遗产服务实现数字可持续性?》 （How can the UNESCO PERSIST Programme Bring about Digital Sustainability through Legacy Software Services?）
2016	《软件可持续性与保存：对数字遗产长期访问的影响》 （Software Sustainability and Preservation：Implications for Long-term Access to Digital Heritage）

年份	文件名称
2016	《联合国教科文组织 PERSIST 项目：数字保存的全球交流》 （UNESCO PERSIST：A Global Exchange on Digital Preservation）
	《PERSIST 项目阿布扎比会议报告》 （PERSIST Project Meeting Report, March 14-16, 2016, Abu Dhabi, UAE）
	《PERSIST 项目指导委员会阿布扎比会议总结陈述》 （Main Conclusions from the PERSIST Steering Committee, Abu Dhabi）
	《UNESCO/PERSIST 数字遗产长期保存遴选工作指导方针》 （The UNESCO/PERSIST Guidelines for the Selection of Digital Heritage for Long-term Preservation）
2017	《关于数字遗产保存的国际/联邦政策和战略调查研究》 （Survey on National/Federal Policies and Strategies on the Preservation of Digital Heritage）
	《研讨会报告：联合国教科文组织 PERSIST 项目内容和最佳实践工作组》 （Report of the Workshop of the UNESCO PERSIST Content and Best Practices Working Group）
	《联合国教科文组织 PERSIST 项目关于数字可持续性的资料》 （Handout on the UNESCO PERSIST Programme Regarding Digital Sustainability）
2020	《强化遗产保护小组委员会使命：吸纳 PERSIST 项目》 （Enhancing the Mission of the Preservation Sub-Committee：the Inclusion of PERSIST）
2021	《濒危文献遗产：数字保存的政策讨论》 （Documentary Heritage at Risk：Policy Gaps in Digital Preservation）

资料来源：UNESCO PERSIST Programme, "List of UNESCO PERSIST Reports and Other Publications," https：//unescopersist. org/publications/, accessed：2023-10-19.

字资源长期保存研究和实践项目之一，于 2004 年顺利入选《澳大利亚记忆名录》。PANDORA 项目是互联网时代针对虚拟空间中数字文化遗产长期保存和社会记忆传承提出的新课题，它基于社会记忆的视角，提出了网络信息资源管理的新方向，主张对有重要价值的网络信息资源进行归档，以留存互联网上的澳大利亚记忆。为此，PANDORA 项目组制定了网络信息资源归档政策、归档流程和框架，自主研发了网络信息资源归档系统，形成了澳大利亚数字信息长期保存和利用的多方协作机制。① 该项目由出版物选择收集、检索、存储管理、报告生成和提交五个环节组成，形成了对澳大利亚网络数字信息的存档和长期保存的全国性协作，成为一个世界级的文档库。② 截至 2020 年 2 月 26 日，项目归档题名量累计达 62959 项，文件数量累计达到 81889 万余件，数据规模达 49.63TB，归档内容涉及政府与法律、商业与经济、历史、艺术、旅游、环境、健康和教育等多个领域。文件涵盖文本、图像、应用程序、脚本、音频和视频等格式，其中主要格式类型是文本和图像。③

在遗产领域，数字化保存已经成为常态。世界、地区、国家等不同层级都在如火如荼地开展数字化保存项目。从欧洲、北美等发达地区，到肯尼亚④、秘鲁⑤等相对落后的地区，成千上万的文献遗产受益于数字化项目，摆脱原本脆弱的载体，转化成数字信号并在赛博空间实现新生。文献遗产的数字化已经不仅是一种潮流，而且开启了一个全新的时代。

三　数字化保存的进展与效果

自 1992 年世界记忆项目建立以来，数字化保存越来越为文献遗产界所重视，并被列入多项国际、国家政策法规中。联合国教科文组织制定的《文献遗产数字化的基本准则》强调记忆机构必须制定数字化战略，并介绍数字化的主要步骤和注意事项；在各项政策文件中大力倡导文献遗产的数字化保存，如《关于保存和获取包括数字遗产在内的文献遗产的建议书》中提到"鼓

---

① 数字罗塞塔计划：《数字资源长期保存国际项目巡礼（六）：PANDORA》，https://baijiahao.baidu.com/s?id=1739213618518040842&wfr=spider&for=pc，最后访问时间：2022 年 12 月 23 日。

② 程伟杰：《澳大利亚数字档案 PANDORA 项目及其启示》，《档案》2008 年第 3 期，第 8～10 页。

③ 陈慧、乐茜、罗慧玉、罗思静：《社会记忆视角下网络信息资源归档路径探析——以 PANDORA 项目为例》，《数字图书馆论坛》2020 年第 6 期，第 15～21 页。

④ 作为肯尼亚国家遗产与文化部的下属部门，肯尼亚国家档案与文献服务处（KNADS）于 2007 年起实施数字化项目，对本国历史最悠久、最常用的档案材料进行数字化。Mwangi, F. G., "The Road to Providing Access to Kenya's Information Heritage: Digitization Project in the Kenya National Archives and Documentation Service (KNADS)," in UNESCO, *Conference Proceedings of The Memory of the World in the Digital Age: Digitization and Preservation International Conference*, Paris: UNESCO, 2013, pp. 83-91.

⑤ 秘鲁自 2012 年起持续系统地对文献遗产进行数字化，以确保其保存和传播。UNESCO, "Consolidated Report on the Implementation of the 2015 Recommendation Concerning the Preservation of, and Access to, Documentary Heritage, Including in Digital Form," September 3, 2019, https://unesdoc.unesco.org/ark:/48223/pf0000370303, accessed: 2023-01-19.

励……国际合作……用数字化或其他方式保护濒危文献遗产"。①

文献遗产相关国际组织将数字化列为重要发展计划与重点事项，致力于推动数字化在国际遗产领域的推广与应用。联合国教科文组织在世界记忆项目的基础上，将文献遗产的数字化作为一项优先发展事项，通过举办"数字时代的世界记忆：数字化与保存"国际会议、出台数字化相关政策文件等形式，推动数字化发展。世界记忆项目将文献遗产作为一种重要的教育资源进行数字化开发，使用其来帮助年轻一代了解其他文化。《世界记忆名录》中记录的遗产多种多样，提供了引人入胜的学习体验。基于入选《世界记忆名录》的文献遗产，世界记忆项目向教师提供了"实用电子课程"（practical e-course for teachers），同时还推出了"世界记忆儿童电子日历"。此外，国际档案理事会通过下设电子文件管理项目、数字和实体文件管理专家组等，为数字遗产的保存提供专业支持；通过国际档案发展基金项目为全球的数字化项目提供资金援助；通过制作数字档案管理主题的在线课程、召开数字化主题国际研讨会和培训班等，帮助各国机构实现数字转型等。国际图书馆协会联合会出版了《馆藏善本与手稿数字化计划指南》，并翻译为中文、意大利语、土耳其语、西班牙语等多种语言广泛传播与应用；此外还出版了《图书馆与档案馆等公共馆藏数字化项目指南》《数字参考指南》《电子资源馆藏建设关键问题：图书馆指南》等多项准则性文件，以供全球图书馆等记忆机构参考。

在国家层面，已有国家率先开展了文献遗产数字化战略。美国实施国家数字信息基础设施和保护计划（NDIIPP），将有价值的文化遗产数字化副本转移到图书馆等记忆机构中进行保存。新西兰将文化遗产数字化视为数字内容战略的核心要素。加拿大出台了国家文献遗产数字化战略（National Heritage Digitization Strategy，NHDS），旨在寻求能够更好地保护文献遗产、推进开放获取的数字化方法。其秉持优先数字化濒危文献遗产的理念，通过提供专业的数字化政策指示与实践指导，推动本国记忆机构主动开展数字化建设。

近年来，我国在文献遗产的数字化保护方面也取得了较大进展。2021年，世界记忆项目中国国家委员会网站正式上线，将我国入选世界记忆项目的文献

---

① 《关于保存和获取包括数字遗产在内的文献遗产的建议书》，https://www.saac.gov.cn/mowcn/cn/c100450/2021-02/18/4077d201410f4efbb0038431bb29076f/files/50140f988e2e4be5975d0b30c35995cd.pdf。

遗产进行了数字化和可视化，以图文并茂的形式向公众开放展示，取得了良好的社会效果。2022 年，由中国艺术研究院收藏、建设的"世界的记忆——中国传统音乐录音档案"数字平台正式上线，系统地展示了我国入选《世界记忆名录》的"中国传统音乐录音档案"数字化成果。[①]《纳西族东巴古籍》《清代"样式雷"建筑图档》等文献遗产也以公众喜闻乐见的方式进行了数字化开发和保护。2020 年，"会动的东巴文"表情包上线，从"早上好""再见"等礼貌用语，到公务沟通的"收到""稍后回复"，再到新冠疫情下的"戴口罩""勤洗手"等提示，古老的象形文字东巴文以新颖的方式，[②] 在现代社会找到了一种新的存在方式。《清代"样式雷"建筑图档》则以游戏小程序的形式出现，用户在学习相关知识的同时还可以设计属于自己的"样式雷"图样。

　　数字化保存方法在文献遗产领域的广泛应用，不仅推动了对文献遗产原件的数字保护，还促进了文献遗产在更大范围内的获取与流通，推动了信息的公平获取。

　　一方面，数字化推动了对原件的数字保护。数字化产物能够为现实世界中存在的文本或对象提供额外的"数字版本"，相当于为被数字化的原件加上了一道"数字保险"。因此，如果保留数字版本，它们会为文献中所含信息的长期保存提供额外的保护机制；如果不保留数字版本，知识总量至少不会低于创建数字版本之前的水平。在这种情况下，数字化是一种低风险、高回报的保存和传播战略。[③] 此外，文献遗产完全数字化后，用户将不再需要访问原始材料，可以直接获取数字化后的版本，从而减少频繁利用导致的磨损。这就使得原件丢失与损坏的风险大大降低，体现出数字化对于保护原件所起到的作用。另一方面，数字化促进了文献遗产的开放获取。技术和通信的进步为文献遗产的开放访问获取开辟了新的渠道和形式，其中最重要的就是数字化技

①　世界记忆项目中国国家委员会：《"世界的记忆——中国传统音乐录音档案"数字平台上线发布》，2022 年 4 月 24 日，https://www.saac.gov.cn/mowcn/cn/c100445/202204/66a2438a4d794 69b8db9be 2854943 8d9.shtml，最后访问时间：2022 年 7 月 25 日。

②　《瞧！东巴文在动》，云南网，2020 年 4 月 15 日，https://minzu.yunnan.cn/system/2020/04/15/030646072.shtml，最后访问时间：2022 年 12 月 24 日。

③　Duranti, L., Shaffer, E., "The Memory of the World in the Digital Age: Digitization and Preservation," An International Conference on Permanent Access to Digital Documentary Heritage, UNESCO Conference Proceedings, Vancouver, 2012, p. 942.

术。通过对文献遗产进行数字化，能够生成原件的数字复制品，在互联网的加持下，远程访问这些数字化对象并非难事。文献遗产的原件通常"仅此一份"，不便于同时查阅，数字化则能满足更多用户同时访问原始材料的需求。因此，艾比·史密斯认为，数字化技术"加速了对获取信息的需求"。[①] 可以认为，数字化技术的应用，在一定程度上为文献遗产的开放获取扫清了时间、空间障碍。同时，由于数字化和互联网加速了内容访问，有助于在富国和穷国、发达国家和发展中国家之间建立公平的文献遗产获取环境，欠发达地区的遗产也能够得到充分展示。[②] 因此，数字化技术能够在一定程度上减少贫富不均带来的信息差距。此外，数字化也能提升文献遗产的使用效率。文献遗产的数字化信息可以被编入索引，使公众能够对数字化记录进行全文搜索，因此更容易自动识别包含相关信息的文件，大幅提高查找利用的效率。这在纸质等传统载体上的文献遗产中，是无法实现的。[③]

第二节 数字遗产概念的提出及发展

一 数字遗产概念提出的背景

联合国教科文组织将"遗产"（heritage）定义为"历史的遗赠，是人类当下发展的依存，亦是将被传递给子孙后代的财富"。[④] 保护人类文化遗产是联合国教科文组织建立的职责使命所在。随着保护实践的进步，联合国教科文组织的世界遗产框架持续拓展，遗产类型不断细分、更新。继自然与文化遗产之后，非物质文化遗产、文献遗产等也成立了专门的遗产项目。数字技术的发展使得越来越多的人类文明得以在数字世界中复现或生成，新的遗产形式呼之欲出。

---

① Smith, A., "Valuing Preservation, "*Library Trends* 56, 1, 2007, pp. 4–25.

② Duranti, L., Shaffer, E., "The Memory of the World in the Digital Age: Digitization and Preservation, " An International Conference on Permanent Access to Digital Documentary Heritage, UNESCO Conference Proceedings, Vancouver, 2012, p. 669.

③ Duranti, L., Shaffer, E., "The Memory of the World in the Digital Age: Digitization and Preservation, " An International Conference on Permanent Access to Digital Documentary Heritage, UNESCO Conference Proceedings, Vancouver, 2012, pp. 84–85.

④ UNESCO, "World Heritage, "https://whc.unesco.org/en/about/, accessed: 2022–04–28.

1992 年，考虑到文献遗产对于人类集体记忆的价值，及其正在面临的损坏、消失等威胁，联合国教科文组织在其新成立的"信息与传播部"（Communication and Information Sector）创建了"世界记忆项目"，以促进全球文献遗产的保护与获取，避免集体失忆，探寻人类的"共同记忆"；并力图通过建立《世界记忆名录》等方式，号召各国对文献遗产进行及时抢救与修复，避免因载体损害而导致所承载历史记忆的消失。

受时代所限，世界记忆项目在实施之初对文献遗产的关注仅停留于对莎草纸、羊皮纸、棕榈树叶、木片、石片、纸张等传统载体的保护与修复等，并未及时关注到数字遗产同样面临的消亡危险。

2001 年，联合国教科文组织实施了"全民信息计划"（Information for All Programme），为"制定信息政策和行动准则提供了国际讨论平台",① 扩大了全世界对数字信息的认知。与此同时，世界记忆项目在开展过程中注意到"信息和创造性表达方式方面的资源的生产、传播、使用和保存越来越多地采用数字形式，从而催生了一种新的遗产，即数字遗产"。② 由于其价值被严重低估，且受技术过时迅速、法律框架匮乏、保管技能与资金欠缺等因素限制，这种数字遗产正在快速丢失。③ 数字遗产进入联合国教科文组织的视野，并逐渐成为世界记忆项目框架下的核心议题之一，以数字遗产为对象的政策文件、专题会议不断涌现。

二　数字遗产的概念与内涵

"数字遗产能够为人类知识的创造、交流和共享提供更多的机会，且正濒临消失的危险，为今世后代保存这种遗产是全世界关注的紧迫问题。"④ 基于这一认知，2001 年第 31 届联合国教科文组织大会上提出：制定保护数字遗产

---

① UNESCO, "Information for All Programme (IFAP)," https://en. unesco. org/programme/ifap, accessed: 2022-04-24.

② 联合国教科文组织：《保存数字遗产宪章》，2003 年 10 月 15 日，http://www.moe.gov.cn/srcsite/ A23/jkwzz_other/200310/t20031015_81413. html，最后访问时间：2021 年 11 月 16 日。

③ UNESCO, "UNESCO/UBC Vancouver Declaration: The Memory of the World in the Digital Age: Digitization and Preservation," http://www.unesco.org/new/fileadmin/MULTIMEDIA/HQ/CI/CI/pdf/ mow/unesco_ubc_vancouver_declaration_en. pdf, accessed: 2021-11-17.

④ 联合国教科文组织：《保存数字遗产宪章》，http://portal.unesco.org/en/ev.phpURL_ID = 17721&URL_DO=DO_TOPIC&URL_SECTION=201. html，最后访问时间：2021 年 11 月 16 日。

的宪章文件，鼓励国际组织和记忆机构在国家政策层面高度优先保护数字遗产。①

2003 年，联合国教科文组织正式出台《保存数字遗产宪章》，并在该宪章中对"数字遗产"（digital heritage）做出了如下定义："数字遗产由人类的知识和表达方式的独特资源组成，它包括以数字方式生成的或从现有的模拟资源转换成数字形式的有关文化、教育、科学和行政管理的资源及有关技术、法律、医学及其他领域的信息。"② 该定义规定数字遗产的生成主体为人类，且依据生成方式大体分为"原生数字遗产"（born digital）和"数字化遗产"（digitization）两个类别。此后，《数字遗产长期保护遴选工作指导方针》（2011 年）中再次强化，数字遗产是"基于计算机的资料所构成的遗产，无论该资料是原始数字资料或其他形式数字化后的资料"。③《保存数字遗产宪章》同时强调，作为数字遗产的这类资源具有"长久的价值和意义"，应得到今世后代的长期保存。"会员国应鼓励采用法律、经济和技术手段来保护这种遗产，必将受益匪浅。"

我国作为联合国教科文组织的成员之一，也对这一研究领域加强了关注和重视，并迅速展开了这方面的研究与实践。此后，随着数字遗产的迅速发展，国内有关数字遗产的理论与实践研究不断丰富和深入，研究论文的数量和实践项目不断增多。④顾犇在引介联合国教科文组织对数字遗产定义的基础上，指出数字遗产包括以任何语言在人类知识或表达的任何领域从现有资料转换成数字形式的文献，并越来越多地包括没有其他格式而只有数字原件的"原生数字"文献。⑤ 数字文化遗产包括全世界各地联机或脱机产生的线性文本、数据库、静止和移动的图像、声频和图形以及相关的软件。段黎萍则重申了数字遗产的概念内涵：根据联合国教科文组织的定义，数字遗产包括从现存的任一种

① UNESCO, "Fifth Meeting of the International Advisory Committee of the 'Memory of the World' Programme," June 29, 2001, https://unesdoc. unesco. org/ark:/48223/pf0000123628, accessed: 2021-11-20.

② Charter on the Preservation of Digital Heritage, https://unesdoc. unesco. org/ark:/48223/pf0000229034, accessed: 2024-04-22.

③ UNESCO PERSIST：《数字遗产长期保护遴选工作指导方针》, https://unescopersist. files. wordpress. com/2018/08/persist-content-guidelines-zh. pdf, 最后访问时间：2021 年 11 月 16 日。

④ 阳广元：《国内数字遗产研究述评》，《图书馆理论与实践》2018 年第 6 期，第 30~35 页。

⑤ 顾犇：《数字文化遗产的保护和联合国教科文组织的指导方针》，《国家图书馆学刊》2003 年第 1 期，第 40~44 页。

形式的知识转化成的数字产品或只以数字形式存在的产品，包括线性文本、数据库、静态或动态图像、相关的在线或离线软件等，涉及从病历到 DVD 影碟，从卫星监视数据到网站呈现的多媒体，从超市收银机里的消费数据到人类基因组的科研数据文件，从新闻组的档案到图书馆的目录等。[①]

联合国教科文组织探讨的"数字遗产"，是指对全人类具有保存意义的数字形态遗产，其"基于计算机材料组成，并具有持久价值，应为子孙后代保存"[②] 这一概念从"全人类文化与文明"的角度出发，关注在数字媒介中生成、存储与交流的人类记录与文明进程，强调其文化价值与记忆价值，并致力于实现更好地传承，与"世界自然与文化遗产""世界非物质文化遗产""世界记忆遗产"等蕴含的价值理念殊途同归。

三 与其他相关概念的辨析

联合国教科文组织所探讨的"数字遗产"，与个人数字资产继承、数字资源长期保存等问题虽有联系，但出发点不尽相同，不可混同理解。自 2003 年联合国教科文组织在《保存数字遗产宪章》中提出"数字遗产"概念后，数字遗产相关议题引起了世界范围内专家学者的广泛探讨。如阳广元等学者认为数字遗产仅指原生形态，而别无其他副本。[③] 还有学者将以上全部囊括，认为数字遗产是"一个社会中所有重要到足以保存到未来的数字信息，无论是文化遗产、科学知识、政府信息、商业信息还是个人信息；更准确地说，它是保存下来的数字社会活动的整体证据"。[④] 总体而言，尽管已有大量"数字遗产"相关研究成果，但大多未能将"数字遗产"与"遗留的数字资产""文化遗产数字化""数字资源"等相近概念区分开来，忽略了其作为"遗产"的特性与价值，未能从联合国教科文组织传承人类文明的角度，对数字遗产保护开展深入探究。

---

① 段黎萍：《漫谈数字遗产的保护》，《中国信息导报》2003 年第 3 期，第 38~40 页。

② UNESCO, "Concept of Digital Heritage," https://en.unesco.org/themes/information–preservation/digital–heritage/concept–digital–heritage, accessed: 2021–09–25.

③ 阳广元：《数字化时代图书馆参与数字遗产保护研究》，《图书馆工作与研究》2015 年第 S1 期，第 26~28+34 页。

④ Werf, T., Werf, B., "The Paradox of Selection in the Digital Age," August 14, 2014, https://library.ifla.org/id/eprint/1042/, accessed: 2023–03–02.

（一）将"遗产数字化"视作"数字遗产"

目前国内外有大量研究文献和实践项目沿用了联合国教科文组织对数字遗产的定义，将遗产数字化作为数字遗产探讨，没有结合具体情况，显得有些宽泛。这类观点应用较广，国内以彭远明[①]为代表，国外有 Peter Johan Lor[②]、Nicola Barbuti[③]、M. Guttenbrunner[④] 等人持此观点。大量实践也围绕"遗产数字化"展开，例如国内的广西左江花山岩画数字文化遗产智慧景区建设、庐山文化景观遗产数字化、长城文化遗产数字孪生体建设、交互式数字颐和园建设等；国外也有威尼斯时光机项目、阿尔伯特·爱因斯坦文档数字化项目、新西兰数字文化遗产 Commons 项目和欧洲数字图书馆、博物馆和文档一体化门户网站建设等。[⑤]

将"遗产数字化"后的数字表达形式等同为"数字遗产"，存在概念混杂的问题。数字化的传统遗产的遗产属性更多是源于传统遗产本身，数字形式仅仅被作为保护和长期保存遗产的一种手段和工具，数字化后的遗产有无数字遗产价值并没有被进一步挖掘。同时，因为原始遗产的载体真实性不可复制再生于数字形式，从遗产"真实性"考量，也不能将"遗产数字化"等同为"数字遗产"。

数字化的遗产并非不可以成为"数字遗产"，而是要明确不同情况下"数字化"的概念。郭若涵等人认为"数字化"是指将对象从模拟格式转换为数字格式的过程。[⑥] 王晓光等人在研究"欧洲时光机"项目时表示，"遗产数字化"不只是对遗产的简单数字拷贝，也包括对信息进行二次加工，最终形成可信的、跨模态的、富语义的、可追溯的、可再利用的智慧数据资源集合，完

---

① 彭远明：《试论数字遗产的保护与管理策略》，《档案学研究》2007 年第 2 期，第 56~59 页。

② Lor, P. J. , Britz, J. J. , "An Ethical Perspective on Political-Economic Issues in the Long-Term Preservation of Digital Heritage," *Journal of the Association for Information Science & Technology* 63, 2012, pp. 2153-2164.

③ Barbuti, N. , "Thinking Digital Libraries for Preservation as Digital Cultural Heritage: by R to R4 Facet of FAIR Principles," *International Journal on Digital Libraries*, 2020.

④ Guttenbrunner, M. , Wieners, J. , Rauber, A. , Thaller, M. , "Same But Different-Comparing Rendering Environments for Interactive Digital Objects," 3rd International Conference Euro-Mediterranean Conference, 2010.

⑤ 于成杰、程文艳、张军亮：《国外文化遗产数字化建设发展趋势研究》，《图书馆学研究》2015 年第 9 期，第 35~38 页。

⑥ 郭若涵、徐拥军：《数字文化遗产协同治理：逻辑框架、案例审视与实现路径》，《图书情报工作》2022 年第 18 期，第 11~22 页。

成文化遗产的数据态转型。① 这是一个较为复杂的转变过程，而非对原始遗产的直接数字拷贝，在此过程中，由于新技术的使用和信息组织的改变，产生了新的数字遗产价值。这就要求我们在评判数字化后的遗产能否成为"数字遗产"时，将数字化后的数字表达形式与原遗产分离，评价其是否具有创新的、有数字特点的遗产价值，是否符合数字遗产评判标准，而不能直接将原遗产在数字形式上的遗产价值延续，视作遗产数字化后的遗产价值。

目前联合国教科文组织已经在《关于提名数字文献入选名录的解释说明》（*Nominating Digital Documents for Inscription*：*Explanatory Note*）② 中对提名数字化遗产的原因进行了说明，为解决"哪些数字化遗产可以被申报成为'数字遗产'"的问题提供了指引，如表5-2所示。

表5-2　提名数字化对象动因表

原因	具体内涵
存在方式	原件已经或可能无法获取、消失或毁坏。或者原件可能仍然存在，但其处于难以辨认的状态或有消失危险
集成方式	数字化副本的语料库是一个传统收藏的虚拟统一，原件分散在许多地方
组织方式	增加了全文索引、上下文化、命名实体（人员、地点、日期、事件）标签、其他搜索设施等，数字化具有附加价值
技术方式	数字化的应用方法或技术是创新的，指定的对象是证明这一创新的表现形式

（二）将"数字资源"等同于"数字遗产"

在关于"数字遗产"概念的论述中，有不少学者在表述上将遗产数字化、原生数字遗产等概念和再生信息资源、原生信息资源划上等号。例如，徐进和齐亚宁认为数字文化遗产的组成部分既包括再生信息资源，也包括原生信息资源，也就是网络信息资源。③ 聂云霞认为"数字遗产"是在计算机和网络环境

① 王晓光、梁梦丽、侯西龙、宋宁远：《文化遗产智能计算的肇始与趋势——欧洲时光机案例分析》，《中国图书馆学报》2022年第1期，第1～17页。

② UNESCO, "Nominating Digital Documents for Inscription: Explanatory Note," https://en.unesco.org/sites/default/files/nominating_digital_documents_inscription_note_en.pdf, accessed: 2023-07-19.

③ 徐进：《图书馆应积极参与数字文化遗产的保护》，《新世纪图书馆》2010年第2期，第48～50+60页；齐亚宁：《图书馆参与数字文化遗产保护的思考》，《兰台世界》2014年第2期，第2页。

中形成或存储的有效数字信息源，或数字化后的各种有价值载体信息资源的数字副本。① 裴钰和冯占江则将"数字遗产"和网络环境绑定，认为数字遗产是指互联网上的数字文化遗产，是网络文化下的产物。②

但是"数字资源"和"数字遗产"是两个不同的概念。数字资源在研究中往往从时间纵向上对标印刷型文献资源，是一种新时代的、具有更多丰富形式和组织形式的资源形式，例如数据库、电子期刊、网页、多媒体资料等，讨论的重点是其实用价值而非遗产价值。而数字遗产，顾名思义，具有突出的遗产价值、世界意义等特征。

此类观点还存在时间上的问题，将"数字遗产"和"网络"联系起来，认为"数字遗产"依托互联网存在，并未考虑到互联网出现之前的电子时代的数字遗产。在互联网产生之前，并非没有数字表达形式和数字遗产存在，例如电子管数字机、晶体管数字机、街机游戏机等依托电子设备，其硬件和承载的资料、软件也拥有值得挖掘的遗产价值和文化价值。

这类观点则将"数字资源"和"数字遗产"概念混同，将"数字文化遗产""网络信息资源""数字信息资源""原生信息资源"等概念混为一谈，定义过于宽泛，没有突出数字遗产的遗产价值属性，"数字资源"的外延要大于"数字遗产"。同时从时间上限定数字遗产存在于互联网时代，可能会导致部分数字遗产未被及时认识和保护保存，不利于数字遗产体系完整性的建构。同时，就算处于互联网时代，仍有大量数字遗产处于脱机保存状态，故而将"数字"和"网络"画等号，将"遗产"和"资源"混为一谈都存在不妥之处。

第三节　联合国教科文组织数字遗产保护政策演变

《保存数字遗产宪章》及其配套文件《保存数字遗产方针》，基于对数字遗产重要意义及其面临的保存危机的充分认识，率先在全球范围内提出对数字形态遗产的保护，成为全球数字遗产保护政策的"领头羊"。此后 20 年来，

---

① 聂云霞：《数字遗产长期保存中档案部门边缘化研究》，《档案学通讯》2013 年第 2 期，第 4 页。
② 裴钰：《被忽视的文化遗产：数字遗产》，《中国发明与专利》2010 年第 10 期，第 2 页；冯占江：《互联网视阈下的数字遗产保护——"一个档案工作者应是首先想到未来的人"》，《档案学研究》2013 年第 4 期，第 5 页。

数字遗产始终是联合国教科文组织与世界记忆项目在文献遗产领域关注的重要议题。表 5-3 以时间为轴，梳理了联合国教科文组织数字遗产政策产生与发展的过程、呈现政策演变动态。

表 5-3　联合国教科文组织数字遗产保护政策文件

政策名称	出台时间	主要内容	备注
《保存数字遗产宪章》	2003 年	明确数字遗产的定义、范围，强调其价值与保护意义，规定保护措施	
《保存数字遗产方针》	2003 年	从管理、技术与实践视角介绍数字遗产保护的通用准则，指导宪章文件的实践应用	《保存数字遗产宪章》配套文件
《温哥华宣言》	2012 年	针对联合国教科文组织、成员、专业组织和私营组织分别提出数字遗产保护的建议与要求	
《关于保存和获取包括数字遗产在内的文献遗产的建议书》	2015 年	从文献遗产的确认、保存、获取、政策措施及国际合作五个方面，对成员提出文献遗产保护的具体要求与应对措施，强调数字遗产的地位	
《数字遗产长期保护遴选工作指导方针》	2016 年	明确数字遗产保存过程中，"遴选"环节面临的问题并提供解决策略	2021 年修订，出台第二版
《软件遗产获取程序》	2019 年	针对软件遗产这一特殊数字遗产类型所制定的搜集和保存策略	
《无障碍获取数字文献遗产：残疾人可获取的文献遗产准备指南》	2020 年	明确数字遗产的无障碍获取标准，提供部分数字遗产平台的无障碍获取案例，协助文献遗产部门为残疾人士提供可无障碍获取的数字遗产	
《世界记忆项目总方针》	2021 年	作为世界记忆项目的纲领性政策文件，强调数字形式是文献遗产组成部分，在保护方式、名录评选标准等部分提及数字遗产	

一 《保存数字遗产宪章》(2003 年) 及其配套方针

联合国教科文组织认为，任何形式的遗产的消失都意味着所有全人类遗产的损失。伴随着"全民信息计划"和"世界记忆项目"的逐步推进，联合国教科文组织敏锐地认识到信息的创造性表达越来越多地以数字形式生成、传播、获取，数字遗产作为一种新的遗产已成为文化遗产中至关重要的一部分，将为世界各国人民创造、交流和分享知识提供更广泛的机会。同时，与传统载体一样，数字遗产也面临消失的危险，保护数字遗产以保障今世后代利益是全世界关注的紧迫问题。

基于这一共识，联合国教科文组织于 2001 年召开的第 31 届大会上提出需要制定一份保护数字遗产的宪章文件，并鼓励国际组织和记忆机构在国家政策层面高度优先保护数字遗产。同时，在同年颁布的《2002~2007 年中期战略：通过教育、科学、文化和传播促进和平与人类发展》中提及"数字遗产"的概念。① 2003 年，《保存数字遗产宪章》正式公布，并配套出台了《保存数字遗产方针》，为全球范围内数字遗产的长期保存和开放获取提供了原则性的政策指导和规范化的实施操作指南。

《保存数字遗产宪章》分为四个部分，共十二条。第一部分主要阐述了数字遗产的定义、范围与使用方式，明确了数字遗产由"由人类的知识和表达方式的独特资源组成"，保存数字遗产的目的是"确保其始终都能被公众所使用"。第二部分主要阐述了数字遗产消失的危险、采取数字遗产保护的必要性以及数字遗产的连续性。受软硬件过时，维护和保存数字遗产的资金、责任和方法不确定，立法匮乏，数字遗产保护观念落后，数字技术更新速度快且成本高等因素的影响，数字遗产时刻面临消失的威胁，如果不着手解决目前所面临的有关威胁，数字遗产将会迅速丢失。因此鼓励各成员通过采取法律、经济和技术措施来保护数字遗产，并开展宣传工作，促使决策者和广大公众都意识到这个实际问题。为保护数字遗产的连续性，首先需要设计出能够保持其创造物一致性并具有稳定性的可靠系统和程序。第三部分主要介绍了数字遗产保护工作开展的相关措施。应根据"紧迫程度、当地情况、可行方法和未来设想"

---

① UNESCO, "Medium-Term Strategy 2002-2007, Contributing to Peace and Human Development through Education, the Sciences, Culture and Communication," https://iite. unesco. org/publications/3214601/, accessed: 2022-07-11.

等因素，制定数字遗产保护策略。在保存对象的选择上，通用标准是"数字遗产的重要性及其在文化、科学、证据力或其他方面所具有的长远的价值"，原生数字资源应当优先保存与保护，不同国家或地区可根据国情自行制订具体细则。各成员应建立适用于数字遗产保护的法律和体制框架，将数字遗产保护纳入国家遗产保护政策，在档案馆、图书馆、博物馆等公共遗产机构的遗产管理与保护中应有所体现。所有地区、国家和社区的数字遗产都应得到保存和加以利用，随着时间的推移，使所有的民族、国家、文化和语言都能得到平等与合理的反映。第四部分是"职责"，明确了各成员的职能与责任，鼓励加强成员间、机构间的合作和交流，并对联合国教科文组织的责任和作用做出了相应规定。

《保存数字遗产宪章》作为联合国教科文组织颁布的首个专门以数字遗产为对象的政策文件，顺应了数字遗产大量快速增长的趋势，体现了国际社会对数字遗产的密切关注，对国际数字遗产保护有着开创性的意义。作为数字遗产领域的纲领性政策文件，《保存数字遗产宪章》提出了数字遗产保护和传承工作的基本遵循，是对联合国教科文组织《组织法》中"保证对图书、艺术作品及历史和科学文物等世界遗产之保存与维护"的践行，亦是"全民信息计划"和"世界记忆项目"在信息政策制定和文献遗产保护方面的延伸与发展。同时，《保存数字遗产宪章》明确了保护数字遗产的世界意义、界定了数字遗产的概念和范围，为数字遗产"正名"。在对"数字遗产"概念的界定中，强调了"包括以数字方式生成的或从现有的模拟资源转换成数字形式的资源"，涵盖包括"文化、教育、科学和行政管理的资源及有关技术、法律、医学及其他领域"。其中，在概念表述时突出强调了对"原生数字"，"即仅有数字形式而别无其他形式"资源的关注。

《保存数字遗产宪章》在为数字遗产自身及其保护要求划定框架的同时，名正言顺地将数字遗产纳入联合国教科文组织的世界遗产体系。它建立起数字遗产这一"新科学领域"的基本框架，并已发展成为一套实用的科学与实践指南。[①]其推行不仅为全球范围内数字遗产的保护提供了良好的政策基础，也成为一项政策标杆，推动后续遗产政策、法律框架、档案管理程序的调整与延

[①] Offenhäußer, D. , Zimmerli, W. C. , Albert, M. -T. , *World Heritage and Cultural Diversity*, German Commission for UNESCO, 2010, p. 71.

展，使数字遗产这一全新的遗产形式不再陷于沉寂。①

《保存数字遗产宪章》的配套文件《保存数字遗产方针》（*Guidelines for the Preservation of Digital Heritage*）分为"介绍性材料""管理观点""技术和实践观点""更多信息"四个部分，介绍了保护和持续获取不断增长的世界数字遗产的通则和技术准则，有助于管理人员和保护专家解决世界数字遗产保护工作所面临的复杂的技术挑战。作为《保存数字遗产宪章》的解释性文件，该方针从管理、技术与实践视角介绍了数字遗产保护的通用准则，② 有助于政府、遗产机构等主体解决世界数字遗产保护和持续获取所面临的复杂技术问题。

不同于《保存数字遗产宪章》的高屋建瓴，该方针的指导性更强，更侧重于具体实施过程的可行性，是项目管理人员寻求答案、解决问题，用于具体指导数字遗产保护工作的实践指南，并对数字遗产保护的责任、合作模式和数据管控等方面进行了详细的介绍，在数字遗产保护的管理和技术方面提供了参照与指导。如其中提及的可持续保存（maintaining accessibility）、元数据管控（taking control：transfer and metadata）等操作要求，可为世界各国的数字遗产保护实践提供直接参考。南非、巴西、波兰等国均对《保存数字遗产宪章》和《保存数字遗产方针》给予充分肯定，并表示已在本国的文献遗产保护，特别是数字遗产保护中，采纳、应用了上述两份文件。③

二 《温哥华宣言》（2012 年）

数字遗产政策虽出台较早，但并未引发国际社会与各国的广泛关注与重视。联合国教科文组织 2009 年的调查显示，大多数国家对《保存数字遗产宪章》的基本原则缺乏了解，并极少履行其规定，导致数字遗产仍深陷保存危机。④ 为纠正这一态势，世界记忆项目将数字遗产的长期保存问题提上日程，

① UNESCO, "Digital Heritage," https://en. unesco. org/themes/information‐preservation/digital‐heritage, accessed: 2021‐11‐30.

② UNESCO, "Guidelines for the Preservation of Digital Heritage," https://unesdoc. unesco. org/ark:/48223/pf0000130071, accessed: 2021‐11‐16.

③ UNESCO, "Conference Proceedings of the Memory of the World in the Digital Age: Digitization and Preservation," https://unesdoc. unesco. org/ark:/48223/pf0000373728, accessed: 2022‐04‐16.

④ UNESCO, "Report on the International Conference 'Memory of the World in the Digital Age: Digitalization and Preservation'," August 6, 2012, https://unesdoc. unesco. org/ark:/48223/pf0000222563, accessed: 2022‐01‐18.

纳入其成立 20 周年之际的主要关切议题。2012 年，联合国教科文组织在加拿大温哥华召开了主题为"数字时代的世界记忆：数字化与保存"（The Memory of the World in the Digital Age：Digitalization and Preservation）的国际会议。会上主要探讨了数字遗产"可靠保存"（trustworthy preservation）和"长期访问"（long term access）等关键问题，[①] 并特别关注了发展中国家在保护数字遗产领域面临的挑战，达成"需要为提出解决措施、协议和政策而制订行动方案"的迫切共识。

《温哥华宣言》（*Vancouver Declaration*）作为本次会议的核心成果，将数字遗产的"真实性"和"完整性"与《世界人权宣言》中"人人平等"获取信息的权利联系起来，并倡导推动国际和跨学科合作的开展，以应对数字遗产保存带来的挑战。[②] 在此基础上，《温哥华宣言》明确区分了数字遗产保护主体，分别向联合国教科文组织秘书处、成员、遗产领域专业组织及私营组织提出数字遗产保护工作要求，敦促各方着力于促进机构协同合作、政策法律建设、加大基础投入、提升公众认知。尽管该宣言不具备强制约束力，但作为第一个直接面向成员、呼吁成员进行数字遗产保护的政策文件，表达了联合国教科文组织对数字遗产面临的长期保存等问题的关切，凸显了其希望各国通力合作、突破困境的美好愿景。此外，《温哥华宣言》还进一步关注到了损害数据主权、数字遗产可视度低等新问题，要求在"保护数字遗产的过程中必须尊重数字形式的土著文化遗产和传统知识的所有权（ownership）与控制权（control）"，并建议成员推选数字遗产申报《世界记忆名录》，[③] 以提升数字遗产的影响力与可视度。

温哥华会议的召开及《温哥华宣言》的提出，探讨了数字环境引发的诸多新问题、提高了全世界对数字遗产保护的关注度，数字遗产也从此成为世界记忆项目的一项关键议题。

---

① UNESCO, "UNESCO Releases Vancouver Declaration on Digitization and Preservation," http://www. unesco. org/new/en/member-states/single-view/news/unesco_ releases_ vancouver_ declaration_ on_ digitization_ and_ pr/, accessed: 2021-09-23.

② Wilson, I. E. , "The UNESCO Memory of the World Program: Promise Postponed," *Archivaria* 87, 2019, pp. 106-137.

③ UNESCO, "UNESCO/UBC Vancouver Declaration: The Memory of the World in the Digital Age: Digitization and Preservation," http://www. unesco. org/new/fileadmin/MULTIMEDIA/HQ/CI/CI/pdf/mow/unesco_ ubc_ vancouver_ declaration_ en. pdf, accessed: 2021-11-17.

三 《关于保存和获取包括数字遗产在内的文献遗产的建议书》（2015 年）

考虑到技术迅速发展，以及建立保存数字遗产物品，包括多媒体作品、互动超媒体、在线对话、来自复杂系统的动态数据对象、移动内容以及未来出现的新格式等复杂数字遗产的模式和流程所构成的挑战；为巩固世界记忆项目成果、提升文献遗产认知度，联合国教科文组织于 2015 年召开的第 38 届大会上正式通过《关于保存和获取包括数字遗产在内的文献遗产的建议书》（*Recommendation Concerning the Preservation of，and Access to，Documentary Heritage including in Digital Form*，以下简称《建议书》）。作为联合国教科文组织文件形式中效力仅次于"公约"（conventions）的政策文件，《建议书》对各成员具有约束和监督作用，在政策层面提升了世界记忆项目的地位。它与《保存数字遗产宪章》共同描摹出联合国教科文组织保护数字遗产的方法基石，并在全球层面提供了政策框架。[①]

《建议书》出台前，受《温哥华宣言》的影响，数字遗产保存问题呈现持续增长态势。因此，"在多大程度上强调数字保存"成为政策制定过程中的讨论焦点。核心问题在于是否将数字遗产置于政策标题。有专家持否定观点，认为不可过分强调"数字"，因为数字载体可能很快被新的技术和模态替代，造成《建议书》权威性受损。[②] 对于数字遗产仅是一种载体，或是新的遗产形态，并未达成共识。

最终文件将"数字遗产"写入标题进行强调，这一举措具有两层含义：其一，数字遗产是文献遗产不容忽视的组成部分；其二，在数字技术迅速发展的今天，数字遗产已成为重点保护对象。由此，数字遗产的保护被提升至与文献遗产同等的地位。此外，《建议书》序言中表明政策制定的原因之一是"建立保存数字遗产物品的模式和流程所构成的挑战"，[③] 足以体现联合国教科文

---

① Sabine, Von S. , "UNESCO and the Challenge of Preserving the Digital Cultural Heritage,"*Santander Art and Culture Law Review* 6, 2020, pp. 33-64.

② Edmondson, R. , Jordan, L. Prodan, A. C. , *The UNESCO Memory of the World Programme: Key Aspects and Recent Developments*, Springer Nature Switzerland AG, 2020, pp. 60-64.

③ UNESCO, "Recommendation Concerning the Preservation of, and Access to, Documentary Heritage Including in Digital Form, " https://en. unesco. org/sites/default/files/2015_mow_recommendation_implementation _guidelines_ en. pdf, accessed: 2021-11-16.

组织及世界记忆项目对数字遗产的重视与思考。在具体条款中，《建议书》认为数字遗产必须实现全生命周期管理，在创建之初就做好保存决定、采取干预措施；并建议成员在保存数字遗产上进行长期投资、通过合作协商打破数据交流壁垒、致力于提供数字内容等。

尽管《建议书》将数字遗产的保护提升至与文献遗产保护等同的地位，且在政策层面对成员具有一定约束力，推动各国提升了对数字遗产的保护意识，但在大多数条款内容中，数字遗产仅作为文献遗产的附属与其一概而论。《建议书》中缺乏关于数字遗产实现长期保存与获取的针对性内容，数字遗产的特性未得到显著突出，数字遗产保护所面临的技术过时、数据主权等问题也未在其中得以体现。

四 《数字遗产长期保护遴选工作指导方针》（2016 年、2021 年）

基于 2012 年温哥华会议的倡议和设想，联合国教科文组织世界记忆项目与国际档案理事会、国际图书馆协会联合会三大遗产组织于 2013 年合作发起了"加强信息全球化与可持续发展平台项目"。PERSIST 项目始终专注于与数字遗产可持续访问及使用相关的政策、战略和实践，秉持为利益相关者提供对话和合作的宗旨，以更好地实现长期有效的数字遗产治理机制以及知识和信息获取目标。2017 年，世界记忆项目下设保护小组委员会正式将 PERSIST 项目纳入其内，作为永久性的核心职能部门，[1] 以推动实现世界记忆项目的愿景。

作为联合国教科文组织数字遗产保存工作的"催化剂"，[2] PERSIST 项目于 2016 年 3 月发布了《数字遗产长期保护遴选工作指导方针》（*Guidelines for the Selection of Digital Heritage for Long-term Preservation*，以下简称《遴选方针》），[3] 呼吁建立多方的利益协调和合作关系，并将重点投射于数字遗产保存的实践层面，旨在为遗产机构评估遴选资源、起草数字遗产长期可持续性保存的政策提供技术指导。《遴选方针》针对数字遗产保存中的首要环节——遴选（selec-

---

① UNESCO, "Enhancing the Mission of the Preservation Sub-Committee: The Inclusion of PERSIST," https://unescopersist. files. wordpress. com/2020/10/for-iac-consideration-rules-for-preservation-sub-committee-with-persist-responsibility. pdf, accessed: 2021-09-23.

② UNESCO PERSIST Programme, "About PERSIST," https://unescopersist. org/about/, accessed: 2021-09-23.

③ UNESCO PERSIST：《数字遗产长期保护遴选工作指导方针》，https://unescopersist. files. wordpress. com/2018/08/persist-content-guidelines-zh. pdf，最后访问时间：2021 年 11 月 16 日。

tion），具有较强的指向性与应用性，旨在帮助全球记忆机构选择出更具保存价值的数字遗产。其中，图书馆、档案馆、博物馆等记忆机构的地位被反复提及，数字遗产领域中面临的知识产权、信息获取与伦理问题等也需要得到更有力的国际协同支持。同时，该指导方针将 PERSIST 项目"协同合作"的理念贯彻其中，进一步为数字遗产领域国际合作的开展提供政策保障。2021 年 5 月，《遴选方针》（第二版）发布。相比于前一版，最显著的变化是：探讨了当前记忆机构在数字环境中责任边界日渐模糊的现状，并提出该转型危机需要通过协同合作实现化解的解决方案。

五　数字遗产政策对话平台的搭建

近年来，数字遗产政策文本虽无过多新动向，但联合国教科文组织与世界记忆项目仍致力于通过全球政策论坛、政策对话会等形式搭建数字遗产对话平台。在为全球文献遗产专家及从业人员提供交流渠道的同时，也在挖掘数字遗产保护面临的新问题、探寻数字遗产政策的未来发展方向。

分别于 2018 年、2021 年召开的两届世界记忆全球政策论坛，均以灾害风险管控和文献遗产可持续发展为核心主题。首届论坛强调了《仙台减少灾害风险框架（2015～2030）》（*Sendai Framework for Disaster Risk Reduction 2015 - 2030*），并以此作为建立文献遗产可持续保护政策框架的关键战略。[1] 其中将数字化视为保护濒危遗产的一种手段，并提出管控基本元数据、建设恢复中心、实现共享数字化遗产云存储等具体要求。第二届论坛旨在通过建立一个"行动框架"，使国家相关机构将灾害风险管控原则纳入文献遗产保护计划。其间提到由于数字媒体易于复制和共享，在方便访问的同时也会带来存储冗余、访问安全等风险。鉴于此，依托政策构建提高数字遗产灾害风险管控能力更加势在必行。

2020 年，"保护濒危文献遗产政策对话会"召开，旨在讨论当前文献遗产保护中的重点挑战与应对策略，并制定数字保存的国际政策议程。在这场政策对话会中，联合国教科文组织认识到数字遗产保护仍面临着数字技术过时、法

---

[1]　UNESCO, "Towards a Global Policy Framework for Sustainable Preservation of Documentary Heritage through Disaster Risk Reduction and Management," https://en.unesco.org/sites/default/files/1st_ mow_global_policy_forum_-_final_report.pdf, accessed: 2021-11-17.

律监管框架暂缺、信息真实性待查、经济下行压力较大、自然与人为灾害等威胁，[①] 着重强调未来的数字遗产政策构建应以文化认同（cultural identity）、可持续伙伴关系（sustainable partnerships）、技术过时（obsolescence of technology）及法律框架（legal frameworks）等为优先事项。

第四节　数字形态文献遗产的类型界定

文献遗产具有丰富的载体类型，从记录文字的羊皮卷、纸张到承载音像的磁带、胶片，都是保存人类记忆的重要介质。数字载体的独特性在于，它代表着一种新的信息生成形式，为整个文献遗产形态划定了一道界限分明的分水岭。《世界记忆项目总方针》（2021 年）将"文献"（document）定义为"由模拟（analogue）或数字信息内容及其所在载体组成的对象"，[②] "模拟"与"数字"被划分成两种完全不同的信息内容。在数字语境下，信息均需被转化为数字形态，才能够被存储、读取并显示。因此，所有其他载体所承载的信息均为"模拟态"，仅有数字载体能够承载"数字态"信息，这正是数字遗产区别于传统文献遗产的底层逻辑。

与其他遗产形式相比，数字遗产呈现出动态、多元与快速发展迭代的特征，其概念与范围随着数字技术的进步而变化，这也要求我们用更为广阔的视野、更加包容的观念、更迅疾的速度，及时更新对数字遗产的认知。

一　数字遗产的类型演变

数字遗产的具体类型在持续细化、扩充。以联合国教科文组织出台的各类文献遗产政策为依据，从官方视角审视数字遗产类型的发展演变，具有较高的参考价值。

《保存数字遗产宪章》第 1 条中提到，数字遗产包括文字、数据库、静止

---

① UNESCO, "Documentary Heritage at Risk Policy Gaps in Digital Preservation", https://en.unesco.org/sites/default/files/documentary_heritage_at_risk_policy_gaps_in_digital_preservation_en.pdf, accessed: 2021-11-17.

② 国家档案局：《世界记忆项目总方针》，2021 年 2 月 18 日，https://www.saac.gov.cn/mowcn/cn/c 100450/2021-02/18/4077d201410f4efbb0038431bb29076f/files/ad18f6c6b28c43b987d8f7731ce98a66.pdf，最后访问时间：2021 年 12 月 14 日。

的和活动的图像、声音和图表、软件和网页等形式。《保存数字遗产方针》第
6.4条中进一步细分了数字遗产的类型（见表5-4），如将"文字"分为数字
出版物、半出版材料、数字手稿等。同时将数字化形式的遗产单列，以做区
分。另外还增添了数字艺术作品和文献图像、技术辅助教学的教学对象、商业
和非商业的娱乐产品等新门类。

数字技术迅速迭代，不断创造出数字遗产的新类型，拓展着数字遗产的边
界与外延。《遴选方针》表明，数字遗产不仅包括文化遗产的数字形式，如书
籍、期刊、政府记录、私人信件、个人日记、地图、照片、电影、录音、文物
和艺术品等，还以社交媒体、研究型数据库、在线游戏等形式出现。2021年
出台的第二版《指导方针》中又纳入了虚拟现实（VR）和增强现实（AR）
材料、数字艺术、网络存档等类型，并着重强调了软件源代码、研究数据、社
交媒体和人工智能（AI）等新兴类型，将其选择方式列入附录予以深入解读、
具体说明。

从政策对数字遗产类型的不同呈现可见，与数字技术发展同步，数字遗产
的类型也不断拓展并被纳入政策保护范围。然而，政策变更的速度始终无法完
全应对技术爆炸带来的冲击。2003年出台的《保存数字遗产宪章》无法预见社
交媒体的兴起，更难以理解由虚拟现实和人工智能技术产生的材料；正如2021
年修订的《遴选方针》（第二版）也不可能料想未来的元宇宙环境将如何改变数
字遗产的形态。政策总是落后于实践发展，新的数字遗产类型仍在不断涌现。

表5-4　《保存数字遗产方针》中的数字遗产类型

序号	类型	具体说明
1	数字出版物	通过万维网或便携式载体（如CD、DVD、软盘和各种电子图书设备）传播的数字出版物
2	半出版材料	包括预印电子论文和其他在特定社区（如大学和学术团体）限制使用的数字档案
3	活动、交易、通信等组织和个人记录	包括电子邮件、讨论列表和公告板的信息、网络日记、博客和计算机辅助管理系统中的数字记录
4	记录和分析科学、地理、空间、社会、人口、教育、卫生、环境和其他现象的数据集	
5	技术辅助教学的教学对象	

序号	类型	具体说明
6	数据库、模型、仿真和软件应用程序等软件工具	
7	独特的未出版材料	包括研究报告、口述历史和民间传说记录
8	数字手稿	如作品草稿和私人信件
9	商业和非商业的娱乐产品	包括电影、音乐、广播和游戏等
10	数字艺术作品和文献图像	
11	来自非数字原件的图像、声音、文本和三维对象的数字副本	

二 对软件形式的探讨

尽管自《保存数字遗产宪章》开始，相关政策均认可软件是数字遗产的一种类型，但与之相关的讨论与争议却从未停止。

有观点认为，软件可以具有"遗产"价值，但对其本身是否符合"文献"的定义依旧存疑。在《世界记忆名录申报指南》（2021年）中关于数字遗产申报的解释说明部分，承认数字遗产的"内容和载体（包括软件）都可以是入选的理由"，软件作为文献组成部分的重要性在此得到了承认。然而文件后续内容又否认软件是一种文献形式。在对数字遗产的分类中，软件被提议作为数字化文献、固定原生数字对象、动态原生数字对象之外的第四种分类，因为它符合2015年出台的《关于保存和获取包括数字遗产在内的文献遗产的建议书》中对文献的描述（可能包括"符号或代码"）。但是在传统名录中，提名项目始终为文献形式。软件本身并不是一种文件表现形式，而是一种计算机应用程序。应用具有创新性或重要性的软件可以是一份数字文献提名或入选的原因（正如《古腾堡圣经》入选，不是因为其文本内容，而是它表现了一种新技术）。因此目前软件本身不能被认定为文献，但后续阶段可能会继续讨论该问题。

然而，也有学者以批判性视角切入，对"软件并非文献"这一观点表示反对。弗洛里安·克雷默（Florian Cramer）研究了计算机所使用的机器语言与人类所使用的自然语言之间的区别，并成功证明计算机软件也是语言的一种。对于同一操作，两者只是采用了不同的编码，正如字母和摩尔斯电码也是两种不同的编码一样。① 因此，软件当然可以被视为文献的表现形式。与此同时，软件在功能性之外的价值也不可估量。蒙特福特（Montfort）等人认为，代码不是纯粹的抽象和数学，它具有重要的社会、政治和审美层面的价值。代码与文化的联系、影响文化和受文化影响的方式，可以通过仔细阅读代码本身以检查程序的细节来追溯。②

无论软件是不是一种文献，能否被归类为数字遗产，联合国教科文组织对软件这一形式本身已经有一定的价值认知，并采取了保护举措。2016 年，法国国家信息与自动化研究所（INRIA）发起了软件遗产项目，旨在收集、保存和共享免费开放获取的源代码中的软件。次年，联合国教科文组织与其签订协议，为保护软件中包含的技术和科学知识做出贡献，其中包括推动软件源代码的访问获取。2018 年，以保护软件遗产为核心要旨的《巴黎呼吁：软件源代码作为可持续发展的遗产》（Paris Call：Software Source Code as Heritage for Sustainable Development）颁布，正式宣告软件是人类遗产的重要组成部分，也是保护文化遗产其他部分的关键因素。③ 2019 年，双方合作出台了以软件为保护对象的政策文件《软件遗产获取进程》（Software Heritage Acquisition Process），为维护软件源代码制定了指南。

软件本身是否可以被认定为数字遗产的一种类型，抑或只能以载体的形式成为某种数字遗产的组成部分，这一问题尚待持续关注与讨论。可以预见的是，软件必定会与全球社会产生更加紧密的联系，世界记忆项目理应将其视为数字遗产。

三　对社交媒体的探讨

随着互联网技术的发展，社交媒体逐渐成为人们相互交流、传递信息的主要工具，也使得大众有能力发出自己的声音。目前，社交媒体已经成为实时发表意见的公共信息平台，能够影响新闻、成为"头条"，甚至塑造新政治。④毫无疑问，社交媒体上承载着大量极具价值的数字内容，是数字遗产的一部

---

① Cramer, F., *Software Studies: A Lexicon*, The MIT Press, 2008, pp. 168-174.

② Montfort, N., et al., *10 PRINT CHR $ (205. 5+RND(1)); GOTO* 10, The MIT Press, 2013.

③ UNESCO, "Paris Call: Software Source Code as Heritage for Sustainable Development," June 26, 2019, https://en.unesco.org/foss/paris-call-software-source-code, accessed: 2022-07-14.

④ Edmondson, R., Jordan, L., Prodan, A. C., *The UNESCO Memory of the World Programme: Key Aspects and Recent Developments*, Springer Nature Switzerland AG, 2020, p. 184.

分。然而，社交媒体这种新的数字遗产类型也为数字遗产的认定、权属、保存等带来了新问题。

首先是数字遗产的认定问题，即"社交媒体中哪些能算作遗产"。在社交媒体去中心化的信息生成形式下，全世界所有人都可以在平台上随意发表意见，信息变得冗杂、分散且难以归类。如何从纷繁复杂的海量内容中捕获到真正具备长期保存价值的部分，需要在制定归档保存战略之初就得以确定。美国国会图书馆自 2010 年起开始收集推特（Twitter）上的推文数据，起初采用的收集策略是全部收集归档。但 2017 年决定改变这一策略，开始"非常有选择性地"获取推文，推文将"以主题和事件为基础，包括选举等事件，或持续的国家利益主题，如公共政策"。① 可以看出，美国国会图书馆在采取归档保存策略之初，回避了鉴定社交媒体内容这一问题，选择尽可能地全面收集。但后续或许由于存储空间等条件限制，选择以"主题"和"事件"为鉴定的主要条件。

其次是社交媒体内容的权属问题。个人和组织用来生成社交媒体内容的各种平台通常由第三方营利组织（社交媒体平台运营商）持有，其商业模式基于用户数据的收集、聚合和货币化。这种基于网络的信息的短暂性，以及社交媒体工具和技术的快速进化性，促进了信息生态系统的形成，其模式、启示和实践对评估、保存和访问等传统文献遗产保护功能的应用提出了挑战。② 理想状态下，个人是社交媒体内容的生成者，应该对其生成内容享有知识产权；平台运营商提供"生成载体"，在利用用户生成内容获取经济利益的同时，也应承担保存内容的社会义务；国家则更多地承担监督者的角色，督促平台运营商合理开展活动，并适当与其开展合作进行数字内容的保存归档。然而在实际情况中，个人往往缺乏保护自己信息的能力，社交媒体内容的主导权基本被让渡于平台运营商；平台运营商由经济利益驱动，难以确保其社会义务履行情况，且数字技术和社会形势发展过快导致许多社交媒体平台朝生夕死，保存义务更加难以落实；国家缺乏社交媒体内容保存归档意识等。在这种形势下，社交媒体这一类型的数字遗产很有可能面临无人保管、飞速消亡的危机。

---

① Library of Congress, "Update on the Twitter Archive at the Library of Congress(White Paper)," https://blogs. loc. gov/loc/files/2017/12/2017dec_ twitter_ white-paper. pdf, accessed: 2022-07-14.

② Duranti, L. , Shaffer, E. , "The Memory of the World in the Digital Age: Digitization and Preservation," An International Conference on Permanent Access to Digital Documentary Heritage, UNESCO Conference Proceedings, Vancouver, 2012, p. 411.

此外，在社交媒体内容保存的实施过程中，还面临许多法律问题。一些社交媒体平台较为私密，仅限于特定受众，必须考虑收集其中内容可能会对个人、家庭或社群产生怎样的影响，以及如何向目标受众告知收集决定。此外，依据《遴选方针》，目前社交媒体所形成的内容，仍有诸多法律问题需要确认和解决：根据社交媒体平台在社会中的使用方式，所有社交媒体应该被同等对待，还是采用不同的方法？如何才能在收集授权与保护隐私之间取得平衡？如何确保收集机构是一个值得信赖的个人数据存储库？当地司法机构对"被遗忘权"的立场是什么？如何管理"混合管辖"数字内容（如推特上的材料）？[①] 2019 年中国国家图书馆与新浪微博合作共建互联网信息战略保存项目，宣布要保存超 2000 亿条公开微博博文。[②] 彼时就有微博网友发表担忧，认为这种行为侵犯了自己的隐私。

四　对人工智能的探讨

于人工智能的争议在于，人工智能产生的内容，本身就是对数字遗产定义的冲击。《保存数字遗产宪章》对数字遗产所做的定义表明，"数字遗产由人类的知识和表达方式的独特资源组成"。但菲奥娜·卡梅伦（Fiona Cameron）指出，随着时代的演进，"数字遗产不再仅仅是人类表达和社会生活的数字形式的产物"。数字遗产的生产者范围扩大，人工智能、自动化系统和社交机器人等非人类主体都参与遗产生成实践，作为遗产制作核心特征和形象的"人"的概念被取代。[③] 在这一观点下，人工智能所生成的内容是否符合数字遗产的定义、是否还能被纳入数字遗产范围，依旧存疑。

具体到人工智能本身，人工智能其实并非狭义上的机器人，而是"计算机科学的一个分支，处理计算机中智能行为的模拟，是机器模仿人类智能行为的能力"，[④] 可划分为无监督人工智能和有监督人工智能两大类。而人工智能

---

① UNESCO PERSIST：《数字遗产长期保护遴选工作指导方针》，https://unescopersist. files. word-press. com /2018/08/persist-content-guidelines-zh. pdf，最后访问时间：2023 年 7 月 19 日。

② 付冰冰：《保存"互联网信息"需多方合力》，《人民周刊》2019 年第 8 期，第 20~21 页。

③ Cameron, F. R. , *The Future of Digital Data, Heritage and Curation: In a More-than Human World*, Taylor and Francis, 2021, p. 16.

④ Marr, B. , "The Key Definitions of Artificial Intelligence(AI) That Explain Its Importance, "January 28, 2021, https://www. forbes. com/sites/bernardmarr/2018/02/14/the－key－definitions－of－artificialin-telligence-ai-that-explain-its-importance/?sh=dd7c4a64f5d8, accessed: 2022-07-19.

记录不仅仅是算法的输出，还需要数据、日志和代码以协助理解其输出过程。

当下，人工智能的使用正在成为公共部门、私营部门与各类组织的主流，也代表了未来社会发展的一种"计算化"和"数据化"趋势。它被视为分析大量结构化数据（如数据集）和非结构化数据（如文档、演示文稿、视听内容）的有效手段。人工智能使组织能够从他们的数据中获得见解，而这些数据很难通过纯人工手段获得。它可以对大量数据进行分析，从而做出决策、发展医疗、制作广告等。这些人工智能工具的输出促进了各个部门的决策过程，从而产生了需要记录和捕获的记录。

显然，人工智能在运行与分析的过程中，可以产生海量的数据与信息资源，但并非所有内容都具有遗产价值，足以被称为"数字遗产"。根据《遴选方针》（2021 年），在满足以下条件时，人工智能就构成了一种具有持久历史价值的记录，应受到文献遗产组织关注，并采取保护措施：人工智能的成果影响了政策制定和政府政策的应用，影响公民，影响公民维护自己权利的能力，人工智能的成果改变了一个组织的使命，其使用影响了关键的组织项目，影响了决策的方式，标志着一个组织或政府决策方式的转变。[①]

第五节　数字形态文献遗产保护的挑战

经过几十年的发展，数字遗产保护已初具规模。然而，与迭代速度更快的数字技术相比，仍存在大量过时、缺失之处，如数字形态文献遗产价值判定存在困境、对原生数字遗产关注不够、数字遗产面临安全和伦理挑战、受到其他法律规定限制等。积极应对这些挑战，是数字遗产保护的必然发展趋势。

一　数字形态文献遗产价值判定的困境

目前，国内外尚未出现专门针对数字遗产价值鉴定的成熟标准。《保存数字遗产宪章》中虽提出数字遗产具有经济、社会、知识和文化价值，但缺乏详细、可操作性的评价标准，仍然无法具体判定数字遗产的切实价值。由于数字遗产的评审标准与传统文献遗产大体相同，本节便以《世界记忆名录》的

[①]　UNESCO PERSIST：《数字遗产长期保护遴选工作指导方针》，https://unescopersist. files. word-press. com /2018/08/persist-content-guidelines-zh. pdf，最后访问时间：2023 年 7 月 19 日。

评审标准为参照，对数字遗产的价值进行探讨。

《世界记忆名录》是世界记忆项目的品牌活动、提升遗产可视度的重要途径，已收录 496 项文献遗产，[①] 然而仅有一项数字形式遗产正式入选，且在 2023 年刚刚入选。作为全新的文献遗产形式，数字遗产在载体、内容、形式等方面都有其独特价值，却未能在《世界记忆名录》中得到正确反映。此前曾有多项数字遗产试图申报《世界记忆名录》，却均被以"不符合评审标准"为由而拒绝。《保存数字遗产宪章》起草人之一提尔莎·范德沃夫（Titia van der Werf）认为，"极少有数字遗产申报《世界记忆名录》，显然，确定哪些数字遗产具有世界意义的选择标准是有问题的"。[②] 数字遗产的独特属性对《世界记忆名录》的评审标准产生了剧烈冲击，传统的价值判定准则无法完全适用。易于复制的特性对鉴别真实性、独特性的影响，去中心化形态对体现"世界意义"的重构，无法满足"封闭性"的入选前提……这些问题是数字遗产价值判定困难的根源所在。

（一）数字遗产的真实性

真实性是入选《世界记忆名录》的标准之一，在确保遗产来源与内容真实、可靠之后，才能进入后续的评选审议过程。然而相较于传统文献遗产，数字遗产易复制、难溯源，内容也更易遭受篡改，导致其原真性难以得到保障和鉴定。数字技术可以不留痕迹地操作文本、图像和声音，因此对其真实性的确认绝非易事。对于真实性的认定，《世界记忆名录申报指南》要求介绍"文献从产生到进入保管机构的历程或来源"，并尽可能地给出最详尽的描述。传统文献遗产的真实性认证一直基于文献的创建和使用程序、文献存放在公共场所（即属于某一特定社会群体认为具有主权的当局的场所）以及文献的古老性。[③]因此，只要说明文献遗产产生与保存的历史，由权威机构存储或由学者研究认证，通常即可证明其真实性。

在数字环境中，对于真实性更难认定。当我们保存文件时，我们会将其数

---

① UNESCO, "Statistics of Memory of the World," https://en.unesco.org/sites/default/files/statistics_of_mow.pdf, accessed: 2021-12-01.

② Edmondson, R., Jordan, L., Prodan, A. C., *The UNESCO Memory of the World Programme: Key Aspects and Recent Developments*, Springer Nature Switzerland AG, 2020, p.184.

③ Edmondson, R., Jordan, L., Prodan, A. C., *The UNESCO Memory of the World Programme: Key Aspects and Recent Developments*, Springer Nature Switzerland AG, 2020, p.195.

字组件（例如电子邮件中的标题元素、消息、块签名、附件等）拆分；当我们检索文件时，我们会通过重新组合数字组件生成副本。因此，不可能真正"保存"数字文件，而只能保持复制或重新创建它的能力。[①] 如果我们将真实性定义为一份文件的品质，那么该文件的身份和完整性自创建之日起就应保持不变。这种情况意味着我们无法再从文件本身确定真实性。[②] 虽然合法保管链仍然是推断数字文档真实性和认证数字文档的基础，但数字保管链将更为有效，即有关记录及其变化的信息，显示特定数据在给定日期和时间处于特定状态的状况。[③] 对于数字遗产而言，其真实性主要在于形成文本为原始记录，元数据没有经过修改、篡改，且来源可信。《世界记忆名录申报指南》对数字遗产提名的解释说明中，着重表示了对元数据重要性的肯定："元数据是数字对象的一个基本组成部分，书目、技术、管理和结构元数据，以及表述信息、保存描述信息和包装信息应始终是提名材料的一部分。"但具体如何采用元数据、区块链等技术为验证数字遗产真实性提供支持，仍需要在遴选标准层面进一步明确。

（二）数字遗产的独特性

数字遗产易复制的特性还带来了另一项难题：数字技术允许制作多次拷贝，且拷贝结果与原始资料并无显著区别，在这种情况下应如何确定独特性标准？[④] 尤其是数字遗产还囊括数字化形式，导致这一标准更加难以界定。《世界记忆名录》对独特性的要求是"价值珍稀"，而当对象可以几乎无损害地自由复制，独特与珍稀就变得更加难以衡量。

《世界记忆名录申报指南》对"独特性"的解释为"独一无二"。一般指一份原件，或不同于其他类似文献，有其独有特点的文件。不可替代性更进一步强化了独特的价值：任何复制品或替代品都不能与独特原件的重要性和内在

---

① Duranti, L. , Thibodeau K. , "The Concept of Record in Interactive, Experiential and Dynamic Environments: The View of Inter PARES, "*Archival Science* 6, 1, 2006, pp. 13~68.

② Edmondson, R. , Jordan, L. , Prodan, A. C. , *The UNESCO Memory of the World Programme: Key Aspects and Recent Developments*, Springer Nature Switzerland AG, 2020, p. 192.

③ Edmondson, R. , Jordan, L. , Prodan, A. C. , *The UNESCO Memory of the World Programme: Key Aspects and Recent Developments*, Springer Nature Switzerland AG, 2020, p. 196.

④ Carter, T. , Harvey, D. , Jones, R. , et al. , *Creating Heritage: Unrecognised Pasts and Rejected Futures*, Routledge, 2021. p. 34.

特点相媲美。① 数字形式的文献遗产必定拥有大量的复制品和替代品，且其原件并无显著的不可替代性。甚至某一项数字遗产的普及度和传播度成为它的特点，普及度和传播度越广就代表它在发展时具有更多的受众，参与更多的社会记忆，同时也丰富了遗产自身的文化价值。独特性标准在数字环境下受到剧烈冲击，甚至完全无法适用于对数字遗产价值的判定。

（三）数字遗产的"世界意义"

在数字环境中，信息和资源的形成具有较强的去中心化特征。数字遗产本身可能就是由不同国家的社会群体共同构成的，很难判断其具体归属于某人、某组织甚至某个国家。在打破地域局限性的同时，数字遗产便于获取和传播的优势也冲破了时间的阻碍。数字遗产可能时时刻刻都在对世界的进程产生着潜移默化的影响。在这种打破时间和地域属性的条件下，究竟何谓"世界意义"？如何去判定哪些内容是真正具有世界意义的？

在数字语境下，世界意义这一标准应更少被其传播的广度、深度，以及产生的时间、地点，或生成者的代表性而影响。那么，数字遗产的世界意义究竟应该强调什么？以下将其与《世界记忆名录》评审标准中"世界意义"的三条下属标准进行匹配。

第一，历史意义。历史意义是一个时间概念，是衡量数字遗产是否具有长久保存价值的最普遍的价值类型，通常涉及重要时期事件、知名人物、社会形态发展。惯性思维中，具有历史意义的事物必然是年代久远的，但在衡量公共数字遗产时这种看法必须被摒弃，因为数字遗产本身就是近几十年来存在的事物，没有时间上的优势。所以在具体鉴定时，应有所区别，把历史意义的考量侧重于具有潜在的、能够对人类重要历史活动起见证作用的方面。每份数字遗产都有其产生的时间，但数字遗产是否重要并非取决于其绝对年限，往往应考察其是否代表了某类新发现的源头，是否记载着某个重要变迁或关键时期的重大事件。② 此外，"历史意义"这项标准还可以通过地点和位置的特殊性来体现。依据《世界记忆名录申报指南》，可能涉及以下相关问题：地点对事件的

---

① UNESCO, "Memory of the World Register Companion," 2021, https://en. unesco. org/sites/default/files/memory_of_the_world_register_companion_en. pdf, accessed: 2023-07-19.

② 聂云霞、徐苾滢：《公共数字遗产价值构成及其重要性评估》，《浙江档案》2016 年第 2 期，第 11~13 页。

性质有影响吗？它是对历史产生过影响的某政治、社会或宗教事件的发生地？这个环境本身对这些事件的发展有影响吗？但数字信息本身即可通过互联网高速传输至世界各地，基本打破了地域隔阂，因此地域属性所承载的价值将很难在数字遗产中展现。

第二，形式与风格。《世界记忆名录指南》对这一标准的描述为："有些文献能够显示出创新的特质、高水平的艺术性、显著的美学特征或内容和载体间的特殊联系……还与社会或行业的惯例和需求有关……可能是一种已经消失的或正在消失的风格的典型。"在数字技术高速更迭的时代背景下，数字遗产的形式与风格也呈现出多样化的发展态势，且变化迅速。依据数字环境对载体和平台的淘汰速度，大多数内容都可能处于"已经消失的或正在消失的风格"范畴之中。但是究竟哪些内容能够被称为典型、能够真正成为这种格式与类型的代表，需要谨慎选择与考虑。但总体而言，数字遗产的价值比较容易通过载体、格式与类型的形式体现。澳大利亚的 PANDORA 项目申报《世界记忆名录》时，载体就在确定数字文件的遗产价值方面发挥了作用。申报者认为 PANDORA 是万维网这一新兴传播媒介的早期记录，它保留了网站的外观和功能，具有美学意义。[①]

第三，社会、社群或精神意义。数字遗产因与特定群体发生关联，受到群体或族群的关注而具有社会、社群或精神意义，是该群体或族群凝聚力的一种体现。如公众对网络游戏的推崇、对社交网站的关注、对博客的痴迷，都已然成为日常生活中不可或缺的一部分，而当该网络游戏中止、社交网络关闭或博客访问受限，给公众的精神世界造成一定威胁时，这种情感的维系和诉求就会变得异常明显。信息时代，人们对计算机、网络等媒介给予更多的精神寄托，对于普通公众来说，数字遗产的社会和精神价值将超越科学价值。[②] 因此，数字遗产将更有利于承载社群记忆，其社会、社群或精神意义将更为凸显。

（四）数字遗产对"封闭"要求的冲击

数字遗产不像书籍等传统文献遗产那样稳定、固定，而是动态的。许多学者认为数字遗产的本质特征是流动的、动态的、交互的和协作的，这些遗产内

---

① Prodan, A. C. , *The Digital "Memory of the World": An Exploration of Documentary Practices in the Age of Digital Technology*, Brandenburg University, 2014.

② 聂云霞、徐芯滢：《公共数字遗产价值构成及其重要性评估》，《浙江档案》2016 年第 2 期，第 11~13 页。

容以外的其他方面也必须作为遗产的一部分予以保存。这挑战了传统文献必然具备的"有界性"和"固定性"特征。① 国际咨询委员会第九届会议上也提出了对数字遗产引发冲击的关切,"数字遗产的性质引发了一系列问题:经鉴定'原件'的概念、真实性和生命力的保证以及载体与内容之间的联系等。数据库、专有程序、元数据和网站等形式的数字信息进一步引发稳定性、有限范围、定义、保存和访问等复杂问题"。②

澳大利亚的 PANDORA 项目是数字遗产"申遗"失败的典型。PANDORA 项目于 1996 年由澳大利亚国家图书馆建立,是澳大利亚重要在线出版物和网站副本的集合。③ 2004 年,该项目成功入选《澳大利亚记忆名录》,却在《世界记忆名录》的评审中遗憾落选。④《世界记忆名录》要求入选遗产必须有限、封闭且界定清晰,而 PANDORA 项目则是开放式的,其内容仍处于持续增长状态。具有强动态性的数字遗产通常很难实现"闭合"的要求,"艾滋病教育全球信息系统——艾滋病档案""全球自由软件"等数字遗产项目均因类似理由未能入选。"艾滋病教育全球信息系统——艾滋病档案"甚至进行了三次尝试,并在后续修改中试图遵守世界记忆项目的"藏品有限"要求,但联合国教科文组织仍认为"网站是一项正在进行的工作,因此(不断变化)……",⑤ 拒绝了这一申请。PANDORA 项目落选后,名录小组委员会在其报告中表示,当前《世界记忆名录》暂无数字形态的文献入选,亦没有评选数字遗产的详细指南,故无法根据现有评估标准来衡量 PANDORA 项目的价值

① Edmondson, R. , Jordan, L. , Prodan, A. C. , *The UNESCO Memory of the World Programme: Key Aspects and Recent Developments*, Springer Nature Switzerland AG, 2020, pp. 62-63.

② UNESCO, "9th Meeting of the International Advisory Committee of the Memory of the World Programme, Christ Church, Barbados, " July 29 - 31, 2009, https://unesdoc. unesco. org/ark:/48223/pf0000234040? posInSet= 1&queryId = bf1d227e-b9f0-4281-8ad1-8d8392cfa9e7, accessed: 2023-07-19.

③ PANDORA, "About PANDORA, " July 20, 2020, https://pandora. nla. gov. au/about. html, accessed: 2021-12-02.

④ Edmondson, R. , Jordan, L. , Prodan, A. C. , *The UNESCO Memory of the World Programme: Key Aspects and Recent Developments*, Springer Nature Switzerland AG, 2020, pp. 165-166.

⑤ UNESCO, "6th Meeting of the International Advisory Committee of the Memory of the World Programme, Gdansk, Poland, 28 - 30 August 2003: Final Report, " https://unesdoc. unesco. org/ark:/48223/pf0000234017? posInSet=4&queryId =0f521c58-dc0a-4ec2-95c2-3de194da5d6a, accessed: 2023-07-19.

意义。①

　　数字遗产的"流动""不稳定""易复制"等特有属性，使其无法完全适用于针对传统文献遗产设置的《世界记忆名录》遴选标准。为应对这一问题，2021 年新版《世界记忆名录申报指南》对数字遗产的申报问题做出了解释说明，② 这一内容也曾收录于 2017 年版《世界记忆项目总方针》的附件中。其中表明，数字遗产的评选标准与实体文献遗产基本相同，其内容和载体（如软件）均可参与提名。若有意申报数字化形式的遗产，则必须说明不申报其原件的理由。对于动态原生数字遗产难以确保"闭合性"，也给出了解决方案，包括在申请表中描述材料的动态性流程、标准和责任，定期提供数字遗产内容、元数据、技术格式、功能和设施、保存措施和其他重大变更的概述等。此外，还解释了数字遗产"申遗"过程中的一些细节问题，如：元数据是数字对象的固有成分，应纳入参选材料一并提交；若有必要，应指定创建和访问文档的软件环境；要说明数字遗产的管理和保护计划；对数字遗产的可持续性实施长期监控等。

　　这一说明并未更改原有评选标准，而是以提交更多附加材料、定期补充材料的形式对数字遗产做出限制。虽然暂时规避了数字遗产的不适应症结，但却可能导致加剧评审难度、降低申遗意愿等新问题。目前这种方式尚未得到实践的充分检验，可行性、执行力、应用效果有待考察。但可以预测的是，未来必定会有更多数字遗产申报《世界记忆名录》，如 2021 年"澳大利亚现场演出数据库"（Australian Live Performance Database）入选《澳大利亚记忆名录》、③ 2023 年荷兰申报的"数字城市"（The Digital City）入选《世界记忆名录》，④ 均体现出名录对数字遗产接纳的导向。联合国教科文组织应基于现有设想继续完善，使数字遗产特性与名录遴选标准相匹配。

---

① UNESCO, "Report of the Third Meeting of the Register Sub-Committee," https://unesdoc.unesco.org/ark:/48223/pf0000142730, accessed: 2023-01-20.

② UNESCO, "Memory of the World Register Companion(2021)," https://en.unesco.org/sites/default/files/memory_of_the_world_register_companion_en.pdf, accessed: 2021-01-19.

③ Memory of the World National Committee of Australia, "Australian Live Performance Database(AusStage)," https://www.amw.org.au/register/listings/australian-live-performance-database-ausstage, accessed: 2022-04-24.

④ UNESCO, "UNESCO Memory of the World Register," https://www.unesco.org/en/memory-world/register2023, accessed: 2023-07-23.

二 对"原生"数字遗产关注度不足

一般意义上，依照生成形式，数字遗产可分为"原生数字遗产"与"数字化遗产"两类。"原生数字遗产"指网页、数据库等直接以数字形式生成的内容；"数字化遗产"是对传统模拟态文化遗产进行数字处理，将其转化为数字形式的结果，二者具有本质区别。

数字化作为保存传统文化遗产的有效途径，已在许多国家的遗产保护工作中得到广泛应用。同时，背靠传统遗产的前期保护基础，数字化遗产的保存无疑拥有更加优越的先天条件。即便数字化成果丢失，只要确保原件无虞，即可重新生成。然而，原生数字遗产诞生于海量数据之中，因其体量大、类型广、内容多等特点，无形中增加了遗产系统化整理与保护的工作难度。由于其并无其他形式的"原件"且"仅以数字形式存在"，因而，极易受技术过时影响而丢失，对长期保存提出了更大挑战。

数字化遗产只是原遗产的数字附属物，其内容主要倚仗原件，很难有超脱于原件本身的附加价值，亦无法体现"数字"形式的特殊性。按照数据生成实质，原生数字遗产才是更为接近"数字遗产"本质含义、更具有长久保存价值的部分，且正面临更加严峻的长期保存危机。然而，《保存数字遗产宪章》等政策将原生数字遗产与数字化遗产同列为数字遗产的组成部分，进行统一管理与规定。这种做法将会分散记忆机构保存"真正"数字遗产的注意力，影响专业人士对不同数字遗产的优先级设置。[1] 目前，实践层面在对二者保存上存在严峻的不平衡状况，尽管政策同时关注数字化与原生数字形态的遗产，各国的数字遗产保存实践仍以数字化为主。2019 年发布的《〈建议书〉实施情况综合报告》直接印证，虽然各国对于保护数字遗产已有一定认知，但多数举措仍局限于数字化形式，如加强数字化基础设施建设、推动档案数字化、交换文献遗产数字副本等。[2]

---

[1] Edmondson, R., Jordan, L., Prodan, A. C., *The UNESCO Memory of the World Programme: Key Aspects and Recent Development*, Springer Nature Switzerland AG, 2020, pp. 183–184.

[2] UNESCO, "Consolidated Report on the Implementation of the 2015 Recommendation Concerning the Preservation of, and Access to, Documentary Heritage, Including in Digital Form," September 3, 2019, https://unesdoc.unesco.org/ark:/48223/pf0000370303, accessed: 2021–01–19.

表 5-5　联合国教科文组织有关"原生数字"文件及内容

名称	时间	内容
《保存数字遗产宪章》	2003 年	那些原生数字资源，除了数字形式外，别无其他形式。
		保存数字遗产的选择标准可因国家而异，但决定哪些数字资料应予以保存的主要标准是有关数字资料的重要性及其在文化、科学、提供证据或其他方面所具有的长远的价值。显然应优先保存原生数字资料
《温哥华宣言》	2012 年	许多对象均为原生数字态，但如何在时间与技术变迁的背景下，确保其可持续获取与真实、可靠和准确保存，仍欠缺考虑
		文化遗产领域专业组织需要与其他专业协会、国际或地区组织及商业企业合作，通过推广和倡导数字法定呈缴法，确保重要的原生数字材料得到保护
《世界记忆名录申报指南》	2021 年	固定原生数字文献，即无模拟原件、在数字领域产生的有限文献
		动态原生数字文献，如活跃的网站和不断增加的数字资源
		所提名文献必须是有尽的和准确定义的。但某些原生数字文献也有例外
《关于提名数字文献入选名录的解释说明》	2021 年	固定原生数字对象有：数字制作的电子书、原生数字档案、图片、录音、数据库、交互式演示文稿、电子邮件、推特等。已关闭和存档的网站也隶属此类 固定原生数字对象以数字方式产生，但一旦它们成为有限的对象，就需要保持其永远不变
		动态原生数字对象有：活跃的网站，不断增加的数字资源，如教育和社交媒体等 动态、非固定和无限性是这类资源的主要特征和特点之一，具有重要价值。因此，对于申报遗产必须是固定且有限的这一普遍要求，需要由附加要求加以阐述

　　真正面临长期保存挑战的并非模拟态遗产的数字变体，而是诞生于数字世界的原始内容。无论从紧迫程度、保存难度，还是从实际需求与核心价值来判断，原生数字遗产都应该处于更高优先级地位。濒危时再采取保护措施无异于"亡羊补牢"，必须从原生数字遗产诞生之初就开展"预防性"介入保护。若无法提升对原生数字遗产损失威胁的认知，长此以往，伴随技术的不断过时与迭代，大量的原生数字遗产将从赛博空间消失。应在数字遗产保护相关的政策

和战略中有所侧重，着重强调原生数字遗产的价值，细化对原生数字遗产的保存与管理要求，明确"预防性保护"的理念与方式。或将数字化形式的遗产统一纳入传统遗产范围，作为其原件的附属形式进行管理，使数字遗产政策仅聚焦于原生形态。从而增进保护机构对原生数字遗产的关注度、提高其保护优先级，打破当下数字遗产保护实践中重数字化建设、轻原生数字内容的局面。

三　数字遗产面临安全与伦理挑战

数字技术为少数群体的记忆留存、权利彰显提供了便利。然而，尽管先进的数字工具为我们审视过去的记忆提供了新视角，却难免将当代的偏见投射至记忆的解读中。[①] "元数据的创建可能受到社会、文化或政治规范与价值观的影响"，[②] 就连"数据库的软件编码都带有设计者的文化偏见，反映着西方的思维逻辑"。[③] 由于少数群体在技术、资金支持等方面存在劣势，无力独立完成数字遗产保护工作，政府等权威机构的直接介入，会采取统一措施将其数字遗产纳入官方话语体系，可能导致信息误读、数字干涉等现象发生。因此，毫无顾忌地推进数字遗产保存，可能会在无意间损害、剥夺土著人民等少数弱势群体的数据主权，威胁其数字记忆安全，甚至扭曲、冲击他们的文化认同。[④]

除此之外，数字遗产保护中还存在资助者为谋取利益进行的主观掠夺。其一，经济与技术援助催生了一种新形式的帝国主义：发达地区会以保护之名义，掠夺欠发达地区遗产的知识产权。由于需要一定的资金和技术，许多欠发达地区的记忆机构会通过合作来推进数字化建设，然而，这种合作关系有时会演变成单方面的"榨取"。资助者或合作伙伴资助开展数字化项目，给当地记

---

① Logan, W., Craith, M., Kockel, U., *A Companion to Heritage Studies*, John Wiley & Sons Ltd, 2015, pp. 224-225.

② Sayers, J., *The Routledge Companion to Media Studies and Digital Humanities*, Routledge, 2018, pp. 405-406.

③ Prodan, A. C., *The Digital "Memory of the World": An Exploration of Documentary Practices in the Age of Digital Technology*, Walter de Gruyter, 2016, p. 220.

④ UNESCO, "Documentary Heritage at Risk Policy Gaps in Digital Preservation," https://en.unesco.org/sites/default/files/documentary_heritage_at_risk_policy_gaps_in_digital_preservation_en.pdf, accessed: 2021-11-17.

忆机构留下一份数字化副本，也带走一份。① 这种行为表面上是善意的，但实际上并非如此。在这一过程中，资助者获得了原始机构的全部珍贵资源。而原始机构虽然留下了数字化副本，却没有保障其可持续性的手段。随着设备更替与技术过时，原始机构手中的数字化成果很快将变成毫无意义的数字垃圾。其二，资助者出于自身利益与偏好，控制文献遗产数字化的选择权和解释权。南非学者米歇尔·皮克弗（Michele Pickover）指出，非洲数字化项目的外国资助者影响了对数字化内容的解释。② 最为突出的例子是南非数字创新项目（Digital Innovation South Africa Project，DISA）。DISA 是非洲地区最重要的文献遗产数字化项目之一，由美国安德鲁·梅隆基金会（Andrew W. Mellon Foundation）资助，旨在数字化南部非洲地区的民主斗争档案。在项目开展期间，资助组织干预 DISA 的内容选择策略，使其逐渐符合资助组织的利益，而不是南非的利益。此外，与南非学者和研究人员相比，资助组织选择的内容更适合美国本科生水平的观众。③ 其三，数字化内容被资助者垄断，文献遗产生成主体的获取权利无法得到保障。2009 年，塞内加尔筹办第三届世界黑人艺术节时，必须联系法国国家视听研究所档案馆，以购买塞内加尔广播电台档案等本国文献资料。④ 英国国家档案馆授权商业公司数字化南非种族隔离制度档案，并仅通过付费订阅模式提供。这些档案中包含大量的一手资料和报告，对南非而言是相当珍贵的文献遗产。但即使是资源充足的南非大学也无法支付高昂的订阅费。⑤

　　基于这一危机，联合国教科文组织必须在数字遗产保护政策中体现对少数

---

① ICCROM, "The Digital Imperative: Envisioning the Path to Sustaining Our Collective Digital Heritage," November 31, 2021, https://www.iccrom.org/publication/digital-imperative-envisioning-path-sustaining-our-collective-digital-heritage-summary, accessed: 2023-02-23.

② Pickover, M., "Patrimony, Power and Politics: Selecting, Constructing and Preserving Digital Heritage Content in South Africa and Africa," August 12, 2014, https://library.ifla.org/id/eprint/1023/1/138-pickover-en.pdf, accessed: 2023-02-25.

③ Pickover, M., Peters D., "DISA: an African Perspective on Digital Technology," *Innovation* 24, 2002, pp. 4-20.

④ Livesey, C., *Managing Low-cost Digitization Projects in Least Developed Countries and Small Island Developing States: a Manual*, UNESCO, 2021, p. 35.

⑤ Pickover, M., "Patrimony, Power and Politics: Selecting, Constructing and Preserving Digital Heritage Content in South Africa and Africa," August 12, 2014, https://library.ifla.org/id/eprint/1023/1/138-pickover-en.pdf, accessed: 2023-02-25.

群体文化、记忆与权利的尊重，确保其数据主权，并让他们直接参与遗产保护建构的全过程。或在政策制定过程中征求吸纳少数群体意见、专门针对少数群体需求出台指导政策。否则，推动保存数字遗产的好意将演化为数字时代的新型殖民与掠夺。《温哥华宣言》中提出要"尊重数字形式的土著文化遗产和传统知识的所有权与控制权"。① 《数字遗产长期保护遴选工作指导方针》（第二版）强调遴选程序应包括与少数群体协商，并已经认识到现有政策无法反映所有边缘群体的需求和观点，鼓励少数群体牵头建立诸如《土著数字遗产长期保护遴选工作指导方针》等政策。尽管现有政策对少数群体数字遗产的安全保障有所关注，但均为"蜻蜓点水"式的简单提及，实践层面也未见标志性的保护战略与方案，仍有待继续深耕、持续推进。

数字遗产还面临着数字化内容"虚拟归还"的伦理问题。许多文献遗产由于殖民、武装冲突、自然灾害等，被掠夺或散佚至他国，成为"离散遗产"，涉及遗产主权与归还问题。数字化技术的出现为这些离散遗产提供了"虚拟归还"的机会，对于遗产生成国而言，曾经失去的珍贵资源可以实现数字化回归。文献遗产实现数字化后，可以实现"虚拟"的归还，对于保管机构没有任何损失，也能使原始国家获取遗产的数字资源。但从另一个角度审视，尽管数字化为离散遗产的归属提供了新的解决途径，但在伦理层面仍存在问题：数字化可能成为逃避实体归还和遗产索赔的借口。虚拟归还毕竟不是真正的归还，实体材料的所有权并未改变。有学者一语中的："如果数字替代品真的那么好，为什么（占有者）不保留它们，并归还原始的、非数字化的、实体的对象？"② 此外，离散遗产数字化项目的可持续性也经常受到质疑。记忆机构在国家政策和资金框架下运作，"外来"文献遗产材料的数字化和维护往往不是优先事项。③ 换言之，由于离散遗产记录的更多是他国的历史，得到的关注也不多，其数字化保存措施的优先级通常远弱于本国资源。

数字遗产保护亦面临文化多样性损伤的问题，文化多样性是世界记忆项目

---

① UNESCO, "UNESCO/UBC Vancouver Declaration: The Memory of the World in the Digital Age: Digitization and Preservation," http://www.unesco.org/new/fileadmin/MULTIMEDIA/HQ/CI/CI/pdf/mow/unesco_ubc_vancouver_declaration_en.pdf, accessed: 2021-11-17.

② Bell, J., Christen, K., Turin, M., "Introduction: After the Return," *Museum Anthropology Review* 7, 1-2, 2013, pp. 1-21.

③ Manzuch, Z., "Ethical Issues in Digitization of Cultural Heritage," *Journal of Contemporary Archival Studies* 4, 4, 2017, pp. 1-17.

推进文献遗产保护过程中的重要倡导。《华沙宣言》中表示，"文献遗产的多样性是人类遗产的重要组成部分……它（文献遗产）有助于理解和承认文化多样性的价值"。[①] 然而，文献遗产的数字化转换会将多元文化生态简化为单一的文化表达形式。黄永林等学者指出，过度依赖数字化技术容易造成文化的数据化，在一定程度上会损害文化多样性和文化生态的平衡。[②] 不同于传统文献在语言、表达形式、呈现方式上的多样性，数字遗产以单一的数字编码形式得以留存。透过表面丰富庞杂的内容，数字形式的遗产实质上均由 0 和 1 排列而成，只是由二进制语言写就的字符串。数字化实质上将自然和文化信息转化成了技术信息，把文献遗产的多样性简化成了一种二元语言。长此以往，数字技术的广泛应用可能导致文化多样性受到侵蚀，造成文化"一元化"。"通过数字技术对文化记忆进行过滤，将一切文化原有的特质剥离，再次呈现为内容的多样性而非文化多元。"[③] 有学者这样评价照片数字化："它破坏了摄影图像作为数字化过程之外的所有证据。"[④] 即数字化照片仅能证明其经历了数字化过程，不再彰显照片的其他属性。当前遗产保护的关注点多停留在确保其完整真实、不被篡改等方面，却忽略了遗产的不同表达形式、不同语言为其增添的魅力。因此在推动数字遗产保护时，也必须警惕数字技术对文化多样性的冲击，探寻文化记忆在数字时代的生存之道。

四 数字遗产保护与其他信息法律间存在冲突

实现广泛获取是数字遗产保护工作的必然要求，理应成为全世界共同努力的一致目标。《保存数字遗产宪章》明确指出，"保存数字遗产的目的是为了确保其始终都能被公众所使用，数字遗产资料，尤其是公有数字遗产资料的使

① UNESCO, "Warsaw Declaration: Culture – Memory – Identities," https://mowlac. files. wordpress. com/ 2012/05/warsaw_ declaration_ 2011. pdf, accessed: 2023–03–08.
② 黄永林、谈国新：《中国非物质文化遗产数字化保护与开发研究》，《华中师范大学学报（人文社会科学版）》2012 年第 2 期，第 49~55 页。
③ Prodan, A. C. , The Digital "Memory of the World": An Exploration of Documentary Practices in the Age of Digital Technology, Brandenburg University of Technology Cottbus, 2016, pp. 217–220.
④ Kessler, F. , "What You Get is What You See: Digital Images and the Claim on the Real," in Lehmann, A. S. , Raessens, J. , Schafer, M. T. , eds. , Digital Material, Tracing New Media in Everyday Life and Technology, Amsterdam University Press, 2009, p. 188.

用不应受到不合理的限制"。①但由于数字遗产保存与获取过程牵涉多个主体，与之相伴而来的知识产权、隐私权和被遗忘权等可能会限制数字遗产开放利用。文献遗产的公共属性要求其实现普遍开放，而其中涉及的知识产品、个人信息等具有私人属性，也需要相应权利保障。归根结底，这是保障公共权益和维护个人权利之间的矛盾和拉扯。如何使数字遗产保护政策与《知识产权法》《个人信息保护法》等法律规定相协调，解决权利冲突问题，成为确保数字遗产长期可持续获取的关键症结。

免费公开与版权限制间的矛盾由来已久。推动文献遗产保护的核心目标是使全人类无限制地获取遗产资源。但对于出版商和创作者而言，即便出于公益目的，未经授权的开放行为也是对其版权的侵犯，还会对行业生态造成破坏。《文献遗产数字化的基本准则》中明确指出，数字化材料应享有与原材料同等的知识产权版权保护水平。②记忆机构若对未经版权确认的内容直接进行数字化并提供在线开放，可能会引发复杂的法律问题。2020年6月，互联网档案馆由于免费向公众提供大量数字出版物，被四家大型出版商以侵犯版权为由联合提起诉讼，③成为数字形态遗产开放要求与版权法冲突的典型印证。此外，在知识产权保护措施薄弱的国家，数字遗产易于复制的特性为网络非法获取和盗版行为提供了可乘之机。④无条件的数据公开可能导致非法复制，同样会损害作者的知识产权。而澳大利亚法律改革委员会指出，即便相关法律对记忆机构提供"版权例外"，通常也仅允许在机构内部通过无法复制的终端查看文献遗产，⑤仍然无法保障在线开放获取。在数字全球化的背景下，各国的知识产权法各不相同，在线开放访问权限"面向全世界"的法律影响尚不明确，

① Charter on the Preservation of Digital Heritage, https://unesdoc.unesco.org/ark:/48223/pf0000229034, accessed: 2024-04-22.

② UNESCO, "Fundamental Principles of Digitization of Documentary Heritage," https://icom-czech.mini.icom.museum/wp-content/uploads/sites/34/2020/05/Digitization_guidelines_for_web_EN-1.pdf, accessed: 2023-02-27.

③ Robin, S., "Hachette Book Group v. Internet Archive: Is There a Better Way to Restore Balance in Copyright?" *Internet Reference Services Quarterly* 24, 1-2, 2021, pp. 53-58.

④ Von, S., "UNESCO and the Challenge of Preserving the Digital Cultural Heritage," *Santander Art and Culture Law Review* 6, 2020, pp. 33-64.

⑤ Australian Law Reform Commission, "Libraries, Archives and Digitization," August 16, 2012, https://www.alrc.gov.au/publication/copyright-and-the-digital-economy-ip-42/libraries-archives-and-digitisation/, accessed: 2023-02-27.

使得这个问题变得更加复杂。站在记忆机构的角度，处理版权问题也并不容易。权利主体有时相当复杂，如音像遗产涉及的版权方就可能包括导演、音乐人、被摄者等；权利相关信息不足的情况也十分常见。文献遗产的收集相对轻松，而追踪准确的版权信息却可能造成巨大的时间和经费损耗。正如欧洲数字图书馆政策顾问艾丽安娜·马塔斯（Ariadna Matas）所言，"版权法不平衡、版权知识匮乏与机构政策缺位，使数字化内容的在线获取变得更加困难"。①

公开获取与个人隐私权和被遗忘权存在冲突。文献遗产中可能包含大量个人信息，如涉及个人观点和生活事件的民族志材料、包含个人资料的档案、医疗记录、报纸等。② 如果不考虑隐私问题，这些个人信息将与数字遗产一起进入公共领域，成为可被共享的公共性知识。在这种情况下，信息滥用和信息泄露成为不可避免的现实因素。③ 隐私问题与在网上普及遗产信息的目标存在冲突，如果处理不当还可能对当事人造成难以估量的伤害。某家出版社曾对杂志中的女同性恋内容进行了数字化，尽管这些内容具有历史意义，数字化的行为仍然引发了广泛争议。因为将其数字化并公开，可能会暴露相关者不愿公开的个人隐私，对她们的生活造成困扰。④ 个人隐私权是法律规定的基本人格权利，理应得到保障。然而，对于记忆机构而言，在提供数字遗产开放获取的过程中处理隐私权问题绝非易事。对个人隐私的识别确认和意见征求需要花费资金、人力和时间成本，而个人信息主体也往往对公开持警惕和抵触态度，导致遗产资源在"应向世界公开"和"个人不愿公开"之间拉扯。而数字状态下共享和更改的便捷性，也使保护数字遗产中所含个人信息的任务更加复杂，不利于记忆机构提供在线开放。

在隐私权之外，欧盟《通用数据保护条例》确立的"被遗忘权"进一步升级了个人在隐私处置中的主体地位。被遗忘权指信息主体有权要求控制者永

① Matas, A., "Barriers to Access: Legislation and Practice in Europe and beyond," October 23, 2020, https://blog-ica.org/2020/10/23/barriers-to-access-legislation-and-practice-in-europe-and-beyond/, accessed: 2023-03-20.

② Manzuch, Z., "Ethical Issues in Digitization of Cultural Heritage," *Journal of Contemporary Archival Studies* 4, 4, 2017, pp. 1-17.

③ 赵静蓉著：《国家记忆与文化表征》，生活·读书·新知三联书店，2023，第246~247页。

④ Brink, P., Ducey, M. E., Lprang, E., "The Case of the Awgwan: Considering Ethics of Digitisation and Access for Archives," *The Reading Room* 2, 1, 2016, pp. 7-25.

久删除与其有关的个人信息。① 这包括在互联网上删除、限制、断开链接,②
即无法通过网络检索到相关内容。个体倚仗隐私权和被遗忘权直接完成对数字
资源的裁决,可能会导致更多极具价值的文献遗产无法在线公开。

实现广泛获取是文献遗产数字保护工作的必然要求,理应成为全世界共同
努力的一致目标。2022 年联合国教科文组织发布的《世界记忆项目三十周年
纪念声明》亦强调,"保护和提供文献遗产材料是一项核心的公共利益活动,
因此不应受到任何不合理的限制"。③ 在新的技术环境下,各国应当重新审视
和评估版权法、个人信息保护法等相关法律,④ 协调现行文献遗产政策与其他
法律的冲突,化解数字遗产公开与个人权利矛盾的问题。从权利保障角度,为
数字遗产的在线开放扫清法律层面的障碍。

第六节 数字形态文献遗产保护的展望

一 保障开放获取,促进数字遗产保护的可持续发展

促进文献遗产的"普遍获取"(universal access)是实现更大范围内遗产
的公平获取与价值实现的关键,是世界记忆项目的重要目标之一,同样,也是
数字遗产保护工作的基本原则。《保存数字遗产宪章》中明确表示,"保存数
字遗产的目的是确保其始终都能被公众所使用",⑤ 在目标层面为数字遗产保
护政策确定了核心基调。数字遗产便于传输、不受时空限制的特点,能够使全
球公众以低成本获得更加丰富的信息资源,对促进开放获取具有天然优势。
2020 年,联合国教科文组织面向残疾人群体出台了《无障碍获取数字文献遗
产:残疾人可获取的文献遗产准备指南》(*Accessible Digital Documentary Herit-*

---

① 伍艳:《论网络信息时代的"被遗忘权"——以欧盟个人数据保护改革为视角》,《图书馆理
  论与实践》2013 年第 11 期,第 4~9 页。
② 周旭、安冉:《图书馆发展中的被遗忘权保护》,《图书馆论坛》2023 年第 4 期,第 89~96 页。
③ UNESCO, "The 30th Anniversary of the Memory of the World Programme: A Commemorative Statement,"
  October 27, 2022, https://unesdoc. unesco. org/ark: /48223/pf0000383472, accessed: 2023-02-09.
④ UNESCO, " Documentary Heritage at Risk Policy Gaps in Digital Preservation, " https://
  en. unesco. org/sites/ default/files/documentary_ heritage_ at_ risk_ policy_ gaps_ in_ digital_ preserva-
  tion_ en. pdf, accessed: 2022-11-17.
⑤ Charter on the Preservation of Digital Heritage, https://unesdoc. unesco. org/ark: /48223/pf0000229034,
  accessed: 2024-04-22.

age：Guidelines for the Preparation of Documentary Heritage in Accessible Formats for Persons with Disables），① 规定了数字遗产平台的无障碍获取要求。该指南关注以残疾人为代表的少数群体的使用需求，更加体现了世界记忆项目所倡导的遗产利用平等性。

"存储数字遗产就像保存火焰：你必须不断地照料它，维护它，滋养它，否则它就会消失。"② 诚然，数字载体具有存储量大、程序便捷等优点，但由于需要数字技术和软硬件支持，导致其更易遭受损坏，面临更为严峻的长期保存问题。数字文件格式、存储介质和系统迅速更迭，在比纸张等物理对象更短的时间长度内危及数字遗产的未来可读性和完整性。③ 数字技术过时成为确保数字连续性工作中最为普遍的威胁。尽管如此，技术过时问题却鲜见于数字遗产政策。《保存数字遗产方针》提及实现数字连续性（digital continuity）可能面临的困难，却并未给出应对措施。④《关于保存和获取包括数字遗产在内的文献遗产的建议书》中甚至没有提到技术过时，更未提出解决方法。在如今新冠疫情席卷全球的背景下，不仅是技术过时问题，政策、资金、人员支持均放缓脚步，国际合作受限，数字连续性的实现陷入更深层次困境。

而保护数字遗产的最大障碍之一就是在数字空间中创建的大量内容。不断变化的文件格式、复杂的权利持有者甚至技术过时等问题使这一挑战变得更加复杂，这意味着我们不能冒险等待被认为是数字遗产的东西，然后再采取必要的行动来保护它。我们必须优先保护未来对数字材料的获取、再利用和理解。国际文化财产保护与修复研究中心认为，应使用"使数字遗产可持续"（sustaining digital heritage）一词来代替"保护"或"监管"，因为他们希望捕获保持数字遗产"活力"所需的整个行动范围，并想强调数字遗产的长久可用性

① UNESCO, "UNESCO Launches New Publication on Accessible Documentary Heritage," December 3, 2020, https://en. unesco. org/news/unesco-launches-new-publication-accessible-documentary-heritage, accessed: 2021-11-19.

② ICA, "Preserving the Digital Heritage: Principles and Policies," https://www. ica. org/en/preserving-digital-heritage-principles-and-policies, accessed: 2021-11-20.

③ UNESCO, "The UNESCO/PERSIST Guidelines for the Selection of Digital Heritage for Long-Term Preservation(Edition II)," May 30, 2021, https://www. ifla. org/zh-hans/news/available-now-the-2nd-edition-of-the-unesco-persist-guidelines-for-the-selection-of-digital-heritage-for-long-term-preservation/, accessed: 2023-02-27.

④ UNESCO, "Guidelines for the Preservation of Digital Heritage," https://unesdoc. unesco. org/ark:/48223/pf0000130071, accessed: 2022-07-30.

以及随时间变化和发展的能力。①

数字遗产保存政策应促进保管机构当前和未来数字遗产的可持续性，并展示其效益和有效性。数字遗产保存政策还应该能够保障许多问题，例如确保数字材料的可用性，制订规划一致的数字保存计划，解决数字材料寿命短、容量小、技术过时以及不同类型数字材料的结构和技术异质性等问题。② 因此应着重强调技术过时等因素给数字遗产可持续保存带来的威胁，并提出行之有效的解决方案，为各国开展数字遗产保护工作提供参考。在具体实施层面，应建立一个国际性数字遗产保护信息共享数据库，提供关于数字遗产的专家、工具包、培训班和资金来源等信息，推进全球范围的数字遗产保护能力建设。

二 协调法律框架，缓解数字遗产保护与其他权利的矛盾

数字遗产的保存与开放需求和《个人信息保护法》《著作权法》等法律要求之间存在着巨大的矛盾。即便是出于保护目的自动收集互联网信息，也会产生复杂的法律问题。因此，必须适当了解法律要求，如知识产权是否允许数字复制和免费访问；数字版权管理要求如何表明对象数字版本的所有权等。并在充分了解的基础上，在法律规制层面对不同需求之间的冲突予以调和。

联合国教科文组织数字遗产政策的更新速度明显落后于时代发展进程。2003 年出台的《保存数字遗产宪章》中表示，联合国教科文组织应"根据今后六年中实行本宪章及指导原则的经验，决定是否有必要为促进和保存数字遗产制定新的准则性文件"。③ 联合国教科文组织于 2011 年要求更新《保存数字遗产宪章》，④ 并在 2012 年的《温哥华宣言》中提出要修订《保存数字遗产方针》。数字环境早已今非昔比，数字遗产保护问题层出不穷，但新的准则性文件仍未见踪影。

在联合国教科文组织的文献遗产政策对话会上，法律框架被列为政策发展

① ICCROM, "What is Your Digital Heritage?" https://www.iccrom.org/news/what-your-digital-heritage, accessed: 2022-08-10.

② Stancic H., "Digital Heritage Preservation," http://www.gis.us.edu.pl/index.php?option=com_mtree&task=att_download&link_id=200&cf_id=24, accessed: 2022-08-10.

③ UNESCO, "Charter on the Preservation of Digital Heritage," http://www.moe.gov.cn/srcsite/A23/jkwzz_other/200310/t20031015_81413.html, accessed: 2021-11-16.

④ UNESCO, "The Moscow Declaration on Digital Information Preservation Final Document," October 5, 2011, https://unesdoc.unesco.org/ark:/48223/pf0000383397, accessed: 2022-08-12.

的优先事项之一，知识产权与著作权也逐渐成为数字遗产长期保存的关键。在新的技术环境下，相关领域的专家学者应当重新审视和评估版权法，以提供明确的指导方针。[①] 联合国教科文组织应以世界记忆项目政策论坛、文献遗产政策对话会等会议探讨成果为引，完善自身数字遗产保护政策体系。对《保存数字遗产宪章》等政策进行修订，增添符合时代要求的新内容。同时建立数字遗产相关国际标准和共同资源，如元数据标准、多语言 OCR 工具包等。此外，也应推动各国以联合国教科文组织数字遗产政策为依据，完善本国法律保障，为数字遗产保护提供良好的法律环境。不仅要在法律中强调对数字遗产的重视，实现数字遗产从产生、收集、保管到利用的全生命周期管理，还应注重与《知识产权法》《个人信息保护法》等法律的协调，尽量减少公众利用限制，确保最大限度开放获取。

三　明确保护责任，加快数字遗产保护的协同合作

数字遗产实践存在于各个领域，记忆机构、政府及研究部门、社交媒体平台甚至游戏社区，各个主体都可能成为数字遗产的创造及保存之地。传统遗产机构保护的内容与我们当今数字化社会所应保护的内容之间似乎存在着巨大的差异。这不仅仅是这些机构保护什么和如何保护的问题，它还与整个遗产保护领域的结构有着更为根本的关系。特定类型的数字对象嵌入网络环境，不能与其他对象类型分离。[②] 数字遗产保存不能仅被作为公共机构的任务。在信息社会中，确保数字遗产的长久保存与持续获取，是公共机构与私营机构共同的责任。因此，遗产部门不再是数字遗产领域唯一的"裁决者"。[③] 无论是数字遗产政策制定过程，还是具体的遗产保护实践，均需要更多主体参与，合作推进数字遗产治理。正如联合国教科文组织通信与信息部前助理总干事杰尼斯·卡克林（Jānis Kārkliņš）所言，"只有通过合作战略联盟，我们才能克服威胁数

[①] UNESCO, "Documentary Heritage at Risk Policy Gaps in Digital Preservation," https://en. unesco. org/sites/ default/files/documentary_ heritage_ at_ risk_ policy_ gaps_ in_ digital_ preservation_ en. pdf, accessed: 2021-11-17.

[②] ICA, "Preserving the Digital Heritage: Principles and Policies," https://www. ica. org/sites/default/files/WG_ 2007_ PAAG preserving-the-digital-heritage_ EN. pdf, accessed: 2022-08-15.

[③] Cameron, F. R., *The Future of Digital Data, Heritage and Curation: In a More-than Human World*, Taylor and Francis, 2021, p. 7.

字遗产保存的主要挑战"。① 然而在当前数字遗产保护实践中，真正有意促进并实现高效合作的国家和机构并不多。推动数字遗产领域国际合作的开展，还应从以下方面发力。

第一，以联合国教科文组织及世界记忆项目为引领，推动数字遗产领域的国际合作。作为文献遗产领域最具代表性和影响力的国际组织，联合国教科文组织应在世界记忆项目的框架下，承担数字遗产保护国际合作的领导角色。可以通过召开国际会议，共商遗产政策发展方向；或在世界各地，尤其是欠发达地区举办培训班和工作坊，指导各国建立数字遗产保护政策、提升遗产保护能力。此外，应在数字遗产政策中进一步明确合作导向，倡导国家间建立合作，分享数字遗产保护的实践经验。

第二，注重多元主体参与，促进数字遗产领域的行业间合作。与高校、研究所等科研机构合作，推动建设数字遗产保护领域的项目和智库，为数字遗产政策发展提供理论与智力支持。与出版商、出品人、发行人等数字生产者合作，在了解相关法律的基础上签订合作协议，能够有效规避知识产权和隐私权等权利问题，最大限度实现数字遗产开放获取。此外，为应对数字技术过时问题，还应与软硬件制作者建立合作关系，确保数字遗产及时迁移。面对社交媒体资源存档问题，应与社交媒体平台供应商达成保存协议，如美国国会图书馆与推特合作收集推文、中国国家图书馆与新浪微博共建互联网信息战略保存项目等。② 美国国家数字信息基础设施和保护计划的国家网络有 130 多个合作机构，来自各联邦机构、州和地方政府的学术团体、非营利专业组织以及商业实体。计划文件中也明确要求国会图书馆必须与商业部、国家档案局、国家医学图书馆、国家农业图书馆、国家技术标准研究所及其他联邦的研究和私人图书馆机构以及具有电子通信技术和电子商务政策等方面专业知识的专家开展合作。③

第三，实现遗产协同治理，深化数字遗产领域的机构间合作。数字遗产的

---

① UNESCO, "The Memory of the World in the Digital Age: Digitization and Preservation Conference Proceedings," https://unesdoc.unesco.org/ark:/48223/pf0000373728, accessed: 2022-01-18.

② 付冰冰：《保存"互联网信息"需多方合力》，《人民周刊》2019 年第 8 期，第 20～21 页。

③ Library of Congress, "Library Announces Approval of Plan to Preserve America's Digital Heritage," https://www.loc.gov/item/prn-03-022/library-receives-approval-for-digital-preservation-plan/2003-02-14/, accessed: 2022-01-18.

保存不仅是单一机构的责任，而是需要档案馆、图书馆、博物馆等记忆机构勠力同心，秉承"共同遗产"理念，推进数字遗产协同治理。可以通过搭建组织网络，形成跨机构合作的新型数字遗产保护范式。合作机构间建立可持续伙伴关系，通过汇集资金和资源、共享知识和服务来实现共同目标，使数字遗产可持续、可读和可用。[①] 2014 年创立的"荷兰数字遗产网络"（Dutch Digital Heritage Network）正是这样一个平台，其集结文化遗产和研究机构、供应商、创意产业和政府机构，容纳了荷兰所有的数字遗产保存活动，并向全世界所有的数字遗产机构开放。[②] 国际互联网保存联盟（International Internet Preservation Consortium，IIPC）由 52 个国家、地区、高校档案馆与图书馆共同组成，以推动世界范围内的网络信息存档与保护。其合作构建了公共网络档案馆藏，目前开展的"协作馆藏"有新型冠状病毒馆藏（2020 年）、气候变化馆藏（2019 年）、人工智能馆藏（2019 年）、全球网络新闻馆藏（2018 年）等。[③] 这些丰富的网络档案馆藏也可算作一笔宝贵的数字遗产，"协作馆藏"的形式为数字遗产保护提供了一个优良的示范。由于新冠疫情的暴发，国际互联网保存联盟内容开发小组和互联网档案馆的 Archive-It 项目正在合作收集新型冠状病毒相关档案，[④] 以保存与之相关的网络内容，中国也积极参与了本次活动。

四 倡导中国价值理念，记录人类的"共同文明"

数字遗产依托数字环境传播和保存，相较于以往按照国家和地域划分的遗产更具全球性。其世界价值的体现不囿于某个民族或者国家的特点，而在于全世界人民的共同记忆和群体价值。数字遗产作为一种面向未来的遗产，应该打破现有的"名录"分级制度，秉承"中国理念"的遗产观，强调合作，而非竞争。我们不应该将记录人类共同发展与文明演进的数字遗产，特别是原生数

---

① UNESCO, "Documentary Heritage at Risk: Policy Gaps in Digital Preservation," https://en. unesco. org/sites/default/files/documentary_heritage_at_risk_policy_gaps_in_digital_preservation_en. pdf, accessed: 2022-11-17.

② Netwerk digitaal erfgoed, "Dutch Digital Heritage Network," https://netwerkdigitaalerfgoed. nl/en/, accessed: 2021-11-20.

③ IIPC, "Collaborative Collections," https://netpreserve. org/projects/collaborative-collections/, accessed 2022-11-17.

④ International Internet Preservation Consortium, "Archive-it-Novel Coronavirus(COVID-19)," https://archive-it. org/collections/13529, accessed: 2022-11-17.

字遗产，简单划归为属于或者代表某个国家。应该打破国家的藩篱，不再用国家之间相互竞争的"名录"去限制遗产的价值，而是选出"覆盖全球，影响全球，代表全球"的原生数字遗产。

《世界记忆名录申报指南》中表明，三个名录最根本的区别在于入选文献遗产的地域影响力。国际、地区和国家级名录是互相独立的，每个名录的选择标准基本一致，但根据所属文化背景的不同稍作调整。按地理区域建立的名录可以借助各地区和国家的专业人士和当地资源参与提名的评审工作，只设置单一名录在数字时代的背景下不仅难以操作而且不切实际。数字形式的出现打破了原有的传统地域限制，数字遗产从产生、发展、传播到长期保存和再利用都不仅仅局限在单一国家和区域，其影响范围也较传统遗产更加不受地域限制。故此，我们提倡打破地域等级限制，推动全世界"合作"与"协同"，共同保护原生数字遗产，保护数字时代的记忆。

联合国教科文组织"软件遗产"（Software Heritage）项目已经为我们做出了示范。软件遗产项目旨在安全地收集、保存和共享免费开放获取的源代码中的软件，提倡保护软件对于保护我们的文化遗产至关重要。目前，该项目已经收集到 12535545923 份源代码、2653441851 份提交文件和 181143582 个项目，获得了来自法国国家信息与自动化研究所、法国国家科学研究中心（CNRS）、法国原子能和替代能源委员会（CEA）等机构和华为、英特尔（Intel）、微软（Microsoft）等企业的支持和捐助。

软件遗产项目从数据的获取、保存到利用，无一不是世界各方机构、各国人民共同努力和维护的结果。数字遗产既为世界人民所有、所用，也应该加强合作与协同，打破地域的藩篱，将世界记忆网络编织得更加细密和紧密。

如果说记忆在前数据时代更多依靠的是人脑、口传、文字等形式，那么在数据时代，快速产生、消逝的数据构成了当前与未来的记忆，即"数字记忆"。未来我们将要面对的记忆遗产，也将是这些数字记忆遗产。尽管《保存数字遗产宪章》早已于 2003 年出台；然而，时隔 20 年后，《世界记忆名录》中才出现首个（也是唯一一个）"数字遗产"——荷兰数字城市（De Digitale Stad / The Digital City，DDS），且地区及国家名录中的数字遗产依然寥寥无几。这体现出在快速更迭的数字技术发展背景下，对于何种类型的数字资源可以具有遗产与记忆性质，全球社会尚未达成共识；"数字形态的文献遗产"在理论与政策层面的发展，落后于实践与技术的进步。

　　与此同时，"遗忘"曾经一直站在"记忆"的对立面，作为被克服和避免的对象。"避免集体遗忘"曾经是联合国教科文组织创建世界记忆项目的初衷。然而，在数字与数据的时代，面对日以继夜产生的海量数据，有意识、有选择地"遗忘"成了与"记忆"同等重要的事情。这也将催生数字时代新的记忆保存范式与模式的产生。

　　世界记忆项目的"数字之变"，正当其时、方兴未艾。

第六章　中国之路：全球记忆重塑中的正义力量

世界记忆项目启动 30 余年，从树立"世界文献遗产归全人类所有"的理念，切实保护濒危档案，加强全球文献遗产工作者的联系，建立文献遗产保护与研究的国际机构，提升公众的文献遗产保护意识等方面推动了全球文献遗产保护进程。① 中国积极开展世界记忆项目的申报、宣传和建设等各项工作，一方面提升了国内中央至地方的文献遗产保护意识，逐步建立起文献遗产分级保护体系；另一方面，通过各级名录的申报，向世界生动展示了我国悠久灿烂的历史文化，增进了不同文明间的对话与认同，对世界记忆项目的发展做出了贡献。此外，中国逐步参与全球文献遗产治理，吸收先进理论，并进行创新与输出，对全球记忆正义的维护发挥着越来越重要的作用。

第一节　世界记忆项目与中国档案文献遗产事业发展

保护世界文献遗产，提高人们对文献遗产重要性的认识，是世界记忆项目的价值旨归。在 1992 年联合国教科文组织第 140 次会议上，世界记忆项目作为新项目被正式列入联合国教科文组织 1992/1993 年度计划。1996 年，世界记忆项目中国国家委员会成立，由国家档案局牵头负责。此后，在世界记忆项目中国国家委员会的引导下，我国文献遗产领域形成了与世界记忆项目的良性互动，成效显著。

---

① 周玉萱、王玉珏：《世界记忆项目的中国参与和贡献》，《中国档案》2021 年第 11 期，第 74~76 页。

一 中国参与世界记忆项目的历程

（一）浅层参与阶段（1994~1999）

1994~1999 年是中国浅层参与世界记忆项目的阶段，这一阶段中国开始参与世界记忆项目的申报。

1994 年 12 月，在马来西亚吉隆坡召开的世界记忆项目亚太地区专家会议上，国家档案局向大会提出将西藏珍贵档案列入《世界记忆名录》，赢得了重视和支持，决定以大会名义向联合国教科文组织申报。1995 年 7 月 5 日，在拉萨举行了西藏档案国际研讨会暨世界记忆项目新闻发布会。[1] 这些工作为我国成立世界记忆项目中国国家委员会积累了经验，为我国申报《世界记忆名录》奠定了基础。

1996 年，国家档案局牵头组织成立了世界记忆项目中国国家委员会，这是我国官方层面正式参与世界记忆项目的开端和标志。在世界记忆项目中国国家委员会和国家档案局的领导下，这一阶段，《中国传统音乐录音档案》《清代内阁秘本档》入选《世界记忆名录》，世界记忆项目亚太地区第一次专家会议和亚太地区委员会第一次会议也分别在中国厦门和中国北京召开，中国与亚太地区的档案工作交流逐渐密切。

（二）深度介入阶段（2000~2015）

2000~2015 年是中国深度介入世界记忆项目的阶段。我国对世界记忆项目的参与逐步加深，除积极申报《世界记忆名录》和《世界记忆亚太地区名录》外，还重视国家级档案文献遗产工程的建设，在亚太地区开展档案文献遗产工作交流。

2000 年，中国档案文献遗产工程启动，标志着我国世界记忆项目和档案文献遗产保护工作进入新阶段。中国档案文献遗产工程旨在对正在逐渐老化、损毁、消失的人类记录进行调查、抢救和保护；组织中国档案文献遗产申报工作，建立《中国档案文献遗产名录》；选择具有世界级文化价值的档案文献，推荐申报《世界记忆名录》。2004 年，在马来西亚吉隆坡举行的世界记忆项目

---

[1] 达·海雪：《藏文化奇珍"西藏档案"申报列入"世界记忆"工程》，《西藏艺术研究》1995 年第 3 期，第 23 页。

亚太地区委员会执行局会议上,中国被世界记忆项目亚太地区执行局会议确认为世界上最早建立世界记忆工程国家名录的国家之一。[①] 2001 年 11 月,中国档案文献遗产工程国家咨询委员会正式成立。2002 年,在国家档案局和中国档案文献遗产工程国家咨询委员会的组织下,48 件档案文献入选首批《中国档案文献遗产名录》。此后,又分别于 2003 年、2010 年、2015 年开展了三次《中国档案文献遗产名录》评选工作,共有 143 件档案文献入选《中国档案文献遗产名录》(含第一批 48 件)。在此阶段,我国逐步建立起"国际—地区—国家"三级名录体系,共有 8 件档案文献入选《世界记忆名录》、6 件档案文献入选《世界记忆亚太地区名录》。

此外,我国多次召开中国档案文献遗产工程国家咨询委员会评审会并承办了世界记忆项目国际咨询委员会第七次会议和世界记忆项目亚太地区委员会第四次会议。2014 年,时任国家档案局局长李明华当选世界记忆项目亚太地区委员会主席,其在任期间不断推动中国乃至亚太地区提升在国际文献遗产领域的影响力与话语权。[②]

(三) 突破困境阶段 (2016~2020)

2016~2020 年是中国在参与世界记忆项目中突破困境的阶段。面对日韩与世界记忆项目合作不断深入、新冠疫情全球流行等国际环境带来的压力,中国积极响应世界记忆项目建立学术中心的号召,增进世界记忆项目文化教育和国际交流。

自 2015 年《南京大屠杀档案》入选《世界记忆名录》后,日本以撤销会费等为要挟,向联合国教科文组织施压,阻挠世界记忆项目的正常运行。国际咨询委员会通过提高透明度、知名度,开展对话及资源筹集等方式探索进一步提升世界记忆项目的办法。世界记忆项目全面审查时期,我国持续参与世界记忆项目规则的修订,积极研提中国方案,深度参与改革全程,推动实施《关于保存和获取包括数字遗产在内的文献遗产的建议书》,并向联合国教科文组

① 国家档案局:《〈中国档案文献遗产名录〉——第一部世界记忆国家名录》,2011 年 12 月 31 日,https://www.saac.gov.cn/daj/lhgjk/201808/6e185037dc1d49599ad7594cd29e7f6e.shtml,最后访问时间:2023 年 2 月 11 日。

② 徐拥军、郭若涵、王兴广:《中国参与世界记忆项目:理念、路径与展望》,《档案与建设》2022 年第 1 期,第 11~18 页。

· 256 ·

织秘书处提交了有关建议书执行情况的报告，报告提及我国在文献遗产保护、研究和利用方面所做的尝试与成果。[①]

世界记忆项目学术中心是世界记忆项目的延伸，该提案始于2013年在韩国光州召开的第十一届联合国教科文组织世界记忆项目国际咨询委员会会议，并于第十二届国际咨询委员会会议上通过。2016年11月21日，世界上首个世界记忆项目学术中心——澳门世界记忆学术中心成立，此后世界记忆项目北京学术中心、世界记忆项目福建学术中心、世界记忆项目苏州学术中心分别于2017年7月11日、2018年11月8日、2018年11月10日相继建立。世界记忆项目学术中心的建设有助于搭建本地及邻近地区与联合国教科文组织世界记忆项目联系的桥梁，支持世界记忆项目在中国的开展，推动文献遗产的保护和利用，提升社会公众对文献遗产保护和利用的关注度，同时协助举办世界记忆项目相关活动，与世界各地记忆机构、学术机构和非政府组织合作，推广世界记忆项目成果，促进世界记忆项目与世界文化、自然遗产项目以及非物质文化遗产项目的协同发展。

中国通过举办各类国际会议促进区域间有关文献遗产领域的学术交流，助力世界记忆项目的持续发展。2016年6月14~15日，联合国教科文组织世界记忆项目亚太地区档案保护研讨会在西安召开，国内外档案保护专家齐聚并交流档案保管和利用经验。[②] 2017年7月11日，世界记忆项目北京学术中心启动仪式暨"中国与世界记忆项目"论坛在中国人民大学举行，联合国教科文组织世界记忆项目国际咨询委员会副主席帕帕·摩玛·迪奥普等来自海内外的70多位专家学者出席论坛，中国专家、学者具体围绕侨批档案、苏州丝绸档案、北京记忆数字重建情况进行了介绍。

目前，我国建立的四个世界记忆项目学术中心通过学术交流、宣传教育、人才培养等方式，吸纳来自国内外各地的专家学者参与世界记忆项目的建设。

（四）持续发展阶段（2021~2023）

2021~2023年是中国世界记忆项目持续发展的阶段。中国不断加强国内档案文

---

① 周玉萱、王玉珏：《世界记忆项目的中国参与和贡献》，《中国档案》2021年第11期，第74~76页。

② 世界记忆项目中国国家委员会：《联合国教科文组织世界记忆项目亚太地区档案保护研讨会在西安召开》，https://www.saac.gov.cn/mowcn/cn/c100445/202103/d94a593d45334d828a4d9293f215fbf6.shtml，最后访问时间：2022年8月8日。

献遗产工作，参与和主办区域世界记忆项目活动，主动寻求引领和持续发展。

2021 年世界记忆项目结束全面审查工作，出台了最新修订的《世界记忆项目总方针》《世界记忆项目国际咨询委员会章程》。同时，联合国教科文组织围绕文献遗产召开系列研讨会，并开启新一周期（2022~2023 年度）《世界记忆名录》的申报与评审。《"十四五"全国档案事业发展规划》中明确提出要积极参与联合国教科文组织世界记忆项目，并将档案文献影响力提升工程列为"十四五"时期档案事业重点发展的七大工程之一。① 2021 年 4 月 30 日，下设于国家档案局官网的"联合国教科文组织世界记忆项目中国国家委员会"网站正式上线，除了对世界记忆项目以及中国参与的基本概况做出介绍，该网站还引入世界记忆项目关键文件中英文版本并保持更新，成为一个一体化信息集成中心，为遗产申报者获取资讯和指导提供了方便。

国际、地区、国家层面的档案文献遗产申报和评选工作也已经恢复，并已公布新一轮评选结果。世界记忆项目在 2021 年重启提名，2023 年 5 月，在法国巴黎召开的联合国教科文组织执行局会议上，审议通过了《世界记忆名录》新入选项目名单，其中包括中国国家档案局组织申报的《四部医典》和《澳门功德林寺档案和手稿（1645~1980）》。至此，中国已有 15 项档案文献遗产入选《世界记忆名录》。2022 年 11 月 24~26 日，在韩国安东召开的联合国教科文组织世界记忆项目亚太地区委员会第九次全体会议上宣布，由中国提名的《大生纱厂创办初期档案（1896~1907）》《贵州省水书文献》入选《世界记忆亚太地区名录》。2022 年 3 月，国家档案局时隔 7 年再次启动中国档案文献遗产名录申报评选工作。2023 年 1 月，国家档案局公布第五批中国档案文献遗产名录的评选结果，共有 55 项档案文献入选。

二 中国档案文献遗产事业发展道路

（一）中国档案文献遗产 "申遗之路"

1. "国际—地区—国家—地方" 名录体系建设

（1）国际层面：《世界记忆名录》

1995 年 5 月 3~5 日，世界记忆项目国际咨询委员会（International Advisory Committee，IAC）第二次会议在法国巴黎召开，确立建设《世界记忆名录》

---

① 王红敏：《守正创新 不断开创档案对外交流新局面》，《中国档案》2022 年第 9 期，第 8~9 页。

（Memory of the World Register）。1997 年，《世界记忆名录》收录了第一批文献遗产，此后每两年评选一次。自 1997 年首次评选至 2023 年，共有 496 项文献遗产入选《世界记忆名录》。

1997 年，《中国传统音乐录音档案》入选《世界记忆名录》，成为中国档案文献遗产申报《世界记忆名录》的开端。如表 6-1 所示，截至 2023 年，中国共有 15 项文献遗产入选《世界记忆名录》，入选数量位居世界第七。

表 6-1　中国档案文献遗产入选《世界记忆名录》情况

编号	入选时间	文献名称	年代
1	1997 年	中国传统音乐录音档案	通代
2	1999 年	清代内阁秘本档	清代
3	2003 年	纳西族东巴古籍	通代
4	2005 年	清代科举大金榜	清代
5	2007 年	清代"样式雷"建筑图档	清代
6	2011 年	本草纲目	明代
7	2011 年	黄帝内经	西汉
8	2013 年	元代西藏官方档案	元代
9	2013 年	侨批档案——海外华侨银信	清代、民国、新中国成立后
10	2015 年	南京大屠杀档案	民国、新中国成立后
11	2017 年	清代澳门地方衙门档案（1693～1886）	清代
12	2017 年	近现代苏州丝绸样本档案	民国、新中国成立后
13	2017 年	甲骨文	商代
14	2023 年	四部医典	清代、民国、新中国成立后
15	2023 年	澳门功德林寺档案和手稿（1645～1980）	唐代

中国入选《世界记忆名录》的文献遗产内容丰富，时间跨度大，包括商代、西汉、唐代、元代、明代、清代、民国和新中国成立后的档案文献遗产，其中清代的档案文献遗产最为丰富，民国时期居于第二，而明代之前形成的档案文献遗产较少。我国幅员辽阔，档案文献遗产分布遍及全国，但开发和保护程度呈现不均衡状态，东北、西北地区档案文献遗产的开发和保护有待加强。档案文献遗产的载体形式多样，但纸质载体仍占据主导地位，以贝叶、甲骨、丝绸等为载体的文献遗产体现了我国文献遗产的包容性和民族特色。

（2）地区层面：《世界记忆亚太地区名录》

《世界记忆亚太地区名录》是 2008 年由世界记忆项目亚太地区委员会（Memory of the World Committee for Asia and the Pacific）建立，并由其负责审核评定的地区级文献遗产名录，每两年评选一次。时任国家档案局局长李明华曾担任世界记忆项目亚太地区委员会主席（2014～2018），国家档案局交流合作司负责人王红敏担任世界记忆项目亚太地区委员会成员。截至 2023 年，《世界记忆亚太地区名录》共收录了亚太地区 66 项档案文献遗产，中国共有 14 项文献遗产入选，总数居亚太地区首位（见表6-2）。

表 6-2　中国档案文献遗产入选《世界记忆亚太地区名录》情况

编号	入选时间	文献名称	年代
1	2010 年	本草纲目	明代
2	2010 年	黄帝内经	西汉
3	2010 年	天主教澳门教区档案文献（16～19 世纪）	明代、清代、民国
4	2012 年	侨批档案——海外华侨银信	清代、民国以来
5	2012 年	元代西藏官方档案	元代
6	2014 年	赤道南北两总星图	明代
7	2016 年	近现代苏州丝绸样本档案	民国以来
8	2016 年	孔子世家明清文书档案	明代、清代、民国
9	2016 年	澳门功德林寺档案和手稿（1645～1980）	清代、民国
10	2016 年	清代澳门地方衙门档案（1693～1886）	清代
11	2018 年	四部医典	明代、清代、民国
12	2018 年	南侨机工档案	民国
13	2022 年	大生纱厂创办初期档案（1896～1907）	清代
14	2022 年	贵州省水书文献	清代、民国

（3）国家层面：《中国档案文献遗产名录》

2000 年，中国积极响应联合国教科文组织世界记忆项目的号召，建立了《中国档案文献遗产名录》，成为世界上最早建立世界记忆项目国家名录的国家。2002 年 3 月，国家档案局组织召开了中国档案文献遗产工程国家咨询委员会评审会，审定首批入选《中国档案文献遗产名录》的档案文献。总体来说，我国档案文献遗产具有数量丰富、时间跨度大、空间分布广、涉及领域多、民族特色与时代特色鲜明等特点。

从评选结果来看，我国 34 个省级行政区中共有来自 28 个省（直辖市、自治区）的档案文献遗产入选《中国档案文献遗产名录》，档案文献遗产入选数量最多的是江苏省，其次是四川省和浙江省。其中，每批均有档案文献遗产入选的省级行政区共有 6 个，分别是江苏省、四川省、浙江省、云南省、西藏自治区和黑龙江省。除港澳台之外，仅有江西、河南和海南三省至今无档案文献遗产入选（见表 6-3）。

表 6-3　我国 34 个省级行政区入选《中国档案文献遗产名录》的数量情况

省级行政区	入选件数					
	第一批（48）	第二批（35）	第三批（30）	第四批（29）	第五批（55）	总计
江苏省*	4	1	3	4	3	15
四川省*	3	2	2	3	1	11
浙江省*	3	2	3	1	3	12
云南省*	3	2	1	1	4	11
西藏自治区	1	1	2	3	2	9
内蒙古自治区	2	1	0	4	2	9
辽宁省	2	2	0	2	1	7
河北省	2	1	0	3	1	7
黑龙江省	1	1	2	1	3	8
上海市*	1	1	0	2	0	4
山东省*	1	0	1	2	3	7
广东省*	1	1	1	0	1	4
湖北省*	1	1	1	0	2	5
甘肃省	1	0	1	1	1	4
贵州省	1	0	1	1	2	5
吉林省	2	0	0	1	0	3
天津市	2	0	1	0	2	5
湖南省*	1	0	1	0	0	2

续表

省级行政区	入选件数					
	第一批（48）	第二批（35）	第三批（30）	第四批（29）	第五批（55）	总计
青海省	1	1	0	0	0	2
安徽省	1	1	0	0	2	4
北京市	2	0	0	0	0	2
新疆维吾尔自治区	1	1	0	0	2	4
山西省	0	1	0	1	0	2
福建省	0	0	1	0	1	2
宁夏回族自治区	1	0	0	0	0	1
重庆市	1	0	0	0	0	1
广西壮族自治区	0	1	0	0	0	1
陕西省	0	0	1	0	4	5
江西省*	0	0	0	0	0	0
河南省*	0	0	0	0	2	2
海南省	0	0	0	0	0	0
香港特别行政区	0	0	0	0	0	0
澳门特别行政区	0	0	0	0	0	0
台湾省	0	0	0	0	0	0

注：联合申报项目重复统计；"＊"表示当前该地区已创建本省（自治区、直辖市）档案文献遗产名录。

（4）地方层面：省市级名录

受国家档案文献遗产工程影响，我国地方档案文献遗产工程也相继启动，截至 2023 年 3 月，我国 34 个省级行政区中已有 12 个创建了省级名录（见表 6-4）。各地通过积极申报《中国档案文献遗产名录》、编纂出版地方珍贵档案文献汇编等形式推动地方一级名录的建设发展。

早在 2002 年，浙江省档案局颁布《浙江档案文献遗产工程实施办法》，规定了申报办法、评选流程以及相关管理、保护和利用要求，成为首个颁布文献遗产评选办法的省份，并于 2003 年评选出 15 项文献遗产入选《浙江省档案文献遗产名录》。随后，江苏、福建、上海等地相继开展地方名录体系建设。

最近一次评选结果公示由河南省发布，2023 年 3 月河南省档案局公布了入选《第一批河南省档案文献遗产名录》的 18 件（组）珍贵档案。

表 6-4　我国 34 个省级行政区创建省级名录体系的情况

类别	省级行政区
已创建省级名录体系的行政区（12 个）	浙江、上海、湖南、山东、江苏、四川、云南、广东、福建、江西、湖北、河南
未创建省级名录体系的行政区（22 个）	北京、天津、河北、黑龙江、吉林、辽宁、安徽、陕西、山西、甘肃、宁夏、重庆、贵州、广西、海南、内蒙古、青海、新疆、西藏、台湾、香港、澳门

我国地方名录体系建设主要集中在省级行政区，绝大部分省级以下行政区的名录体系建设尚未起步。在已经开展档案文献遗产工程建设的省级行政区内，各地市往往通过参与申报入选本省档案文献遗产名录的方式，开展相关的档案文献发掘、整理、保护等工作。据调查，当前我国仅有青岛、苏州、常州、盐城、无锡和连云港等市创建了地市级名录。不过，目前各地方出台的档案文献遗产评选标准普遍存在标准层级设置混乱、标准定义不清、价值导向模糊、地方特色不突出等问题，在评选程序以及评委构成方面的规定也语焉不详，评选办法总体而言较为粗糙。这些不足之处或将对识别和明确档案文献的价值带来一定阻碍，有待进一步提升完善。

（二）中国档案文献遗产"保护之路"

1. 档案文献遗产保护意识不断提升

在世界记忆项目的影响下，各地档案部门以及其他文献保管机构为了申遗，逐步开始有意识地、主动地开展档案文献遗产保护工作，对馆藏进行系统地梳理、排查，摸清"家底"、设计方案，为后续的文献遗产保护、管理及传播工作奠定了良好的基础。

例如，苏州市工商档案管理中心在准备申报《中国档案文献遗产名录》的过程中，组织全体工作人员花费 3 个月的时间，对馆藏的丝绸档案进行了清点，从而使得一批珍贵的丝绸档案得以显现。与《近现代苏州丝绸样本档案》一同入选《世界记忆亚太地区名录》的"孔子世家明清文书档案"，曾有过被当作若干堆废旧文书的经历，各省市在评选过程中，还从民间发现了大量私人收藏的珍贵档案文献。《甲骨文》由中国社会科学院、中国国家图书馆、故宫博物院等 11 家单位联合申报《世界记忆名录》，以 11 家单位珍藏的约 93000 片甲骨文为申报主体，申遗准备期间，各单位对收藏的甲骨文资料进行整理，相关机构还组织召开了"甲骨文整理与研究学术研讨会"，探讨国内甲骨文资料的全面整理与系统研究。

在世界记忆项目的影响下，地方政府对档案文献遗产的保护意识不断提升。2013 年《侨批档案——海外华侨银信》成功入选《世界记忆名录》，引发各方关注。2015 年 8 月，广东省档案局与五邑大学签署了《关于委托五邑大学制定侨批档案保护管理办法的协议书》，委托五邑大学教授张国雄领衔侨乡文化学术团队承担《广东省侨批档案保护管理办法》的起草任务。2018 年，广东省政府正式出台了《广东省侨批档案保护管理办法》，将省、市、县各级侨批档案相关部门甚至个人的权责进行了大致分配，为侨批档案的保护提供了权威的规章指导。这是我国第一个受到明确规章保护列入《世界记忆名录》的项目，表明了广东省履行侨批档案申报世界记忆遗产的庄严承诺，是依法依规保护侨文化遗产的重要举措。此后，福建省档案局也联合相关部门起草《福建省侨批档案保护与利用办法》，并于 2021 年 10 月 13 日以省政府令第 220 号文件公布，自 2021 年 12 月 1 日起施行。要求从加强普法宣传、做好实施监督、开展备案登记、加强资源建设、构建共享平台和深入研究开发六个方面持续做好侨批档案工作。

2. 档案文献遗产保护体系逐渐形成

"中国档案文献遗产工程"的建立对于我国档案文献遗产保护体系的建立起到了关键性作用，它以起承转合之势搭接起一个连贯的记忆工程链，有效地保证了我国档案文献遗产工程政策与全球的结合。受世界记忆项目"国际—地区—国家"三级管理体制的影响，我国在文献遗产保护的政策制定和名录建设层面上，一方面沿袭、借鉴了世界记忆项目的政策和名录建设经验，另一方面根据我国国情和实践经验发展出具有本国特色的文献遗产保护政策和文献遗产名录，基本形成了"国际—地区—国家—地方"的文献遗产保护体系。

我国不断完善国内文献遗产政策，制定了《中国档案文献遗产工程总计划》《〈中国档案文献遗产工程〉入选标准细则》以及地方档案文献遗产评选办法，形成更加系统化、专业化的管理体系，规范国家和地方档案文献遗产的管理工作。在名录建设方面，我国除了在国际和地区层面上积极申报《世界记忆名录》和《世界记忆亚太地区名录》外，还在国内层面上建立了国家级的《中国档案文献遗产名录》和地方级的档案文献遗产名录，更好地促进中国档案文献遗产和地方档案文献遗产的保护和利用。

3. 档案文献遗产保护成果大量涌现

在世界记忆项目的外部推动以及我国自主探索的共同努力下，我国档案文献遗产保护在理论和实践层面均取得了丰硕的成果。理论研究成果主要包括学术专著、论文、科研项目等，学术专著包括《档案文献遗产保护》《档案文献遗产保护的理论与实践》《中国档案文献遗产研究》等20余部。在中国知网上以"档案文献遗产保护"或"文献遗产保护"为主题词进行检索，检索结果超过300篇相关文献，内容涉及档案文献遗产保护、管理与利用等多个方面。

此外，还出现了以世界记忆项目为主题的科研项目，与世界记忆项目有关的国家社科基金项目首次在2012年立项，该项目是由华东师范大学王元鹿教授主持的国家社科基金重点项目"'世界记忆遗产'东巴文字研究体系数字化国际共享平台建设研究"。项目在东巴古籍文献保护方面取得了许多重要成果，例如探寻散落于世界各地的东巴古籍以及抢救性释读回归的东巴卷，探寻与研究代表性东巴经典古籍《创世纪》，发掘东巴经典古籍《创世纪》的学术价值，发布若干标志性的研究成果等。负责"世界记忆遗产"的信息传播处的安卓（Andrea Cairola）先生曾表示："国家项目是抢救和保护东巴古籍的一个很好的开始，有利于促进各方的合作；要力争建立起这个国际合作平台，推动东巴古籍保护工作的有效开展。"①

1997年《中国传统音乐录音档案》入选《世界记忆名录》，自此以后，中国艺术研究院组织专门团队，采用国际标准，对唱片（粗纹和密纹）、钢丝录音带、开盘录音带、盒式录音带等不同类型的模拟载体进行数字化抢救与保护。经过20多年的努力，最终形成了目前国内收录中国传统音乐录音数量最庞大、历史最悠久、珍贵度最高的专业数据库。中国艺术研究院院长、中国工艺美术馆馆长韩子勇指出，作为中国第一家"世界的记忆"项目保护单位，中国艺术研究院开创性地借用数字技术将这一文化遗产向社会发布，为世界

---

① 《"寻找东巴古籍"图片展在巴黎展出》，中国网，2015年11月12日，http://www.china.org.cn/chinese/2015-11/12/content_37045170_2.htm，最后访问时间：2023年7月22日。

共享，将进一步促进中国传统文化遗产的保护和利用，彰显文化自信，推动落实习近平总书记所倡导的人民中心理念和让文化遗产活起来的指示。① 为纪念世界记忆项目成立 30 周年，由中国艺术研究院收藏、建设的"世界的记忆——中国传统音乐录音档案"数字平台（https：//www.ctmsa-cnaa.com）于 2022 年 4 月 23 日正式上线试运行。

（三）中国档案文献遗产"传播之路"

申报入选《世界记忆名录》有助于提升中国档案文献遗产在国际、国内的影响力和知名度，加深国内外对于中国档案文献遗产的了解。《侨批档案——海外华侨银信》申遗成功后，福建省档案馆第一时间通过省政府新闻发布会宣传《侨批档案——海外华侨银信》入选《世界记忆名录》这一重大事件，向公众介绍世界记忆项目。2018 年 12 月 11 日，"世界记忆遗产——侨批档案图片展"在菲律宾安吉利斯市巡回展出，展示了福建华侨华人在海外拼搏发展、和睦融合的历程，吸引了广大菲律宾当地师生、华人社团和社会民众前来参观，促进文明互鉴与民心相交。《南京大屠杀档案》申遗成功后，加拿大安大略省议会投票决定将每年的 12 月 13 日设立为"南京大屠杀遇难者纪念日"。2017 年是南京大屠杀 80 周年，荷兰广东华商总会在海牙议会国际新闻中心举办南京大屠杀死难者国家公祭日悼念活动，莫斯科华侨社团举行南京大屠杀死难同胞悼念活动，澳大利亚江苏总会会馆举办了"血写的历史——日本军国主义在亚太地区罪行图片展"，海外总计 208 个华侨华人社团同步在世界各地举行悼念活动。《近现代苏州丝绸样本档案》入选《世界记忆名录》后，不仅《城市商报》《姑苏晚报》《苏州日报》等苏州地方媒体积极报道苏州丝绸档案收集整理利用的流程、拜访丝绸元老纪实等，《人民日报》《中国档案报》等主流媒体也进行了宣传报道，扩大了苏州丝绸档案的宣传广度和深度。

《纳西族东巴古籍》入选《世界记忆名录》后，2013～2019 年，丽江市博物院组织了纳西族东巴文化展，在国内 27 家博物馆展出，极大推进了东巴文化的对外交流和宣传。2015 年 10 月 26 日至 11 月 16 日，法国巴黎语言文化大

---

① 《"世界的记忆——中国传统音乐录音档案"数字平台上线发布》，中国非物质文化遗产网，https://www.ihchina.cn/Article/Index/detail?id=24889，最后访问时间：2023 年 2 月 11 日。

学图书馆（BULAC）、北京东巴文化艺术发展促进会（ADCA）、法国远东学院（EFEO）和国家社科基金重大项目"'世界记忆遗产'东巴经典传承体系数字化国际共享平台建设研究"（12&ZD234）联合举办的东巴古籍图片展——寻找东巴古籍在巴黎向公众展出。与此同时，北京东巴文化艺术发展促进会拍摄的影视人类学纪录片《纳西族传统造纸术与其传承的文化》、其与国家社科基金重大项目联合拍摄的《回归的东巴经卷》也于巴黎中国电影节期间在电影院向巴黎公众放映，让更多的法国观众了解"世界记忆遗产"东巴文化的历史、传统与现状。

中国档案文献遗产申遗成功后，相关部门通过多种形式的活动进行文化传播，促进国与国之间的文化交流，实现文明交流互鉴。例如，《侨批档案》申遗成功后，福建省档案馆开发侨批文化产品，联合国家档案局、福建省广播影视集团共同摄制了侨批纪录片《百年跨国两地书》，编纂出版了《百年跨国两地书——福建侨批档案图志》《中国侨批与世界记忆遗产》《福建侨批档案目录》，以及《福建侨批档案文献汇编》，在海内外持续宣传侨批档案的历史文化价值及其世界意义。福建侨批档案展被中国国家档案局和印尼国家档案局列入中国与印尼档案文化交流项目，参加了中国国家档案局和印尼国家档案馆在北京、雅加达举办的"中印尼社会文化关系"合作交流项目，并作为"中国·福建周"经贸文化交流项目在美国、日本、新西兰等国展出，通过展示侨批文化，讲述侨批故事，福建省档案馆进一步密切了国与国之间的人文交流，促进了民心的互联互通。

2019年10月15日，由世界记忆项目福建学术中心、澳门学术中心承办的"闽澳世界记忆与海上丝绸之路"展览开幕式暨学术研讨会在澳门城市大学举行。展览展示了闽澳两地世界记忆项目福建《侨批档案——海外华侨银信》和《清代澳门地方衙门档案（1693~1886）》《天主教澳门教区档案文献（16~19世纪）》《澳门功德林寺档案和手稿（1645~1980）》等档案图片219件（组），不仅深化了对世界记忆文献遗产的学术研究，更是为宣介中国档案文献遗产搭建起重要展示平台。"锦瑟万里，虹贯东西——16~20世纪初中外'丝绸之路'历史档案文献展"近年来先后在国内深圳、苏州、福州等地巡展，2018年10月又成功在法国巴黎联合国教科文组织总部举办，引起了国内外的高度关注，并不断创新与推广。

第二节　档案文献遗产推动中华民族精神传承

一　档案文献具有建立身份认同的天然优势

身份认同本质上是人认识自己身份归属的感觉，回答"我是谁""我从哪里来""我处于哪里"等问题。个体树立身份认同经过纵横两个维度的定位，即在历史的追溯中找到相同的社会基因，在与其他社会组织的文化比较中找到自己的归属，① 用祖先、宗教、语言、历史、价值、习俗、体制来界定自己，回答"我们是谁"的问题。② 这种归属感的形成具有明显的建构性，在绝大多数情况下，认同是在外界诱因和自由选择的共同影响下做出的决定，③ 形成认同的过程中，人不断对自己在复杂社会关系中的身份、角色和地位进行认识、定位和把握，进而确认自己的整个思维模式、行为方式与文化理念。

档案文献遗产作为文化遗产的重要组成部分与建构集体记忆的重要资源，天然具有建立身份认同的优势。21 世纪初，加拿大档案学家特里·库克提出的"证据、记忆、认同、社区"后现代主义档案学范式理论中，将"认同"解读为"后现代档案及作为中介人的档案工作者"，指出档案正从支撑学术精英的文化遗产转变为服务于认同和正义的社会资源。④ 他认为当前我们正处于第三个范式（即认同范式），要借助档案引领社会找到真相，关注档案与正义、人权的紧密联系，最终实现多元认同。不同于新闻媒体、文学作品、影视作品，档案涵盖了社会各个方面，是社会活动的真实记录，且承载着丰富的中华文化，具有重要的证据价值、文化价值、记忆价值、情感价值。⑤

习近平同志在浙江工作时就曾指出，档案工作是一项非常重要的工作，经验得以总结，规律得以认识，历史得以延续，各项事业得以发展，都离不

① 冯惠玲：《当代身份认同中的档案价值》，《中国人民大学学报》2015 年第 1 期，第 99 页。

② 〔美〕塞缪尔·亨廷顿：《文明的冲突》，周琪译，新华出版社，2013，第 4 页。

③ 〔美〕塞缪尔·亨廷顿：《我们是谁：美国国家特征面临的挑战》，程克雄译，新华出版社，2005，第 21 页。

④ 〔加拿大〕特里·库克：《四个范式：欧洲档案学的观念和战略的变化——1840 年以来西方档案观念与战略的变化》，李音译，《档案学研究》2011 年第 3 期，第 81~87 页。

⑤ 王玉珏、牟胜男、郭若涵：《档案与文化认同的价值实现：公民、社群、国家的视角》，《山西档案》2021 年第 1 期，第 5~13 页。

开档案。① 1950 年举行的第一届国际档案大会上，时任法国国家档案局局长夏尔·布莱邦曾说道："档案是一个国家的历史证据和作为国家灵魂的材料，是一个国家、省、行政机构的全部历史记忆，是一个国家最为核心、珍贵的财富。"② 档案工作具有塑造国民意识的价值，档案馆与图书馆、博物馆等记忆机构（memor institution）作为社会、民族记忆的存储地，被认为是能够彰显社会和民族特性的存在。③ 中华民族精神来源于中国人民根植内心的"我们是中华民族""祖国是我们共同的母亲"的身份认同，档案作为国家历史发展的原始记录，能够准确真实地还原民族历史，使世代共同的文化象征符号得以确认，传统文化的主流思想得以传承。同时，档案载体本身及内容触发的情感有助于实现各民族对国家持久性、深层次的认同。

入选《世界记忆名录》《世界记忆亚太地区名录》《中国档案文献遗产名录》的中国档案文献，无一例外地真切记录了中国故事，这些珍贵档案文献遗产集中体现了中华民族的智慧，增强了中华儿女的国家认同，彰显了我国国民的文化自信。

二　档案文献遗产对中华民族精神的诠释作用

（一）档案文献遗产蕴含爱国主义情怀

习近平总书记在纪念五四运动 100 周年大会上强调："爱国主义是我们民族精神的核心，是中华民族团结奋斗、自强不息的精神纽带。"④"在社会主义核心价值观中，最深层、最根本、最永恒的是爱国主义。"⑤

5000 多年来，中华民族之所以能够经受住无数难以想象的风险和考验，始终保持旺盛生命力，生生不息，薪火相传，同中华民族具有持久深厚的爱国主义情怀是密不可分的。档案是文化的产物，也是文化的承载物。不少蕴含着爱国主义情怀的档案文献被保存至今，作为历史的见证将珍贵的记忆带到人们

---

① 陆国强：《新时代档案事业高质量发展的根本遵循》，国家档案局，2021 年 10 月 11 日，ht-tps：//www. saac. gov. cn/daj/yaow/202110/72919f375716451f9babc96071986aa9. shtml，最后访问时间：2024 年 1 月 30 日。

② 黄坤坊：《第一届国际档案大会（连载一）》，《档案》1995 年第 1 期，第 24~25 页。

③ 王玉珏、许佳欣：《皮埃尔·诺拉"记忆之场"理论及其档案学思想》，《档案学研究》2021 年第 3 期，第 10~17 页。

④ 习近平：《在纪念五四运动 100 周年大会上的讲话》，《人民日报》2019 年 5 月 1 日。

⑤ 《十八大以来重要文献选编》（中），中央文献出版社，2016，第 134 页。

面前。

例如,《南侨机工档案》真实记录了南侨机工为第二次世界大战亚洲战场的胜利提供后勤保障的不可替代的作用。《南侨机工档案》在云南被完整保存下来,分别保存在西南运输处、云南侨务处等 5 个机构的档案中,共 850 卷,2000 余份,内容包括南侨机工的招募、训练、物资运输、牺牲抚恤、复员、发放补助等。1949 年中华人民共和国成立后,该部分档案被云南省人民政府接收,随后移交到云南省档案馆保存。南侨机工在民族危难之时回国参加抗战的壮举,是炎黄子孙伟大爱国主义精神的集中体现,是中国华侨史上一次最直接、最集中、最有组织、影响极为深远的民族主义行动。[①] 作为抗战运输线上的"神行太保""模范机工",[②] 南侨机工极大地支持了中国的抗日战争事业。

云南省档案馆长期对《南侨机工档案》进行修复、保护、开发利用工作,在 2003 年组织申报入选首批《中国档案文献遗产名录》后继续深入挖掘。中国国家档案局、新加坡国家档案馆、云南省档案局利用《南侨机工档案》于 2009 年分别在中国、新加坡举办"南侨机工回国抗战档案史料图片展"。2018 年 5 月,《南侨机工档案》成功入选联合国教科文组织世界记忆项目《世界记忆亚太地区名录》。2022 年 10 月 29 日上午 8 时 4 分,世上最后一位南侨机工蒋印生在重庆市永川区去世,[③] 此后再也无法聆听南侨机工们的讲述,但中华海外赤子饱满的爱国热忱将永远保存在档案文献中,由后世传扬开新。

(二) 档案文献遗产凝聚和平统一愿望

国家统一是中华民族各族人民的最高利益,档案文献可作为历史的证据,有力地宣告我国祖国统一的悠久历史。2008 年 3 月 14 日,拉萨市区发生由达赖集团有组织、有预谋、精心策划煽动,境内外势力相互勾结制造的打砸抢烧严重暴力犯罪事件。面对邪恶势力意图不轨的恶劣行径,时任中国国家档案局局长杨冬权表示:"西藏自古就是中国的一部分,从元代以来七百多年一直是由中国的中央政府有效管辖的,从来没有哪个朝代中断过!"中国国家档案局

[①] 黄凤平:《在南洋华侨机工回国抗战档案史料图片展开幕式上的讲话》,《云南档案》2009 年第 8 期,第 6 页。

[②] 陈惠芳:《抗战运输线上的"神行太保"——记抗战时期的南洋华侨机工》,《福建党史刊》2005 年第 6 期,第 20 页。

[③] 赵宇飞、吴燕霞:《最后的南侨机工》,新华网,2022 年 11 月 7 日,http://cq. news. cn/2022-11/07/c_1129107551. htm,最后访问时间:2023 年 8 月 7 日。

从自元代以来浩如烟海的档案中列出 15 条铁证，向世人说明中国中央政府有效管辖西藏 700 多年的不变事实。① 15 件代表性档案原件分别珍藏于中央档案馆、中国第一历史档案馆、中国第二历史档案馆、西藏自治区档案馆、西藏自治区文物管理委员会，时间跨越元、明、清、民国至当代，反映出中国中央政府在西藏地区的管理制度和中国中央和西藏地区管理者的友好交流。

2013 年，中国的《元代西藏官方档案》入选《世界记忆名录》。这批档案共 22 件，形成于 1304~1367 年，其中 4 件是用八思巴文书写的元代皇帝颁发给西藏地方寺院、官员等的圣旨，是元代中央政府与西藏地方政府之间来往的重要文书档案之一。另外 18 件中有 5 件法旨和 13 件铁券文书，为当时地方政权所有者为其管辖的官员、寺庙下发的文书，包括萨迦法王的法旨等。② 由于八思巴文是曾在元代辉煌并流行近百年之后逐渐从人们的视觉和意识中消失的文字，目前发现的纸质版八思巴文档案极为稀少。元代西藏官方档案是元朝皇廷和西藏地方政府所发布的文书原件，是此类档案中仅存于世的也是中国现存最古老的官方档案之一。③ 元代西藏官方档案因其罕见性、独特性与珍贵性而具有极高的文物价值，同时，这些档案文献记载了元代帝王颁布的法律政令和帝师与地方政务官提出的规章条例，蒙古执政者通过诏书和敕令统一了西藏，证明了元代中央政府和西藏地方政府的关系。④

（三）档案文献遗产镌刻自立自强品格

一个国家只有自立，才能拥有独立完整的国家主权，一个民族只有自强，才能扭转逆境、繁荣发展。费孝通在论述中华民族的多元一体格局时指出："中华民族作为一个自觉的民族实体，是近百年来中国和西方列强对抗中出现的，但作为一个自在的民族实体则是几千年的历史过程所形成的。"⑤ 中华各民族单位在几千年的发展过程中"你来我去、我来你去，我中有你、你中有

---

①　孙闻：《史实胜于诡辩》，光明网，2008 年 4 月 8 日，https://www.gmw.cn/01gmrb/2008-04/08/content_758521.htm，最后访问时间：2023 年 8 月 7 日。

②　扎西：《唤醒七百年的档案记忆——〈中国元代西藏官方档案〉成功入选〈世界记忆名录〉》，《中国档案》2013 年第 8 期，第 40~41 页。

③　尼玛潘多、刘玉璟：《"涅槃"与"重生"》，《西藏日报（汉）》2013 年 7 月 11 日，第 2 版。

④　《元代档案中有关西藏归属问题的档案》，https://www.saac.gov.cn/mowcn/cn/c100508/202103/fdb397102a094092aca91cc8f27b6c7e.shtml。

⑤　费孝通：《文化与文化自觉》，群言出版社，2006。

我"而又各具个性，由此形成中华民族多元统一体。① 自 1840 年以来，中华民族遭受严峻挑战和全面危机，入侵的列强与中华民族二元相对，激发了民族自我意识的觉醒。虽处在与各国列强不平等的关系中，但中华民族坚持自力更生、自强不息，实现民族工商业的振兴。

作为中国民族工商业的先驱，由清廷洋务派首领李鸿章创办的招商局自 1872 年创立之日起就承载着富强自立、民族复兴的历史使命，多次经历中国近现代重大历史事件，深度参与中国由弱变强的历史过程。招商局悠久厚重的历史，是一个企业的发展史，也是中国社会近现代经济、政治、社会活动的缩影。历经 150 余年风雨，如今，招商局集团已成为中央直接管理的国有重要骨干企业。中国第二历史档案馆馆藏《招商局历史档案》共有 1 万余卷，包括奏本、文书、地契、股票、航线图、印章等形式多样的档案文献，于 2023 年入选第五批《中国档案文献遗产名录》。

"枢机之发动乎天地，衣被所及遍我东南。"1899 年 5 月 23 日，清末状元实业家张謇在江苏南通创办的大生纱厂开工投产，恩师翁同龢送来对联，道出了创办的初衷。② 大生纱厂作为中国近代民族轻工业先驱，正式登上历史舞台。2022 年入选《世界记忆亚太地区名录》的《大生纱厂创办初期档案（1896~1907）》共 205 卷，保存在江苏省南通市档案馆。这批档案形成于 1896~1907 年，包含手稿、账册、地图等纸质档案，被认为是大生纱厂档案中最珍贵的部分，全面、系统地反映了大生纱厂从 1895 年筹办、集股到 1899 年开工、盈利，直到 1907 年召开第一次股东会议的全过程。大生纱厂档案中可见张謇创业艰辛，也可见其诚信为本以及重视账目、合同等企业档案管理的经营智慧。

二 档案文献遗产对中华民族精神的传播作用

（一）对内：档案文献遗产加深民族精神理解

本尼迪克特·安德森曾提出著名的"想象的共同体"理论来解释民族与

---

① 费孝通：《中华民族的多元一体格局》，《北京大学学报（哲学社会科学版）》1989 年第 4 期，第 3 页。

② 张乐：《在档案里追寻不能忘却的纪念：用棉纱和精盐造出一番"大实业"》，中国新闻网，2022 年 6 月 16 日，http://www.chinanews.com.cn/cul/2022/06-16/9781199.shtml，最后访问时间：2023 年 8 月 7 日。

民族主义，指出对于民族共同体而言，"它是想象的，因为即使是小的民族的成员，也不可能认识他们大多数的同胞，和他们相遇，或者甚至未曾听说过他们，然而，他们相互连接的意象却活在每一位成员的心中"。① 中华民族精神是构成中华民族的 56 个民族的精神聚合、交融、凝练、升华的结果，档案作为历史发展的原始记录，可以准确真实地还原历史事实，使共同的文化象征符号得以确认，使思想情感得以传承。档案文献遗产以档案为基础，信息内容和载体的普遍价值受到肯定，是人们认识和领悟中华民族精神丰富内涵的宝贵材料。

《乐记》中写道："乐者，德之华也。"中华民族传统音乐与民族特质相关联，集中体现着民族精神的结晶。经过中国艺术研究院几代学人努力和半个多世纪积累形成的时长约 7000 小时的《中国传统音乐录音档案》是我国第一组被列入《世界记忆名录》的档案，也是全球首个获此殊荣的音像档案。

项目入选后，中国艺术研究院组织专门团队对录音档案的模拟载体进行数字化抢救和保护，最终形成目前国内收录中国传统音乐录音数量最庞大、历史最悠久、珍贵度最高的专业数据库。2022 年 4 月 23 日，"世界的记忆——中国传统音乐录音档案"数字平台正式上线，社会公众不仅能够检索海量音频资源，还能获取重要音乐学术事项的专题音乐，学习与平台资源相关的学术著述。中国艺术研究院开创性地借用数字技术将《中国传统音乐录音档案》向社会发布，为世界共享，推动落实习近平总书记所倡导的人民中心理念和让文化遗产活起来的指示。作为档案文献遗产的开发成果，"世界的记忆——中国传统音乐录音档案"数字平台促进了中华传统文化遗产的保护和利用，有助于彰显文化自信。

侨批又称"银信""番批"，是中国海外华侨华人寄给国内侨眷的书信与汇款的合称，兴起于 19 世纪上半叶，直至 1979 年侨批业务归口中国银行管理才完成历史使命。2013 年，《侨批档案——海外华侨银信》入选《世界记忆名录》，成为世界公认的文化遗产。侨批档案广泛分布于福建、广东等地，不同于官修史志，它发轫、流转、服务于民间，真正反映人民群众的思想生活。它也不同于徽州文书等民间契约、票据等经济文件，除了经济往来功能，它还记载了老一辈海外侨胞艰难的创业史，承载着侨胞与族亲、家乡乃至祖国的情感

---

① 〔美〕本尼迪克特·安德森：《想象的共同体：民族主义的起源与散布》，吴叡人译，上海世纪出版集团，2003，第 5~6 页。

联系，具有中华民族精神的价值内核。

侨胞出洋谋生，生活"难"字当头，然而他们时刻不忘赡养家人和关心祖国。广东省汕头市的国内首家侨批文物馆里，一张信笺右侧一个大大的"难"字占了纸面的 2/3，左侧附诗一首："迢递客乡去路遥，断肠暮暮复朝朝。风光梓里成虚梦，惆怅何时始得消。"一封署名"陈莲音"的批信是少见的女性"番客"寄给母亲的信。信中说，她"在街边卖霜尚无从维持生活"，但听闻母亲受伤，"故而节省日常用费"给母亲寄钱。一枚特殊的回批①由周恩来、叶剑英、潘汉年、廖承志联名写就。抗日战争期间，潮籍旅泰青年侨领苏君谦等 3 人捐资 200 元国币，支援延安抗日军政大学。周恩来等同志回批，对他们的爱国热忱给予高度评价，认为"殊堪钦敬"。

在地方档案局的支持下，2009 年 6 月，民间收藏家金华成立梅州市侨批档案馆，2017 年 3 月，民间收藏家李楷瀚建立岭海档案馆，② 侨批档案作为重点馆藏真正做到"从群众中来，到群众中去"。侨批档案的搜集和抢救仍在进行中，基于侨批档案内容的研究和开发也在不断推进。近年来，晋江档案馆凭借占比福建省官方侨批档案数一半的馆藏优势，率先将纸质侨批档案数字化，并初步建立起规范化、共享化的侨批专题数据库，推出电子书、故事短片等多种形式的编研成果。晋江梧林村立足侨乡优势，在微博、微信、小红书等社交媒体大力宣传村内标志性建筑侨批馆，其微信公众号"晋江梧林传统村落"秉承将侨批故事说给大家听的理念，自 2018 年 12 月 25 日起发表推文。③ 2013年，福建省档案馆编研出版《百年跨国两地书——福建侨批档案图志》，2021年，国家档案局、福建省档案馆、福建省广播影视集团联合摄制出品侨批纪录片《百年跨国两地书》，获得更加广泛的社会反响。

（二）对外：档案文献遗产助力国家形象构建

2009 年以来，随着"提升媒体国际传播能力"工程的稳步推进，中国的对外传播发生了历史性的转变。但由于多重因素，国际舆论场上"西强东弱"

---

① 回批，就是收批人收到侨批后，通过原渠道给寄批人的回信，以示自己收到侨批。

② 焦林涛、郑泽隆：《只言片语系家国 一纸一页总关情——广东用力用情用心用智做好侨批档案工作纪实》，中国档案资讯网，2020 年 10 月 27 日，http://www.zgdazxw.com.cn/news/2020-10/27/content_313035.htm，最后访问时间：2023 年 8 月 7 日。

③ 闫静、章伟婷：《侨批档案与华侨身份认同——以晋江侨批为中心的考察》，《浙江档案》2022年第 4 期，第 25~29 页。

的传播格局并未得到根本改观。《"十四五"全国档案事业发展规划》将"深入推进档案对外交流合作，提升国际影响力和贡献力"列为"十四五"时期档案事业发展的主要任务之一，相比"十三五"时期立足档案的国际传播，将"宣传推广""合作交流"视为档案事业发展的保障措施，对档案服务国家战略寄予了更高使命。档案文献遗产是中华民族的智慧结晶，也是世界文明的瑰宝，其中的历史密码有突破文化差异，促进中外民心相通的特性，架起了中外友好交往的桥梁。

档案国际展览方面，2016 年 10 月，苏州市工商档案管理中心在法国巴黎西郊高迈伊市的达盖尔博物馆举办了为期 8 天的"中国苏州丝绸档案精品展"。2016 年 12 月，福建省档案局筹备选送的福建侨批档案随国家档案局代表团于 12 月 3 ~ 6 日赴印尼，在其首都雅加达举办的"中国印尼社会文化关系"主题展览中展出。2018 年 12 月，由中国国家档案局和中国联合国教科文组织全国委员会共同主办、中国第一历史档案馆承办的"锦瑟万里，虹贯东西——16 ~ 20 世纪初中外'丝绸之路'历史档案文献展"在巴黎联合国教科文组织总部米罗厅开幕。

著作出版方面，2012 年 12 月，南京大学出版社首发出版了由张宪文任主编，张连红、王卫星任副主编的《南京大屠杀全史》，精简后目前已经出版和落实 11 个语种版本，与世界各地的读者见面。法国学者雅克·巴克编著的《么些研究》被称为西方纳西研究的"开山之作"，美籍奥地利植物学家、探险家约瑟夫·洛克编有《纳西语英语百科词典》，亦对收集研究东巴文字做出贡献。

为纪念中日邦交正常化 50 周年，2022 年，云南省人民政府新闻办公室、中国新闻社、日本大富电视台联合摄制了展现云南涉藏州县风土人情、传统文化、精神信仰的纪录片《宝藏》。和国伟在片中阐释了纳西族人对东巴文化的理解，他表示，"敬天地、敬山水、敬自然是东巴文化中一直传承的理念，这与当下保护自然、保护生物多样性的生态理念不谋而合"。① 2022 年 10 月 15 日，《宝藏》（中日文版）在日本大富电视台黄金时段首播，受到当地观众的喜爱。中英文版本在中新网播出的同时，还在美国城市电视台、加拿大 600 国

---

① 罗婕：《纳西族"东巴"和国伟：留住承载民族记忆的"宝藏"》，中国新闻网，2022 年 10 月 20 日，http://www.chinanews.com.cn/sh/2022/10-20/9877002.shtml，最后访问时间：2023 年 8 月 7 日。

际台、尼泊尔国家电视台、柬埔寨国家电视台、美国侨声网、美洲华联社、英国《欧洲时报》等多个国家媒体平台轮番播出，① 向全世界观众呈现更加真实、全面、立体的中国形象。

第三节　中国积极维护世界记忆正义与安全

当今世界百年未有之大变局加速演进，不稳定性和不确定性显著上升，全球治理体系改革处在历史转折点上，世界记忆项目难免受到整体国际环境的影响，面临着调整和变动。作为负责任大国，中国主动承担维护全球记忆真实、完整、安全的责任，在摸索中不断进步，不仅在世界记忆各级名录建设及相关保护和传播工作方面取得了突出成就，还逐步参与全球文献遗产治理工作，积极维护世界记忆正义与安全。

一　世界记忆面临的正义与安全挑战

《世界记忆项目总方针》（2021 年）表现出世界记忆项目治理机制由"专家导向"逐渐转向"专家政府混合治理"模式，② 可能给世界记忆项目带来更加重大的正义与安全挑战。

2021 年版《总方针》对《世界记忆名录》申报程序做出调整，要求《世界记忆名录》的提名申请只能通过联合国教科文组织全国委员会或世界记忆项目国家委员会（如无则通过负责联合国教科文组织事务的政府机构）提交，个人和组织有申报意愿也照此程序。这一规定关闭了《世界记忆名录》申报的"民间渠道"，加强了世界记忆项目的政治倾向。各国政府可以通过相关机构，对本国与涉及本国的《世界记忆名录》申报遗产进行直接或间接的控制，并参与国际咨询委员会成员选拔，影响世界记忆项目管理机构的组成，极大地增强了各国政府在世界记忆项目中的话语权和影响力。

此外，2021 年版《总方针》新增了"特殊程序"（incidental process），在

① 韩帅南：《中日合拍纪录片〈宝藏〉中新网播出 掀起"寻宝"热》，中国新闻网，2022 年 12 月 23 日，http://www.chinanews.com.cn/gn/2022/12-23/9920124.shtml，最后访问时间：2023 年 8 月 7 日。

② 王玉珏、施玥馨、严予伶：《全球文献遗产保护政策"风向标"——联合国教科文组织〈世界记忆项目总方针〉（2021）研究》，《档案与建设》2022 年第 1 期，第 19~24 页。

某一与提名相关的成员提出申报争议时，评审程序暂停，名录小组委员会的专家进行不公开结果的评审，在相关方对话结束之前，该档案文献暂不进入后续评审程序。这一"特殊程序"将争议隔绝于正常评选流程之外，规避了某项文献遗产引发争议导致整体评选甚至整个项目暂停的可能，是推动世界记忆项目重回正轨的重要举措。但无限期对话的设置也可能导致提名被永久搁置，再也无法继续进行《世界记忆名录》的评审流程。这意味着若某项文献遗产的价值未得到国际层面的权威认同，则其将错失应有的关注与保护，从而陷入更为严重的保存危机。承载着"负面记忆""创伤记忆"及被压抑权利群体记忆的文献遗产，可能将更加难以进入《世界记忆名录》并获得世界性认可。

依据 2021 年版《总方针》，入选《世界记忆名录》的文献遗产保管机构需以 6 年为一个周期向秘书处提交保存状况报告。如未能及时提交，"可能导致国际咨询委员会提议由执行局将该入选项目从《世界记忆名录》中除名"。在提交报告之外，《总方针》中也提及，"如果秘书处收到任何来源（包括第三方）的意见，表示入选的文献遗产已严重退化或完整性已受损，名录小组委员会和/或保护小组委员会将负责调查……并（依据调查结果）向国际咨询委员会提出除名、改正或保留的建议。如果国际咨询委员会支持除名的建议，将通知各方实施"。除周期性审查程序要求，"如果有新的信息证明需要重新评估文献遗产的入选资格，并证明该文献遗产不符合入选所依据的标准，则将其从《世界记忆名录》上除名也是合理的"。主体方面，任何个人或实体均可以通过联合国教科文组织全国委员会发起审查程序，经调查若问题属实，则已入选《世界记忆名录》的文献遗产可能被移除。

世界记忆项目除名程序的确立与完善，不仅使世界记忆项目的评审程序更加完整，也在一定程度上回应了此前关于评审程序不透明的质疑。参考世界文化和自然遗产、世界非物质文化遗产的评审程序，均设有"除名"机制。在 2021 年于中国福州举办的第 44 届世界遗产大会上，由于"开发项目在遗产地及其缓冲区内持续推进，该遗产的突出普遍价值已遭受不可逆转的损害"，英国"利物浦海上商城"项目被从《世界遗产名录》中移除。[①] 2019 年比利时"阿尔斯特狂欢节"因出现歧视犹太人元素遭到《人类非物质文化遗产代表作

---

① 陈晨：《英国利物浦海上商城被从〈世界遗产名录〉除名》，新华网，2021 年 7 月 22 日，http://www.xinhuanet.com/world/2021-07/22/c_1127680315.htm，最后访问时间：2023 年 4 月 21 日。

名录》除名。① 这些除名先例直接证明，若遗产原真性、完整性等价值遭受严重损害，入选遗产完全有被剔除出名录行列的可能。《总方针》对除名程序的完善也能够进一步警醒遗产保管机构，入选《世界记忆名录》只是推动文献遗产保护的开始，后续的保护工作不可松懈。然而，《总方针》新增的除名程序如果被居心不良的个人或团体关注，则也可能被利用为出于非正义目的干预人类共同记忆的手段，给世界带来安全隐患。

二 中国：世界记忆项目中的正义力量

政治力量在国际文化遗产领域的渗透为国内外学者所关注，遗产政治研究形成一定规模。② 相关研究梳理了国际遗产运动的产生与发展，指出围绕文化遗产展开的遗产保护运动从本质上是一种"对国家公共资源的政治表述"，蕴含了民族—国家共同体对获得政治合法性的冲动。③ 有国外学者更直接将遗产保护运动的核心逻辑归纳为针对那些"能够展现并在公众心中唤起'国家精神'（national spirit）的历史遗迹或地点进行保护并加以利用"。以此为媒介培育国民自觉地"忠诚于国家政权及政治制度"。④

虽然世界记忆项目始终坚持中立的政治立场，以尽可能避免政治力量对历史记忆的修正，但基于人类文明在国家政治观点变迁导致的矛盾与冲突中进步与发展的历史事实，要求世界记忆项目完全与政治脱离是不现实的。人类社会过去的发展是由冲突与矛盾不断推进的，在此进程中，爆发过许多反伦理、非正义的恶行，中国对历史的惨痛感知尤甚。⑤ 随着我国综合实力的增强，以及党和政府对档案文献遗产保护的重视，我国在世界记忆项目中主动作为，广泛推介世界记忆项目、深入开展中国档案文献遗产工程、创新研究档案文献遗产、主动贡献中国方案和中国智慧，加快从"遗产大国"向"遗产强国"转变。

① UNESCO, "Aalst Carnival Removed from the Representative List of the Intangible Cultural Heritage of Humanity," December 13, 2019, https://www.unesco.org/en/articles/aalst-carnival-removed-representative-list-intangible-cultural-heritage-humanity, accessed: 2023-04-21.

② Zhu, Yujie, Christina Maags, *Heritage politics in China: The power of the past*, Routledge, 2020.

③ 魏爱棠、彭兆荣：《遗产运动中的政治与认同》，《厦门大学学报（哲学社会科学版）》2011年第5期，第1~8页。

④ Watton, M., "What is Heritage? by Dr Rodney Harrison," *Archives and Records* 41, 3, 2020, pp.330-332.

⑤ 丁然、丁华东：《档案在历史正义中的时空责任》，《档案学研究》2021年第1期，第18~22页。

（一）广泛推介世界记忆项目

世界记忆项目作为联合国教科文组织的"旗舰遗产项目"之一，目前形成的影响力和受到的关注度有限。广泛推介宣传世界记忆项目既起因于实践部门的深切呼唤，又归因于相关政策的正确引导。"积极参与联合国教科文组织世界记忆项目"被写入《"十四五"全国档案事业发展规划》，体现了我国在顶层设计中对世界记忆项目的高度重视。

世界记忆项目是一个庞杂的体系，涉及管理主体、运行机制、评审程序、配套措施等诸多方面与内容。我国在国家档案局官网下设网站"联合国教科文组织世界记忆项目中国国家委员会"引入《世界记忆项目总方针》《关于保存和获取包括数字遗产在内的文献遗产的建议书》和《世界记忆项目国际咨询委员会章程》等关键性政策的中英文版本，有利于促进国内同行与大众对世界记忆项目的宏观了解与重点掌握。此外，该网站对世界记忆项目内容的介绍非常丰富，囊括"起源""项目意义""内设机构""国际咨询委员会""名录"等诸多方面，初步搭建起了世界记忆项目的宏观运行图景，成为我国相关实践部门深入了解世界记忆项目的重要信息来源。该网站针对国际、地区与国家三级名录的申报流程、要求、材料等做出说明，并对已入选档案文献遗产进行展示，为相关馆藏机构开展申报实践提供思路指引与经验借鉴。

世界记忆项目学术中心是档案文献遗产工程建设不可忽视的一股力量。总体而言，学术中心是世界记忆项目在我国另一种形式的延伸，肩负着推广世界记忆项目、促进文献遗产事业的职责。2019 年，世界记忆项目福建学术中心与澳门学术中心联合举办"闽澳世界记忆与海上丝绸之路"展览暨国际学术研讨会，邀请联合国教科文组织世界记忆项目专家以及内地、香港、澳门学者共同参与，增强了世界记忆项目与我国文献遗产领域的交流与互动。[①] 2021 年 6 月，福建省档案馆和晋江市档案馆联合在晋江梧林侨批馆设立的"世界记忆项目福建学术中心实践基地"，成为福建省侨批文化宣传推广示范点。[②] 截至

---

① 《"闽澳世界记忆与海上丝绸之路"展览暨学术研讨会在澳门举办》，世界记忆项目福建学术中心，2023 年 5 月 30 日，http://www.fj-archives.org.cn/xszx/xszxjl/202305/t20230530_948886.htm，最后访问时间：2023 年 7 月 22 日。

② 《"世界记忆项目福建学术中心实践基地"——晋江梧林侨批馆》，世界记忆项目福建学术中心，2023 年 5 月 30 日，http://www.fj-archives.org.cn/xszx/ysjd/jjwlqpg/202305/t20230530_948892.htm，最后访问时间：2023 年 7 月 22 日。

2019 年，苏州中国丝绸档案馆已与 18 家丝绸企业合作建立了"苏州传统丝绸样本档案传承与恢复基地"，曾经被束之高阁的丝绸档案迸发出强大的活力，一系列丝绸制品投入市场，受到消费者广泛好评，带来明显的经济效益、社会效益。[①] 同时，苏州学术中心还紧紧围绕"弘扬优秀丝绸文化、保护档案文献遗产"的主题，分别于 2018 年 4 月和 11 月走进苏州景范中学、苏州第十中学，举办丝绸展览、建立世界记忆项目进校园实践基地、建设档案文献遗产保护志愿者队伍，推广世界记忆项目，将档案文献遗产保护意识融入学生思想。[②]

（二）深入开展中国档案文献遗产工程

为唤醒和加强全社会的档案文献遗产保护意识，有计划、有步骤地开展行动，国家档案局于 2000 年正式启动"中国档案文献遗产工程"。随后，国家档案局制定了《〈中国档案文献遗产名录〉入选标准》，该标准认为档案文献的价值没有绝对的评价尺度，而是主要取决于不同其他档案文献的相对价值。它规定了确定档案文献遗产的文化价值具体可从以下七个方面入手，即时间、主题内容、地区、民族与人物、形式与风格、系统性和稀有性。自《中国档案文献遗产名录》评审工作开始以来，各地纷纷颁布本地区档案文献遗产评选办法，浙江、江苏、福建等 12 个省级行政区，青岛、苏州、常州等个别地市出台了各自的档案文献遗产评选办法，明确规定对本地区档案文献遗产提供有计划、有针对性的保护措施，并在经费和技术等方面给予特殊扶持。

在评选程序方面，目前已颁布评选办法的省级行政区均采用"自主申报、专家评审"的模式，定期组织评选工作。由在申报范围内的单位或个人根据相关要求自主准备申报材料，报送至档案文献遗产评选委员会（部分省份称作咨询委员会）进行评审，该委员会通常由档案学、文献学、历史学以及其他与档案文献遗产价值审定有关的专家、学者组成。经审定入选的档案文献遗产须报送至省级档案主管部门进行审核，获得批准后即确定本省该批次名录内容，并颁发证书。此外还要通过新闻媒体向社会公布评选结果，部分省份还会

---

① 陈鑫、程骥、吴芳等：《地方档案文献遗产保护开发研究——以苏州丝绸档案为例》，《档案与建设》2020 年第 6 期，第 42~46 页。

② 吴芳、卜鉴民、陈鑫：《世界记忆项目苏州学术中心职能定位与实践路径》，中国档案资讯网，2019 年 2 月 20 日，http://www.zgdazxw.com.cn/news/2019-02/20/content_266460.htm，最后访问时间：2023 年 7 月 22 日。

对名录进行汇编出版。同时，入选本省名录的档案文献遗产将优先推荐申报《中国档案文献遗产名录》。

随着最新版《世界记忆项目总方针》（2021 年）的修订完成与正式出台，我国参照国际标准并结合国家特色，制定了《〈中国档案文献遗产名录〉管理办法》，更新了《〈中国档案文献遗产名录〉入选标准》，对国际文献遗产政策进行"本土化"吸收借鉴，根据我国实际情况对其加以细化与调整。国内早期颁布的国家与地方档案文献遗产政策普遍存在"重申报轻开发"的倾向，而《〈中国档案文献遗产名录〉管理办法》加强了档案文献遗产的全程管理。一方面，通过权责划分的方式，明确有关档案主管部门肩负起对其管辖范围内的保管单位馆藏档案文献开展前期调查评估的责任，推动档案文献保管单位"摸清家底"，识别与发掘馆藏珍贵档案文献。另一方面，通过引入政府专项经费、建立监管与除名机制引起馆藏机构对后续管理的重视，督促和激励其加强对档案文献遗产的保护与利用，提升档案文献遗产的社会影响力。

（三）推动档案文献遗产研究

入选《世界记忆名录》《世界记忆亚太地区名录》《中国档案文献遗产名录》的档案文献具有一定的系统性，是珍贵的档案文献精华，具有极高的学术研究价值。福建省档案馆围绕《侨批档案——海外华侨银信》，完成了福建省社科规划项目"福建侨批与申遗"、"福建华侨史档案目录汇编"和国家档案局科技项目"世界记忆视野下福建侨批档案的整理与开发研究"等课题，编辑出版了《福建侨批档案文献汇编》《百年跨国两地书——福建侨批档案图志》《福建侨批档案目录》《中国侨批与世界记忆遗产》等多部书籍。

苏州市工商档案管理中心以苏州丝绸档案为主要研究对象持续产出，发表了《徽州文书档案保护利用经验对苏州丝绸档案的启示》《地方档案文献遗产保护开发研究——以苏州丝绸档案为例》《世界记忆工程背景下的苏州丝绸档案》等文章，并联合武汉大学信息管理学院共同编写了《传承人类记忆遗产——联合国教科文组织世界记忆项目研究》，通过广泛深入的政策与文献研究，梳理世界记忆项目的发展历史与运作机制，阐述其理论基础与价值理念，分析其建设情况和中国参与该项目的姿态、贡献与收益。

2021 年，国家出版基金项目丛书"走近国家级档案文献遗产——羌族《刷勒日》"由四川大学出版社正式出版发行。《刷勒日》是羌族"阿爸许"

（又称"比""居""释鼓"等）传承使用的一部图画经典，也是羌族现存唯一的典籍，2015 年入选《中国档案文献遗产名录》。该丛书采用图文对照的方式，首次向外界解释《刷勒日》的概况、现存版本、图画知识、思想体系、传承人、文化价值，首次将《刷勒日》图画与其唱经对照展示、翻译和解释。以此进行羌族《刷勒日》的宣传普及工作，有利于《刷勒日》走出传承困境，真正"活起来""活下去"。

2021 年 10 月 28 日，由国家档案局组织编写、南京出版社出版的《世界记忆名录——南京大屠杀档案》（全 20 册）荣获第五届"中国出版政府奖"（中国新闻出版领域最高奖）。2020 年 9 月 3 日，由中国第二历史档案馆与上海交通大学战争审判与世界和平研究院东京审判研究中心合编的《中国对日战犯审判档案集成》（共 102 册）在上海首发出版，该书是迄今所见最为完整、全面的中国战后审判文献，也是《南京大屠杀档案》开发利用的典型范例。

（四）贡献中国方案和中国智慧

虽然我国综合实力不断提升，国际影响力日益增强，但在掌握国际话语权方面与西方国家相比仍处于相对弱势的地位。2015~2021 年世界记忆项目的停摆暗含着日本政治与文化的强势介入，对人类共同记忆造成了一定程度的冲击与伤害。提升国家文化软实力和国际影响力是破除西方话语封锁的重要手段之一。我国作为档案文献遗产大国，秉承"人类命运共同体"理念，有责任积极推动世界记忆项目朝着健康方向发展。在通过"申遗"展现中国文化风采与中华文明魅力的同时，我国亦主动献策，为世界记忆项目的可持续发展、全人类记忆的完整留存贡献"中国方案"与"中国智慧"。

我国致力于与联合国教科文组织携手支持其他国家文献遗产事业发展，展现大国担当。2018 年 11 月 11 日，由国家档案局主办、苏州市档案局承办的"世界记忆项目在中国"国际学术研讨会在苏州召开，来自世界各地的 8 位专家学者进行了主题报告。其中，来自中国的 5 位专家分别围绕档案保护、新媒体环境下的档案文化传播、世界记忆项目学术中心平台建设、世界记忆项目学术中心职能定位、未成年人档案建设等主题做报告。[①] 2019 年 8 月 7 日，"发

---

① 《世界记忆项目在中国国际学术研讨会在苏召开》，苏州档案信息网，2018 年 11 月 13 日，http://www.daj.suzhou.gov.cn/detail/73618.html，最后访问时间：2023 年 7 月 22 日。

展中的世界记忆"国际学术研讨会在苏州开幕，近百位来自世界记忆项目、档案文献遗产领域的学者和实践人士齐聚一堂，就世界记忆文献遗产在申遗、保护、研究、利用等领域的阶段性发展，世界记忆项目在全球范围内的推广、教育和研究，以及学术中心建设等内容进行了热烈研讨。①

我国也积极参与其他国家和地区的机构举办的世界记忆项目有关活动，并向世界发出中国声音。2016 年 3 月，国家档案局局长李明华率团赴阿联酋首都阿布扎比出席联合国教科文组织世界记忆项目、阿联酋国家档案馆联合举办的加强信息全球化与可持续发展平台（PERSIST）会议。国家档案局做出关于数字保护战略的报告，参与讨论如何实施联合国教科文组织《关于保存和获取包括数字遗产在内的文献遗产的建议书》，并制定"数字保护政策执行指南"。② 2021 年 11 月 25 日，世界记忆项目苏州学术中心应邀参加了世界记忆项目科特迪瓦学术中心战略规划研讨会，分享了苏州学术中心的基本情况、实践路径，并总结提出了对世界记忆项目的一些建议。

第四节　"共享遗产"与人类命运共同体理念弘扬

《关于武装冲突情况下保护文化财产的公约》（1954 年）中指出，"要确信，对属于任何人的文化遗产的破坏，都意味着对全人类文化遗产的破坏，因为每个人都对这个世界的文化有贡献。考虑到文化遗产的保护对全人类有重要意义，因此，文化遗产受到国际保护就非常重要"。

格里高尔在 1974 年提出了"共同的遗产"（commun heritage）这一概念。③ 世界各国家和地区在遗产领域矛盾频发，联合国教科文组织在和平与发展的时代主题之下，提出"共享遗产"（shared heritage）理念，表现出世界主义与跨文化观、跨地域文化遗产的共同管理（shared management）、后殖民时

---

① 吴飞、张文博：《"发展中的世界记忆"国际学术研讨会在苏州召开》，《中国档案》2019 年第 8 期，第 11 页。
② 《国家档案局组团出席 PERSIST 项目会议》，中国国家档案局，2016 年 3 月 25 日，https://www.saac.gov.cn/daj/yaow/201603/b9db4d7191774495b89674e294a92e90.shtml，最后访问时间：2023 年 7 月 22 日。
③ 〔英〕德瑞克·吉尔曼：《文化遗产的观念》，唐璐璐、向勇译，东北财经大学出版社，2018，第 92 页。

代混合的社会形态三种含义。①

在空间上，"共享遗产"理念有助于解决国家边境或分散在多个国家的遗产管理，促进多国和平友好联合申报世界遗产；在时间上，"共享遗产"理念为协调曾有被殖民历史国家的土著、殖民时期政权、后殖民时期政权对遗产的所有或共有问题提供了可能思路。

然而，现行文化遗产理念依旧延续西方中心主义的影响。从国际层面社会实践与思想传播的客观现状看，西方国家在文化遗产保护利用方面具有先发优势，目前大部分涉及国际文化遗产保护利用合作的理论、规则制度以及实践经验都源自西方实践。同时，西方国家借助发达的传媒产业及高等教育，在人类智识领域垄断了与文化遗产相关的知识生产，导致各国的文化遗产保护利用实践不得不在西方构建的认识框架中进行。更深层次的原因在于，当前文化遗产理念体系对文化遗产"人类社会公共资源"的观念认识前置了一个基于"'世界'共同体"的"普遍价值"。这种价值导向天然地与西方中心主义以西方文明的"同一性"追求人类社会普遍意义的意识形态高度拟合。② 文化遗产底层价值观囿于西方意识形态，当下西方对文化遗产保护理念实施的各种改革就无法触及深层次的思想领域。站在促进人类社会永续发展的角度，亟须以一种具有创新性的非西方思想理念打破西方中心主义对世界文化遗产运动的束缚。

文献遗产不仅指向"过去"，蕴含着我们民族的文化基因，而且指向"未来"，承载着我们当下的文化形态。2014年3月27日，习近平总书记在巴黎联合国教科文组织总部发表重要演讲，将"文明因交流而多彩，文明因互鉴而丰富。文明交流互鉴，是推动人类文明进步和世界和平发展的重要动力"的主张传递给世界，为我国积极推动世界文明交流互鉴提供了认识前提。③ 我国在参与世界记忆项目的过程中贯彻落实人类命运共同体理念，向世界宣扬中国档案文献对全人类共同价值的诠释。自觉摒弃"国家中心论"和"西方中心论"的错误思想，打破"西方中心主义"下的"记忆霸权"，通过记住

---

① Debarbieux, B., Bortolotto, C., Munz, H., et al., "Sharing Heritage? Politics and Territoriality in UNESCO's Heritage Lists," *Territory, Politics, Governance* 11, 3, 2023, pp. 608-624.

② 胡华杰、王云骏：《以人类命运共同体价值观破解西方中心主义：遗产政治研究对中国实践的启示》，《江苏行政学院学报》2023年第2期，第38~46页。

③ 《习近平在联合国教科文组织总部的演讲》，中国共产党新闻网，2014年3月28日，http://cpc.people.com.cn/n/2014/0328/c64094-24759342.html，最后访问时间：2024年1月30日。

"权力争夺下的伤痛"树立"于人之思想中构建和平"的权力观。①

国际突发公共卫生事件期间，我国在文献遗产领域采取行动，助力构建"人类卫生健康共同体"。2021年9月，国家档案局副局长、中央档案馆副馆长王绍忠在"第二届世界记忆项目全球政策论坛"上发表了题为《中国在新冠疫情期间的总体反应》（China's Covid 19 Overall Responses）的主旨演讲，展示可为其他国家提供启示或借鉴的"中国经验"。② 2021年9月，国家档案局应邀与联合国教科文组织世界记忆项目联合举办"新冠肺炎疫情和后疫情时期加强非洲记忆机构适应能力"线上国际研讨会。会上中方介绍了其有效推进疫情防控档案科学管理的举措和做法，为突发公共卫生事件档案科学管理和共享利用提供了值得借鉴的中国方案，为提升非洲记忆机构在新冠疫情和后疫情时期的适应能力建设贡献中国力量。③

入选《世界记忆名录》不是文献遗产保护的终极目标。应通过《名录》推动各级各类文献遗产的"识别、保护、获取、政策制定以及国内和国际合作"，④ 实现文献遗产保护体系的建构。因此，参与各级名录的建设，亦是对本国及本民族文献遗产进行盘点，并向公众、政府进行宣介的重要契机。"在过去30年间，联合国教科文组织在94个国家建立了世界记忆项目国家委员会。自2022年初以来，联合国教科文组织已帮助近40个国家制定公共政策、发展相关能力，以便清点、保护并向所有民众开放其文献遗产。"⑤

2023年，新入选《世界记忆名录》的文献中，"有超过20%是由多个国家共同提交"，这也体现着"合作"将成为未来文献遗产事业的重要方向，这也必然为全球的集体记忆保护带来新的动力。

中国文献遗产工作者、研究者应与世界记忆项目建设者形成合力，通过展

① 徐拥军、郭若涵、王兴广：《中国参与世界记忆项目：理念、路径与展望》，《档案与建设》2022年第1期，第11~18页。

② UNESCO, "Draft Programme 2ⁿᵈ Memory of the World Global Policy Forum," https://en. unesco. org/sites/default/files/programme_ 2ndglobalpolicyforum_ sept2021_ en. pdf, accessed: 2023-04-23.

③ 《国家档案局和联合国教科文组织共同举办"新冠肺炎疫情和后疫情时期加强非洲记忆机构适应能力"线上国际研讨会》，https://www. saac. gov. cn/daj/lhgjk/202109/b4e4e87c681043209c248f57444a3ce9. shtml，最后访问时间：2023年4月23日。

④ 原文为：The recommendation is arranged thematically under five topics: identification, preservation, access, policy measure and national and international cooperation。

⑤ https://www. unesco. org/zh/articles/64xiangwenxianyichanbeilierujiaokewenzuzhishijiejiyiminglu.

览、纪录片、影视作品、互联网以及严肃游戏等各种方式，让公众更好地了解文献遗产承载的历史记忆，同时凝聚更多力量进行文献遗产的保护及建设，着力解决目前存在的"重申报，轻建设"的现象。此外，文化遗产"既是民族的，也是世界的"，中国的文献遗产工作者应放眼全球，不仅关注中国境内的文献遗产保护，还应秉持人类命运共同体的理念，以积极而负责的大国情怀，关注欠发达地区的需求，为促进全球文献遗产保护的整体发展，贡献中国智慧、中国力量。

结　语

世界记忆项目可持续发展的"数字时代之问"

　　站立于 21 世纪的第二个十年，翻涌不息的时代浪潮正推动着世界记忆项目重新确认自身的位置与职责边界。2022 年，世界记忆项目迎来了其发展中的重要里程碑——"成立三十年"：这一时间节点既成为了该项目停摆后重启的动力，又为全球文献遗产的后续发展提供了开展总结与反思的契机。

　　随着文字符号转化为电信号，数字化的记忆是否真正摆脱了物质的桎梏并重获新生？曾允诺永恒的固态记忆被动态的时间轴运作所取代，传统的遗产概念如何容纳当代无处不在、持续更新的数字记忆？过去、现在和未来前所未有地交织在了一起，时代正叩问着人类共同记忆的归处何在。

　　同时，一直"游离"于世界遗产体系之外的"记忆遗产"，能否跟紧全球遗产发展的步伐，"融入"世界遗产发展的整体，并在数字时代发挥文献与记忆遗产的真实、完整、证据等作用，亦让我们翘首以待。

　　重启后的世界记忆项目展示出可持续性（Sustainability）的新活力

　　从世界记忆项目的实施来看，一方面，伴随着亚洲、非洲、拉丁美洲申报项目的数量不断增加，以及在世界记忆项目参与度的提升，曾经占据项目核心的"西方中心主义"逐渐得到改善，世界记忆项目的地区平衡度不断增加。特别是，中国、日本、韩国等国，通过创办学术中心（如中国的 4 家学术中心）、组织召开学术会议（如日本信托基金资助世界记忆项目）、建设联合国教科文组织文献遗产二类机构（如韩国的"国际文献遗产研究中心"）等方式积极参与世界记忆项目的发展与建设工作，为该项目的平衡性、可持续性做出贡献。另一方面，尽管自 2018 年起开展"全面审查"，导致《世界记忆名录》

暂停评审。但是，在经历了复杂的转型与改革之后，该项目重新焕发生机。例如，以"世界记忆三十年（1992～2022）"为契机，与联合国教科文组织联系学校项目网络（ASPnet）共同开展的"通过世界记忆项目培养全球公民"（Fostering Global Citizens through the Memory of the World）活动，① 不仅是世界记忆项目首次与联合国教科文组织其他项目开展合作，亦是践行遗产教育的重要实践。同时，通过 ASPnet 在全世界的教育网络对全球文献遗产进行宣传，扩大世界记忆项目的社会影响力，增强公众对跨文化学习、文化遗产和文明多样性的理解和认知，改变该项目长期公众"可见度"（visibility）不高的问题。②

从数字记忆的可持续发展来看，"当日渐密集的社交网络在人们的生活扩散，大量增加、普及和可访问的数字技术设备形成了对于时间、空间和记忆的持续重新校正"。也就是说，被连接的人、关系、事件等，可能会永远处于动态变化之中。③ 安德鲁·霍斯金斯（Andrew Hoskins）将之描述为数字记忆的"连接转向"（connective turn）。在数字场域中，即使是作为经典记忆隐喻的档案，也不再是某个与现实世界持有距离的记忆终点，相反，它成为了可访问的、高度连接的全新记忆生态的组成部分，连接记忆中的一个节点。④ 人们往往迫不及待地将当下发生的事件纳入纪念的轨道，社交媒体时代的记忆实践几乎和事件的发展同步，过去不再是一个陌生的国度，记忆的竞争性书写从此刻开始。这一具有延续性、连接性和易逝性的记忆显然需要长期频繁的捕获，但传统记忆机构往往更倾向于与事件保持一定的距离，它所瞄准的是一个遥远的"过去"。在此过程中，封锁"过去"的匣子被打开，过往的记忆轨迹或被巩固或被改写、更新，意味着"完成时"的记忆书写和保存将无法涵盖记忆的全貌。

不断调整对"世界意义"（world significance）的认识

正如世界遗产的概念并非恒定不变的，对于"突出普遍价值"（OUV）的

---

① "通过世界记忆项目培养全球公民"项目选取英国、荷兰、印尼、加纳 4 个国家的 8 所中小学校作为试点单位，将入选《世界记忆名录》的文献应用于文学、历史、艺术、语言 4 门课程的教学活动中，贯穿线上培训、集中研讨、集体备课、共享课堂等环节，并全程提供系统的文献遗产教育在线培训资源。项目于 2022 年 10 月 27 日启动，持续至 2023 年 6 月。

② https://www.unesco.org/en/articles/unescos-new-project-engages-schools-documentary-heritage.

③ Hoskins, A., "7/7 and Connective Memory: Interactional Trajectories of Remembering in Post-Scarcity Culture," *Memory Studies* 4, 3, 2011, pp. 269-280.

④ Hoskins, A., "Media, Memory, Metaphor: Remembering and the Connective Turn," *Parallax* 17, 4, 2011, pp. 19-31.

认识及判定，也并非一成不变，而是随着人类文化活动的不断演进而变化的过程。对于世界记忆项目的发展而言，也面临着同样的机遇与挑战。

作为入选《世界记忆名录》最重要、最核心的评审标准，"世界意义"的定义影响着世界级文献遗产的特点与价值和世界记忆项目各项工作的开展。自"世界意义"概念提出以来，其判定标准随着时代发展在不断演变，最终形成以"历史意义""社会、社群或精神意义""形式与风格"为主要标准，辅之以"独特性或稀有性""保存状况"为相对标准的评价体系，如若文献遗产在主要标准中任一方面表现突出，又符合相对标准的基本要求，则可被认定为具有世界意义。在"世界意义"标准修订过程中，各项指标的意义与内涵不断丰富，评估价值指向逐渐清晰，文献遗产的历史价值和社会价值逐渐成为判定其世界意义的重心。虽然"世界意义"标准几经变更，但其概念本身仍未得到明确定义，其更多是一种象征，即"进入《世界记忆名录》的文献遗产，应当获得国际性的认可"。当前"世界意义"的价值判定仍然存在困境，需通过不断调整，使其符合新时代的发展需要。

随着联合国教科文组织"三大旗舰遗产项目"的逐步发展，共享遗产、遗产可持续性发展、绿色遗产等理念亦在逐步向世界记忆项目中渗透，文献遗产世界意义的价值评判也将不断向新思想靠拢。在全球化与数字化的双重加持之下，曾经通常被限定在"民族国家框架"下的集体记忆，逐渐因越来越密切的交流与互鉴，而朝着"世界主义框架"转向。因此，《世界记忆名录》入选遗产的"世界意义"或将更为关注这种构建于多元背景人民共同经验之上的全球共同记忆。

共同形成联合国教科文组织的遗产矩阵

2022 年是联合国教科文组织《世界遗产公约》颁布 50 周年，同时，也是"世界记忆项目"实施 30 周年。因此，我们有理由，也不可避免地将两者进行对照与比较。尽管在过去 30 年的发展中，世界记忆项目评选出了 496 件（套）文献遗产入选《世界记忆名录》，建立起"国际—地区—国家"三级的文献遗产名录与保护体系，并在韩国设立了联合国教科文组织二类研究中心——"国际文献遗产研究中心"，在世界范围内共设立 8 家学术中心和 95 个国家委员会。通过图书馆、档案馆、博物馆等机构的积极参与，全球范围内的文献遗产的保护体系逐步建立。

与此同时，通过"文献—记忆""档案—记忆"的关联，将"记忆"作为文献遗产的隐喻逐渐被广泛接受。以集体记忆、社会记忆、文化记忆、媒介记忆等理论为出发点，探讨图书与档案等各类型文献遗产记忆价值的研究成为档案学等学科的"热点话题"。国内外学界，特别是中国学界对"档案记忆"产生了强烈的研究兴趣，档案与社会记忆、档案记忆观、图书馆与文化记忆、城市记忆、乡村记忆等研究不断涌现。理论与实践形成了良性互动、相互支撑。

然而，相较于《保护世界文化和自然遗产公约》这一联合国教科文组织"最受欢迎的国际文书"，世界记忆项目以及《世界记忆项目总方针》从社会影响力、公众感知力、学术号召力、文化持久力等方面都还有很长的路要走。

世界遗产项目"协同保护全球遗产"（Synergies to Protect Global Heritage）① 的规划中，多次强调不同的文化遗产公约之间需要展开协同合作。同时，联合国教科文组织还专门成立了"文化公约联络小组"（Culture Convention Liaison Group），用于加强文化公约之间的协同作用。但由于最高指导文件非"公约"，导致世界记忆项目未能被纳入关注的范畴。

实际上，世界记忆项目与世界遗产项目、非物质文化遗产项目在遗产保护对象上相互交织，三者共同形成联合国教科文组织文化遗产矩阵。2005 年入选《世界遗产名录》的涅斯维日的拉济维乌家族城堡建筑群，在 2009 年，其家族档案与涅斯维日图书馆收藏又入选了《世界记忆名录》，就是一个鲜明的例子。同样，世界记忆项目与非物质文化遗产项目也有内容上的交叉，对土著语言的保护便是如此。非物质文化遗产项目的保护对象之一便是"口头传统和表达方式，包括作为非物质文化遗产载体的语言"，② 重视对土著语言的持续保护。在《世界记忆名录》中，也不乏承载、记录土著语言的文献遗产，如《他加禄语的历史文献》《墨西哥土著语言集》等。1985 年，联合国教科文组织出版的杂志《信使》（UNESCO Courier）提出，"仿照世界遗产项目的模式，将手稿档案作为'世界遗产'"，③ 世界记忆项目由此发端。可见，"世界记忆"与"世界遗产"同根同源。与此同时，联合国教科文组织三大遗

---

① https://whc. unesco. org/en/synergies/#whc.

② UNESCO, "Convention for the Safeguarding of the Intangible Cultural Heritage, "October 17, 2003, https://ich. unesco. org/en/convention, accessed: 2022-03-20.

③ Jordan, L. , "Terminology and Criteria of the UNESCO Memory of the World Programme: New Findings and Proposals for Research, " in *The UNESCO Memory of the World Programme: Key aspects and Recent Developments*, 2020, p. 29, https://doi. org/10. 1007/978-3-030-18441-4, accessed: 2022-03-30.

产项目共同致力于人类遗产的保护与传承、保障遗产的平等获取与利用、积极促进人类社会的和平对话，具有同根同源的价值追求。因此，世界记忆项目应当加快与联合国教科文组织其他遗产项目协同合作的步伐，这既有利于世界记忆项目自身的长远进步，也有利于联合国教科文组织遗产体系的可持续发展，实现人类共同文化与记忆的保存传承、互通互鉴，携手共荣。

离散档案与数字回归

由于 20 世纪频繁发生的战争、冲突、殖民等动荡，许多文化遗产被迫离开所有国，离散于该国文化资源系统之外。作为文化遗产不可或缺的一部分，同时也是世界记忆项目的重要组成部分，离散档案的相关问题一直受到关注。离散档案意为"由于各种原因未保存在档案所有国的档案"，由于离散档案在很大程度上关乎一个国家档案文献遗产的完整性及历史的延续性问题，因此历来受到各国的重视，国际档案归属争议中有很大一部分会涉及离散档案归还和移交问题。①

离散档案的归还主要依靠国际条约的约束作用。在文化遗产归还的框架下，离散档案的回归问题也被纳入相关条约的考虑范围。如联合国于 1954 年发起的《关于武装冲突情况下保护文化财产的公约》，该公约对武装冲突情况下文化遗产的保护做了全面的规定；② 1970 年发起的《关于禁止和防止非法出口文化遗产和非法转让其所有权的方法的公约》确保了国家对其流失的文化财产进行索回的正当权益；③ 国际统一私法协会于 1995 年在罗马发起的《关于被盗或非法出口文物公约》力图打击文物的非法交易，促进文物的归还与补偿。④

然而国际组织设立的条约并非具有强制性。公约仅对缔约国有效，但存有

---

① 冯惠玲、加小双、李毅卓：《关于离散档案处理的历史发展与国际动向》，《档案学通讯》2018 年第 4 期，第 4~9 页。

② UNESCO, "Convention for the Protection of Cultural Property in the Event of Armed Conflict," May 14, 1954, https://www.unesco.org/en/legal－affairs/convention－protection－cultural－property－event－armed－conflict－regulations－execution－convention, accessed: 2023－07－19.

③ UNESCO, "Convention on the Means of Prohibiting and Preventing the Illicit Import, Export and Transfer of Ownership of Cultural Property," November 4, 1970, https://www.unesco.org/en/legal-affairs/convention-means-prohibiting-and-preventing-illicit-import-export-and-transfer-ownership-cultural, accessed: 2023－07－19.

④ UNIDROIT, "Convention on Stolen or Illegally Exportedcultural Objects," June 24, 1995, https://www.unidroit.org/instruments/cultural-property/1995-convention/, accessed: 2023－07－19.

他国离散档案的国家，特别是 20 世纪广泛参与殖民的国家通常没有签署条约。此外，一些公约设置了追溯条件的限制，如中国于 1997 年加入的《关于被盗或非法出口文物公约》有 75 年的追溯限制。① 一些国际公约实际上已名存实亡，国家间通过外交手段进行协商、商业回购等途径也仅能作为离散档案回归的辅助手段，依靠传统路径追回离散档案困难重重。在数字时代，另辟蹊径地采用创新技术促进离散档案"数字回归"或许可为我们形成完整的档案文献遗产脉络创造可行性。

机遇与危机并存

尽管如此，持续困扰世界记忆项目发展的"政治化"倾向，并未能从本质上得以解决。对"专家导向"（expert-oriented）评审机制下专家能力质疑的声音仍不绝于耳。因此，在新版《总方针》的修订意见征集过程中，成员均认为有必要建立世界记忆项目的"专家政府混合治理模式"，使独立专家与政府间机构共同发挥作用。② 尽管联合国教科文组织竭力在"专业判断"与"成员参与"之间保持平衡的态度，但仍然避免不了越发明显的官方介入痕迹，印证了部分专家对世界记忆项目政治化倾向的担忧，③ 其内容也未能跳脱出西方权威遗产话语体系，削弱"西方中心主义"的影响。尽管联合国教科文组织已有 11 部文献遗产保护相关的政策文件，但大多为指导性质的"方针""指南"，其中法律效力最高的政策文件停留在"建议书"阶段，而并非上升到"公约"，这种法律文件形式不具备强制执行力，约束力较弱，致使文献遗产的保护优先级低于其他遗产，难以满足世界记忆项目的发展要求。新版《总方针》增加的关于《世界记忆名录》管理等相关方面的内容，其合理性及效果还有待实践考察。

作为集体记忆的重要形式，记忆遗产同样是社会性建构的产物，无法脱离社会框架的制约。不同国家的政治立场与利益冲突会使一些记忆广为传播，而

---

① 霍政欣、陈锐达：《跨国文物追索：国际私法的挑战及回应——从"章公祖师肉身坐佛案"展开》，《国际法研究》2021 年第 3 期，第 106~128 页。

② UNESCO, "'Co-Chairs' Report of Open-Ended Working Group(OEWG) On the Examination of Other Concrete Suggestions for the Reform of the MoW Programme Beyond a Redrafting of the IAC Statutes and of the General Guidelines," https://en. unesco. org/sites/default/files/oewg-co-chairs-report_final_en. pdf, accessed: 2021-12-12.

③ Edmondson, R. , Jordan, L. , Prodan, A. C. , *The UNESCO Memory of the World Programme: Key Aspects and Recent Developments*, Springer Nature Switzerland AG, 2020.

另一些记忆被迫沉默。同时，战争、瘟疫等记忆中的阴暗面往往被视作记忆叙事中的"不和谐"声音，被有意识或无意识地遗忘。述说谁的故事，如何述说，错综复杂的政治之争与刻骨铭心的创伤之痛使得世界记忆项目经历了漫长停摆，但重启后的世界记忆项目是否能够实现其中立客观、独立于争端之外的立场，曾引发争议的记忆遗产又该何去何从，悬而未决的问题仍有待人们思考。

2023 年 7 月，美国重返联合国教科文组织并提出关注"犹太人大屠杀"，是否会对世界记忆项目及文献遗产带来新的支持或干扰，还有待进一步考察。① 对"犹太人大屠杀"这一创伤记忆的重点提出，一方面能为相关遗产聚焦更多目光，另一方面也有利于在一定程度上减少其他大屠杀记忆在呈现时所经历的曲折。截至目前，在世界记忆项目中已收录 7 项与"犹太人大屠杀"相关的遗产。按入选年份排列，依次为：波兰于 1999 年入选的《伊曼纽尔·林格尔布卢姆档案》②；荷兰于 2009 年入选的《〈安妮日记〉③ 原件》；以色列于 2013 年入选的《耶路撒冷犹太大屠杀纪念馆④ 1954~2004 年收集的受害者的身份证明档案》；德国于 2017 年入选的《法兰克福奥斯维辛审判》⑤；波兰于 2017 年入选的《于尔根·斯特鲁普报告》⑥；法国和德国于 2023 年入选的影片《浩劫》⑦；乌克兰于 2023 年入选的《巴比亚尔文献遗产》⑧。而对这些"犹太人大屠杀"相关遗产的深入保护，正需要美国重返联合国教科文组织所带来的资源和重视。

数字时代的挑战

数字与人工智能技术的快速发展不仅为文献遗产保护、记忆保存与传承提

---

① https://www.unesco.org/en/articles/united-states-becomes-194th-member-state-unesco.
② 《伊曼纽尔·林格尔布卢姆档案》由华沙犹太人区废墟之中找到的 1680 份档案（约 25000 页）组成，包括政府文件、反抗运动、证词和私人信件等。
③ 《安妮日记》记载了德籍犹太人安妮为了躲避德军对犹太人的捕杀，藏身密室时的生活与情感。
④ 耶路撒冷犹太大屠杀纪念馆是大屠杀受害者的大型集体纪念馆，力图还原他们的姓名和面容。
⑤ 《法兰克福奥斯维辛审判》（简称《法兰克福审判》）代表储存在黑森州档案馆的 454 卷文件，包括 319 名证人（集中营幸存者与工作人员）430 小时的录音。
⑥ 《于尔根·斯特鲁普报告》是一份说明大屠杀罪行的文件，是压迫者视角下德国镇压华沙犹太区起义的官方记录。
⑦ 《浩劫》是一部讲述二战期间犹太人被大规模屠杀的电影，是第一部收集目击者证词的纪录片。
⑧ 《巴比亚尔文献遗产》记录了巴比亚尔的悲惨历史，包括纳粹对包括犹太人在内的多个民族的杀害。

供了新的机遇，同时也引发了人类社会对不断快速产生、消逝、脆弱的数字记忆的保存危机。一方面，数字化作为一种保存技术被广泛应用于文献遗产保存项目中，不仅为人类文明的永续留存提供了可能，更打破了时间和空间的限制，使得曾经尘封的记忆在网络空间熠熠生辉；另一方面，无论是"原生数字遗产"，还是"数字化遗产"，都强调了数字力量在其中的关键作用，数字技术不再仅是内容的承载物，而是深入参与人类记忆生成的过程。然而，当前全球的文献遗产保护政策却无法跟上数字技术进步的节奏，在一定程度上，数字时代的记忆面临着管理与治理"失控"的风险。

2003 年，在该项目框架下，联合国教科文组织发布了《保存数字遗产宪章》（Charter on the Preservation of Digital Heritage）。该宪章的出台，拓展了"文献遗产"的概念，将数字形态纳入文献遗产的类型："以数字方式生成或从现有资源转换成数字形式"，数字形态遗产首次得以"正名"。同时，该宪章的出台，给予了"世界记忆项目"在未来不断拓展疆域与边界的可能性——将内容庞大不断发展的数字资源的长期保存及其遗产判定纳入麾下。我们尚且无法判断未来的发展，但至少可以确定，"数字及数字化"无论从哪个层面来看，都将成为世界记忆项目未来发展的关键引擎。

与此同时，该宪章强调了图书馆、档案馆、博物馆等文献遗产的保存机构在"数字遗产"保存与保护中的重要角色。这也在客观上促进了相关文化机构对文献遗产的保护与研究，同时通过保存机构在全世界范围内呼吁各国加强文献遗产的保护，将其纳入国家相关文化政策视阈。

然而，技术更迭与发展带来的文献遗产保存的问题与风险也纷沓而至：数字化后的文献遗产是否满足当下的评审标准？原生数字遗产是否/该如何纳入《世界记忆名录》？特别是，当下不断更迭、快速发展的信息技术所引发的真实性和完整性的判定问题、伦理问题、可持续性发展问题等均对世界记忆项目的发展产生巨大冲击。

"变革中的世界记忆"，面临的既是世界遗产发展的变革，同时也是数字与人工智能社会对记忆形成的挑战。这些前所未有的变革与挑战，给该项目的开展提出了更多新的问题，但也必将为推动该项目的持续发展不断贡献动力。

"凡是过往，皆为序章。"

让我们在变革中期待世界记忆项目的下一个十年、三十年、五十年。

附　录

《世界记忆名录》入选文献遗产（截至 2023 年）

序号	入选文献 遗产名称	主题内容	申报国家	地区	入选 时间
1	德里克·沃尔科特文集 （The Derek Walcott Collection）	文学与艺术	特立尼达和 多巴哥	拉丁美洲及 加勒比地区	1997 年
2	15 世纪用西里尔字母印刷的斯拉 夫民族语言的古籍 （Slavonic Publications in Cyrillic Script of the 15th century）	文字、语言与 印刷	俄罗斯	欧洲及北美 地区	1997 年
3	《训民正音》首版孤本 （The Hunmin Chongum Manuscript）	文字、语言与 印刷	韩国	亚太地区	1997 年
4	德国人类学家和语言学家布莱克 等人在南非调研布须曼人部落语 言的著作手稿 （The Bleek Collection）	文字、语言与 印刷	南非	非洲地区	1997 年
5	19 世纪拉丁美洲摄影收藏 （Collection of Latin American Photo- graphs of the 19th Century）	电影、录像、录 音与摄影	委内瑞拉	拉丁美洲及 加勒比地区	1997 年
6	中国传统音乐录音档案 （Traditional Music Sound Archives）	音乐	中国	亚太地区	1997 年
7	《朝鲜王朝实录》 （The Annals of the Choson Dynasty）	史籍	韩国	亚太地区	1997 年
8	墨西哥手抄本 （Collection of Mexican Codices）	史籍	墨西哥	拉丁美洲及 加勒比地区	1997 年

续表

序号	入选文献 遗产名称	主题内容	申报国家	地区	入选 时间
9	开凿苏伊士运河的档案 （Memory of the Suez Canal）	交通、建筑 工程	埃及	阿拉伯地区	1997 年
10	丹麦海外贸易公司的档案 （Archives of the Danish Overseas Trading Companies）	商贸与税务	丹麦	欧洲及北美 地区	1997 年
11	《药物论》的泥金装饰手抄本 （Vienna Dioscurides）	医药	奥地利	欧洲及北美 地区	1997 年
12	棕榈叶上的泰米尔医学手稿 （Tarikh-E-Khandan-E-Timuriyah）	医药	印度	亚太地区	1997 年
13	18 世纪地图集 （Maps of the Russian Empire and its collection of the 18th Century）	地理与环境	俄罗斯	欧洲及北美 地区	1997 年
14	诺登舍尔德收藏的地图集 （The A. E. Nordenskiöld Collection）	地理与环境	芬兰	欧洲及北美 地区	1997 年
15	《阿尔汉格尔斯克福音书》 1092 年手抄本 （Archangel Gospel of 1092）	基督教	俄罗斯	欧洲及北美 地区	1997 年
16	《希特罗沃福音书》手抄本 （Khitrovo Gospel）	基督教	俄罗斯	欧洲及北美 地区	1997 年
17	贝萨吉克收集的伊斯兰手稿和 图书 （Basagic Collection of Islamic Manu- scripts）	伊斯兰教	斯洛伐克	欧洲及北美 地区	1997 年
18	奥斯曼定本《古兰经》 （Holy Koran Mushaf of Othman）	伊斯兰教	乌兹别克斯坦	亚太地区	1997 年
19	埃塞俄比亚国家档案馆和图书馆 珍藏的 12 件手抄本和信函 （Treasures from National Archives and Library Organizations）	档案馆、图书 馆馆藏	埃塞俄比亚	非洲地区	1997 年

序号	入选文献 遗产名称	主题内容	申报国家	地区	入选 时间
20	哥本哈根丹麦皇家图书馆手稿部收藏的安徒生手稿等六项珍贵文档 （Manuscripts and Correspondence of Hans Christian Andersen）	档案馆、图书馆馆藏	丹麦	欧洲及北美地区	1997 年
21	布拉迪斯拉发牧师会礼堂图书馆收藏的泥金装饰手抄本 （Illuminated Codices from the Library of the Bratislava Chapter House）	档案馆、图书馆馆藏	斯洛伐克	欧洲及北美地区	1997 年
22	"比鲁尼"东方研究所的古代文献手稿 （The Collection of the Al-Biruni Institute of Oriental Studies）	档案馆、图书馆馆藏	乌兹别克斯坦	亚太地区	1997 年
23	马什托茨研究所收藏的古代手抄本 （Mashtots Matenadaran Ancient Manuscripts Collection）	档案馆、图书馆馆藏	亚美尼亚	欧洲及北美地区	1997 年
24	基尔克果的手稿（索伦·克尔凯郭尔）丹麦皇家图书馆的珍贵档案 （The Søren Kierkegaard Archives）	名人档案	丹麦	欧洲及北美地区	1997 年
25	瑞典著名植物学家林奈及其学生们的藏书 （The Linné Collection）	名人档案	丹麦	欧洲及北美地区	1997 年
26	西蒙·玻利瓦尔的文献 （General Archive of the Nation - Writings of The Liberator Simón Bolívar）	名人档案	委内瑞拉	拉丁美洲及加勒比地区	1997 年
27	新西兰妇女 1893 年争取选举权的请愿书 （The 1893 Women's Suffrage Petition）	政治与保卫人权	新西兰	亚太地区	1997 年

续表

序号	入选文献 遗产名称	主题内容	申报国家	地区	入选 时间
28	《维也纳会议最后议定书》文本 （Final Document of the Congress of Vienna）	条约	奥地利	欧洲及北美地区	1997 年
29	1840 年《怀唐依条约》文本 （The Treaty of Waitangi）	条约	新西兰	亚太地区	1997 年
30	国家图书馆收藏的 18 世纪以来的报纸 （Newspaper Collections）	报纸与海报	俄罗斯	欧洲及北美地区	1997 年
31	19 世纪末 20 世纪初俄罗斯的海报 （Russian Posters of the End of the 19th and Early 20th Centurie）	报纸与海报	俄罗斯	欧洲及北美地区	1997 年
32	拉普拉塔总督辖区的档案 （Documentary heritage of the Vice-royalty of the Río de la Plata）	殖民统治、贩奴与废奴	阿根廷	拉丁美洲及加勒比地区	1997 年
33	贝宁殖民地档案 （Colonial Archives）	殖民统治、贩奴与废奴	贝宁	非洲地区	1997 年
34	法国殖民统治时期的档案 （Records of the French Occupation of Mauritius）	殖民统治、贩奴与废奴	毛里求斯	非洲地区	1997 年
35	《夸希马尔帕特齐勒炎手抄本》 （Codex Techaloyan de Cuajimalpaz）	殖民统治、贩奴与废奴	墨西哥	拉丁美洲及加勒比地区	1997 年
36	瓦哈卡山谷地区的手抄本 （Codices from the Oaxaca Valley）	殖民统治、贩奴与废奴	墨西哥	拉丁美洲及加勒比地区	1997 年
37	法属西非的档案 ［Fonds of the "Afrique occidentale française"（AOF）］	殖民统治、贩奴与废奴	塞内加尔	非洲地区	1997 年
38	德属东非档案 （German Records of the National Archives）	殖民统治、贩奴与废奴	坦桑尼亚	非洲地区	1997 年

序号	入选文献 遗产名称	主题内容	申报国家	地区	入选 时间
39	他加禄语的历史文献 〔Philippine Paleographs（Hanunoo, Buid, Tagbanua and Pala'wan）〕	文字、语言与 印刷	菲律宾	亚太地区	1999 年
40	维也纳音响档案馆的收藏品 （1899~1950） 〔The Historical Collections（1899- 1950）of the Vienna Phonogrammar- chiv〕	电影、录像、录 音与摄影	奥地利	欧洲及北美 地区	1999 年
41	肖邦乐谱与书信等手迹 （The Masterpieces of Fryderyk Cho- pin）	音乐	波兰	欧洲及北美 地区	1999 年
42	柏林音响档案馆收藏的 1893~ 1952 年世界音乐蜡筒录音 〔Early Cylinder Recordings of the World's Musical Rraditions（1893- 1952）in the Berlin〕	音乐	德国	欧洲及北美 地区	1999 年
43	哥白尼《天体运行论》的手稿 （Nicolaus Copernicus' Masterpiece "De revolutionibus Libri Sex"）	天文	波兰	欧洲及北美 地区	1999 年
44	清代内阁秘本档中有关 17 世纪在 华西洋传教士活动的档案 （Records of the Qing's Grand Secre- tariat- "Infiltration of Western Cul- ture in China"）	基督教	中国	亚太地区	1999 年
45	真纳的档案 〔Jinnah Papers（Quaid-I-Azam）〕	名人档案	巴基斯坦	亚太地区	1999 年
46	埃里克·威廉姆斯的文集 （The Eric Williams Collection）	名人档案	特立尼达和 多巴哥	拉丁美洲及 加勒比地区	1999 年
47	伊曼纽尔·林格尔布卢姆档案 〔Warsaw Ghetto Archives（Emanuel Ringelblum Archives）〕	战争	波兰	欧洲及北美 地区	1999 年

续表

序号	入选文献 遗产名称	主题内容	申报国家	地区	入选 时间
48	歌德和席勒档案馆馆藏的歌德文学作品手稿 （The Literary Estate of Goethe in the Goethe and Schiller Archives）	文学与艺术	德国	欧洲及北美地区	2001 年
49	巴隆纳收藏的拉脱维亚民歌档案 （Dainu Skapis - Cabinet of Folksongs）	文学与艺术	拉脱维亚	欧洲及北美地区	2001 年
50	《杭·杜亚传》手抄本 （Hikayat Hang Tuah）	文学与艺术	马来西亚	亚太地区	2001 年
51	《马来纪年》手稿 ［Sejarah Melayu（The Malay Annals）］	文学与艺术	马来西亚	亚太地区	2001 年
52	易卜生剧作《玩偶之家》手稿 （Henrik Ibsen：A Doll's House）	文学与艺术	挪威	欧洲及北美地区	2001 年
53	普朗坦印刷厂的档案 （Business Archives of the Officina Plantiniana）	文字、语言与印刷	比利时	欧洲及北美地区	2001 年
54	博阿兹柯伊古城遗址出土的赫梯文字泥板文书 （The Hittite Cuneiform Tablets from Bogazköy）	文字、语言与印刷	土耳其	欧洲及北美地区	2001 年
55	电影《大都会》2001 年修复版 （"METROPOLIS" -Sicherungsstück Nr. 1：Negative of the Restored and Reconstructed Version 2001）	电影、录像、录音与摄影	德国	欧洲及北美地区	2001 年
56	俄罗斯文学研究所收藏的 1889～1955 年的录音档案 ［The Historical Collections（1889-1955）of St. Petersburg Phonogram Archives］	电影、录像、录音与摄影	俄罗斯	欧洲及北美地区	2001 年

序号	入选文献遗产名称	主题内容	申报国家	地区	入选时间
57	维也纳市图书馆收藏的舒伯特档案 （The Vienna City Library Schubert Collection）	音乐	奥地利	欧洲及北美地区	2001 年
58	贝多芬《d 小调第九交响曲》（作品第 152 号）乐谱手稿 （Ludwig van Beethoven：Symphony no 9，d minor，op. 125）	音乐	德国	欧洲及北美地区	2001 年
59	蒂豪尼 1926 年获得电视显像管发明专利的档案 （Kalman Tihanyi's 1926 Patent Application Radioskop）	技术发明	匈牙利	欧洲及北美地区	2001 年
60	卑尔根城的麻风病档案 （The Leprosy Archives of Bergen）	医药	挪威	欧洲及北美地区	2001 年
61	坎迪利天文台和地震研究所的档案 （Kandilli Observatory and Earthquake Research Institute Manuscripts）	天文	土耳其	欧洲及北美地区	2001 年
62	库克船长 1768～1771 年航海日志手稿 （The Endeavour Journal of James Cook）	航海、航空与航天	澳大利亚	亚太地区	2001 年
63	羊皮纸版本的《古腾堡圣经》及其有关文档 （42-line Gutenberg Bible，Printed on Vellum，and its Contemporary Documentary Background）	基督教	德国	欧洲及北美地区	2001 年
64	白云和尚抄录《佛祖直指心体要节》（下卷） ［Baegun hwasang chorok buljo jikji simche yojeol（vol. II），the second volume of "Anthology of Great Buddhist Priests' Zen Teachings"］	佛教	韩国	亚太地区	2001 年

续表

序号	入选文献 遗产名称	主题内容	申报国家	地区	入选 时间
65	莱纳大公收藏的纸莎草纸文献 （Papyrus Erzherzog Rainer）	档案馆、图书馆馆藏	奥地利	欧洲及北美地区	2001 年
66	马博案的档案 （The Mabo Case Manuscripts）	政治与保卫人权	澳大利亚	亚太地区	2001 年
67	《承政院日记》手抄本 （Seungjeongwon Ilgi, the Diaries of the Royal Secretariat）	政治与保卫人权	韩国	亚太地区	2001 年
68	吉打苏丹阿卜杜勒·哈米德执政时期（1882~1943）的档案 [Correspondence of the late Sultan of Kedah（1882-1943）]	政治与保卫人权	马来西亚	亚太地区	2001 年
69	诗人欧拜德和哈菲兹 14 世纪的手抄本 [The Manuscript of Ubayd Zakoni's Kulliyat and Hafez Sherozi's Gazalliyt（XIV century）]	文学与艺术	塔吉克斯坦	亚太地区	2003 年
70	纳西族东巴古籍 （Ancient Naxi Dongba Literature Manuscripts）	文字、语言与印刷	中国	亚太地区	2003 年
71	最早的伊斯兰教库法体铭文 [Earliest Islamic（Kufic）Inscription]	碑刻	沙特阿拉伯	阿拉伯地区	2003 年
72	素可泰王朝国王兰甘亨的碑文 （The King Ram Khamhaeng Inscription）	碑刻	泰国	亚太地区	2003 年
73	佩德罗二世皇帝收藏的 19 世纪的照片 （The Emperor's Collection: Foreign and Brazilian Photography in the XIX Century）	电影、录像、录音与摄影	巴西	拉丁美洲及加勒比地区	2003 年

序号	入选文献遗产名称	主题内容	申报国家	地区	入选时间
74	1989 年"人民力量革命"时期的无线电广播录音带（Radio Broadcast of the Philippine People Power Revolution）	电影、录像、录音与摄影	菲律宾	亚太地区	2003 年
75	克莱沃博物馆《人类大家庭》摄影展的展品（Family of Man）	电影、录像、录音与摄影	卢森堡	欧洲及北美地区	2003 年
76	电影《被遗忘的人们》（Los Olvidados）	电影、录像、录音与摄影	墨西哥	拉丁美洲及加勒比地区	2003 年
77	卡洛斯·加德尔和奥拉西奥·洛连特 1913~1935 年的音乐档案 ［Original Records of Carlos Gardel - Horacio Loriente Collection（1913－1935）］	音乐	乌拉圭	拉丁美洲及加勒比地区	2003 年
78	尼古拉·特斯拉档案馆的收藏（Nikola Tesla's Archive）	技术发明	塞尔维亚	欧洲及北美地区	2003 年
79	荷兰东印度公司档案（Archives of the Dutch East India Company）	商贸与税务	南非、印度、印度尼西亚、斯里兰卡、荷兰	非洲地区、亚太地区、欧洲及北美地区	2003 年
80	伊本·西纳的手稿（The Works of Ibn Sina in the Süleymaniye Manuscript Library）	医药	土耳其	欧洲及北美地区	2003 年
81	国家图书馆收藏的《布劳范德汉姆地图集》初版本（The Atlas Blaeu - Van der Hem of the Austrian National Library）	地理与环境	奥地利	欧洲及北美地区	2003 年
82	1573 年 1 月 28 日签署的关于宗教宽容的《华沙公约》文本（The Confederation of Warsaw of 28th of January 1573：Religious Tolerance Gu-aranteed）	基督教	波兰	欧洲及北美地区	2003 年

续表

序号	入选文献 遗产名称	主题内容	申报国家	地区	入选 时间
83	赖谢瑙修道院在奥托王朝时期制作的泥金装饰手抄本 [Illuminated Manuscripts from the Ottonian Period Produced in the Monastery of Reichenau（Lake Constance）]	基督教	德国	欧洲及北美地区	2003 年
84	拉丁美洲西班牙殖民地耶稣会档案全宗 （Jesuits of America/The documentary cultural heritage of the Jesuits of America Fonds）	基督教	智利	拉丁美洲及加勒比地区	2003 年
85	艾哈迈德·亚萨维的著作手稿 （Collection of the Manuscripts of Khoja Ahmed Yasawi）	伊斯兰教	哈萨克斯坦	亚太地区	2003 年
86	艾斯哈伊姆图书馆的藏书 （Library Ets Haim–Livraria Montezinos）	档案馆、图书馆馆藏	荷兰	欧洲及北美地区	2003 年
87	桑给巴尔国家档案馆收藏的阿拉伯语手稿和藏书 （Collection of Arabic Manuscripts and Books）	档案馆、图书馆馆藏	坦桑尼亚	非洲地区	2003 年
88	1980 年 8 月格但斯克罢工工人提出"二十一条要求"事件的档案 （Twenty–One Demands, Gdańsk, August 1980. The Birth of the SOLIDARITY Trades Union – a massive Social Mov–ement）	政治与保卫人权	波兰	欧洲及北美地区	2003 年
89	有关《人权与公民权利宣言》的最早的四件文本（1789~1791） [Original Declaration of the Rights of Man and of the Citizen（1789 – 1791）]	政治与保卫人权	法国	欧洲及北美地区	2003 年

序号	入选文献遗产名称	主题内容	申报国家	地区	入选时间
90	人权档案（Human Rights Archive of Chile）	政治与保卫人权	智利	拉丁美洲及加勒比地区	2003年
91	加勒比地区17~19世纪役使非洲奴隶的档案（Documentary Heritage of Enslaved Peoples of the Caribbean）	殖民统治、贩奴与废奴	巴巴多斯	拉丁美洲及加勒比地区	2003年
92	《儿童和家庭的故事集》原版及其手稿［Kinder-und Hausmärchen（Contes pour les enfants et les parents）］	文学与艺术	德国	欧洲及北美地区	2005年
93	阿斯特丽德·林格伦的档案（Astrid Lindgren Archives）	文学与艺术	瑞典	欧洲及北美地区	2005年
94	C.L.R.詹姆斯文集（The C.L.R. James Collection）	文学与艺术	特立尼达和多巴哥	拉丁美洲及加勒比地区	2005年
95	腓尼基字母（The Phoenician Alphabet）	文字、语言与印刷	黎巴嫩	阿拉伯地区	2005年
96	犬河河谷的碑刻（Commemorative stela of Nahr el-Kalb，Mount Lebanon）	碑刻	黎巴嫩	阿拉伯地区	2005年
97	卢米埃尔兄弟拍摄的电影（Lumière Films）	电影、录像、录音与摄影	法国	欧洲及北美地区	2005年
98	罗尔德·阿蒙森南极点探险（1910~1912）的纪实性电影胶片［Roald Amundsen's South Pole Expedition（1910-1912）］	电影、录像、录音与摄影	挪威	欧洲及北美地区	2005年
99	纪录影片《索姆河战役》（The Battle of the Somme）	电影、录像、录音与摄影	英国	欧洲及北美地区	2005年
100	约翰内斯·勃拉姆斯的档案（Brahms Collection）	音乐	奥地利	欧洲及北美地区	2005年

序号	入选文献遗产名称	主题内容	申报国家	地区	入选时间
101	1912~1947 年录制的犹太民俗音乐（Collection of Jewish Musical Folklore）	音乐	乌克兰	欧洲及北美地区	2005 年
102	清代科举大金榜（Golden Lists of the Qing Dynasty Imperial Examination）	教育	中国	亚太地区	2005 年
103	10~16 世纪苏丹与王子们的长卷（Deeds of Sultans and Princes）	史籍	埃及	阿拉伯地区	2005 年
104	哥特式建筑的图纸（Collection of Gothic Architectural Drawings）	交通、建筑工程	奥地利	欧洲及北美地区	2005 年
105	三部中世纪医药著作手稿（Medieval Manuscripts on Medicine and-pharmacy）	医药	阿塞拜疆	欧洲及北美地区	2005 年
106	瓦尔德瑟米勒绘制的世界地图（Universalis cosmographia secundum Ptholomaei traditionem et Americi Vespucii aliorumque Lustrationes）	地理与环境	美国、德国	欧洲及北美地区	2005 年
107	佩罗·瓦兹·德卡米尼亚的信（Letter from Pêro Vaz de Caminha）	航海、航空与航天	葡萄牙	欧洲及北美地区	2005 年
108	两部基督教培拉特古抄本（Codex Purpureus Beratinus）	基督教	阿尔巴尼亚	欧洲及北美地区	2005 年
109	伊曼纽·斯威登堡的手稿、初版本和信函（Emanuel Swedenborg Collection）	基督教	瑞典	欧洲及北美地区	2005 年
110	《米罗斯拉夫福音》手稿（Miroslav Gospel – Manuscript from 1180）	基督教	塞尔维亚	欧洲及北美地区	2005 年
111	湿婆教文献手稿（Saiva Manuscript in Pondicherry）	其他宗教	印度	亚太地区	2005 年

序号	入选文献遗产名称	主题内容	申报国家	地区	入选时间
112	科尔文纳图书馆的藏书 (The Bibliotheca Corviniana Collection)	档案馆、图书馆馆藏	奥地利、比利时、法国、德国、匈牙利、意大利	欧洲及北美地区	2005 年
113	帕拉福斯安纳图书馆藏书 (Biblioteca Palafoxiana)	档案馆、图书馆馆藏	墨西哥	拉丁美洲及加勒比地区	2005 年
114	马拉泰斯塔·诺韦洛图书馆的藏书 (The Malatesta Novello Library)	档案馆、图书馆馆藏	意大利	欧洲及北美地区	2005 年
115	何塞·马蒂·佩雷斯档案 ("José Martí Pérez" Fonds)	名人档案	古巴	拉丁美洲及加勒比地区	2005 年
116	亨德里克·维特布伊的书信与日记 (Letter Journals of Hendrik Witbooi)	名人档案	纳米比亚	非洲地区	2005 年
117	戴高乐 1940 年 6 月 18 日发表的《告法国人民书》的手稿、录音和海报 (The Appeal of 18 June 1940)	战争	法国、英国	欧洲及北美地区	2005 年
118	国际反核运动"内华达-塞米巴拉金斯克"的影视档案 (Audiovisual Documents of the International Antinuclear Movement "Nevada-Semipalatinsk")	战争	哈萨克斯坦	亚太地区	2005 年
119	"黑人和奴隶"档案 (Negros y Esclavos Archives)	殖民统治、贩奴与废奴	哥伦比亚	拉丁美洲及加勒比地区	2005 年
120	实施十进位度量衡制度的文献(1790~1837) (Introduction of the Decimal Metric System, 1790-1837)	其他	法国	欧洲及北美地区	2005 年
121	尼日利亚诗人克里斯托弗·奥基博的作品 (Christopher Okigbo Collection)	文学与艺术	奥基博基金会	非洲地区	2007 年

序号	入选文献遗产名称	主题内容	申报国家	地区	入选时间
122	贝孙忽版《王书》手抄本 ["Bayasanghori Shâhnâmeh" (Prince Bayasanghor's Book of the Kings)]	文学与艺术	伊朗	亚太地区	2007年
123	《梨俱吠陀》手稿 (Rigveda)	文学与艺术	印度	亚太地区	2007年
124	土著语言集 (Colección de Lenguas Indigenas)	文字、语言与印刷	墨西哥	拉丁美洲及加勒比地区	2007年
125	中世纪的波斯手抄本插图——泥金装饰的波斯细密画 (Persian Illustrated and Illuminated Manuscripts)	绘画	埃及	阿拉伯地区	2007年
126	影片《凯利帮传奇》的拷贝 [The Story of the Kelly Gang (1906)]	电影、录像、录音与摄影	澳大利亚	亚太地区	2007年
127	童话电影《绿野仙踪》 [The Wizard of Oz (Victor Fleming 1939), produced by Metro-Goldwyn-Mayer]	电影、录像、录音与摄影	美国	欧洲及北美地区	2007年
128	南非自由斗争档案集 (Liberation Struggle Living Archive Collection)	电影、录像、录音与摄影	南非	非洲地区	2007年
129	英格玛·伯格曼的档案 (Ingmar Bergman Archives)	电影、录像、录音与摄影	瑞典	欧洲及北美地区	2007年
130	国际战俘局1914~1923年的档案 (Archives of the International Prisoners of War Agency, 1914-1923)	战争	红十字国际委员会	其他	2007年
131	音乐家何塞·马塞达收藏的民族音乐档案 (José Maceda Collection)	音乐	菲律宾	亚太地区	2007年

序号	入选文献遗产名称	主题内容	申报国家	地区	入选时间
132	美洲殖民地时期的音乐代表作（American Colonial Music: a Sample of its Documentary Richness）	音乐	哥伦比亚、玻利维亚、墨西哥、秘鲁	拉丁美洲及加勒比地区	2007 年
133	国民教育委员会（1773～1794）档案〔National Education Commission Archives（1773-1794）〕	教育	波兰	欧洲及北美地区	2007 年
134	魁北克神学院的收藏品（Quebec Seminary Collection）	教育	加拿大	欧洲及北美地区	2007 年
135	全国扫盲运动的档案（National Literacy Crusade）	教育	尼加拉瓜	拉丁美洲及加勒比地区	2007 年
136	《印加纪事》手稿（El Primer Nueva Coronica y Buen Gobierno）	史籍	丹麦	欧洲及北美地区	2007 年
137	清代"样式雷"建筑图档（Qing Dynasty Yangshi Lei Archives）	交通、建筑工程	中国	亚太地区	2007 年
138	1497～1857 年对通行厄勒海峡的船只征收关税的登记簿原件（Sound Toll Registers）	商贸与税务	丹麦	欧洲及北美地区	2007 年
139	哈德逊湾公司 1670～1920 年的档案〔Hudson's Bay Company Archival Records（1670-1920）〕	商贸与税务	加拿大	欧洲及北美地区	2007 年
140	坡廷格尔地图（Tabula Peutingeriana）	地理与环境	奥地利	欧洲及北美地区	2007 年
141	葡萄牙人地理大发现的文献集〔Corpo Cronológico（Collection of Manuscripts on the Portuguese Discoveries）〕	地理与环境	葡萄牙	欧洲及北美地区	2007 年

续表

序号	入选文献 遗产名称	主题内容	申报国家	地区	入选 时间
142	16 世纪初的地图：匈牙利地图 （Tabula Hungariae）	地理与环境	匈牙利、克罗地亚	欧洲及北美地区	2007 年
143	赫里福德地图 （Hereford Mappa Mundi）	地理与环境	英国	欧洲及北美地区	2007 年
144	苏普拉希尔古抄本 ［Codex Suprasliensis – Mineia četia, Mart（The Suprał Codex–Menology, March）］	基督教	波兰、俄罗斯、斯洛文尼亚	欧洲及北美地区	2007 年
145	捷克中世纪宗教改革的档案 （Collection of Medieval Manuscripts of the Czech Reformation）	基督教	捷克	欧洲及北美地区	2007 年
146	《高丽大藏经》与其他佛经的雕版 印刷木刻板 （Printing Woodblocks of the Tripita- ka Koreana and Miscellaneous Bud- dhist Scriptures）	佛教	韩国	亚太地区	2007 年
147	班斯卡·什佳夫尼察国家中央矿 业档案馆的档案 （Mining Maps and Plans of the Main Chamber – Count Office in Banská Štiavnica）	档案馆、图书馆馆藏	斯洛伐克	欧洲及北美地区	2007 年
148	莱布尼茨的信札 （Letters from and to Gottfried Wil- helm Leibniz within the Collection of Manuscript Papers of Gottfried Wil- helm Leibniz）	名人档案	德国	欧洲及北美地区	2007 年
149	1963 年"利沃尼亚审判"的卷宗 ［Criminal Court Case No. 253/1963 （State Versus N Mandela and Oth- ers）］	名人档案	南非	非洲地区	2007 年
150	阿尔弗雷德·诺贝尔家族的档案 （The Alfred Nobel Family Archives）	名人档案	瑞典	欧洲及北美地区	2007 年

序号	入选文献 遗产名称	主题内容	申报国家	地区	入选 时间
151	米兰达的档案 （Colombeia：Generalissimo Francis-co de Miranda's Archives）	名人档案	委内瑞拉	拉丁美洲及 加勒比地区	2007 年
152	1976~1983 年反对军政府实行国家恐怖主义、捍卫人权运动的档案 ［Human Rights Documentary Herit-age（1976－1983）－Archives for Truth，Justice and Memory in the Struggle against State Terrorism］	政治与保卫人权	阿根廷	拉丁美洲及 加勒比地区	2007 年
153	《托尔德西利亚斯条约》的文本 （Treaty of Tordesillas）	条约	西班牙、葡萄牙	欧洲及北美 地区	2007 年
154	1918~1945 年俄罗斯、乌克兰和白俄罗斯流亡者出版的报纸和杂志 （Collection of Russian，Ukrainian and Belorussian émigré periodicals 1918-1945）	报纸与海报	捷克	欧洲及北美 地区	2007 年
155	18~19 世纪英国移囚澳大利亚的历史档案 （The Convict Records of Australia）	殖民统治、贩奴与废奴	澳大利亚	亚太地区	2007 年
156	贝叶挂毯 （Bayeux Tapestry）	其他	法国	欧洲及北美 地区	2007 年
157	朝鲜王室仪轨 （Uigwe：The Royal Protocols of the Joseon Dynasty）	其他	韩国	亚太地区	2007 年
158	捐建拉希德丁社区的文档手稿 ［The Deed For Endowment：Rab'I-Rashidi（Rab I-Rashidi Endowment）13th Century Manuscript］	其他	伊朗	亚太地区	2007 年
159	奥尔尼·马格努松手抄本集 （The Arnamagnæan Manuscript Col-lection）	文学与艺术	丹麦、冰岛	欧洲及北美 地区	2009 年

续表

序号	入选文献 遗产名称	主题内容	申报国家	地区	入选 时间
160	欧洲中世纪的英雄史诗《尼伯龙根之歌》的三件最古老的手抄本 （Song of the Nibelungs, a Heroic Poem from Mediaeval Europe）	文学与艺术	德国	欧洲及北美 地区	2009 年
161	匈牙利科学院图书馆的乔玛档案 （Csoma Archive of the Library of the Hungarian Academy of Sciences）	文字、语言与 印刷	匈牙利	欧洲及北美 地区	2009 年
162	阮朝时期的木刻印刷雕版 （Woodblocks of Nguyen Dynasty）	文字、语言与 印刷	越南	亚太地区	2009 年
163	登嘉楼州出土的碑铭 〔Batu Bersurat Terengganu（Inscribed Stone of Terengganu）〕	碑刻	马来西亚	亚太地区	2009 年
164	电影协会摄制的新闻纪录片原始负片 （Original Negative of the Noticiero ICAIC Lationamericano）	电影、录像、录音与摄影	古巴	拉丁美洲及 加勒比地区	2009 年
165	诺曼·麦克拉伦导演和制作的动画电影《邻居》 （Neighbours, Animated, Directed and Produced by Norman McLaren in 1952）	电影、录像、录音与摄影	加拿大	欧洲及北美 地区	2009 年
166	华盛顿史密森尼国家历史博物馆收藏的影视资料："约翰·马歇尔——布须曼人（1950~2000）" （John Marshall Ju/'hoan Bushman Film and Video Collection, 1950-2000）	电影、录像、录音与摄影	美国	欧洲及北美 地区	2009 年
167	联合国近东巴勒斯坦难民救济和工程处的影视文献档案馆的藏品 （UNRWA Photo and Film Archives of Palestinian Refugees）	电影、录像、录音与摄影	联合国难民 救济及工 程局	其他	2009 年

序号	入选文献遗产名称	主题内容	申报国家	地区	入选时间
168	安特卫普市"破产事务监管部门"的档案（Archives Insolvente Boedelskamer Antwerpen）	商贸与税务	比利时	欧洲及北美地区	2009 年
169	《东医宝鉴》：东方医学的原理与实践（Donguibogam：Principles and Practice of Eastern Medicine）	医药	韩国	亚太地区	2009 年
170	《圣塔菲协议》文本（Santa Fe Capitulations）	航海、航空与航天	西班牙	欧洲及北美地区	2009 年
171	国际联盟时期（1919～1946）的档案（League of Nations Archives 1919-1946）	政治与保卫人权	联合国日内瓦办事处	其他	2009 年
172	奴隶的洗礼书手稿（1636～1670）[Book for the Baptism of Slaves（1636-1670）]	基督教	多米尼加共和国	拉丁美洲及加勒比地区	2009 年
173	最早的帕皮阿门托语版的天主教《问答集》（First Catechism Written in Papiamentu Language）	基督教	荷属安的列斯群岛	拉丁美洲及加勒比地区	2009 年
174	拉济维乌家族档案与涅斯维日图书馆收藏[Radzwills' Archives and Niasvizh（Nieśwież）Library Collection]	档案馆、图书馆馆藏	白俄罗斯、芬兰、立陶宛、波兰、俄罗斯、乌克兰	欧洲及北美地区	2009 年
175	巴黎文学研究所 1946～2000 年档案[Archives of the Literary Institute in Paris（1946-2000）（Association Institut Littéraire 'Kultura'）]	档案馆、图书馆馆藏	波兰	欧洲及北美地区	2009 年

续表

序号	入选文献 遗产名称	主题内容	申报国家	地区	入选 时间
176	克莱尔沃修道院图书馆珍藏的 手稿 〔Library of the Cistercian Abbey of Clairvaux at the time of Pierre de Virey（1472）〕	档案馆、图书 馆馆藏	法国	欧洲及北美 地区	2009 年
177	霍瓦王国皇家档案（1824~1897）〔Royal Archives（1824–1897）〕	档案馆、图书 馆馆藏	马达加斯加	非洲地区	2009 年
178	阿什肯纳兹犹太人社区文献和研 究中心收藏的 16~20 世纪的档案 〔Collection of the Center of Docu- mentation and Investigation of the Ashkenazi Community in Mexico （16th to 20th Century）〕	档案馆、图书 馆馆藏	墨西哥	拉丁美洲及 加勒比地区	2009 年
179	巴罗的档案 （Nita Barrow Collection）	名人档案	巴巴多斯	拉丁美洲及 加勒比地区	2009 年
180	法夸尔森的日记手稿 （Farquharson's Journal）	名人档案	巴哈马群岛	拉丁美洲及 加勒比地区	2009 年
181	经济学家刘易斯爵士的论著手稿 （Sir William Arthur Lewis Papers）	名人档案	圣卢西亚	拉丁美洲及 加勒比地区	2009 年
182	数学家鲍耶的论文《论绝对真实 的空间科学》手稿 （János Bolyai：Appendix, Scienti- am Spatii Absolute Veram Exhibens, Maros−Vásárhelyini, 1832）	名人档案	匈牙利	欧洲及北美 地区	2009 年
183	昆士兰工党 1892 年宣言的手稿 〔Manifesto of the Queensland Labour Party to the people of Queensland （dated 9 September 1892）〕	政治与保卫人权	澳大利亚	亚太地区	2009 年
184	西印度群岛联邦档案全宗 （Federal Archives Fonds）	政治与保卫人权	巴巴多斯	拉丁美洲及 加勒比地区	2009 年

序号	入选文献 遗产名称	主题内容	申报国家	地区	入选 时间
185	恐怖时期的档案 （Archives of Terror）	政治与保卫人权	巴拉圭	拉丁美洲及加勒比地区	2009 年
186	反对特鲁希略暴政，为捍卫人权而斗争的国家档案（1930~1961） （Documentary Heritage on the Resistance and Struggle for Human Rights in the Dominican Republic, 1930–1961）	政治与保卫人权	多米尼加共和国	拉丁美洲及加勒比地区	2009 年
187	吐斯廉屠杀博物馆的档案 （Tuol Sleng Genocide Museum Archives）	政治与保卫人权	柬埔寨	亚太地区	2009 年
188	暹罗国王朱拉隆功推行改革的档案文件（1868~1910） ［Archival Documents of King Chula-long-korn's Transformation of Siam（1868–1910）］	政治与保卫人权	泰国	亚太地区	2009 年
189	1215 年大宪章 （Magna Carta, issued in 1215）	政治与保卫人权	英国	欧洲及北美地区	2009 年
190	《安妮日记》原件 （Diaries of Anne Frank）	战争	荷兰	欧洲及北美地区	2009 年
191	记录"波罗的海之路"和平示威的文献 （The Baltic Way – Human Chain Linking Three States in Their Drive for Freedom）	条约	爱沙尼亚、拉脱维亚、立陶宛	欧洲及北美地区	2009 年
192	英属加勒比地区殖民地奴隶注册登记名册档案（1817~1834） （Registry of Slaves of the British Caribbean 1817–1834）	殖民统治、贩奴与废奴	巴哈马群岛、伯利兹、多米尼克、牙买加、圣基茨与尼维斯、特立尼达和多巴哥、英国	欧洲及北美地区、拉丁美洲及加勒比地区	2009 年

续表

序号	入选文献遗产名称	主题内容	申报国家	地区	入选时间
193	萨非王朝时代圣城拉扎维组织的管理档案（Administrative Documents of Astan-e Quds Razavi in the Safavid Era）	其他	伊朗	亚太地区	2009 年
194	托尔斯泰私人图书馆珍藏的手稿、照片和电影胶片（Tolstoy's Personal Library and Manuscripts, Photo and Film Collection）	文学与艺术	俄罗斯	欧洲及北美地区	2011 年
195	涅扎米的《五卷诗》手抄本（Collection of Nezami's Panj Ganj）	文学与艺术	伊朗	亚太地区	2011 年
196	《加利哥的故事》手稿（La Galigo）	文学与艺术	印度尼西亚、荷兰	亚太地区、欧洲及北美地区	2011 年
197	墨西哥国家档案馆馆藏的 16~18 世纪地图、绘图和插画上的象形图（Sixteenth to eighteenth Century Pictographs from the "Maps, Drawings and Illustrations" of the National Archives of Mexico）	文字、语言与印刷	墨西哥	拉丁美洲及加勒比地区	2011 年
198	曼谷卧佛寺的碑文（Epigraphic Archives of Wat Pho）	碑刻	泰国	亚太地区	2011 年
199	后黎朝及莫朝时期（1442~1779）的进士碑 [Stone Stele Records of Royal Examinations of the Le and Mac Dynasties (1442–1779)]	碑刻	越南	亚太地区	2011 年
200	17~18 世纪的 526 幅绘画（Collection of 526 Prints of University Theses from 1637–1754）	绘画	捷克	欧洲及北美地区	2011 年

序号	入选文献 遗产名称	主题内容	申报国家	地区	入选 时间
201	山本作兵卫——一位煤矿老工人的业余绘画作品集 (Sakubei Yamamoto Collection)	绘画	日本	亚太地区	2011年
202	德斯梅收藏的电影胶片及有关档案 (Desmet Collection)	电影、录像、录音与摄影	荷兰	欧洲及北美地区	2011年
203	大英图书馆收藏的1898~1951年的人种志录音 [Historic Ethnographic Recordings (1898-1951) at the British Library]	电影、录像、录音与摄影	英国	欧洲及北美地区	2011年
204	阿诺德·勋伯格的档案 (Arnold Schönberg Estate)	音乐	奥地利	欧洲及北美地区	2011年
205	罗氏《黄金史》1651年手稿 (Lu. "Altan Tobchi": Golden History written in 1651)	史籍	蒙古	亚太地区	2011年
206	《伊本·赫勒敦历史》手稿副本 (Kitab al-ibar, wa diwan al-mobtadae wa al-khabar)	史籍	摩洛哥	阿拉伯地区	2011年
207	《帖木儿家族史》手稿副本 (Tarikh-E-Khandan-E-Timuriyah)	史籍	印度	亚太地区	2011年
208	德国工程师卡尔·本茨1886年的汽车发明专利 (Patent DRP 37435 "Vehicle with Gas Engine Operation" submitted by Carl Benz, 1886)	技术发明	德国	欧洲及北美地区	2011年
209	开凿巴拿马运河的西印度群岛劳工档案 (Silver Men: West Indian Labourers at the Panama Canal)	交通、建筑工程	巴巴多斯、牙买加、巴拿马、圣卢西亚、英国、美国	欧洲及北美地区、拉丁美洲及加勒比地区	2011年

续表

序号	入选文献遗产名称	主题内容	申报国家	地区	入选时间
210	华沙重建工程局档案（Archive of Warsaw Reconstruction Office）	交通、建筑工程	波兰	欧洲及北美地区	2011 年
211	斯德哥尔摩市规划委员会档案（Stockholm City Planning Committee Archives）	交通、建筑工程	瑞典	欧洲及北美地区	2011 年
212	荷兰西印度公司的档案［Dutch West India Company（Westindische Compagnie）Archives］	商贸与税务	荷兰、巴西、加纳、圭亚那、荷属安的列斯群岛、苏里南、英国、美国	欧洲及北美地区、拉丁美洲及加勒比地区、非洲地区	2011 年
213	米德尔堡商业公司档案［Archive Middelburgsche Commercie Compagnie（MCC）］	商贸与税务	荷兰、库拉索岛、苏里南	欧洲及北美地区、拉丁美洲及加勒比地区	2011 年
214	《本草纲目》明万历 21 年（1593 年版）金陵（现南京）胡承龙刻本［Ben Cao Gang Mu（《本草纲目》Compendium of Materia Medica）］	医药	中国	亚太地区	2011 年
215	《黄帝内经》［Huang Di Nei Jing（Yellow Emperor's Inner Canon）］	医药	中国	亚太地区	2011 年
216	第一次布拉堪观测获得的图像及其数据［First Byurakan Survey（FBS or Markarian survey）］	天文	亚美尼亚	欧洲及北美地区	2011 年
217	《星占学入门解答》1143 年波斯语手抄本（Al-Tafhim li Awa 'il Sana' at al-Tanjim）	天文	伊朗	亚太地区	2011 年

续表

序号	入选文献 遗产名称	主题内容	申报国家	地区	入选 时间
218	咸海档案全宗 （Aral Sea Archival Fonds）	地理与环境	哈萨克斯坦	亚太地区	2011 年
219	陆地卫星的遥感影像数据 [Landsat Program Records：Multi-spectral Scanner（MSS）Sensors]	航海、航空与航天	美国	欧洲及北美地区	2011 年
220	1922 年首次飞越南大西洋的档案 （First Flight across the South Atlantic Ocean in 1922）	航海、航空与航天	葡萄牙	欧洲及北美地区	2011 年
221	凯尔经 （Book of Kells）	基督教	爱尔兰	欧洲及北美地区	2011 年
222	奥地利国家图书馆珍藏的 1457 年版美因茨《诗篇》 （Mainz Psalter at the Austrian National Library）	基督教	奥地利	欧洲及北美地区	2011 年
223	11 世纪用西里尔字母抄写的《使徒行传》手稿 [Enina Apostolos，Old Bulgarian Cyrillic Manuscript（fragment）of the 11th century]	基督教	保加利亚	欧洲及北美地区	2011 年
224	1255 年抄写的拉丁文《圣经》 （MS. GKS 42°，vol. I – III，Biblia Latina. Commonly called "the Hamburg Bible"，or "the Bible of Bertoldus"）	基督教	丹麦	欧洲及北美地区	2011 年
225	《奥斯特罗米尔福音书》（1056 ~ 1057） [Ostromir Gospel（1056-1057）]	基督教	俄罗斯	欧洲及北美地区	2011 年
226	《银圣经》残本 （Codex Argenteus – the "Silver Bible"）	基督教	瑞典	欧洲及北美地区	2011 年

序号	入选文献遗产名称	主题内容	申报国家	地区	入选时间
227	卢卡主教区的档案 ［Lucca's Historical Diocesan Archives（ASDLU）：Early Middle Ages］	基督教	意大利	欧洲及北美地区	2011年
228	蒙文《丹珠尔经》 （Mongolian Tanjur）	佛教	蒙古	亚太地区	2011年
229	对《时轮怛特罗经》进行注释的《无垢光注疏》手稿 ［laghukālacakratantrarājatikā（Vimalaprabhā）］	佛教	印度	亚太地区	2011年
230	比亚图斯·雷纳努斯图书馆的藏书 （Beatus Rhenanus Library）	档案馆、图书馆馆藏	法国	欧洲及北美地区	2011年
231	弗朗西斯一世执政时期的法律副本汇编 ［Bannière Register at Chatelet, Paris, during the Reign of François I（National Archives Y9, France）］	档案馆、图书馆馆藏	法国	欧洲及北美地区	2011年
232	国家手稿中心保存的拜占庭时期的手稿 （Georgian Byzantine Manuscripts）	档案馆、图书馆馆藏	格鲁吉亚	欧洲及北美地区	2011年
233	曼努埃尔·路易·奎松总统的档案 （Presidential Papers of Manuel L. Quezon）	名人档案	菲律宾	亚太地区	2011年
234	托尔·海尔达尔的档案 （Thor Heyerdahl Archives）	名人档案	挪威	欧洲及北美地区	2011年
235	日内瓦与纳沙泰尔两城市保存的卢梭文献 （Jean – Jacques Rousseau, Geneva and Neuchâtel Collections）	名人档案	瑞士	欧洲及北美地区	2011年

序号	入选文献遗产名称	主题内容	申报国家	地区	入选时间
236	康斯坦丁的文集 （Constantine Collection）	名人档案	特立尼达和多巴哥	拉丁美洲及加勒比地区	2011 年
237	巴西前军政府的情报及反情报网档案全宗 ［Network of Information and Counter Information on the Military Regime in Brazil （1964-1985）］	政治与保卫人权	巴西	拉丁美洲及加勒比地区	2011 年
238	《日省录》 （Ilseongnok：Records of Daily Reflections）	政治与保卫人权	韩国	亚太地区	2011 年
239	"5·18"起义反对全斗焕军政府的人权运动档案 （Human Rights Documentary Heritage 1980 Archives for the May 18th Democratic Uprising against Military Regime，in Gwangju，Republic of Korea）	政治与保卫人权	韩国	亚太地区	2011 年
240	18~19 世纪海上私掠活动的档案 （Privateering and the International Relations of the Regency of Tunis in the 18th and 19th Centuries）	战争	突尼斯	阿拉伯地区	2011 年
241	推倒柏林墙——东西德统一的档案（《最终解决德国问题的条约》） （Construction and Fall of the Berlin Wall and the Two-Plus-Four-Treaty of 1990）	条约	德国	欧洲及北美地区	2011 年
242	登博斯（恩登布）档案 （Arquivos dos Dembos/Ndembu Archives）	殖民统治、贩奴与废奴	安哥拉、葡萄牙	非洲地区、欧洲及北美地区	2011 年

续表

序号	入选文献 遗产名称	主题内容	申报国家	地区	入选 时间
243	拉普拉塔皇家检审法院档案全宗 ［Documentary Fonds of Royal Audiencia Court of La Plata（RALP）］	殖民统治、贩奴与废奴	玻利维亚	拉丁美洲及加勒比地区	2011 年
244	印度契约劳工的档案 （Records of the Indian Indentured Labourers）	殖民统治、贩奴与废奴	斐济、圭亚那、苏里南、特立尼达和多巴哥	拉丁美洲及加勒比地区、亚太地区	2011 年
245	中世纪叙事长诗《虎皮武士》的手稿副本 （Manuscript Collection of Shota Rustaveli's Poem "Knight in the Panther's Skin"）	文学与艺术	格鲁吉亚、英国	欧洲及北美地区	2013 年
246	土耳其旅行家埃夫利亚·切莱比撰写的《游记》手稿与副本 （Evliya Çelebi's "Book of Travels" in the Topkapi Palace Museum Library and the Süleymaniye Manuscript Library）	文学与艺术	土耳其	欧洲及北美地区	2013 年
247	阿瑟·伯纳德·迪肯的遗著 ［Arthur Bernard Deacon（1903 - 1927）Collection MS 90-98］	文学与艺术	瓦努阿图、英国	亚太地区、欧洲及北美地区	2013 年
248	长诗《爪哇史颂》 ［Nāgarakrĕtāgama or Description of the Country（1365 AD）］	文学与艺术	印度尼西亚	亚太地区	2013 年
249	爪哇贵族、印度尼西亚民族英雄和泛伊斯兰主义者——蒂博尼哥罗自传副本 ［Babad Diponegoro or Autobiographical Chronicle of Prince Diponegoro（1785 - 1855）. A Javanese nobleman, Indonesian national hero and pan-Islamist］	文学与艺术	印度尼西亚、荷兰	亚太地区、欧洲及北美地区	2013 年

序号	入选文献 遗产名称	主题内容	申报国家	地区	入选 时间
250	智利通俗抒情诗集 （Collections of Printed Chilean Pop-ular Poetry：Lira Popular）	文学与艺术	智利	拉丁美洲及加勒比地区	2013 年
251	影视档案：《一个国家的诞生：转折点》 （On the Birth of a Nation：Turning Points）	电影、录像、录音与摄影	东帝汶	亚太地区	2013 年
252	L. U. C. E. 研究所的新闻影片和照片 （Newsreels and Photographs of Isti-tuto Nazionale L. U. C. E.）	电影、录像、录音与摄影	意大利	欧洲及北美地区	2013 年
253	拉普拉塔大教堂收藏的乐谱手稿 （Cathedral of La Plata Church Music Manuscript Collection）	音乐	玻利维亚	拉丁美洲及加勒比地区	2013 年
254	蒙特勒爵士音乐节的视听档案 （The Montreux Jazz Festival Legacy）	音乐	瑞士	欧洲及北美地区	2013 年
255	作曲家哈恰图良的乐谱手稿及其创作的电影音乐作品选 （Collection of Note Manuscripts and Film Music of Composer Aram Kha-chaturian）	音乐	亚美尼亚	欧洲及北美地区	2013 年
256	鲁汶大学 1425~1797 年档案 〔The Archives of the University of Leuven（1425－1797）：University Heritage of Global Significance〕	教育	比利时	欧洲及北美地区	2013 年
257	《劳伦纪事》1377 年版 （The Laurentian Chronicle 1377）	史籍	俄罗斯	欧洲及北美地区	2013 年
258	奥斯卡·尼迈耶的建筑档案 （Architectural Archive of Oscar Nie-meyer）	交通、建筑工程	巴西	拉丁美洲及加勒比地区	2013 年

续表

序号	入选文献 遗产名称	主题内容	申报国家	地区	入选 时间
259	1818~1930 年土木工程师学会入会申请书档案全宗 [Membership Application Certificates (Candidates Circulars)]	交通、建筑工程	英国	欧洲及北美地区	2013 年
260	《洛尔施药典》 [Lorsch Pharmacopoeia (The Bamberg State Library, Msc. Med. 1)]	医药	德国	欧洲及北美地区	2013 年
261	胰岛素的发现与早期研究的文献档案 (The Discovery of Insulin and its Worldwide Impact)	医药	加拿大	欧洲及北美地区	2013 年
262	贝叶版的医学经典《妙闻集》 [Susrutamhita (Sahottartantra) Manuscript]	医药	尼泊尔	亚太地区	2013 年
263	塞麦尔维斯的论著 (Semmelweis' Discovery)	医药	匈牙利	欧洲及北美地区	2013 年
264	吉尔贾尼的医学著作手稿 (Dhakhīra-yi Khārazmshāhī)	医药	伊朗	亚太地区	2013 年
265	内布拉星象盘 (Nebra Sky Disc)	天文	德国	欧洲及北美地区	2013 年
266	索弗斯·特龙霍尔特极光研究的成果 (Sophus Tromholt Collection)	天文	挪威	欧洲及北美地区	2013 年
267	瓦胡什季·巴格拉季奥尼编著的《格鲁吉亚王国概述》和《格鲁吉亚地理地图集》手稿 ("Description of Georgian Kingdom" and the Geographical Atlas of Vakhushti Bagrationi)	地理与环境	格鲁吉亚	欧洲及北美地区	2013 年

续表

序号	入选文献 遗产名称	主题内容	申报国家	地区	入选 时间
268	恺加王朝时期的伊朗地图 ［A Collection of Selected Maps of I-ran in the Qajar Era（1193-1344 Lunar Calendar / 1779-1926 Grego-rian Calendar）］	地理与环境	伊朗	亚太地区	2013 年
269	达·迦马首航印度的航海日志副本 （Journal of the first voyage of Vasco da Gama to India，1497-1499）	航海、航空与航天	葡萄牙	欧洲及北美地区	2013 年
270	国际寻人服务局 1933~1945 年的档案 （Archives of the International Trac-ing Service）	战争	国际寻人服务局国际委员会	其他	2013 年
271	蒙文九珍《甘珠尔经》 （Kanjur Written with 9 Precious Stones）	佛教	蒙古	亚太地区	2013 年
272	固都陶佛塔的石刻 （Maha Lawkamarazein or Kuthodaw Inscription Shrines）	佛教	缅甸	亚太地区	2013 年
273	"N 经"手稿 （Niśvāsattatvasaṃhitā Manuscript）	佛教	尼泊尔	亚太地区	2013 年
274	马穆鲁克王朝时期的《古兰经》手稿 （The National Library of Egypt's Col-lection of Mamluk Qur'an Manu-scripts）	伊斯兰教	埃及	阿拉伯地区	2013 年
275	耆那教手稿：商底那陀的故事 （Shāntinātha Charitra）	其他宗教	印度	亚太地区	2013 年
276	通用图书（文献）索引卡片系统 （索引卡片及卡片柜） （Universal Bibliographic Repertory）	档案馆、图书馆馆藏	比利时	欧洲及北美地区	2013 年

续表

序号	入选文献 遗产名称	主题内容	申报国家	地区	入选 时间
277	秘鲁和南美 1584～1619 年首版的 39 部书籍 ［Peruvian and South American First Editions（1584-1619）］	档案馆、图书 馆馆藏	秘鲁	拉丁美洲及 加勒比地区	2013 年
278	位于巴黎的波兰图书馆和亚当· 密茨凯维奇博物馆的 19 世纪藏品 （Collections of the 19th Century of the Polish Historical and Literary So- ciety / Polish Library in Paris/Adam Mickiewicz Museum）	档案馆、图书 馆馆藏	波兰	欧洲及北美 地区	2013 年
279	"何塞·玛利亚·巴萨戈伊蒂·诺 列加"历史档案馆的档案 （Old Fonds of the Historical Archive at Colegio de Vizcaínas：Women's Education and Support in the History of the World）	档案馆、图书 馆馆藏	墨西哥	拉丁美洲及 加勒比地区	2013 年
280	佩德罗二世皇帝出访国内外的 档案 （Documents Regarding the Emperor D. Pedro II's Journeys in Brazil and Abroad）	名人档案	巴西	拉丁美洲及 加勒比地区	2013 年
281	格瓦拉的遗作 （Documentary Collection " Life and Works of Ernesto Che Guevara：from the originals manuscripts of its ado- lescence and youth to the campaign Diary in Bolivia"）	名人档案	古巴、玻利 维亚	拉丁美洲及 加勒比地区	2013 年
282	《共产党宣言》（1848）手稿和 《资本论·第一卷（1867）》的 马克思自注本 （Manifest der Kommunistischen Par- tei，draft manuscript page and Das Kapital. Erster Band，Karl Marx's personal annotated copy）	名人档案	荷兰、德国	欧洲及北美 地区	2013 年

序号	入选文献遗产名称	主题内容	申报国家	地区	入选时间
283	埃莉诺·罗斯福的档案（Permanent Collection of the Eleanor Roosevelt Papers Project）	名人档案	美国	欧洲及北美地区	2013 年
284	藤原道长的亲笔日记（Midokanpakuki: the Original Handwritten Diary of Fujiwara no Michinaga）	名人档案	日本	亚太地区	2013 年
285	罗斯柴尔德文集（Rothschild Miscellany）	名人档案（宗教）	以色列	欧洲及北美地区	2013 年
286	查理四世《金玺诏书》的七件手写本和《金玺诏书》文氏豪华型手写本（The "Golden Bull" –All Seven Originals and the "King Wenceslaus' Luxury Manuscript Copy" of the Österrei-chische Nationalbibliothek）	政治与保卫人权	奥地利、德国	欧洲及北美地区	2013 年
287	新农村运动档案〔Saemaul Undong（New Community Movement）〕	政治与保卫人权	韩国	亚太地区	2013 年
288	1991~1992 年南非民主协商会议（CODESA）的档案和 1993 年多党谈判进程（MPNP）的档案〔Archives of the CODESA（Convention For A Democratic South Africa）1991–1992 and Archives of the Multi–Party Negotiating Process 1993〕	政治与保卫人权	南非	非洲地区	2013 年
289	日本庆长时期派遣赴欧洲使团的有关史料（Materials Related to the Keicho–era Mission to Europe Japan and Spain）	政治与保卫人权	日本、西班牙	亚太地区、欧洲及北美地区	2013 年

续表

序号	入选文献 遗产名称	主题内容	申报国家	地区	入选 时间
290	1188 年莱昂王国议会的文献——欧洲议会制度的最古老的记录 （The Decreta of León of 1188 - The Oldest Documentary Manifestation of the European Parliamentary System）	政治与保卫人权	西班牙	欧 洲 及 北 美 地区	2013 年
291	1448 年加泰罗尼亚农奴诉讼的档案 ［Llibre del Sindicat Remença（1448）］	政治与保卫人权	西班牙	欧 洲 及 北 美 地区	2013 年
292	元代西藏官方档案 （Official Records of Tibet from the Yuan Dynasty China, 1304-1367）	政治与保卫人权	中国	亚太地区	2013 年
293	李舜臣将军作战日记——《乱中日记》手稿 （Nanjung Ilgi：War Diary of Admiral Yi Sun-sin）	战争	韩国	亚太地区	2013 年
294	耶路撒冷犹太大屠杀纪念馆 1954~2004 年收集的受害者的身份证明档案 （Pages of Testimony Collection, Yad Vashem Jerusalem, 1954 - 2004）	战争	以色列	欧 洲 及 北 美 地区	2013 年
295	15 世纪中叶到 18 世纪后期波兰王国与奥斯曼帝国缔结的和平条约 ［Peace treaties（ahdnames）Concluded from the mid-15th Century to late-18th century between the Kingdom（or Republic）of Poland and the Ottoman Empire］	条约	波兰	欧 洲 及 北 美 地区	2013 年

序号	入选文献 遗产名称	主题内容	申报国家	地区	入选 时间
296	1948~1989 年捷克斯洛伐克境内秘密发行的书刊等地下出版物（Libri Prohibiti：Collection of Periodicals of Czech and Slovak Samizdat in the years 1948–1989）	报纸与海报	捷克	欧洲及北美地区	2013 年
297	西班牙征服者 1533~1538 年对秘鲁实行殖民统治时期的档案（Travelling Registry of the Conquistadors or "Becerro Book"）	殖民统治、贩奴与废奴	秘鲁	拉丁美洲及加勒比地区	2013 年
298	1703 年冰岛人口普查档案（1703 Census of Iceland）	其他	冰岛	欧洲及北美地区	2013 年
299	暹罗学会理事会的 16 卷会议记录（"The Minute Books of the Council of the Siam Society", 100 years of recording international cooperation in research and the dissemination of knowledge in the arts and sciences）	其他	泰国	亚太地区	2013 年
300	侨批档案——海外华侨银信（Qiaopi and Yinxin Correspondence and Remittance Documents from Overseas Chinese）	其他	中国	亚太地区	2013 年
301	MPI-PL 语言档案馆的藏品（Selected Data Collections of the World's Language Diversity at the Language Archive）	文字、语言与印刷	荷兰	欧洲及北美地区	2015 年
302	新世界土著语言词汇：翻译成西班牙语的词典类语言工具书（Indigenous Language Vocabulary from the New World Translated into Spanish）	文字、语言与印刷	西班牙	欧洲及北美地区	2015 年

续表

序号	入选文献遗产名称	主题内容	申报国家	地区	入选时间
303	用四种语言文字镌刻的弥塞提石碑（Myazedi Quadrilingual Stone Inscription）	碑刻	缅甸	亚太地区	2015 年
304	法国人雷诺的动画电影作品（The Moving Picture Shows of Émile Reynaud）	电影、录像、录音与摄影	法国、捷克	欧洲及北美地区	2015 年
305	KBS 电视台特别直播节目"寻找离散的家属"的档案（The Archives of the KBS Special Live Broadcast "Finding Dispersed Families"）	电影、录像、录音与摄影	韩国	亚太地区	2015 年
306	摩西阿希的收藏（Moses and Frances Asch Collection. Center for Folklife and Cultural Heritage，Smithsonian Institution）	电影、录像、录音与摄影	美国	欧洲及北美地区	2015 年
307	巴赫亲笔签名的 b 小调弥撒曲乐谱手稿［Autograph of h-Moll-Messe（Mass in B minor）by Johann Sebastian Bach］	音乐	德国	欧洲及北美地区	2015 年
308	威廉·庞蒂学校学生的毕业论文（William Ponty School Collection of Papers）	教育	塞内加尔	非洲地区	2015 年
309	《亨利克夫书》（The Book of Henryków）	史籍	波兰	欧洲及北美地区	2015 年
310	灰山遗址出土的古代亚述商人的档案（The Old Assyrian Merchant Archives of Kültepe）	商贸与税务	土耳其	欧洲及北美地区	2015 年

序号	入选文献 遗产名称	主题内容	申报国家	地区	入选 时间
311	巴尔巴内拉农历历书 （Collection of Barbanera Almanacs）	天文	意大利	欧洲及北美 地区	2015 年
312	阿尔比古代世界地图 （The Mappa Mundi of Albi）	地理与环境	法国	欧洲及北美 地区	2015 年
313	埃斯塔克利地理著作手抄本 （Al-Masaalik Wa Al-Mamaalik）	地理与环境	伊朗、德国	亚 太 地 区、 欧洲及北美 地区	2015 年
314	波兰兄弟会的档案与藏书 （Files and Library of the Unity of the Brethren）	基督教	波兰	欧洲及北美 地区	2015 年
315	马丁·路德宗教改革初期与早期的代表性文献 （Documents Representing the Beginning and the Early Development of the Reformation Initiated by Martin Luther）	基督教	德国	欧洲及北美 地区	2015 年
316	"他者的凝视"相册 （The Gaze of the Other：Documentary Heritage of the Salesian Apostolic Vicariate in the Ecuadorian Amazon 1890-1930）	基督教	厄瓜多尔	拉丁美洲及 加勒比地区	2015 年
317	乌得勒支圣诗集 （Utrecht Psalter）	基督教	荷兰	欧洲及北美 地区	2015 年
318	比亚托斯《启示录评注》的副本 ［The Manuscripts of the Commentary to the Apocalypse（Beatus of Liébana）in the Iberian Tradition］	基督教	葡萄牙、西班牙	欧洲及北美 地区	2015 年
319	阿勒颇手抄本 （Aleppo Codex）	基督教	以色列	欧洲及北美 地区	2015 年
320	《罗萨诺福音书》古抄本（残本） （Codex purpureus Rossanensis）	基督教	意大利	欧洲及北美 地区	2015 年

序号	入选文献遗产名称	主题内容	申报国家	地区	入选时间
321	1756 年缅甸国王雍籍牙致英国国王乔治二世的金箔信函（The Golden Letter of the Burmese King Alaungphaya to King George II of Great Britain）	档案馆、图书馆馆藏	德国、英国、缅甸	欧洲及北美地区、亚太地区	2015 年
322	斯科尔特萨米人定居的苏奥尼屈勒村落的档案（Archive of the Skolt Sámi village of Suonjel Suenjel）	档案馆、图书馆馆藏	芬兰	欧洲及北美地区	2015 年
323	格鲁吉亚国家档案馆保存的最古老的手稿（The Oldest Manuscripts Preserved at the National Archives of Georgia）	档案馆、图书馆馆藏	格鲁吉亚	欧洲及北美地区	2015 年
324	儒学文献典籍雕版印刷木刻板（Confucian Printing Woodblocks）	档案馆、图书馆馆藏	韩国	亚太地区	2015 年
325	契约劳工档案（The Records of Indentured Immigration）	档案馆、图书馆馆藏	毛里求斯	非洲地区	2015 年
326	萨阿贡修士著《新西班牙诸物志》[The work of Fray Bernardino de Sahagún（1499-1590）]	档案馆、图书馆馆藏	墨西哥、意大利、西班牙	拉丁美洲及加勒比地区、欧洲及北美地区	2015 年
327	东寺百合文书（Archives of Tōji Temple Contained in one-hundred Boxes）	档案馆、图书馆馆藏	日本	亚太地区	2015 年
328	博德默图书馆的藏书（1916～1971）[Bibliotheca Bodmeriana（1916-1971）]	档案馆、图书馆馆藏	瑞士	欧洲及北美地区	2015 年
329	法属西非的老明信片藏品（Collection of old Postcards from French West Africa）	档案馆、图书馆馆藏	塞内加尔	非洲地区	2015 年

序号	入选文献 遗产名称	主题内容	申报国家	地区	入选 时间
330	代尔韦尼出土的莎草纸残卷：欧洲最古老的"书" （The Derveni Papyrus：The Oldest "book" of Europe）	档案馆、图书馆馆藏	希腊	欧洲及北美地区	2015 年
331	巴斯德的档案 （Louis Pasteur's Archive）	名人档案	法国	欧洲及北美地区	2015 年
332	首位征服珠穆朗玛峰的登山家希拉里爵士的档案 （Sir Edmund Hillary Archive）	名人档案	新西兰	亚太地区	2015 年
333	艾萨克·牛顿的神学论文手稿 （The Papers of Sir Isaac Newton）	名人档案	以色列	欧洲及北美地区	2015 年
334	丘吉尔档案 （The Churchill Papers）	名人档案	英国	欧洲及北美地区	2015 年
335	爱德华-莱昂·斯科特·德马丁维尔 1853~1860 年的录音档案 ［Humanity's First Recordings of its Own Voice：The Phonautograms of Édouard-Léon Scott de Martinville（c. 1853-1860）］	电影、录像、录音与摄影	美国录音收藏协会	其他地区	2015 年
336	1649 年缙绅会议法典文本 （The Sobornoye Ulozheniye of 1649）	政治与保卫人权	俄罗斯	欧洲及北美地区	2015 年
337	1869~1935 年 31 宗司法档案文本：墨西哥对 1948 年世界人权宣言文本中确立"有效补救"条款的贡献 ［Judicial Files Concerning the Birth of a Right：the Effective Remedy as a Contribution of the Mexican Writ of Amparo to the Universal Declaration of Human Rights（UDHR）of 1948］	政治与保卫人权	墨西哥	拉丁美洲及加勒比地区	2015 年
338	第一次亚非会议档案 （Asian-African Conference Archives）	政治与保卫人权	印度尼西亚	亚太地区	2015 年

续表

序号	入选文献 遗产名称	主题内容	申报国家	地区	入选 时间
339	三国联盟战争的摄影史料档案 (The War of the Triple Alliance I-conographic and Cartographic Pres-entations)	战争	巴西、乌拉圭	拉丁美洲及 加勒比地区	2015 年
340	返回舞鹤港——与遣返日俘有关的文献（1945~1956） [Return to Maizuru Port—Docu-ments Related to the Internment and Repatriation Experiences of Japanese（1945-1956）]	战争	日本	亚太地区	2015 年
341	1914 年 7 月 28 日奥匈帝国向塞尔维亚正式宣战的电报文本 (Telegram of Austria-Hungary's De-claration of War on Serbia on 28th July 1914)	战争	塞尔维亚	欧洲及北美 地区	2015 年
342	英国陆军元帅道格拉斯·黑格爵士 1914~1919 年的日记手稿 (Autograph First World War Diary of Field Marshal Sir Douglas Haig, 1914-1919)	战争	英国	欧洲及北美 地区	2015 年
343	南京大屠杀档案 (Documents of Nanjing Massacre)	战争	中国	亚太地区	2015 年
344	1897 年 4 月内汉达和卡古维案件卷宗 [Nehanda and Kaguvi mediums' Judge-ment Dockets（April 1897）. Case be-tween State Versus Nehanda and Kagu-vi Spirit Mediums Leading to their Ex-ecution]	殖民统治、贩奴与废奴	津巴布韦	非洲地区	2015 年
345	西印度群岛委员会文集 (The West Indian Commission Pa-pers)	其他	巴巴多斯	拉丁美洲及 加勒比地区	2015 年

序号	入选文献 遗产名称	主题内容	申报国家	地区	入选 时间
346	物理学家厄缶的三篇科学文献 （Three Documents Related to the Two Most Outstanding Results of the Work of Roland Eötvös）	其他	匈牙利	欧洲及北美地区	2015 年
347	南锥体国家捍卫人权委员会 ［Fundo Comitê de Defesa dos Direitos Humanos para os Países do Cone Sul（CLAMOR）］	政治与保卫人权	巴西、乌拉圭	拉丁美洲及加勒比地区	2015 年
348	波斯诗人萨迪作品集《Kulliyyāt》 （Kulliyyāt-i Sa′di）	文学	伊朗	亚太地区	2015 年
349	1841~1846 年突尼斯废除奴隶制档案 （The Abolition of Slavery in Tunisia 1841-1846）	政治	突尼斯	阿拉伯地区	2017 年
350	取消军队的法律档案 （Abolition of the Army in Costa Rica）	政治	哥斯达黎加	拉丁美洲及加勒比地区	2017 年
351	《卢布林联盟法案》档案 （The Act of the Union of Lublin Document）	政治	波兰、立陶宛、乌克兰、白俄罗斯、拉脱维亚	欧洲及北美地区	2017 年
352	名人传记词典手抄本 （Al-Mustamlah Min Kitab Al-Takmila）	文学与艺术	阿尔及利亚	阿拉伯地区	2017 年
353	16~18 世纪印度与波斯的图集和波斯书法范本 （Album of Indian and Persian Miniatures from the 16th through the 18th Century and Specimens of Persian Calligraphy）	文学与艺术	俄罗斯	欧洲及北美地区	2017 年
354	阿莱塔·雅各布斯的论文集 （Aletta H. Jacobs Papers）	文学与艺术	荷兰、美国	欧洲及北美地区	2017 年

序号	入选文献遗产名称	主题内容	申报国家	地区	入选时间
355	巴巴多斯非洲之歌 (An African Song or Chant from Barbados)	音乐	巴巴多斯、英国	拉丁美洲及加勒比地区、欧洲及北美地区	2017年
356	安东尼奥·卡洛斯·戈梅斯作曲集 (Antonio Carlos Gomes)	音乐	意大利、巴西	欧洲及北美地区、拉丁美洲及加勒比地区	2017年
357	莱奥什·雅那切克档案 (Archives of Leoš Janáček)	名人档案	捷克	欧洲及北美地区	2017年
358	"海狸爸爸"经典童话系列的档案 (Archives of Père Castor)	文学与艺术	法国	欧洲及北美地区	2017年
359	圣地亚哥·拉蒙·卡哈尔和西班牙神经组织学派的档案 (Archives of Santiago Ramón y Cajal and the Spanish Neurohistological School)	医药	西班牙	欧洲及北美地区	2017年
360	希瓦汗国朝廷档案 (Archives of the Chancellery of Khiva Khans)	政治	乌兹别克斯坦	亚太地区	2017年
361	国债偿还运动的档案 (Archives of the National Debt Redemption Movement)	政治	韩国	亚太地区	2017年
362	阿姆斯特丹公证处1578~1915年档案 (The Archive of the Amsterdam Notaries 1578-1915)	档案馆、图书馆馆藏	荷兰	欧洲及北美地区	2017年
363	曼努埃尔·阿尔瓦雷斯·布拉沃摄影作品档案 (The Archives of Negatives, Publications and Documents of Manuel Álvarez Bravo)	电影、录像、录音与摄影	墨西哥	拉丁美洲及加勒比地区	2017年

序号	入选文献遗产名称	主题内容	申报国家	地区	入选时间
364	近现代苏州丝绸样本档案（The Archives of Suzhou Silk in Modern and Contemporary Times of China）	丝绸	中国	亚太地区	2017 年
365	博里尔皇帝的宗教会议纪要副本（Boril's Synodicon or Synodicon of King Boril）	宗教	保加利亚	欧洲及北美地区	2017 年
366	印度尼西亚婆罗浮屠古迹保护档案（Borobudur Conservation Archives）	政治	印度尼西亚	亚太地区	2017 年
367	安东尼努斯赦令（Constitutio Antoniniana）	政治	德国	欧洲及北美地区	2017 年
368	古代上野国三座珍稀的石碑（Three Cherished Stelae of Ancient Kozuke）	石碑	日本	亚太地区	2017 年
369	圣加伦修道院档案馆及其图书馆的文献遗产（Documentary Heritage of the Former Abbey of Saint Gall in the Abbey Archives and the Abbey Library of Saint Gall）	档案馆、图书馆馆藏	瑞士	欧洲及北美地区	2017 年
370	17~19 世纪朝鲜赴日信使档案（Documents on Joseon Tongsinsa/Chosen Tsushinshi: The History of Peace Building and Cultural Exchanges between Korea and Japan from the 17th to 19th Century）	政治	日本、韩国	亚太地区	2017 年
371	法兰克福奥斯维辛审判（Frankfurt Auschwitz Trial）	政治	德国	欧洲及北美地区	2017 年

序号	入选文献遗产名称	主题内容	申报国家	地区	入选时间
372	悉尼港景观照片的大型玻璃底片（Giant Glass Plate Negatives of Sydney Harbour）	电影、录像、录音与摄影	澳大利亚	亚太地区	2017年
373	西曼卡斯档案馆保存的档案（The General Archive of Simancas）	档案馆、图书馆馆藏	西班牙	欧洲及北美地区	2017年
374	印度洋海啸档案（The Indian Ocean Tsunami Archives）	历史	印度尼西亚、斯里兰卡	亚太地区	2017年
375	纪录影片《法裔美洲人的声音》（Mixed Traces and Memories of the continents–The Sound of the French people of America）	电影、录像、录音与摄影	加拿大	欧洲及北美地区	2017年
376	班基故事手稿（Panji Tales Manuscripts）	文学与艺术	柬埔寨、印度尼西亚、荷兰、马来西亚、英国	亚太地区、欧洲及北美地区	2017年
377	路德维希·维特根斯坦的哲学遗著（Philosophical Nachlass of Ludwig Wittgenstein）	文学与艺术	奥地利、加拿大、荷兰、英国	欧洲及北美地区	2017年
378	朝鲜王室的御宝和御册（Royal Seal and Investiture Book Collection of the Joseon Dynasty）	历史	韩国	亚太地区	2017年
379	皇室收藏的摄影档案（The Royal Photographic Glass Plate Negatives and Original Prints Collection）	电影、录像、录音与摄影	泰国	亚太地区	2017年
380	莎士比亚生平的记录——莎士比亚的文档（The "Shakespeare Documents", a Documentary Trail of the Life of William Shakespeare）	名人档案	英国、美国	欧洲及北美地区	2017年

序号	入选文献遗产名称	主题内容	申报国家	地区	入选时间
381	联合国 1982~2015 年关于土著民族各项议题的档案（Statements Made by Indigenous Peoples at the United Nations 1982 to 2015）	政治	瑞士	欧洲及北美地区	2017 年
382	哈吉奥玛尔塔尔的著作副本	文学与艺术	马里	非洲地区	2017 年
383	奥坎波别墅文献中心的藏书和个人档案（The Villa Ocampo Documentation Center）	名人档案	阿根廷、美国	拉丁美洲及加勒比地区、欧洲及北美地区	2017 年
384	国际知识产权合作研究所的档案（1925~1946）（Archives of the International Institute of Intellectual Cooperation，1925-1946）	档案馆、图书馆馆藏	联合国教科文组织	其他地区	2017 年
385	根除天花病的档案（Records of the Smallpox Eradication Programme of the World Health Organization）	医药	联合国世界卫生组织	其他地区	2017 年
386	卡莫乔地图（Camocio Maps）	地图	捷克、马耳他	欧洲及北美地区	2017 年
387	卡斯特贝格儿童法档案（The Castbergian Child Laws of 1915）	法律	挪威	欧洲及北美地区	2017 年
388	中美洲法院的档案（Central American Court of Justice）	法律	哥斯达黎加	拉丁美洲及加勒比地区	2017 年
389	圣地亚哥-德孔波斯特拉大教堂珍藏的《加里斯都抄本》以及其他与圣雅各有关的中世纪副本（The Codex Calixtinus of Santiago de Compostela Cathedral and other Medieval Copies of the Liber Sancti Jacobi：The Iberian origins of the Jacobian Tradition in Europe）	宗教	西班牙、葡萄牙	欧洲及北美地区	2017 年

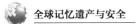

序号	入选文献 遗产名称	主题内容	申报国家	地区	入选 时间
390	教育家保罗·弗莱雷的文献档案 （Collection Educator Paulo Freire）	个人	巴西	拉丁美洲及 加勒比地区	2017 年
391	突厥语方言词典副本 （Compendium of the Turkic Dialects）	语言	土耳其	欧洲及北美 地区	2017 年
392	武术综合插图手册 （Comprehensive Illustrated Manual of Martial arts）	武术	朝鲜	亚太地区	2017 年
393	达格·哈马舍尔德档案 （Dag Hammarskjöld Collection）	个人	瑞典	欧洲及北美 地区	2017 年
394	1920 年华沙战役期间波兰无线电 情报机关的档案 （Documents of Polish Radio Intelligence from the Period of the Battle of Warsaw in 1920）	战争	波兰	欧洲及北美 地区	2017 年
395	切尔诺贝利核事故的档案 （Documentary Heritage Related to Accident at Chernobyl）	灾难	乌克兰	欧洲及北美 地区	2017 年
396	富祖里诗集手稿的副本 （The Copy of the Manuscript of Mahammad Fuzuli's "divan"）	文学	阿塞拜疆	欧洲及北美 地区	2017 年
397	皇家历史博物馆馆藏的塞默灵铁 路档案 （The Documents on the Semmering Railway from the Imperial & Royal Historical Museum of Austrian Railways）	交通	奥地利	欧洲及北美 地区	2017 年
398	古斯曼著作《弗洛里达回忆录》 （The Florid Recollection, a Historical Speech and Natural, Material, Military and Political Account of the Reyno of Guatemala）	殖民、文学	危地马拉	拉丁美洲及 加勒比地区	2017 年

序号	入选文献 遗产名称	主题内容	申报国家	地区	入选 时间
399	吉尔吉特梵文佛典手写本 （Gilgit Manuscrpit）	宗教	印度	亚太地区	2017 年
400	伊万·亚历山大皇帝的福音书 （Gospels of Tsar Ivan Alexander）	宗教	保加利亚、 英国	欧洲及北美 地区	2017 年
401	拉赫曼 1971 年 3 月 7 日演讲的音 频与视频档案 （The Historic 7th March Speech of Bangabandhu Sheikh Mujibur Rah- man）	政治与保卫人权	孟加拉国	亚太地区	2017 年
402	埃拉库里亚的文献档案 （ Ignacio Ellacuría's Documentary Fond：Historical Reality and Libera- tion）	个人	萨尔瓦多	拉丁美洲及 加勒比地区	2017 年
403	阮朝皇家档案（1802~1945） ［Imperial Archives of Nguyen Dynas- ty （1802−1945） ］	皇室	越南	亚太地区	2017 年
404	以色列民间故事档案 （Israel Folktale Archives）	文学	以色列	欧洲及北美 地区	2017 年
405	爱尔兰民俗委员会收藏的 1935~ 1970 年的藏品 （The Irish Folklore Commission Col- lection 1935−1970）	民俗	爱尔兰	欧洲及北美 地区	2017 年
406	《于尔根·斯特鲁普报告》 （Jürgen Stroop's Report）	战争	波兰	欧洲及北美 地区	2017 年
407	史书《雅米·塔瓦里克》 （Jāme' al−Tavarikh）	历史	伊朗	亚太地区	2017 年
408	缅甸巴彦瑙国王的钟铭 （King Bayinnaung Bell Inscription）	个人	缅甸	亚太地区	2017 年

序号	入选文献遗产名称	主题内容	申报国家	地区	入选时间
409	《治疗体内外疾病》 （原名：Kitāb Shifā al‑Asqām al‑Āriḍat min al‑Ẓahir wa al‑Bāṭin min al‑Ajsām，法语名：Livre de la guérison des maladies internes et externes affectant le corps）	医学	马里	非洲地区	2017年
410	格特鲁德·贝尔档案 （The Gertrude Bell Archive）	个人	英国	欧洲及北美地区	2017年
411	达盖尔银版法——现代视觉媒体的诞生 （The Kynzvart Daguerreotype – The Birth of Modern Visual Media）	专利、摄影	捷克	欧洲及北美地区	2017年
412	Made Al Asrar Fi Elm Al Behar 手稿 （Maden Al Asrar Fi Elm Al Behar Manuscript）	航海	阿曼	阿拉伯地区	2017年
413	佛教文本 （Maitreyayavarakarana）	宗教	印度	亚太地区	2017年
414	宰赫拉威医学著作手稿 （Manuscript of al‑Zahrāwīsur）	医学	摩洛哥	阿拉伯地区	2017年
415	马歇尔·麦克卢汉的档案 （Marshall McLuhan：The Archives of the Future）	个人	加拿大	欧洲及北美地区	2017年
416	福迪奥的著作《宗教信仰与身体健康关系人类的利益》的副本 （MaṢāli ḥal‑Insān al‑Mutaʿalliqat bi al‑Adyānwa al‑Abdān，The Human being Interests Linked to the Religions and the Body）	宗教	马里、尼日利亚	非洲地区	2017年

序号	入选文献 遗产名称	主题内容	申报国家	地区	入选 时间
417	尼斯·达·西尔维拉档案 （Nise da Silveira Personal Archive）	个人	巴西	拉丁美洲及 加勒比地区	2017 年
418	奥德特·梅内松–里戈的文献档案 （Odette Mennesson Rigaud Hold-ings）	个人	海地	拉丁美洲及 加勒比地区	2017 年
419	清代澳门地方衙门档案（1693～ 1886） ［Official Records of Macao During the Qing Dynasty （1693-1886）］	社会管理、 外交	葡萄牙、中国	欧洲及北美 地区、亚太 地区	2017 年
420	甲骨文 （Chinese Oracle-Bone Inscriptions）	文字	中国	亚太地区	2017 年
421	乔治·奥威尔论文集 （The Orwell Papers）	个人	英国	欧洲及北美 地区	2017 年
422	葡萄牙驻法国波尔多领事馆 1939～ 1940 年办理签证的登记簿 ［Register Books of Visas Granted by Portuguese Consul in Bordeaux， Aristides Sousa Mendes （1939 - 1940）］	战争	葡萄牙	欧洲及北美 地区	2017 年
423	圣马丁岛废奴档案 （Route/Root to Freedom：A Case Study of How Enslaved Africans Gained their Freedom on the Dual National Island of Sint Maarten/Saint Martin）	殖民	圣马丁岛	拉丁美洲及 加勒比地区	2017 年
424	萨拉热窝哈加达手稿 （The Sarajevo Haggadah Manu-script）	文学	波斯尼亚–黑 塞哥维那	欧洲及北美 地区	2017 年
425	《四传福音》重写本 （The Tetraevangelion-palimpsest）	宗教	格鲁吉亚	欧洲及北美 地区	2017 年

序号	入选文献遗产名称	主题内容	申报国家	地区	入选时间
426	韦斯特伯克影片 （Westerbork Films）	摄影	荷兰	欧洲及北美地区	2017 年
427	皮里·雷斯世界地图（1513 年） ［The Piri Reis World Map（1513）］	地理	土耳其	欧洲及北美地区	2017 年
428	加齐·哈兹维伯格图书馆收藏的手稿 （Manuscript Collection of the Gazi Husrev-Beg Library）	图书馆	波斯尼亚—黑塞哥维那	欧洲及北美地区	2017 年
429	西印度委员会档案 （The West India Committee Collection）	殖民、贸易	安提瓜和巴布达、牙买加、英国、安圭拉、蒙特塞拉特岛	欧洲及北美地区、拉丁美洲及加勒比地区	2016 年①
430	印度契约劳工的档案② （Records of the Indian Indentured Labourers）	殖民统治、贩奴与废奴	圣文森特和格林纳丁斯	拉丁美洲及加勒比地区	2017 年
431	纪念蒙文《丹珠尔经》的石碑③ （Stone Stele Monument for Mongolian Tanjur）	宗教	蒙古	亚太地区	2017 年
432	艾萨克·牛顿的科学与数学论文手稿④ （The Scientific and Mathematical Papers of Sir Isaac Newton）	个人	以色列、英国	欧洲及北美地区	2017 年
433	第一次不结盟运动首脑会议档案 （First Summit Meeting of the Non-Aligned Movement Archives）	档案馆、图书馆馆藏	阿尔及利亚、埃及、印度、印度尼西亚、塞尔维亚	阿拉伯地区、亚太地区、欧洲及北美地区	2023 年

---

① 根据联合国教科文组织官网，该文献遗产入选时间为 2016 年，但《世界记忆名录》均在奇数年公布入选提名，该入选时间 2016 年可能并不准确。

② 对第 244 条 2011 年入选的《印度契约劳工的档案》的补充文献。

③ 对第 228 条 2011 年入选的《蒙文〈丹珠尔经〉》的补充文献。

④ 对第 333 条 2015 年入选的《艾萨克·牛顿的神学论文手稿》的补充文献。

序号	入选文献遗产名称	主题内容	申报国家	地区	入选时间
434	索尔维国际物理和化学会议档案（1910~1962）[Archives of the International Solvay Conferences on Physics and Chemistry（1910-1962）]	档案馆、图书馆馆藏	比利时、法国	欧洲及北美地区	2023年
435	澳门功德林寺档案和手稿（1645~1980）[Archives and Manuscripts of Macau Kong Tac Lam Temple（1645-1980）]	档案馆、图书馆馆藏	中国	亚太地区	2023年
436	杜布罗夫尼克共和国档案馆（1022~1808）[Archives of the Republic of Dubrovnik（1022-1808）]	档案馆、图书馆馆藏	克罗地亚	欧洲及北美地区	2023年
437	古斯塔夫-埃里克森航运公司在奥兰群岛的档案（1913~1949年全球贸易中最后一批风帆船时代的档案）（Gustaf Erikson Shipping Company archives in the Åland Islands from the era of the last Windjammers in Global Trade 1913-1949）	档案馆、图书馆馆藏	芬兰	欧洲及北美地区	2023年
438	1957~1992年在法国和布基纳法索的第四世界扶贫国际运动档案（Archives of the International Movement ATD Fourth World in France and Burkina Faso, from 1957 to 1992）	档案馆、图书馆馆藏	法国、布基纳法索	欧洲及北美地区、非洲地区	2023年

续表

序号	入选文献 遗产名称	主题内容	申报国家	地区	入选 时间
439	谢赫-萨菲-阿尔丁-阿尔达比里神庙的文献（952~1926）[Documents of the Shaykh Safī-al-Dīn Ardabīlī Shrine（952 to 1926 CE）]	档案馆、图书馆馆藏	伊朗	亚太地区	2023年
440	毛里求斯使徒雅克·德西雷·拉瓦尔神父的档案收藏（The Archival Collections on the Bienheureux Père Jacques Désiré Laval-The Apostle of Mauritius）	档案馆、图书馆馆藏	毛里求斯	非洲地区	2023年
441	西蒙-鲁伊斯档案馆（西班牙梅迪纳·德尔坎波）[Simón Ruiz Archive（Medina del Campo，Spain）]	档案馆、图书馆馆藏	西班牙	欧洲及北美地区	2023年
442	海蒂和约翰娜·斯派里档案馆（Heidi - and Johanna Spyri Archives）	档案馆、图书馆馆藏	瑞士	欧洲及北美地区	2023年
443	《大众报》的照片档案（Photographic Archive of the Newspaper "El popular"）	档案馆、图书馆馆藏	乌拉圭	拉丁美洲及加勒比地区	2023年
444	布哈拉酋长国的库什贝基总理府（The Qushbegi Chancellery of the Bukhara Emirate）	档案馆、图书馆馆藏	乌兹别克斯坦	亚太地区	2023年
445	四一九革命档案（Archives of the April 19 Revolution）	政治	韩国	亚太地区	2023年
446	东岳农民革命档案（Archives of the Donghak Peasant Revolution）	政治	韩国	亚太地区	2023年
447	鹿特丹伊拉斯谟收藏馆（Erasmus Collection Rotterdam）	个人	荷兰	欧洲及北美地区	2023年

序号	入选文献遗产名称	主题内容	申报国家	地区	入选时间
448	费奥多尔-陀思妥耶夫斯基：手稿和笔记（Fyodor Dostoevsky：Handwritings and Notes）	个人	俄罗斯	欧洲及北美地区	2023 年
449	作曲家柯米塔斯·达佩特作品集（Collection of Works of the Composer Komitas Vardapet）	音乐	亚美尼亚	欧洲及北美地区	2023 年
450	查理曼宫廷学校的彩绘手稿（The Illuminated Manuscripts of Charle-magne's Court School）	文学与艺术	奥地利、法国、德国、罗马尼亚、英国	欧洲及北美地区	2023 年
451	毛拉纳的《库里亚特》（毛拉纳全集）[Mawlana's Kulliyat（The Complete Works of Mawlana）]	文学与艺术	保加利亚、德国、伊朗、塔吉克斯坦、土耳其、乌兹别克斯坦	欧洲及北美地区、亚太地区	2023 年
452	库尔希德巴努·纳塔万的"花书"——插图诗集（"Flower Book" of Khurshidbanu Natavan - album of Illustrated Verses）	文学与艺术	阿塞拜疆	欧洲及北美地区	2023 年
453	古巴电影海报（Cuban Movie Posters）	文学与艺术	古巴	拉丁美洲及加勒比地区	2023 年
454	波尔多副本：作者蒙田随笔注释（1588~1592）[Bordeaux Copy：Montaigne's Essays Annotated（1588 - 1592）by the author]	文学与艺术	法国	欧洲及北美地区	2023 年
455	曼尼斯抄本（海德堡大学图书馆）[Codex Manesse（Heidelberg University Library，Cod. Pal. germ. 848）]	文学与艺术	德国	欧洲及北美地区	2023 年

续表

序号	入选文献遗产名称	主题内容	申报国家	地区	入选时间
456	阿毗那瓦古普塔（940～1015）：作品手稿集〔Abhinavagupta（940-1015 CE）：Collection of Manuscripts of his works〕	文学与艺术	印度	亚太地区	2023 年
457	亚齐之旅——关于 15～17 世纪印度尼西亚亚齐生活的三份手稿（The Hikayat Aceh - Three Manu-scripts on Life in Aceh, Indonesia, in the 15th-17th Century）	文学与艺术	印度尼西亚、荷兰	亚太地区、欧洲及北美地区	2023 年
458	叙述者萨金巴伊-奥罗兹巴科夫的吉尔吉斯史诗《玛纳斯》手稿（Manuscript of the Kyrgyz Epic "Manas" by the Narrator Sagymbay Orozbakov）	文学与艺术	吉尔吉斯斯坦	亚太地区	2023 年
459	鲁道夫·德·尔兰格男爵档案中的音乐藏品（1910～1932）〔The Music holdings in Baron Rodol-phe d' Erlanger's Archives（1910-1932）〕	文学与艺术	突尼斯	阿拉伯地区	2023 年
460	马格蒂姆古里·弗拉基手稿集（Collection of Manuscripts of Mag-tymguly Fragi）	文学与艺术	土库曼斯坦	亚太地区	2023 年
461	安东宁-德沃夏克的档案（Archives of Antonín Dvořák）	名人档案	捷克	欧洲及北美地区	2023 年
462	有关汉萨历史的文件〔Documents on the History of the Hanse〕	历史	比利时、丹麦、爱沙尼亚、德国、拉脱维亚、波兰	欧洲及北美地区	2023 年

序号	入选文献 遗产名称	主题内容	申报国家	地区	入选 时间
463	马来弥撒 MSS 6 （Misa Melayu MSS 6）	历史	马来西亚	亚太地区	2023 年
464	《摩诃婆玛》，斯里兰卡大编年史（涵盖公元前 6 世纪至 1815 年）[Mahavamsa, the Great Chronicle of Sri Lanka（covering the period 6th century BCE to 1815 CE）]	历史	斯里兰卡	亚太地区	2023 年
465	女权主义、科学与政治——伯莎·卢茨的遗产（Feminism, Science and Politics - Bertha Lutz's Legacy）	政治与保卫人权	巴西	拉丁美洲及加勒比地区	2023 年
466	孩子们在说话：加拿大寄宿学校对土著儿童的强制同化（The Children Speak: Forced Assimilation of Indigenous Children through Canadian Residential Schools）	政治	加拿大	欧洲及北美地区	2023 年
467	1960 年 9 月 30 日，苏加诺的演讲："重建新世界"（Sukarno's Speech: 'To Build the World Anew', September 30, 1960）	政治	印度尼西亚	亚太地区	2023 年
468	卡扎尔统治时期伊朗的国际关系文件（1807~1925）[Documents on Iran's International Relations Under the Qajar Rule（1807-1925）]	政治	伊朗	亚太地区	2023 年
469	在新世界提供关爱：加拿大奥古斯丁修女会，富有爱心和奉献精神的女性（Providing Care in the New World: The Augustinian Sisters of Canada, Women of Heart and Commitment）	医药	加拿大	欧洲及北美地区	2023 年

续表

序号	入选文献 遗产名称	主题内容	申报国家	地区	入选 时间
470	四部医典 （The Four Treatises of Tibetan Medi-cine）	医药	中国	亚太地区	2023 年
471	1800~1820 年皇家天花疫苗慈善 考察队 （Royal Philanthropic Expedition of the Smallpox Vaccine，1800-1820）	医药	西班牙	欧洲及北美 地区	2023 年
472	哈瓦那市议会法案（殖民时期 1550~1898） ［Acts of the Havana City Council （colonial period 1550-1898）］	法律	古巴	拉丁美洲及 加勒比地区	2023 年
473	瑞典 1766 年《新闻自由法令》： 世界上第一部保障信息自由传播 的法律 （The Swedish Freedom of the Press Ordinance of 1766：The World's First Legislation Guaranteeing Free Communication of Information）	法律	瑞典	欧洲及北美 地区	2023 年
474	瓦琼特大坝灾难的刑事诉讼 （Criminal Proceedings of the Vajont Dam Disaster）	灾难	意大利	欧洲及北美 地区	2023 年
475	莫尔的收藏 （Moll's Collection）	地理与环境	捷克	欧洲及北美 地区	2023 年
476	贝海姆地球仪 （Behaim Globe）	地理与环境	德国	欧洲及北美 地区	2023 年
477	第一次环球航行（1519~1522） ［First Voyage of Circumnavigation （1519-1522）］	地理与环境	葡萄牙、西 班牙	欧洲及北美 地区	2023 年
478	卡蒂普·切莱比的作品集：西哈 努玛和卡什夫-祖农 （The Collection of Kâtip Çelebi： Cihânnümâ and Kashf al-Zunun）	地理与环境	土耳其	欧洲及北美 地区	2023 年

续表

序号	入选文献 遗产名称	主题内容	申报国家	地区	入选 时间
479	天象列次图（天文图解全集） ［Hon Chon Jon Do（Complete Illus- tration of the Astronomical Chart）］	天文	朝鲜	亚太地区	2023 年
480	克洛德·朗兹曼的《浩劫》，还原 了 35 毫米底片；见证浩劫历史， 200 小时的音频档案 （"Shoah"，by Claude Lanzmann， restored 35 mm negative；Audio Ar- chive Witnesses to the History of Shoah，200 hours）	电影、录像、录 音与摄影	法国、德国	欧洲及北美 地区	2023 年
481	EMI 档案信托基金的唱片和文件 （1897~1914） （The Gramophone Discs and Papers of the EMI Archive Trust，1897 - 1914）	电影、录像、录 音与摄影	国际音像档 案协会	其他	2023 年
482	库雷特收藏的 30.693 张玻璃板底 片（1864~1933） ［30.693 Glass Plate Negatives（1864- 1933）from the Courret Collection］	电影、录像、录 音与摄影	秘鲁	拉丁美洲及 加勒比地区	2023 年
483	伊尔迪兹宫摄影作品集 （Yildiz Palace Photography Collec- tion）	电影、录像、录 音与摄影	土耳其	欧洲及北美 地区	2023 年
484	前法属殖民地受奴役者身份登记 册（1666~1880） ［Registers Identifying Enslaved Per- sons in the Former French Colonies （1666-1880）］	殖民统治、贩 奴与废奴	海地、法国	拉丁美洲及 加勒比地区	2023 年
485	毛里求斯的奴隶贸易和奴隶制记 录（1721~1892） ［The Slave Trade and Slavery Re- cords in Mauritius（1721-1892）］	殖民统治、贩 奴与废奴	毛里求斯	非洲地区	2023 年

序号	入选文献遗产名称	主题内容	申报国家	地区	入选时间
486	荷属加勒比地区受奴役人民及其后裔的文献遗产（1816~1969）[Documentary Heritage of the Enslaved People of the Dutch Caribbean and Their Descendants（1816 – 1969）]	殖民统治、贩奴与废奴	荷兰、苏里南	欧洲及北美地区、拉丁美洲及加勒比地区	2023年
487	古那不勒斯公共银行托管基金（1573~1809）[Apodissary Fund of the Ancient Neapolitan Public Banks（1573 – 1809）]	商贸与税务	意大利	欧洲及北美地区	2023年
488	僧人恩钦档案：中日文化交流史（The Monk Enchin Archives：A History of Japan–China Cultural Exchange）	宗教	日本	亚太地区	2023年
489	国家帕那帕侬纪事棕榈叶手稿收藏馆（National Collection of Palm – Leaf Manuscripts of Phra That Phanom Chronicle）	宗教	泰国	亚太地区	2023年
490	喀尔喀王子曹格图–空–台吉的石刻（Stone Inscriptions of Tsogtu Khung–Taiji，Prince of Khalkha）	碑刻	蒙古	亚太地区	2023年
491	石头上的阿拉伯编年史（Arabian Chronicles in Stone：Jabal Ikmah）	碑刻	沙特阿拉伯	阿拉伯地区	2023年
492	巴比亚尔文献遗产（Documentary Heritage of Babyn Yar）	战争	乌克兰	欧洲及北美地区	2023年

序号	入选文献 遗产名称	主题内容	申报国家	地区	入选 时间
493	愤怒的启示挂毯 （Apocalypse Tapestry of Angers）	其他	法国	欧洲及北美 地区	2023 年
494	多多纳神谕的铅板 （The Lead Tablets of the Dodona Oracle）	其他	希腊	欧洲及北美 地区	2023 年
495	DDS：数字城市 （DDS：De Digitale Stad/The Digital City）	其他	荷兰	欧洲及北美 地区	2023 年
496	聋人社区的重要文件：1880 年米兰大会 （Key Documents for Deaf Communities：the Milan Congress，1880）	其他	世界聋人联合会	其他	2023 年

注：英文名称来自 UNESCO；＊表示未找到概括性名称。

图书在版编目（CIP）数据

全球记忆遗产与安全：变革中的联合国教科文组织
世界记忆项目 / 王玉珏等著 . -- 北京：社会科学文献
出版社，2024.8
ISBN 978-7-5228-3325-5

Ⅰ . ①全⋯　Ⅱ . ①王⋯　Ⅲ . ①文献保护-研究-世界
Ⅳ . ①G253.6

中国国家版本馆 CIP 数据核字（2024）第 050585 号

全球记忆遗产与安全
　　——变革中的联合国教科文组织世界记忆项目

著　　者／王玉珏 等

出 版 人／冀祥德
组稿编辑／高明秀
责任编辑／许玉燕
责任印制／王京美

出　　版／社会科学文献出版社·区域国别学分社（010）59367078
　　　　　地址：北京市北三环中路甲 29 号院华龙大厦　邮编：100029
　　　　　网址：www. ssap. com. cn
发　　行／社会科学文献出版社（010）59367028
印　　装／三河市龙林印务有限公司

规　　格／开本：787mm×1092mm　1/16
　　　　　印张：23.25　字数：403 千字
版　　次／2024 年 8 月第 1 版　2024 年 8 月第 1 次印刷
书　　号／ISBN 978-7-5228-3325-5
定　　价／138.00 元

读者服务电话：4008918866